大学生创新创业入门教程

主　编　廖　益　赵三银

副主编　姚圣梅　刘　带　龙游宇

参　编　赖敏涵　曾裕华　刘芳娜
　　　　　江杰英　霍勇刚　罗　云
　　　　　龚晶晶　纪向岚　胡秋兰

北京理工大学出版社
BEIJING INSTITUTE OF TECHNOLOGY PRESS

内 容 简 介

本教材按照5W+1H法则来设计教材的十章逻辑结构。刻意增加了创新的篇幅，更好地平衡了创新和创业两大内容。尤其是为了实现以信息技术辅助创新创业的教育教学，利用二维码或者手机APP客户端等形式将一些信息化教学资源植入到了纸质版教材里。学生通过扫描二维码或打开手机APP客户端直接观看教学视频、报道、论文、专利等相关链接，培养学生随时随地移动学习的习惯，从而增强了教材形式的多样性、教材内容的趣味性、生动性和实用性。本教材适宜普通本科高校及高职院校使用。

版权专有　侵权必究

图书在版编目（CIP）数据

大学生创新创业入门教程/廖益，赵三银主编. —北京：北京理工大学出版社，2019.3（2021.12重印）

ISBN 978-7-5682-6843-1

Ⅰ. ①大… Ⅱ. ①廖… ②赵… Ⅲ. ①大学生-创业-高等学校-教材 Ⅳ. ①G647.38

中国版本图书馆CIP数据核字（2019）第047461号

出版发行 /	北京理工大学出版社有限责任公司
社　　址 /	北京市海淀区中关村南大街5号
邮　　编 /	100081
电　　话 /	（010）68914775（总编室）
	（010）82562903（教材售后服务热线）
	（010）68944723（其他图书服务热线）
网　　址 /	http：//www.bitpress.com.cn
经　　销 /	全国各地新华书店
印　　刷 /	三河市天利华印刷装订有限公司
开　　本 /	787毫米×1092毫米　1/16
印　　张 /	19
字　　数 /	447千字
版　　次 /	2019年3月第1版　2021年12月第5次印刷
定　　价 /	44.80元

责任编辑 /	王晓莉
文案编辑 /	王晓莉
责任校对 /	周瑞红
责任印制 /	李志强

图书出现印装质量问题，请拨打售后服务热线，本社负责调换

前　言

2018年9月10日，习近平总书记在全国教育大会上发表重要讲话，指出教育的根本目标之一是增强中华民族的创新创造活力。缺乏创新创业人才，创新创业就成无源之水；没有创新创业教育，人才就是无本之木。创新创业能否成为国家兴旺发达、社会经济发展的不竭动力，能否持续并内化为民族特质及性格，创新创业人才的教育和培养是关键。

2015年5月《国务院办公厅关于深化高等学校创新创业教育改革的实施意见》出台以来，全国各高校创新创业教育工作持续推进并取得了新的进展。高等教育将培养大批创新创业型人才作为教育改革的重要目标和任务。各高校致力于完善和创新人才质量标准和培养机制，面向全体学生开出了创新创业基础的必修课程、推出系列创新创业专题讲座、改革教学模式和考核方式、健全创新创业教育课程体系和强化创新创业实践等。2017年7月，国务院印发《关于强化实施创新驱动发展战略进一步推进大众创业万众创新深入发展的意见》，更加有力地激发了各级政府及各高校研究创新创业教育、开展创新创业教育活动等的热情。

对低年级大学生开设"创新创业基础"必修课程是高校开展创新创业教育的一个有力抓手。教学目标不是培养所有学生都去创业，而是采用先进的教学理念和教学方法着力培养学生的创新创业意识、创新创业精神和创新创业思维，提高学生的团队协作能力、领导能力和沟通协调能力，锻炼学生的逆商、情商和财商。

但是，高校开展创新创业教育最迫切需要的是有一批适宜于不同层次、不同类型高校使用的高质量的特色教材。现有的创新创业基础的相关教材普遍存在着教材形式不能很好地适应信息化教学和智慧校园的建设，教材编写不够生动活泼、缺乏趣味性和实用性等诸多问题。为了满足大学生创新创业基础课程对新形态教材的需求，提高创新创业教育的成效，我们进行了编写这种教材的尝试。

我们以"十三五"规划教材建设为契机，遵循创新创业教育的具体教学特点和实际，结合地方本科高校应用型人才培养教学改革成果，在编写过程中力求实现前瞻性与历史性结合、典型性与普遍性结合、理论性与实践性结合。同时，努力实现理念先进、语言精练、内容丰富、结构合理、形式新颖、学科交叉、方法适当、案例典型、人物鲜活生动等。在遵循教育部创新创业教育教学大纲要求的前提下，实现结构、内容和形式的创新。

1. 教材的内容创新

一是创新创业教育重在教育。创新创业是时代赋予当代大学生的光荣使命和历史责任。创新创业教育是大学生毕业前必须接受的最重要的教育，为了强调创新创业教育的重要性，在编写目录中专门安排了一章介绍创新创业教育。重点介绍了高校大力开展创新创业教育的背景、目的、意义，创新创业教育的内涵及目标、内容及层次，发达国家开展创新创业教育的经验，我国创新创业教育的发展脉络及趋势。高校开展创新创业教育旨在培养具有创新创业意识和精神、具备创新创业思维和能力的具有社会主义核心价值观的创新创业型人才，落脚点在育人育才上。

二是创新创业教育重在创新教育。创新是民族进步的灵魂，是国家经济快速发展的不竭动力。而创业离不开创新，只有建立在创新基础上的创业才能够走得更远。所以，"双创"教育，不能只重点教大学生们如何创业，更首要的任务是要教大学生如何创新。本教材试图平衡好创新和创业两大内容，重点介绍了创新教育，创新的概念、种类，创新意识，创新精神，创新思维，创新技法与创新力提升，技术创新与产品创新等内容。此外，为了帮助更多的同学开展创新，还特别增加了专利的申请与知识产权的创作、保护及应用等内容。

三是创新创业教育必须与专业教育深度融合。我们提倡创新创业基础这门课程由学生所在专业的教师通过开展这门课程的教学前期研讨、教学培训来承担教学任务。在每个章节的课程拓展部分，任课老师在案例选择时，可选择本专业的创新创业典型案例来开展教学。为了鼓励同学们科学地规划人生，利用所学专业之长积极开展创新或者创业，我们增加了一个章节——创新创业者及职业生涯规划。为了帮助同学们进行专业行业环境的认知，以便未来更好地把握商机，我们设置了一章内容专门介绍我国的创新创业环境状况及国家鼓励大学生创新创业的相关法律法规和优惠政策。

2. 教材的结构创新

本教材按照5W+1H法则来设计教材的逻辑结构。第一章是回答为什么要开展创新创业教育（Why），第二章介绍什么是创新创业（What），第三章回答你是什么样的人（Who），最适合的是创新还是创业，第四章了解创意来源于哪里（Where），第五章学习如何进行创新（How），第六章介绍创新创业时代环境与政策（When），第七章至第十章学习如何开展创业（How）。

3. 教材的形式创新

根据信息化社会及智慧校园的时代新特点，为了实现以信息技术辅助创新创业的教育教学，使二者深度融合，促进学校信息化建设、精品课程建设和信息化教学资源建设，本教材实现了形式创新。

将一些信息化教学资源利用二维码及手机APP客户端等形式植入纸质版教材，学生通过扫描二维码或打开手机APP客户端直接观看教学视频、测试、报道、论文、专利、案例等相关链接，起到方便学生课前预习、课中巩固、课后复习等效果。再配以教案、课件、练习测试、学生反馈、师生互动、教师点评等辅助性教学资源，有效提高信息化教学资源的使用率，促进教师信息化教学开放和课题研究，培养学生随时随地移动学习的习惯，从而增强教材形式的多样性、教材内容的趣味性和生动性、教材结构的合理顺畅性。

前 言

本教材作为高校创新创业基础课程的教材,可供普通本科院校和高职院校选用。进行这种教材的编写,是我们的一个尝试,也是我们推动创新创业教育实践探索的阶段性成果。请同行们不吝赐教并提出意见,以便以后修改完善。

本教材由廖益和赵三银担任主编,负责教材的总体策划、统筹和编委会的组织,负责整本教材的统稿及审定。姚圣梅、刘带、龙游宇担任副主编。全书总共由十章组成,具体分工如下:姚圣梅、胡秋兰负责第一章的编写;赖敏涵负责第二章的编写;曾裕华负责第三章的编写;刘芳娜负责第四章的编写;江杰英负责第五章的编写;刘带、胡秋兰负责第六章的编写;霍勇刚、龙游宇负责第七章的编写;罗云、龙游宇负责第八章的编写;龚晶晶、龙游宇负责第九章的编写;纪向岚、龙游宇负责第十章的编写工作。

在本书编写过程中,我们得到了许多专家教授的悉心指导。香港城市大学孙洪义博士、首任武汉理工大学创业学院院长赵北平教授、华南理工大学创新创业学院副院长刘志超教授、北京大学教育学院赵国栋教授、复旦大学张学新教授等对我们进行了指导并提出了建设性意见。在此,表示忠心的感谢!

在编写过程中,参考了有关的教材、论著、期刊等,限于篇幅,恕不一一列出,特做说明并致谢。因各种条件所限,未能与有关作者取得联系,引用与理解不当之处,敬请谅解!

感谢国内外同行提供书籍、论文等参考资料!感谢各类网站提供各种案例资源给我们参考!感谢韶关学院教务处全体成员们、林杰恒和高梓填同学及创业师生对本教材编写的贡献!感谢北京理工大学出版社工作人员的倾力付出!

编 者

2018 年 12 月

目 录

第一章 绪论 (1)
第一节 创新创业教育的目的和意义 (1)
一、我们处于一个什么样的时代 (1)
二、创新创业教育的目的和意义 (3)
第二节 创新创业教育的内涵、目标、内容及层次 (8)
一、创新创业教育的内涵和目标 (9)
二、创新创业教育的内容、途径和层次 (9)
第三节 世界各国创新创业教育的发展 (12)
一、美国创新创业教育的兴起及发展 (12)
二、世界上其他国家创新创业教育的经验 (16)
三、我国高校创新创业教育的发展 (21)

第二章 创新创业基础知识 (25)
第一节 创新 (26)
一、创新的概念 (26)
二、创新的类型 (30)
三、创新成功的三要素 (34)
四、创新的过程 (37)
第二节 创业 (39)
一、创业的概念 (39)
二、创业的类型 (40)
三、创业的核心要素 (43)
四、创业的过程 (45)
第三节 发明、创造、创新与创业的区别与联系 (46)
一、发明和创造的关系 (46)
二、创新和创业的关系 (48)

三、发明创造和创新创业的关系 …………………………………………………（49）

第三章 创新创业者及职业生涯规划 …………………………………………（53）

第一节 创新创业者 …………………………………………………………（53）
　　一、创新创业者的定义与类型 …………………………………………（54）
　　二、创新者的基本素质 …………………………………………………（57）
　　三、创业者的基本素质 …………………………………………………（59）

第二节 创新创业团队 ………………………………………………………（61）
　　一、团队的定义及特征 …………………………………………………（62）
　　二、创新创业团队及其重要性 …………………………………………（67）
　　三、创新创业团队的组建 ………………………………………………（68）
　　四、创新创业团队管理的技巧与策略 …………………………………（72）

第三节 创新精神和创业精神 ………………………………………………（74）
　　一、创新精神 ……………………………………………………………（74）
　　二、创业精神 ……………………………………………………………（76）
　　三、企业家和企业家精神 ………………………………………………（78）

第四节 创新创业者的职业生涯规划与发展 ………………………………（80）
　　一、职业生涯规划的概念 ………………………………………………（80）
　　二、创新创业者的职业生涯规划及其重要性 …………………………（81）
　　三、创新创业者的自我认知与探索 ……………………………………（82）
　　四、创新创业者职业生涯规划的步骤 …………………………………（86）

第四章 创新思维与训练 ………………………………………………………（91）

第一节 认识创新思维 ………………………………………………………（92）
　　一、创新思维的含义 ……………………………………………………（92）
　　二、创新思维的特征 ……………………………………………………（93）
　　三、创新思维的作用 ……………………………………………………（94）
　　四、创新思维的模式 ……………………………………………………（94）

第二节 认识思维定式 ………………………………………………………（95）
　　一、思维定式的内涵 ……………………………………………………（95）
　　二、思维定式的双面性 …………………………………………………（95）
　　三、几种常见的思维定式 ………………………………………………（96）
　　四、突破思维定式的方法 ………………………………………………（96）

第三节 创新思维的表现形式 ………………………………………………（98）
　　一、发散思维 ……………………………………………………………（98）
　　二、收敛思维 ……………………………………………………………（100）
　　三、逆向思维 ……………………………………………………………（103）
　　四、联想思维 ……………………………………………………………（106）

第四节 批判性思维 …………………………………………………………（110）

一、批判性思维的概念 …………………………………………… (110)
　　二、批判性思维的特征 …………………………………………… (111)
　　三、批判性思维的过程模式 ……………………………………… (112)
　　四、批判性思维与创新思维的关系 ……………………………… (112)

第五章　创新技法与创新力提升 ……………………………………… (116)
第一节　创新技法 …………………………………………………… (117)
　　一、创新技法概述 ………………………………………………… (117)
　　二、创新力提升训练 ……………………………………………… (118)
第二节　企业技术与产品创新 ……………………………………… (135)
　　一、企业技术创新 ………………………………………………… (135)
　　二、企业产品创新 ………………………………………………… (142)
第三节　知识产权创造、保护及运用 ……………………………… (147)
　　一、商标注册 ……………………………………………………… (147)
　　二、专利申请 ……………………………………………………… (151)
　　三、企业知识产权的保护与应用 ………………………………… (155)

第六章　创新创业环境与政策 ………………………………………… (162)
第一节　创新创业环境 ……………………………………………… (162)
　　一、创新创业环境的内涵 ………………………………………… (162)
　　二、创新创业环境的分类 ………………………………………… (163)
　　三、全球创业观察模型（GEM）及其对我国创新创业环境的评估 …… (168)
　　四、创新创业环境的调查 ………………………………………… (170)
第二节　创新创业政策 ……………………………………………… (172)
　　一、创新创业政策的内涵 ………………………………………… (172)
　　二、国家层面创新创业政策 ……………………………………… (172)
　　三、典型省市层面创新创业政策 ………………………………… (182)

第七章　创业机会与创业风险 ………………………………………… (189)
第一节　创业机会识别 ……………………………………………… (190)
　　一、创意与机会 …………………………………………………… (190)
　　二、商业机会和创业机会 ………………………………………… (191)
　　三、创业机会的特征与类型 ……………………………………… (192)
　　四、创业机会的来源 ……………………………………………… (193)
　　五、影响机会识别的关键因素 …………………………………… (195)
　　六、识别创业机会的一般过程 …………………………………… (196)
　　七、创业机会识别的行为技巧 …………………………………… (197)
第二节　创业机会评价 ……………………………………………… (197)
　　一、有价值创业机会的基本特征 ………………………………… (198)
　　二、个人与创业机会的匹配 ……………………………………… (198)

三、创业机会评价的技巧和策略 …………………………………… (200)
　第三节　创业风险识别与管理 …………………………………………… (202)
　　一、创业风险的构成与分类 …………………………………… (202)
　　二、创业风险的管理流程 ……………………………………… (204)
　　三、创业风险的防范 …………………………………………… (205)
　　四、创业者风险承担能力的估计 ……………………………… (207)
　第四节　商业模式开发 ……………………………………………………… (208)
　　一、商业模式的定义和本质 …………………………………… (208)
　　二、商业模式和商业战略的关系 ……………………………… (209)
　　三、商业模式因果关系链条的分解 …………………………… (210)
　　四、设计商业模式的思路和方法 ……………………………… (211)
　　五、商业模式创新的逻辑与方法 ……………………………… (213)

第八章　创业资源与创业融资 …………………………………………… (218)
　第一节　创业资源 ……………………………………………………… (218)
　　一、如何理解创业资源 ………………………………………… (218)
　　二、创业资源获取 ……………………………………………… (220)
　　三、创业资源的应用 …………………………………………… (225)
　第二节　创业融资 ……………………………………………………… (228)
　　一、创业融资分析 ……………………………………………… (228)
　　二、创业融资的主要方式 ……………………………………… (229)
　　三、创业融资的主要问题和应对策略 ………………………… (234)

第九章　创业计划 …………………………………………………………… (241)
　第一节　创业计划概述 ………………………………………………… (242)
　　一、创业计划的内涵与作用 …………………………………… (242)
　　二、创业计划的分类 …………………………………………… (244)
　　三、创业计划的基本逻辑与构架 ……………………………… (245)
　第二节　创业计划的撰写 ……………………………………………… (246)
　　一、创业计划的撰写步骤 ……………………………………… (246)
　　二、创业计划的内容 …………………………………………… (248)
　　三、创业计划的行文原则与常见错误 ………………………… (262)
　第三节　创业计划的展示 ……………………………………………… (264)
　　一、口头的推介交流 …………………………………………… (264)
　　二、PPT 的设计展示 …………………………………………… (266)
　　三、其他展示方式 ……………………………………………… (267)

第十章　新企业开办 ………………………………………………………… (271)
　第一节　开办新企业的准备工作 ……………………………………… (271)
　　一、企业组织形式的选择 ……………………………………… (272)

二、企业的命名 …………………………………………………………（276）
　　三、企业的选址 …………………………………………………………（277）
第二节　企业注册流程及相关文件的编写 ……………………………………（279）
　　一、企业注册流程 ………………………………………………………（279）
　　二、企业注册登记相关文件的编写 ……………………………………（281）
第三节　新企业经营管理要点 …………………………………………………（283）
　　一、保障业务稳定、持续增长 …………………………………………（283）
　　二、保证财务清晰、成本最低 …………………………………………（284）
　　三、保证人员够用、后劲有力 …………………………………………（284）
　　四、保证不忘初心、回归目的 …………………………………………（285）

第一章

绪 论

 目标与要求

通过本章学习掌握我国创新驱动发展战略的由来、高校开展创新创业教育的目的和意义。了解高校创新创业教育的内涵、目标、内容及层次。了解美国及其他国家创新创业教育的发展及经验,并熟悉创新创业教育在中国的发展历程及未来趋势。要求学生认清当前形势及使命,立志将自己培养成国家急需的高素质创新创业型人才,树立为建设创新型国家而努力奋斗的理想。

 问题引入

2018年9月10日,中共中央总书记、国家主席、中央军委主席习近平在全国教育大会上发表重要讲话。在大会上,他指出:新时代教育的重要性之一是增强中华民族创新创造活力;新时代教育的根本任务之一是培养学生的创新思维、增强综合素质;新时代教育的要求之一是深化教育体制改革,培养创新型、复合型、应用型高素质人才,建设教育强国。

这是国家领导人对努力实施创新驱动发展战略、大力推进产学研协同创新、深化高等教育改革、培养大批国家急需的创新创业型人才的重要性的进一步阐述!

第一节 创新创业教育的目的和意义

一、我们处于一个什么样的时代

如同人类发明了指南针、造纸术、印刷术、火药、电、电灯、纺织机、蒸汽机、内燃机、原子能等这些对人类文明与历史进程产生巨大改变和深远影响的事物一样,互联网在全球掀起了一场影响人类所有层面的深刻变革,其已经深刻改变了世界的面貌、经济的运行模式、信息的传播方法和人们的生活方式。

互联网时代，数字技术进步日新月异，信息传播一日千里，知识更新换代迅猛，金融资本流动神通广大。我们正在从一个国家积累财富主要依靠占领、开拓领土和殖民的时代转向凭借知识创新与技术创新的能力就可以走在世界前列的时代；我们正在从一个靠重工业取胜的世界转向依靠把知识和技术转变为经济成果的信息产业取胜的世界；我们正在从一个以大吃小的世界转向一个凭快吃慢的世界；我们正在从认为封闭、孤立比开放好的世界走向通过开放、通过"一带一路"倡议来赢得繁荣和未来的世界。

新时代

在经济全球化的今天，互联网是全球化得以开展的技术基础。构成这种技术的核心为广泛运作的计算机化、信息设备的小型化、连接手段的电信化、内容的数字化和终端移动的智能化。拜移动互联网所赐，人们幸运地进入了有梦做和坚持做梦就有可能成功的自媒体时代，毕竟，万一成功了呢？在这样一个经济转型的互联网时代，许多人都想创业，许多人都能够创业。

美团没有一家饭店，却整合了全国的饭店；滴滴没有一辆车，却整合了全国的私家车市场；淘宝没有一件货，却整合了全国的零售业；微信没有一个店铺，却成就了很多微商。世界在快速变化！许多事物都在迅猛而又真实地改变着我们的生活！

★ 案例 1-1

人机围棋大战

2016 年 3 月 15 日，谷歌围棋人工智能 AlphaGo 与韩国棋手、职业九段、世界冠军李世石进行了最后一轮对垒，AlphaGo 最终以 4∶1 的比分赢得了这场人机大战的胜利。

AlphaGo 是一套设计精密的人工智能系统。由为围棋优化周密设计的深度学习引擎、神经网络、MCTS、谷歌云计算资源、CPU+GPU、自我学习和棋谱学习的整合等创新技术组成。这套系统不但拥有世界顶级的机器学习技术，也有异常高效的代码，而且发挥了世界上最浩大的谷歌后台计算平台的作用。这次 AlphaGo 能够实现跳跃式成长，并最终战胜围棋前世界冠军，主要原因是近 20 名世界顶级计算机科学家和机器学习专家等组成的精英团队开展了技术创新和优化整合，他们不断地完善了这一人工智能系统。

这场人机大战结束后，AlphaGo 之父、DeepMind 联合创始人德米斯·哈萨比斯表示，尽管 AlphaGo 目前只是个下围棋的系统，但其一些基本原理也适用于解决现实世界中存在的其他问题。AlphaGo 系统所涉及的深度学习、神经网络、MCTS 和它的扩张能力、计算能力等都是通用技术。从理论上来说，它可以应用在任何领域。正如谷歌母公司 Alphabet 董事长埃里克·施密特所说："我并不认为，有什么领域是这一技术不适用的。"

 点评

AlphaGo 大胜世界围棋冠军李世石是人工智能领域的一个里程碑事件，标志着人工智能时代的到来。

如果说互联网变革了人类的生活方式，那么人工智能将引领新一轮科技浪潮的发展。目前人工智能已经渗透到我们生活的方方面面。如大数据、云计算、物联网、区块链、共享经济、移动支付等，各行各业的转型发展都是在这些技术创新的推动下得以实现的。从智能手表、手环等可穿戴设备，到无人机、无人驾驶、服务机器人、智能医疗、VR、智慧农业、智慧交通、智慧城市、智慧社会等热点词汇的兴起都无一例外地提醒着我们，人工智能真正开始产业化的时期已经到来。

我们处于一个知识大爆炸，需要终身学习且不断创新的时代；我们处于一个经济全球化，智能像空气一样无所不在，万物互联的人工智能时代；我们处于一个不创新创业就难以生存的时代。大家准备好了吗？(扫描封底二维码，查看视频"放飞创业梦想"。)

人类走过了农耕文明、工业文明，现在迎来了"互联网+"及人工智能时代。或许，终有一天，我们将通过出神入化的量子裂变技术、反重力及掌握与光速同行的原力速度，能从更高端复杂的维度去认识宇宙时间和空间存在、运行的奥秘，去发现恒星、黑洞、虫洞、暗物质的神秘力量，去展开宇宙星际航行，迎来另一个星际探索时代的到来。

二、创新创业教育的目的和意义

（一）创业型经济与创新创业教育

创业型经济（Entrepreneurial Economy），是由现代管理学之父彼得·德鲁克于1985年提出的。他认为，创业型经济是相对于传统的管理型经济（Managed Economy）而提出来的，主要是指以大量新创的成长型中小企业为支撑的经济形态。传统管理型经济增长的驱动因素主要是靠劳动力和资本，而新的创业型经济的驱动因素主要是靠科技、创意、创新与创业活动。自20世纪90年代以来，美国经济实现了一个相当长的高速发展阶段，创造了30年持续增长的纪录。而保障美国经济持续发展的关键因素是其实现了经济体系从"管理型经济"向"创业型经济"的转型。美国是世界上最大的创业型经济强国，其中"硅谷模式"是其创业型经济典型的代表。

总体来说，创业型经济是基于企业家的创意和创新，以新办"创业型公司"为主要途径，微观上实现企业家个体价值和经济利益，宏观上促进国家经济发展的一种新经济形态。它的重要优势是拥有某项知识和技术的个人通过创业活动能够实现知识外溢，从而促进经济发展。

创业型经济是建立在创新与创业基础上的一种全新的经济形态。创业型经济可以从制度结构、政策导向和发展战略上支持并保证经济领域的创新，它不仅能够促进经济持续稳定的增长，而且具有引领产业发展方向、推动社会技术进步、创造新的就业机会、活跃经济生活等方面的作用。未来中国经济的新一轮发展主要依靠创业型经济的发展。

1. 发展创业型经济能够推动科技进步

21世纪是创新与创业的时代，世界各国的竞争都聚焦在创新与创业的能力上。创业是高新技术转化为现实生产力的桥梁，也是现代经济发展的引擎及日益重要的推动力，反过来，经济的发展又会在更高层次上需要知识与技术的支撑，这种循环推动过程促进了科技的进步。

2. 发展创业型经济能够调整经济结构

创业就是对不同资源加以整合、开发、利用并创造价值的过程，也是配置社会资源、调整经济结构的一种手段。在市场经济条件下，创业者通过创业活动直接参与到资源的配置活动中，从而调整经济结构。如果新创企业能够生存和发展，那么就说明其提供的产品或服务适应了市场需求，其对资源的整合与配置就是合理的。

3. 发展创业型经济能够增加就业机会，减少失业，增进社会和谐

创业是创业型经济的核心，而创业又是一种积极的就业。创业者可以通过"自谋职位"或"自我雇用"来实现就业，这是对传统的通过"存在职位"和"他人雇佣"而实现就业的一种突破。同时，创业者常常可以为其他人提供就业岗位，带动其他人就业。因此，发展创业型经济能够极大地缓解社会的就业压力，促进整个社会和谐发展和提高人民生活的幸福指数。

总之，创业型经济是以创新和创业为基础的，通过大量中小企业的创立，创造了更多的市场机会，同时造就了大量的就业岗位；通过创业者对创业要素自发的调整，促进社会资源优化配置，进而调整了社会经济结构；另外，由于知识和技术创新是驱动创业型经济向前发展的主要动力，因而创业型经济的发展过程同时可以加速科技成果向现实生产力的转化。(扫描封底二维码，查看视频"创业与就业"。)

> ★案例 1-2　　**全球创业英雄——埃隆·马斯克**
>
> 2018 年 4 月，埃隆·马斯克获得《时代周刊》2018 年全球最具影响力人物的荣誉。2018 年 2 月，他领导的 SpaceX 实现了私企火箭顺利折返、海上火箭回收等人类壮举！
>
> 埃隆·马斯克（Elon Musk）于 1971 年 6 月 28 日出生于南非，18 岁时移民加拿大，毕业于美国宾夕法尼亚大学。
>
> 埃隆·马斯克 12 岁时就成功设计并卖出了一款视频游戏。他从大学时期就开始创业，一生创业很多次。34 岁时身价已经超过 3 亿美元，40 岁时就已经成功地进行了 Paypal、Tesla Motors 和 SpaceX 多个重要领域的创业。金融危机爆发后也曾濒临破产，但他却越挫越勇。
>
> 埃隆·马斯克是当时全球最大的网上支付公司 PayPal 贝宝的联合创始人。他是美国最大私人太阳能供应商 SolarCity、环保跑车公司特斯拉、全球唯一私人 SpaceX 太空探索技术公司这三家高科技公司的 CEO，也是太空探索技术公司首席执行官兼首席技术官、环保跑车公司特斯拉产品设计师。他是全球知名的创业英雄。

目前全球的创业活动比以往任何时候都更加活跃。国家和地区之间的竞争越来越聚焦于各国的创业水平和创业成果上。创新创业者扮演着科学技术转化为现实生产力桥梁的角色，成为经济发展、社会进步日益重要的推动力。

我们所处的时代的显著特征表现为知识和技术是比土地、劳动、资金等具有更重要意义的关键性生产要素。与此同时，物质资本地位相对下降，人力资本地位相对上升，而创业者则是稀缺的知识和人力资本的拥有者和开拓者。因此，经济转型是创业热潮兴起的根本原因。中国经济的发展，需要更多的像埃隆·马斯克这样的创业狂人、需要更多的创业型组织、需要营造更好的创业型经济环境。

（二）创新驱动发展战略与创新创业教育

现在这个社会是一个以知识、信息和技术为基础和以创新创业为动力的知识经济时代。知识经济的兴起不仅仅要求存在着新型的生产方式，也要求人要主动地适应这一新型的生产方式，更迫切需要适应时代和这种新型生产方式的新的教育——创新创业教育。

2011年党的十七届五中全会《中共中央关于制定国民经济和社会发展第十二个五年规划的建议》明确提出，要坚持把科技进步和创新作为加快转变经济发展方式的重要支撑。要求我们必须将自主创新摆在重要的位置和突显的地位，使其成为国家经济发展的内驱动力，加快推进科技进步，努力提高创新能力，同时加快调整经济结构，增强科学技术在社会经济发展过程中的功能和作用。在"十二五"规划纲要中，国家已经明确提出把"创新驱动"作为"转变经济发展方式"的主线。由于人口红利消失、中国社会逐步迈入老龄化社会、有限的资源不断地被消耗等，资源驱动型经济已经面临着不可持续、难以和谐发展的窘境。我国的经济发展方式迫切需要从"资源驱动"阶段向"创新驱动"阶段转变。"资源驱动"重视的是劳动力、生产原材料、资金等要素，而"创新驱动"重视的是全体受教育者的创造力、创新精神与能力。其实质就是从原来的对物质资源耗损增加的依赖向对先进的科学技术、高素质的创新创业型人才及创新管理依赖的转变。要适应这样的改变，高等教育必须将培育和造就大批国家急需的创新创业型人才作为自己的办学目标和定位。我国的创新驱动发展战略确实也离不开高水准、高质量的大学对国家整体自主创新的能力提高、理论创新与文化引领上所给予的巨大支撑。

2016年3月，国家发布我国"十三五"规划纲要（2016—2020年）。"十三五"规划纲要强调，创新是引领发展的第一动力，必须将其摆在国家发展全局的核心位置，深入实施创新驱动发展战略。在"十三五"时期，将启动一批新的国家重大科技项目，建设一批高水平的国家科学中心和技术创新中心，培育一批有国际竞争力的创新型领军企业。要构建激励创新的体制机制，实施人才优先发展战略，深入推进大众创业、万众创新。另外，纲要指出，要加快建设质量强国、制造强国。到2020年，要力争在基础研究、应用研发和战略前沿领域取得重大突破，全社会研发经费投入强度达到2.5%，科技进步对经济增长的贡献率达到60%，迈进创新型国家和人才强国行列。

近年来，大众创业、万众创新蓬勃兴起，催生了数不胜数的市场新生力量，促进了观念更新、制度创新和生产经营管理方式的深刻变革，有效提高了创新效率、缩短了创新路径。创业已经成为稳定和扩大就业的重要支撑，也成为推动新旧动能转换和结构转型升级的重要力量，并正在成为中国经济行稳致远的活力之源。创新是社会进步的灵魂，是国家兴旺发达的不竭动力。创业是推进经济社会发展、改善民生的重要途径。创新和创业相连一体、共生共存。近几年，我国的创新能力稳步提升，涌现了许多创新成果。

> **★案例1-3　港珠澳大桥通车运营**
>
> 2018年10月24日，港珠澳大桥正式通车运营，一桥飞架粤港澳，天堑变通途。港珠澳大桥的开通，将珠海、澳门到香港的陆路交通时间从3小时缩短至45分钟，这对提升珠江三角洲地区的综合竞争力、保持港澳长期繁荣稳定、推动粤港澳大湾区成为一个世界瞩目的最具创新活力的经济区具有重要的战略意义。

> 港珠澳大桥从筹建、开工到通车历经15年，总长55公里，是中国第一例集桥、人工岛和隧道为一体的跨海通道，也是公路建设历史上技术最复杂、施工难度最大、工程规模最大的桥梁。其所涉及的新材料、新工艺、新技术和新设备等不胜枚举。仅专利就达400多项，创造了6项世界之最，在多个领域填补了世界空白，是一个令中国人无比自豪的超级创新工程。
>
> 港珠澳大桥被英国《卫报》誉为现代世界七大奇迹之一，是中国从桥梁大国走向桥梁强国的里程碑之作！

科技是第一生产力，当今国际竞争的实质是科技和人才的竞争，其焦点集中在科技和教育。美国、以色列、日本等发达国家是世界上公认的创新型国家，这些国家的科技进步贡献率达到70%以上。从表1-1中我们可以看出，美国科技实力首屈一指，创新能力也领先世界。

表1-1　2016年中美创新能力及相关经济发展对比表

国别	创新能力全球排名	创新企业世界前50上榜比例	科技进步贡献率	对世界经济增长贡献率	经济增速
中国	18名	4%	56.2%	41.3%	6.7%
美国	1名	70%	80%	16.3%	1.6%

从第二次工业革命的电灯到第三次信息革命的电脑，再到现在的互联网、人工智能，美国都是科技的开创者。美国创新实力世界排名第一的原因，除了美国人怀揣着通过个人奋斗而致富的美国梦和自身具有无与伦比的科技创新精神外，还有就是美国政府对科学技术极端重视、大力地进行科技投入、制定有利于创新的政策和制度、奖励科技发展和鼓励创新发明、保护知识产权等。但是，最主要的原因是美国吸引了世界上最优秀的科技人才，同时拥有世界一流的高等教育体系。全世界排名前100位的一流大学中，美国约占60%。其每年培养出大批拔尖创新创业型人才，是美国科技创新的人才供给源泉。20世纪八九十年代，加州的硅谷是世界上最大的科技创新区，其不超过50人的小型微型企业公司数量占科技公司总数的80%。这些小微企业一直是美国技术创新的主体，是研发活动的最大投入者，同时也是最重要的创新活动的承担者和成果占有者。而这些高新技术公司的核心技术得益于当地的斯坦福和伯克利分校等重点大学。这些名校的毕业生很多都是硅谷高科技公司的创业者或联合创始人。

从表1-1中，我们也可以同时发现，我国目前的科技进步贡献率跟美国相比还比较低，创新企业世界排名前50位上榜比例也非常低，创新能力在全世界排名是第18位，我国科技整体水平还比较落后。

★ 案例 1-4　　中兴禁售事件

2018年4月16日，美国商务部宣布：未来7年将禁止美国公司向中兴通信销售零部件、商品、软件和技术。禁售理由是中兴通信违反了美国限制向伊朗等国出售美国技术的制裁条款。

中兴通信股份有限公司（ZTE）是总部位于深圳的中国最大的通信设备上市公司，为全球180多个国家和地区提供产品和服务，被誉为全球领先通信设备和第四大手机商。中兴通信的主营业务有基站、光通信及手机，但芯片等在这三大领域均在相当程度上依赖从美国企业进口。所以，这一禁售令如果短时间内不能达成和解，会严重影响中兴通信设备的手机等产品的正常生产与销售，令中兴公司的业务停摆，同时对当前全球运营商网络建设带来一定影响，并有可能影响我国未来5G网络的推进。

在公司停摆一段时间后，经过谈判、斡旋，禁售令最终得以解除，公司恢复了生产营运。但中兴除了要缴纳13亿美元的巨额罚款，还要接受美国的严厉监管。中兴付出了惨痛代价。

 点评

中美贸易战打响之后，中兴通信的漏洞就正好成为美国政府针对中国企业，打击中国芯片产业的切入口。这起事件，除了暴露出中国企业管控合规风险的能力滞后外，又让我们感受到了被他国科技技术钳制的切肤之痛，让我们清楚地看到了有的中国企业对美国核心技术的严重依赖，也同时意识到了中国同美国之间巨大的技术差距。

现在全世界范围内的根服务器总共有13个。其中美国拥有1个主根服务器和9个辅根服务器，瑞典、荷兰和日本拥有其余3个根服务器。2018年6月11日，美国通信委员会发表公告，宣布废止2015年奥巴马政府时期制定的网络中立法案。这意味着互联网服务提供商可以屏蔽依赖于这些根服务器的网站或者降低其访问速度。换句话说，也就是断网。美国一旦对中国采取这种措施，我们的银行、交通、商业、邮电等系统可能会面临瘫痪的危险。

此次事件，让乘着互联网春风高速发展的中国清醒地意识到了掌握核心技术的极端重要性。这不禁让人想起圆珠笔"滚珠"事件。我国多年来圆珠笔产量全球第一，但居然生产不出一颗小小的"滚珠"。国外一个很小的企业如果不供应相关材料，就可以让中国万亿级的产业瘫痪，这就是我们面临的残酷现实。

★ 案例 1-5　　华为的辉煌

2018年10月17日，当华为的余承东拿着完全自主研发的华为Mate 20稳步走上英国伦敦的世界级舞台时，全球一片沸腾！

> 这是一部首次搭载"麒麟980"这颗6项世界第一的7纳米国产芯片、全球最强通信基带、全球最快国产WIFI、全球最强石墨烯+水冰散热、全球最强徕卡三摄拍照、超级GPS定位、极速充电、反向充电、3D建模等融合很多科技创新成果的一款高端手机。
> 华为是一个总部位于深圳、至今都没有上市、拥有18万员工、产品和服务遍及世界170多个国家的中国私立企业。华为在美国、德国等许多国家设立了16个联合创新中心和14个研究院室。华为一贯坚持围绕客户需求持续创新，致力于将最新的科技带给消费者，构建万物互联的智能世界。

 点评

华为30年来坚持自主创新，抵制诱惑，不走捷径，长期大力投入研发。截至2017年年底，累计申请中国专利64 091件，申请外国专利48 758件，其中90%以上专利为发明专利。

华为的成功案例让我们切身体会到，中国经济发展的核心动力唯有自主创新，最主要的是要有原发性的技术创新、原发性的技术进步及其产业化。

当前，大众创业、万众创新的理念日益深入人心，然而同率先迈入创新驱动的国家相比，我国大学生在创新创业上普遍存在着创新精神不够、创新能力偏低、创业意愿不足、实战能力较弱、创业类型生存型多创新型少、资源型多科技型少等问题。处于新旧经济发展方式转换的历史结点上，我国的高等院校应不断提高对创新创业教育的认识，树立先进的创新创业教育理念，自觉将大学生的创新创业意识培养、创新创业精神塑造及创新创业能力培养作为高等院校人才培养的根本内容，进而形成适应本土创新驱动，并能促进人的实际全面发展的创新创业教育理论与实践体系，使更多大学生成为具有创新精神的知识劳动者、面向知识要素和技术要素的创业者和通过创新创业活动实现自我全面发展的应用型拔尖人才。教育必须承担起它应有的历史责任，通过开展面向全体学生的公共创新创业教育，来大规模地复制和再生产创新创业精神与能力。

总之，国家主席习近平在党的十九大报告中提出了建设创新型国家的宏伟蓝图。构建创业型经济、建设创新型国家，急需大批拔尖创新创业型人才。作为培养国家高级人力资源的高校，应该将开展创新创业教育、培养高素质创新创业型人才作为办学目标。高校加强创新创业教育，是高校落实创新驱动发展战略的重要举措和根本任务。

第二节 创新创业教育的内涵、目标、内容及层次

2010年5月，教育部在《关于大力推进高等学校创新创业教育和大学生自主创业工作的意见》中指出："在高等学校开展创新创业教育，积极鼓励高校学生自主创业，是教育系统深入学习实践科学发展观，服务于创新型国家建设的重大战略举措；是深化高等教育教学改革，培养学生创新精神和实践能力的重要途径；是落实以创业带动就业，促进高校毕业生充分就业的重要措施。"

创新创业教育是为了适应创业型经济建设和创新型社会建立、适应国家创新驱动发展战略需要而产生的一种教学理念与模式。在高等学校中大力加强和推进创新创业教育，对于深化教育教学改革、提高人才培养质量和促进高等教育科学发展，具有重大的现实意义和长远的战略意义。创新创业教育要面向全体学生，融入人才培养全过程。要与专业教育深度融合，产学研协同，以转变教育思想、更新教育观念为先导，以提升学生的社会责任感、创新精神、创业意识和创业能力为核心，以改革人才培养模式和课程体系为重点，大力推进高等学校创新创业教育工作，不断提高创新创业型人才的培养质量。

一、创新创业教育的内涵和目标

创新创业型人才是指具备创新创业思维，具有创新创业意识，能够灵活应用已经掌握的专业知识，依靠自身的创新创业技能去开创事业或开办企业的人才。

1991 年，东京创新创业教育国际会议从广义上把"创业创新教育"界定为：培养最具有开创性个性的人，包括首创精神、冒险精神、创业能力、独立工作能力以及技术、社交和管理技能的培养。

所以，创新创业教育是以培养具有创新创业基本素质和开创型个性的人才为目标的。它不仅是培育在校学生的创业意识、创新精神、创新创业能力的教育，更是要面向全社会，针对那些打算创业、已经创业、成功创业的创业群体，分阶段分层次地进行创新思维培养和创业能力锻炼的教育。

创新创业教育的目标是培养具有一定的创新创业意识、创新创业思维、创新创业能力以及创新创业人格的高素质新型复合型人才。主要包括唤醒学生的创新创业意识，激发学生善于发现问题并解决问题的能力；还包括训练学生的创新创业思维，塑造学生的创新创业人格，开发学生创新创业必备的基本素质。

二、创新创业教育的内容、途径和层次

（一）创新创业教育的内容

创新创业教育的内容如图 1-1 所示。

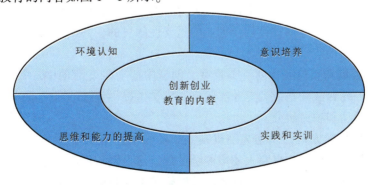

图 1-1 创新创业教育的内容

1. 创新创业的意识培养

通过课堂理论学习和第二课堂、第三课堂的活动，组织参观、实习实训和实践模拟等教学

环节，培养学生的创新创业意识和创新创业精神，使学生了解创新创业人才的素质要求。掌握创新创业的概念、特征及要素，启发学生自觉掌握开展创新创业相关活动所必备的基础知识。

2. 创新创业思维和能力的提高

培养并训练学生的创新思维、批判性思维、创造性思维等思维能力，提高学生的组织协调能力、团队协作能力、领导力、决策力和洞察力，提升学生的情商、财商、逆商等各项创新创业必要的素质及能力。

3. 创新创业的实践和实训

通过实训平台开展模拟企业创办等实践、实训活动，鼓励学生在线上模拟体验创业准备的全部过程，了解各个环节的注意要素，包括团队组建、项目的市场评估、创业融资、风险管理等内容。通过参加指导老师的创新科研实验、各类创新创业竞赛、技能大赛和社会实践活动，了解创新的环节及过程、方法与技巧，锻炼科技攻关的能力及素质。

4. 创新创业的环境认知

指导学生了解当前的政治经济形势和国家发展战略，认知当前行业发展现状及运行环境，学会对环境政策的评判和评估方法。学会把握创业机会，规避创业风险。了解商业模式的设计策略、技巧和开放的全过程。对于有创业意向的学生团队，有针对性地指导他们选择适合的行业和适合的项目和适合的地点开展创业。

（二）创新创业教育的途径

国内高校的创新创业教育主要通过以下几种途径来开展。

（1）改革人才培养模式，建立多主体多渠道良性循环的协同育人机制。开展大学与大学、大学与企业或者行业、大学与地方政府、大学与科研机构、国内大学与国外大学等多种多样的合作协同，合力推动高校创新创业教育的合作共赢。

（2）成立各级各类专门组织机构，推动创新创业教育的高效率开展。各高校成立创业学院或者创新创业学院，统筹全校创新创业教育的教学设计及安排；组织开展课程建设、教材建设、师资建设及培训、教学研究；组织实习实训及实践等实操环节。成立双创促进中心、创业协会、创新协会等多种学生社团，大力开展各类创新创业活动和双创大赛、技能竞赛、各类学术活动等，以达到宣传创新创业的重要性的目的，并鼓励和推动更多学生参加创新创业教育的相关活动。

（3）建立各类创新实验区、创新实验室、创新中心、研发活动中心等，培养创新型人才。对学生开放各综合实验室或者专业实验室，为学生提供良好的研究条件和环境，鼓励学生参加各种学术活动和项目研究。

（4）改革人才培养方案，设立奖励机制，鼓励大学生创新创业。将创新创业教育面向全体学生，纳入教学主渠道，贯穿人才培养全过程。建立创新创业学分积累与转换制度，设立弹性学制，定制创新创业能力培养计划。鼓励跨院系、跨学科、跨专业培养人才。设立奖学金，表彰优秀创新创业学生，鼓励更多的学生开展创新创业。

（5）开展教学改革，提倡课程双创和双创课程。将创新创业教育与专业教育、基础教育、职业教育深度融合，在进行专业教育的过程中，调整专业课程设置，在专业教学中渗透创新创业教育的相关内容。

(6）完善创新创业教育的课程体系。开发设置高水平的创新创业类选修课和必修课，设置创新学分并纳入学历学位中的学分管理。结合智慧校园建设，加强对优质课程的信息化建设，运用大数据，推出创新创业类的在线课程。利用新的教学设计和教学方法，比如云课堂、微课、快课、慕课、对分课堂、翻转课堂等提高创新创业类课程的趣味性和吸引力，提升学习效果。

（7）强化创新创业实习实训和实践，加强对各种创新创业的平台建设，让学生有机会模拟和体验创新创业，提高学生的实操能力。增加投入，建设各种实训中心、创新研发活动中心、各种专业实验室、创客中心、创业俱乐部、大学生创业园、孵化中心、校外实践教育基地等，搭建大学生创新创业的实践平台。

（8）开设创业学或者创新管理专业或者方向的学历学位教育，加强师资队伍建设，配备最强师资，招收创新创业方面的硕士、博士研究生。开展国际合作与国际交流，与国外大学联合培养创新创业方面的学历学位生。

（9）以各类创新创业大赛为载体，促进创新创业教育活动的开展。鼓励在校大学生和创业的毕业生积极参加各种各样的创新创业大赛，以各种比赛、竞赛为载体，通过吸引同学们参加赛事活动，亲自体验或者观摩比赛来增强创新创业意识、提高创新创业能力。例如，各类学科竞赛、专业设计类竞赛、专业技能大赛、"创青春"全国大学生创新创业大赛、中国"互联网+"创新创业大赛、"挑战杯"全国创新创业大赛。

"挑战杯"全国创新创业大赛是由共青团中央、教育部、中国科协和全国学联联合主办的全国性大学生课外学术实践竞赛活动。它包括两个项目，即"挑战杯"中国大学生创业计划竞赛（简称"小挑"）和"挑战杯"全国大学生课外学术科技作品竞赛（简称"大挑"）。这两个项目每两年举办一次，且轮流交叉进行。"挑战杯"自1998年首次举行以来，已经连续举办了15届，每届由一所著名高校主办。每届比赛都吸引了各高校很多有志青年的参与，是全国最有影响力、规模最大的创新创业类赛事。其中，"大挑"在促进大学生创新人才成长方面发挥了非常积极的作用，被誉为当代大学生科技创新的"奥林匹克"盛会；而"小挑"又被称为商业计划竞赛。竞赛采取学校、省市自治区、全国三级赛制，分预赛、复赛和决赛三个赛段进行。竞赛活动对培养学生创业精神和实践能力，促进创业活动的蓬勃开展，发现和培养一批有创业意愿和潜力的优秀人才起到了非常重要的推动作用。实际上，这类全国性的大赛，已经成为检验各高校科研水平和科技创新实力、衡量学生创新思维强弱、体现高校创新创业教育质量、比拼综合办学实力的重要平台。大赛可以反过来有力地推动各高校深化科技创新和应用型研究，优化人才培养方案和加强教学改革，同时，也能够增强办学实力和提升院校影响力。

（三）创新创业教育的层次

开展创新创业教育，不仅是高校的任务，也是全社会的责任。创新创业教育应该分层次、分对象逐步开展与实施。创新创业教育根据教育目标的不同主要分为三个层次。

1. 创新创业意识教育

类似于全民普及化的基础教育，旨在进行商业扫盲，培养崇尚创新、尊重创业的社会文化。

2. 创新创业通识教育

类似于大众化高等教育，旨在进行创新创业精神的培养和企业家精神塑造，培养发明家思维模式或企业家思维模式，学习像企业家一样的行为，增强创新创业的职业素质和能力。

3. 创新创业拔尖人才教育

类似于精英教育，旨在成就有创新创业潜力的学生，使其成为未来事实上的创新者和创业者。有许多高校针对有潜力和有兴趣的学生开设了"创新班"和"创业先锋班"；也有许多高校建立了创业管理、创新创业方向的学士学位点、硕士点和博士点，颁发专业学位，培养创新创业的未来精英。

有的学者认为，高校的创新创业教育也应该针对不同的对象，采用不同的方式来分层次进行（见图1-2）。

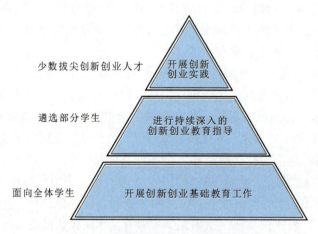

图1-2 高校创新创业教育的层次

第一层次：面对全体低年级同学开展的普及性创新创业基础教育。比如全体学生要必修"创新创业基础"课程。又比如学生处和团委组织开展的相关活动，宣传和推广创新创业的重要性等。要做到宽口径广覆盖。目的是培养学生的社会主义核心价值观及创新创业意识，对其进行创新创业精神的塑造。

第二层次：面向有一定的创新创业基础知识，有兴趣开展创新创业的同学，以兴趣驱动自我主导为原则，开设一些有针对性的选修课供学生选修，并开展相关的创新创业实验、实训实习和实践活动。对这部分学生进行持续深入的创新创业教育指导。目的是锻炼这些同学的创新创业思维，提高其创新创业能力和提升其创新创业必需的相关素质。

第三层次：面向创新管理专业或者创业管理、创业学等专业的学历学位生或者"创业先锋班""创新班"和一般专业的高年级同学，对已经参加或者拥有创新创业项目的同学提供个性化的精英培养或者项目孵化。目标是进行企业管理能力的培养和创新创业实践能力的培养。

第三节　世界各国创新创业教育的发展

一、美国创新创业教育的兴起及发展

美国的创新创业教育一方面是创新创业实践蓬勃兴起的结果，同时，创新创业教育的研究也提升和促进了美国创新创业教育及其实践的发展。美国的创新创业教育已经形成了一个

非常完善的体系，涵盖了从小学、初中、高中、大学专科、本科到研究生的正规教育的所有教育层次。

在基础教育阶段进行创业教育主要是与职业教育紧密结合。面对创业者越来越年轻化的趋势，美国从 1998 年开始实施"金融扫描 2001 计划"，向中学生普及金融、投资、理财、营销、商务等方面的"超前教育"。美国有相关的组织专门组织教育活动，目标是配合学校、家庭及社会从市场经济发展的实际需要出发，设法将教育与商业结合，让 1~12 年级的学生学习生活中的经济学，掌握一些做生意的知识和技巧。

（一）美国高校创新创业教育的起源

美国高校的创新创业教育起源于 20 世纪 40 年代。1947 年哈佛商学院为 MBA 学生开设了一门"新创企业管理"的新课程，这门新课程的开设标志着创业教育在美国大学的首次出现。

1967 年，斯坦福大学和纽约大学开创了现代的 MBA 创业教育课程体系。1968 年，百森商学院第一个在本科教育中开设了 Entrepreneurship Concentration 这门课程。到了 1979 年，已经有 127 所美国高校在本科生中开设了创业教育的相关课程，1989 年其数量达到了 1 060 所。开设相关课程成为高校的普遍选择。后来，创业教育一跃成为美国高等教育中发展最快的科目之一。许多高校开设了创业学或创业研究专业。正规的创业教育专业（包括主修、辅修、证书等）从 1975 年的 104 个增加到 2007 年的 500 多个；课程数量从 1985 年的 250 门增加到 2008 年的 5 000 多门。2012 年的时候，每年有超过 40 万人的本科生和研究生选修创业课程，将近 9 000 名教师教授这方面课程。教师队伍由具有良好创业素养的专兼职教师组成。通常都会聘请社会上既有创业经历背景又有较好学术背景的成功人士从事教学与研究工作，或者兼职采取短期讲学的方式参与大学创业教育。据调查显示，在开设创新创业教育课程的学校中，有 8% 的高校提供创业学博士学位。

美国政府设立了国家创业教学基金大力支持高校的创业教育。美国高校最热门的创新创业类课程主要有："创业原理""小企业管理""新企业创立""技术创新管理""家庭企业管理""风险资金""创新管理""特许经营"等。创业课上最流行的教学方法包括：商业计划、案例研究、演讲、讨论、讲座、研究项目、实习、社区项目等。经过漫长的发展历程，美国高校在创新创业教育的实践方面积累了丰富的经验。目前，在美国有 1 600 所大学提供至少 2 200 门以上的创业课程，有超过 100 个创业孵化中心，有 44 种以上与创业有关的学术刊物。美国高校不仅具有完善的创业教育课程体系、稳定专业的专兼职教师队伍，更开展了丰富多彩的创新创业活动。通过营造浓厚的创新创业氛围和提供充足的资金支持，来鼓励学生积极投身创新创业。

（二）美国高校创新创业教育活动

美国大学的创新创业教育活动起始于 20 世纪 80 年代初。1983 年，美国得克萨斯州立大学奥斯汀分校举办了世界上第一届大学生创业计划大赛，目的是激发学生进行企业策划的热情。接着，包括麻省理工学院、斯坦福大学在内的十几所世界一流大学每年都举办创业计划竞赛，这样的竞赛吸引了大批风险投资家和企业家等方面的人士参与，每年都有不少作品被风投机构看中，为其提供资金注册新技术企业。其中，最值得一提的应该是麻省理工学院

1990 年开始的"五万美金商业计划竞赛",在竞赛中获奖的项目可以获得五万美金的资助,并可以在学校的企业孵化中心开始创业。自从该竞赛举办以来,每年都有几家新企业从大赛中诞生并有很多的创业计划和创业团队被一些高新技术企业看中,然后被高价买走或挖走。这些由创业计划直接孵化出来的企业,有的短短几年就成长为年营业额达 10 亿美元的大公司。据统计,1990—1999 年,MIT 毕业生已经创办 4 000 家公司,对美国特别是麻省的经济发展做出了重要贡献。如果把 MIT 校友和教师创建的公司组成一个独立的国家,那么这个国家的经济实力可以排在世界的第 24 位。

(三) 美国创新创业教育的模式

美国拥有全世界最早、最完善的高校创新创业教育体系。其创新创业教育的典型模式主要分为三大类型。

1. 培养创业意识为主的模式

百森商学院的创业教育主要由创业教育研究中心承担。每年大约有 25% 的本科毕业生被授予创业学学士学位。该研究中心为学生们设计了一个非常著名的创业课程体系,其由一系列必修课和选修课组成。该课程很有特色,宗旨是协助学生锻炼和提升创业思维、抽象思维、创造力、进取心和灵活性、冒险的愿望和把握商机的能力。这一模式是通过创新性的教学计划、外延拓展计划以及学术研究来支撑创新创业教育,倡导创新精神和创业精神。

2. 培养管理经验为主的模式

哈佛商学院认为:创业精神隐含的是一种创新行为或者个人的特质表现;是一种突破资源限制,通过创新来创造机会的行为表现。到 2001 年年底,哈佛商学院总共开设了 15 门创业管理课程。哈佛商学院的主要优势是可以针对创业管理建立完整的资料和案例库,为开展研究的学生提供良好的学习研究条件。哈佛商学院是当时唯一一所为创业管理与创业教育研究发行期刊的大学。通过这种教育模式,学生不仅可以学到丰富的创业理论,还能学习到具体的创业技能技巧,并能将所学内容进行实践,融入具体的创业行动规划之中。

3. 产学研一体化的模式

斯坦福大学共开设了 17 门以上的创业管理课程。斯坦福商学院在开展创新创业教育的时候,不仅强调实际的创业管理经验,也强调对经济、金融、市场等理论的长期研究,更加强调创业战略、创业环境等方面的问题研究。尤其特别重视创业过程中各阶段、各层面的策略与操作问题,以及产学研协同创新、产业网络等方面的问题的研究和教学。作为一所全世界知名的理工科大学,斯坦福大学非常注重应用导向和学科间的优势互补。例如,在课程设计上采取团队教学与两段式教学方法,让学生跨学科、跨专业组建团队,进行市场调研与分析,评估创业机会,激发创意并设计出产品。接着团队成员在实验室开发和生产制造出准备推向市场的产品,同时营销这种产品等,也就是结合个人兴趣、专业能力特长以及面对的外部环境,采取具体的创业行动。这种全过程参与有助于学生探讨和处理创业过程中有可能涉及的全部议题,全面了解如何将一个创业的"点子"直接转化为一个产品进而创办一个完整的企业的全过程。

斯坦福大学与硅谷联系非常紧密。斯坦福大学一方面打造一流师资,培养一流人才,为硅谷源源不断地提供人才支撑；另一方面，对内形成技术转化服务体系、对外形成技术授权和合作机制。斯坦福大学规定，技术授权产生的收益由所在系、所在学院和科研人员共同拥有和进行分配，大大地调动了师生创新创业的积极性。2016年该大学新增141个技术授权项目，年度收入达9 500万美元。斯坦福大学鼓励师生利用科研成果开展创业，学校会在市场、技术和资金等很多方面提供大力支持。除了为在创业计划大赛中脱颖而出的项目提供孵化基金外，还为具有较好应用前景的项目提供"鸟饵基金"和"缺口基金"。与传统的"大学负责研究，企业负责商业化"产学研模式相反，斯坦福大学与硅谷企业之间建立了类似于"共生"的相互依存关系。除了大学的科研成果在硅谷直接商业化，大学每年为硅谷输送大批创新创业人才外，企业与大学之间还建立了数据共享、设备租赁、实验室共享、企业咨询、委托研究、合作研究及联合培养人才等多形式、多主体的协作机制。每年，学校都会与企业签订150项以上的资助研究协议、450项以上的成果转让协议。斯坦福大学除了政府拨款支持创新创业教育和研究，硅谷的企业也以多种形式反哺科研及教学，甚至有的校友在硅谷创业后大笔捐资助学。

如果将斯坦福大学的校友们创立的企业联合起来，它们将成为全球第10大经济体。例如，思科、Twitter、耐克、特斯拉汽车、惠普、Firefox、Instagram、雅虎、谷歌等硅谷巨头都是斯坦福大学的校友们创立的。斯坦福大学的师生共成立了4万家以上的企业，平均每年创造营收2.7万亿美元左右。

★ 案例 1-6

斯坦福大学与硅谷

1951年，时任工程学院院长特曼教授与校长商定在校园里创建了世界上第一个科技园——斯坦福研究园（Stanford Research Park）。斯坦福大学毕业生休利特和帕卡德在特曼教授的支持下创立了惠普公司，其被广泛认为硅谷起源的标志。到了1955年，师生们在园内创办了7家公司。在特曼教授邀请下，"晶体管之父"肖克利将半导体实验室建立在了硅谷，并于1963年到斯坦福任教。1970年，园里的企业达到了70家，全部是科技企业。后来，斯坦福大学划分出大片校园土地，创建了"斯坦福工业区"，将地产租给师生开办的新企业。这一科技工业园区的设立，吸引了大量技术研发类创业者的聚集。工业园区经过多年发展，慢慢向南延伸，促成了今天的硅谷地区公司网络的逐步形成。

点评

斯坦福大学及其附近的其他大学，如加州大学伯克利分校等组成的大学群是硅谷生态系统中的核心之一，为硅谷的发展提供科研设备、科技人才等诸多便利，不断促使创新成果快速高效地应用于生产实践，使硅谷成为高新技术产业区、美国乃至全世界的科技创新中心。可以毫不夸张地说，没有斯坦福大学及其附近的大学群的创新创业教育，也就没有今天的硅谷。

(四)美国国家创新战略

美国是目前世界上创新能力最强的国家。创新促进了新公司的产生,1980—2007 年,平均每年有超过 50 万家科技公司创立,并带来了 300 万左右的新岗位。大学被视为国家创新体系中重要的组成部分,被称为"经济发展原动力"。2015 年 10 月,美国国家经济委员会和科技政策办公室联合发布了新版《美国国家创新战略》,指出维持完善的美国创新生态系统的重要性。强调美国创新生态系统是由发明家、技术人才、创业者、积极进取的具有创新精神的劳动者、世界一流水平的研究性大学、富有成效的研发中心、风险资本等多主体组成的。提出未来要从创造更适宜的鼓励创新创业的法规政策及制度环境、搭建更高效的产业知识共享平台、培育更浓厚的创新创业文化、加强创新创业人才培养等方面着手来完善这一生态系统。

二、世界上其他国家创新创业教育的经验

(一)德国的创新创业教育

德国是创新能力很强的国家。德国只有 8 000 多万人口,却拥有奔驰、宝马、西门子、双立人、拜尔等 2 300 多个世界知名品牌。德国绝对是世界级创新强国。毫无疑问,德国的创新能力之强与该国注重创新创业人才的培育关系重大。

> **★案例 1-7**
>
> **Ferdinand Porsche 的故事**
>
> 费迪南德·保时捷(Ferdinand Porsche)(1875—1951 年),是世界上最优秀的工程师、汽车设计师、大众汽车及保时捷汽车的创始英雄。他对这个世界的巨大贡献在于他无与伦比的高超汽车产品设计水平!而他让汽车走向大众化的理念及立志为普通民众设计出超高性价比汽车的精神成为世界的财富。
>
> 费迪南德·保时捷出身于一个铁匠世家,15 岁进入夜校学习,后来以半工半读的形式在工学院进修。1897 年,他 22 岁时,设计了一台可以安全地安装在汽车车轮内的电动机,并获得了人生第一个专利。1930 年,他创立了自己的公司——保时捷汽车设计所。正是得益于勇于实践、不断学习进步的意志品质及追求技术创新的工匠精神,他一路开始了不断创新、迎接挑战的开挂人生。

德国最早的创新创业教育可以追溯到 19 世纪 50 年代,但到 20 世纪 70 年代中期才在高校发展起来。1999 年,德国大学校长会议与全德雇主协会联合发起了《独立精神》倡议:创造有利于高校毕业生创业的环境,促使高校成为创业者的大熔炉,每届争取有 20% ~ 30% 的毕业生能够独立创业。经过四十几年的发展历程,德国高校已经形成了较为完善的创新创业教育理论及实践体系,培养出了大批具有创新创业意识和能力的高精尖人才,为推动德国经济发展和社会进步做出了巨大贡献。德国高校的创新创业教育特点主要体现在以下三个方面。

1. 完善的组织管理模式

德国高校的创新创业教育管理模式共有三种类型,即独立模式(由一个不属于大学的咨询委员会领导的创新创业教育网络)、整合模式(既开设理论课程,又提供创业实践经验)和双元模式(教师负责学术,大学子公司的专业人员负责创业实践)。

2. 健全的法规政策环境

为了鼓励大学生创新创业,德国政府出台了一系列投融资和税收优惠政策,还设立了各类奖励资金,提供给大学生的初创公司。为了营造良好的创业环境,搭建完善的保障体系,德国政府为创业大学生提供包括创业咨询、指导及培训等多方面的服务。各州制定了相应的法律法规来维护和规范中小企业竞争秩序。为了防止大企业欺压中小企业,保护中小企业利益,还成立了相关监督机构。

3. 较为系统的课程体系

德国高校创新创业教育的课程设计是由学校、政府以及金融机构共同来协作完成的。其课程体系涵盖了创新创业意识、创新精神、企业家精神、创业实践操作等各方面的课程。具体包含创业计划书的写作、企业家精神训练、创业法律法规的了解和创业企业管理等。在教学模式上采用经典课程教学为主,模拟体验为辅。

(二)以色列的创新创业教育

以色列是全球第二大创新中心,被誉为"中东硅谷"。10 000 人中就有工程师 140 名,每 4 500 人中就有 1 名教授,人均拥有量居世界第一。中东地区最好的大学,70% 位于以色列,其中有 3 所大学已经跨入世界知名大学前 100 强。全世界每 10 位诺贝尔奖获得者中,就有 3 位来自以色列。以色列教育部长曾自豪地提到,以色列的专长是出口天才。

美国外交政策专家丹·赛诺和以色列专栏作家索尔·辛格合著了《创业的国度:以色列经济奇迹的启示》,这一专著对以色列的人文及社会环境进行了深入分析,得出了一个结论:犹太人的文化传统和以色列的创新创业教育理念,是以色列成为创新创业强国的重要原因。

★案例1-8　　　　　　　　**以色列的奇迹**

以色列的国土面积只有 2.1 万平方公里,其中 2/3 的面积都是自然资源极度匮乏、不适宜人类居住的沙漠。这个国家非常干旱,每年有近 10 个月不下雨,气候、自然和地理环境都非常恶劣。由于历史和宗教的因素,以色列自从建国以来,与相邻的国家发生过多次大的战争,关系紧张状态一直存在着。

800 多万人的犹太人就是在这么严酷的环境下,创造了"以色列奇迹":以色列的科技研发支出比重位居全球第一,创业公司数量及风险投资人均第一。以色列的企业中,98% 为中小微企业,且大多数是高新技术企业。以色列的小企业增长率为全球第二。以色列最为世人称道的是高科技领域的创新成就,其科技对国家的贡献率高达 90% 以上。而整个以色列被称为"创新国度"。

> 以农业为例,由工程师辛迪·布拉斯发明的以色列滴灌技术,使以色列不仅在这块异常干旱贫瘠的土地上解决了自己的生计问题,而且出产的果蔬还远销欧洲及其他国家和地区。以色列为了生存而进行创新。以色列人说:"只要有大脑和心就能创造一切!"

"以色列奇迹"之所以能够发生,除了犹太人从小接受家庭的创新创业教育,深得创业文化的熏陶和传承,整个社会都很尊重商业知识、崇尚创新智慧外,还有就是,以色列政府有多途径培养创新创业人才的体制和机制。

在以色列,年轻人只要到了18周岁,无论男女,都需义务服兵役。服兵役期间,一些有潜力的年轻人会被选拔出来送入特殊机构或尖端科技部门接受学术培训,进行重点培养。比如,以色列政府曾制订Talpiot(塔楼)计划,被这个项目选中的军士经过特殊培训后如果能顺利通过考核,将成为真正的精英人才。至今,这个计划已经培养了超过650名毕业生,他们都成为以色列顶级的学术专家或成功地成为企业的创始人。此外,以色列还有很多种类的精英培训计划。比如,2013年,为了创建"数字铁穹",保护以色列重要基础设施免受黑客入侵和病毒骚扰,以色列总理正式启用了培养青年网络精英的新国家法案。2015年,为了振兴以色列的钻石业,政府主导启动了"新时代钻石工匠大师"的培养计划。这些富有特色和针对性的高精尖人才培养举措,成为以色列创新创业最直接高效的人才输送渠道。

当然,创新创业型人才输送的主渠道还是高校。以色列高校十分重视创新创业教育,采取多种方式促进学生创新创业精神和创新创业能力的培养。据统计,以色列10%以上的本科生和30%以上的硕士、博士毕业生通过创新创业教育创办了自己的企业,以色列约5 000家初创企业是由高校毕业生创办的。

在以色列的高校中,创业中心不但为学生提供相关课程、实战指导,而且为优秀创业项目提供奖励和资金,支持大学生创业。同时,中心还为大学生提供了交流、合作及发展的平台。创业中心的宗旨是:注重培养学生的创新创业意识和精神,为创业者提供实际的专业指导,帮助其成功设立新公司。2009年,为了帮助学校的初创者,特拉维夫大学的学生创办了特拉维夫大学创业中心(Startau)。后来,该中心快速发展成为以色列最大、最活跃的非营利性创业中心。该中心共有300多名指导老师,为3 000多校友创业者提供服务。该中心除了为学生开设学习学术课程,开展体验教学外,还为学生搭建关系网,汇聚商业资源,定期举办各项活动。比如,一年一度的"创新大会"就帮助处于"生态圈"的创业者、投资人、学术机构、公共机构等提供了平台开展交流活动并实现项目对接与合作。同时,中心也提供业务开发、市场营销、法律咨询等服务。以色列理工大学、希伯来大学、列本·古里安大学等很多大学都成立了创业中心。这些创业中心主要向所有学生、校友、教工、当地企业家开放。提供各类课程,举办工作坊、社交聚会、展示活动、行业挑战赛、讲座、社区活动等帮助学生打通行业渠道;也提供对预加速器项目、加速器项目等的孵化,同时也提供租赁生物科技企业所需的实验室设备、学术研讨会所需场地等方面的服务。

以色列大力开展形式多样的创新创业活动和比赛,有力地促进了创新创业教育的发展,吸引了大批学生的关注和参与。有一个知名的高强度、注重实践的创业活动——"Technion 3 DS"。在这个丰富多彩、历时3天的工作坊中,学生及学生团队将最初的创意或者计划向投资商展示,学生们得以跟企业家和投资人面对面交流和互动,得到直接的指导并根据指导完善和改进自己的创意。最后,创意好的项目可以孵化成初创企业。以色列还有一种面向科技初创公司的全国性比赛——"BizTEC"。每年暑期,来自以色列各地初创企业的大学生创业者积极报名参与赛事。通过参加这种高强度暑期项目,能够把科技创新技术转化成企业的发展活力。从开始举办这一赛事以来,参与比赛的企业已经获得超过2亿美元的融资。

以色列高校建立了比较完善的创新创业教育课程体系。经以色列高等教育委员会批准,赫兹利亚跨学科学院等不少大学都正式开设了创业学学士学位课程,面向有兴趣开办创新企业或设立创新项目的学生进行招生。希伯来大学在工商管理硕士课程中开设了"创业360"（Star Up 360）专业方向。学生可以在本校教授、法律导师和风险投资人等组成的联合师资队伍的教学中,学习国内外创业生态系统知识、创业管理和投资初创企业的必备工具和方法。以色列高校最受欢迎的创新创业类课程包括"一手创业""技术革新与创新""伦理与创业""处理和应对失败""互联网时代统计"和"创造力与思想心理学"等。比如,"技术革新与创新"讲授业务创新和技术进步带来的机遇和挑战以及创新技法等内容。"创造力与思想心理学"课程为学生普及认知、生物学视角、个性、动机等心理学知识,丰富学生对创业者心理和精神的了解和认识,为提高学生的创新思维和创造力提供坚实的学科基础。

(三) 韩国的创新创业教育

从世界的发展历史进程中,我们可以发现,后发国家的发展大多从模仿开始。经过一段时间的模仿发展之后,后发国家如果不能及时转型升级,从模仿转向创新,就会走入死胡同。拉美的一些国家就因此落入了"中等收入陷阱"。韩国由于果断迈向创新驱动成功实现了弯道超车,从中等收入国家行列成功地跻身高收入创新型国家行列。

创新驱动实质上是人才驱动。韩国经济每十年就可以完成一次产业升级,得益于其有效的创新创业人才战略。为了建设创新型国家,韩国建立了涵盖中小学教育、职业教育、高等教育等各个层次的创新创业人才培养体系。韩国在全国中小学校建立了"青少年科学探索班"来提高青少年的科技创新能力。政府设立了"总统科学奖学金",鼓励优秀高中生报考国内外名牌大学,培养世界级创新人才和科学家。同时,韩国也非常注重技能培训,培养大批满足创新活动需要的各类高质量技能人才。而且,韩国注重发挥企业在创新驱动中的主体性作用。目前,韩国的研发投入占GDP比重已达40%,总人口每一万人中就拥有研发人员40人,其从事研发的人员比例位居世界前列。但韩国政府投资的研发机构只有20多家,而企业研究机构已经超过10 000家,企业投入的研究机构数量占据绝大多数。在韩国,国家的科研经费不仅面向高校和科研机构,也向企业开放,以激励企业加大研发投入。政府出台了一系列财税扶持政策,给予大学毕业的创新创业者大量的补贴和产业保护,帮忙界定创新者与创新成果的占有关系,提高创新创业的积极性和主动性。韩国陆续颁布实施了《科学家教育法》《科学技术促进法》《科技框架法》等多达29种较为完备的促进创新创业的科技法律体系,以法规来保障大学生创新创业。

> **★案例1-9**　　　　　　　　**三星的内部创业**
>
> 　　为庆祝三星电子创立45周年，2014年4月，位于韩国三星水原数字原区的三星创新博物馆（Samsung Innovation Museum）盛大开幕。博物馆内部有三个展馆，分别是发明家的时代、企业创新时代、创造的时代。博物馆的设立旨在向大众科普电子产业的过去、现在及未来发展，弘扬三星集团的创新创业精神。
> 　　三星集团1938年3月成立于韩国大邱，其创始人李秉喆将一个小小的贸易公司发展成为世界著名的最具创新能力的跨国公司，他的公司内部创业和无终点创业的理念是公司不断推陈出新的关键。其次，在公司的发展过程中，六西格玛和TRIZ等创新方法的成功应用对于其创新能力的提升也发挥了重要作用。
> 　　三星是三星集团旗下最大的子公司。三星公司的产品开发战略经历了从"拷版战略""模仿战略""紧跟战略"，到"技术领先战略"的演变，经历了从最初的以数量取胜，到接下来的关注品质，再到现在的立足于品牌经营的变化过程。目前，三星电子开发的多项产品在高技术电子产品市场已经占世界领先地位，获得了多项世界第一。2017年，欧盟委员会公布世界产业研发投入排行榜，三星电子位列全球第4位。2018年，三星电子拥有33万名员工，实现年利润超过366亿美元，在世界五百强企业中，位列第12名。在世界前100名著名商标列表中，唯一的韩国商标是三星电子，它是韩国民族工业的象征。

　　韩国高校的创新创业教育的历史可以上溯至20世纪80年代初。其最初的教育模式是开设一些有关创新创业的课程。其课程体系由两大类组成。第一大类：由大学或者研究生院开设，面向全体在校学生，纳入学位课程体系的正规课程体系。第二大类：由大学开设与学位无关的面向全社会招生的选修课程，以及由社会培训机构组织建立的各类有关创新创业的讲座和报告等组成的非正规课程体系。

　　20世纪90年代前后，在韩国大学校园里掀起了一股创办风险企业的旋风。仅2000年第一季度，韩国在校大学生或刚刚毕业的学生通过"创业周友会""全国大学生创业周友联合会"等创新创业教育的组织机构创办的企业就达80多家，遍及信息、通信、网络和电子等科技领域。有25所大学先后成立了大学"创业支援中心"。

　　经过30多年的发展，韩国高校已经形成了以5所"创业研究生院"为核心，辐射全国所有高校的创新创业教育体系。"创业研究生院"在政策和财政上得到了中小企业厅和教育部的充分支持和保障。"创业研究生院"提供学位教育，学制为2～2.5年，周末及晚上为授课时间，实行小班制，班级人数30人左右，最后考核成绩合格即可以授予创业学硕士学位。"创业研究生院"以开放的姿态宣传和招生。凡具有大学本科及以上学历，对创新创业有兴趣并致力于创业的人士均可报名参与应试。入学人群包括：准创业者、企业经理、开展技术创新的研究人员、创业咨询师、高校教师、有创业兴趣和设想的在校大学生、计划创业的国际创业者、准备创业的离职或退休人员等，招生对象非常多元化。"创业研究生院"的课程设计采用的是创业前、创业时、创业后三阶段实施模式，是从美国巴比森商学院引入设计的，其课程贯穿创业始终，富有可持续性。同时，注重课程特色化建设与区域产业发展相结合，进行个性化培养，实现了创业教育的专业化发展与人才培养的多元化。

三、我国高校创新创业教育的发展

1989年年底，联合国教科文组织在北京举行了"面向21世纪教育国际研讨会——21世纪的劳动世界"，在这次大会上，"创业教育"这个新概念被首次提出。会议认为，"创业教育"证书是未来从业者除了拥有学历学位证、职业资格证外，也应该掌握的第三张教育通行证。教科文组织认为，未来的大学毕业生将不仅仅是求职者，而更应该成为工作岗位的创造者。从此，中国政府和教育工作者开始关注、重视并研究中国的创新创业教育的开展。

中国高校创新创业教育发展到今天，经历了从起始到多元探索再到快速发展这三个阶段，如图1-3所示。

图1-3 高校创新创业教育的三个发展阶段

第一阶段：起始阶段（1998—2001年）

我国高校最早的创新创业教育起始于1998年。清华大学发起并主办了我国首届"创业计划大赛"，成为第一所将创业计划大赛引入亚洲的高校。清华大学实施了在国内的管理学院中率先为MBA学生设立"创新与创业管理"方向，而且积极为全校本科学生开设"高新技术创业管理"选修课程的制度。从此以后，清华大学一直都是国内各高校创新创业教育方式或模式及教育体系的引领者。1999年，由国家领导人题字的第一届"挑战杯"中国大学生创业计划大赛在清华大学举办。后来，从第二届开始，共青团中央成为组织者，并与教育部、全国学联、中国科协、中国社会科学院等机构联合主办了接下来的所有"挑战杯"全国大学生创业计划大赛和课外学术科技作品竞赛。挑战杯包括两个项目：创业计划竞赛和课外学术科技作品竞赛。每两年举办一次，两个项目轮流交叉进行，到目前为止，已经举行了15届。同年，国务院发布《面向21世纪教育振兴行动计划》和《关于深化教育改革全面推进素质教育的决定》，要求各高校在学校周围建立高新技术产业化基地，提出"加强对学生的创业教育，采取措施鼓励学生自主创办高新技术企业"和"高等教育要重视培养大学生的创新能力、实践能力和创业精神"。从此，各高校广泛启动了创新创业教育。部分高校开设了"创新班"和培养学生创业意识、创业精神的"创业基础"通识课程。通过开展各类有关创新创业的竞赛活动和开设各类有关创新创业的课程来大力推广和普及创新创业教育。

第二阶段：多元探索阶段（2002—2013年）

2002年4月，教育部在清华大学、北京航空航天大学、中国人民大学、西北工业大学、南京财经大学、黑龙江大学、上海交通大学、西安交通大学和武汉大学9所知名大学开展创新创业教育试点工作,探索性地开展适合各高校实际的多元化的教育模式。这个试点事件,标志着我国的高校创新创业教育进入了教育行政部门引导下的多元探索阶段。国家和省市地方主管部门出台了大量的鼓励和扶持大学生创新创业的相关法律法规政策,发布了较多的文件和通知来鼓励各高校开展创新创业教育的探索。2010年,教育部在北京召开推进高等学校创新创业教育和大学生自主创业工作视频会议,并下发《关于大力推进高等学校创新创业教育和大学生自主创业工作的意见》(以下简称《意见》)。会上,教育部副部长陈希指出:推进高等学校创新创业教育和大学生自主创业工作,是贯彻落实党的十七大提出的"提高自主创新能力、建设创新型国家"和"以创业带动就业"发展战略的重大举措,是适应国家经济社会发展、加快经济发展方式转变的必然要求,是高等教育改革和发展的迫切需要。《意见》要求,高等学校创新创业教育要面向全体学生,融入人才培养全过程。2012年,教育部出台第4号文件,《普通本科学校创业教育教学基本要求(试行)》,要求各高校结合实际,创造条件面向全体学生开设创业基础公共必修课。2013年,教育部下发通知要求:"各地各高校要建立和完善创新创业教育课程体系,积极开展创新创业竞赛、模拟创业等实践活动,鼓励更多大学生参与创新创业训练计划和新一轮'大学生创业引领计划',多渠道、多方式培养学生创新意识和创业能力。"

各高校根据各校本身的特色,立足于办学定位和办学层次,探索了适合自身高校的创新创业教育体系,涌现了许多成绩突出的高校。比如,华中科技大学保持优良的创新创业教育的传统和文化,通过实施"三个三"工程建设,逐步形成了"从课内到课外、从创新到创业、从校内到校外",借助学校拥有的多个国家级和省部级科研实验室来孵化创业项目,且独具特色的大学生创新创业教育体系。四川大学推动多项课程改革,开设了近20门创新创业类在线开放课程;以教师引导的小班授课方式训练学生的创新思维;建设大学生创业孵化基地和小微企业创业园、高水平创新创业教育实践平台,成立全球校友企业家联谊会。

第三阶段:快速发展阶段(2014—2020年)

2014年9月,国务院总理李克强在夏季达沃斯论坛发出了"大众创业、万众创新"的号召,2015年5月,《国务院办公厅关于深化高等学校创新创业教育改革的实施意见》(国办发〔2015〕36号)印发,标志着高校创新创业教育育人育才阶段的到来,中国创新创业教育进入发展的快车道。高校和社会广泛热议,并认为创新创业教育的本质不是培养企业家和科学家,而是培养国家急需的大批具有社会主义核心价值观的民族振兴栋梁之材。随着党的十九大对建设创新型国家这个新时代的定位,创新创业型人才的培养成为"十三五"期间高校的首要任务。

国务院在2015年的实施意见中提出了高校创新创业教育的总体目标(见图1-4)。总体目标是分三步走,到2020年要全面健全高校的创新创业教育体系。各地高校到2020年必须完成九大任务(见图1-5),具体内涵如下。

图1-4 高校创新创业教育的总体目标

第一章 绪 论

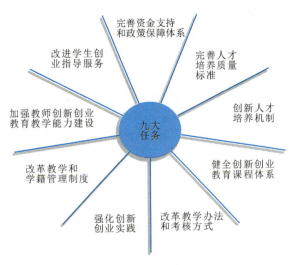

图 1-5 高校创新创业教育的九大任务

（1）完善人才培养质量标准。完成创新创业教学质量国家标准的制订。围绕培养高素质创新创业型人才这一目标，各高校要认真修订人才培养方案，行业企业也要制订出专业人才评价标准。

（2）创新人才培养机制。建立以需求为导向的学科专业结构，调整创业就业导向的人才培养类型结构。构建大学与大学、大学与企业、学校与地方政府、学校与科研院所、国内大学与国外大学之间国际合作的协同育人机制及跨院系、跨学科、跨专业的交叉培养新机制。

（3）健全创新创业教育课程体系。调整专业课程设置，开放开设优质创新创业选修、必修课并纳入学分管理。加强重点教材建设，鼓励学科带头人及行业企业的创新创业专家加入联合教材编写队伍。加强双创课程的信息化建设，推出一批优质在线课程并完善在线课程的学分认定。

（4）改革教学办法和考核方式。注重训练培养学生的创造性和批判性思维，运用大数据和云计算为学生提供优质教育资源，改革考试考核内容与方式，注重实操实训效果。

（5）强化创新创业实践。利用好"创业教育实践平台""各级别创新创业类竞赛"和"专业实验教学平台"这三大平台，借助各类创新创业大赛和各类中心及园区的实践活动来加强实习实训。

（6）改革教学和学籍管理制度。设立创新创业奖学金，表彰鼓励优秀学生创新创业。建立健全的学校创业就业档案管理制度，定制创新创业能力培养计划。建立创新创业学分积累与转换制度，实行弹性学制，支持学生休学创业。

（7）加强教师创新创业教育教学能力建设。加强师资培训，建立全国万名优秀创新创业导师人才库，利用人才库的资源产生导师辐射效应。配齐配强专职创新创业教师，提高双创导师的教学能力和水平。建立双创导师到行业企业挂职锻炼制度。完善高校科技成果处置和收益分配机制，鼓励教师创业和师生共同创业。

（8）改进学生创业指导服务。各高校要成立提供创新创业服务的专门职能机构，及时提供国家政策、市场动向等相关信息，发布创业指南，引导学生捕捉创业商机。为已经创业的学生提供一站式服务和全程指导、持续帮扶。加强对创新创业者的培训及建立网络培训平台。

（9）完善资金支持和政策保障体系。制定互联网创业扶持政策，整合发展财政和社会资金，多渠道统筹安排设立大学生创业风险基金，落实好各项扶持政策和服务措施。

近几年来，各高校普遍成立了创新创业学院，或者创新创业教育学院、创业教育学院、创业学院等二级学院或者职能机构，统筹和协调开展了丰富多彩的创新创业教育活动，并取得了很大成绩。为了推动高校创新创业教育的发展，全国和各省广泛开展了"双创教育示范院校"的评选，形成了各地高校大力促进双创教育、力争先进、争当一流的良好态势。2017 年，国务院发布《关于强化实施创新驱动发展战略，进一步推进大众创业万众创新深入发展的意见》（国发〔2017〕37 号），要求全社会要深化产教融合，推进产学研协同创新；各高校要深化高等教育改革，培养大批高素质创新创业型人才和技术技能型人才。

复习思考

1. 我们身处什么样的时代？创新创业教育有什么目的和意义？
2. 创新创业教育的内涵、目标、内容和层次分别是什么？从哪些途径可以开展创新创业教育？
3. 美国创新创业教育的兴起及发展有什么特点？斯坦福大学的创新创业教育模式对我们有哪些借鉴意义？
4. 德国、以色列及韩国这三个国家的创新创业教育的经验对我们有什么启示？
5. 我国的创新创业教育的发展历程分为哪几个阶段？
6. 我国高校创新创业教育的总体目标和任务分别是什么？

参考文献

[1] 王弘.高校"三位一体"人才培养模式的探索与实践——基于社会责任感、创新精神和实践能力的思考［J］.江苏高教，2018（5）：32－35.

[2] 于佳乐.十三五推动双创新引擎［J］.经济，2016（36）：76.

[3] 陈建奇.中美贸易摩擦的新形势、新风险及新战略［J］.中国党政干部论坛，2018（5）：95－98.

[4] 赵淑梅.斯坦福大学的创业教育及其启示［J］.现代教育科学，2004（6）：17－19.

[5] 赵刚.中美科技关系发展历程及其展望［J］.美国研究，2018（5）.

[6] 张福利，等.创新创业型人才培养体系研究［J］.中国大学生就业，2018（1）：34－43.

[7] 段秀芳.加强企业家精神的培养传承——美国硅谷的几点启示［J］.探求，2018（2）.

[8] 李洪雄.美国高校创业教育的成功经验及其启示［J］.西南民族大学学报（人文社会科学版），2011（3）：225－228.

[9] 李娜.德国高校创新创业教育的发展现状以及对中国的启示——以黑龙江大学为例［J］.好家长，2018（25）.

[10] 中国驻以色列大使馆教育组姜言东.三维透视以色列创新创业教育［J］.中国教育报，2017（5）.

[11] 朴钟鹤.韩国高校创业教育发展与创新——以五所"创业研究生院"为例［J］.比较教育研究，2013（5）：63－65.

[12] 赵广军，王亚娟.互联网背景下应用型本科高校大学生创新创业教育研究［J］.山东工会论坛，2017（6）：58－60.

第二章

创新创业基础知识

 目标与要求

通过本章的学习能熟悉创新的概念、要素及其对社会和个人发展的影响；了解创新的类型、过程及其对个人和社会创新的影响；了解创业的概念、过程；熟悉创业的类型、要素；掌握创新与创业之间的关系；理解创新创业的深层原因。

 问题引入

材料一：

最早是在2014年9月的夏季达沃斯论坛上，李克强在公开场合发出"大众创业、万众创新"的号召。此后，他在首届世界互联网大会、国务院常务会议和各种场合中频频阐释这一关键词。每到不同地方考察，总理几乎都要与当地年轻的"创客"会面，他希望能借此激发中华民族的创业精神和创新基因。

材料二：

教育部在《关于大力推进高等学校创新创业教育和大学生自主创业工作的意见》中指出："在高等学校开展创新创业教育，是深化高等教育教学改革，培养学生创新精神和实践能力的重要途径；是落实以创业带动就业，促进高校毕业生充分就业的重要措施。"进行创新创业能力培养旨在激发和挖掘学生对创新创业的热情，从而使同学们了解社会上科技发展的新动态与创业的新契机，为今后的学习和创业指明前进方向。

材料三：

马克思曾经指出："人的价值蕴藏在人的才能之中，而人的才能的载体和杠杆，则始终在于人的创造思维和创造精神。"回顾灿烂的中华文明史，从古代的四大发明到现代的杂交水稻、汉字照排技术等众多的杰出创造，都表现出中华民族伟大的创新精神和不竭的创新动力，正是这种精神，中华民族才生生不息、古老而常新，为人类文明做出了伟大的贡献。

根据以上材料可以看出,创新是发展的源泉,当代是创新创业的时代,那么,如何理解创新、创业以及创新创业就是本章的主要内容。

第一节 创 新

一、创新的概念

在中国,创新一词出现很早。《魏书》有"革弊创新";《周书》有"创新改旧";《南史·后妃传上·宋世祖殷淑仪》有"今贵妃盖天秩之崇班,理应创新"。同时,创新亦作"刱新"。《元典章·兵部三·铺马》有:"有今后刱新归附的百姓有呵,有铺马里上来者,他每的拜见马匹沿路上依在先体例,与草料者。"因此创新,顾名思义,创造新的事物。《广雅》中对创的解释有:"创,始也。"创新在《现代汉语词典》中解释为"抛弃旧的,创造新的。"

在西方,英语中 Innovation(创新)这个词起源于拉丁语。它有三层含义:一是更新,对原有的东西进行替换;二是创造新的或原来没有的东西;三是改变,对已有的东西进行改造和发展。

因此,我们可以把创新理解为用新思维、新方法解决问题。即提出前所未有的思想和解决问题的方法,做出前所未有的事情。或者是在现有的思维模式中提出不同于常规的思路或见解,在原有事物的基础上,通过改变、更新,来创造出新的东西。

创新概念有广义和狭义两个层次,广义的理解是我们生活的这个网络中,任何一个结点都可能成为创新行为实现的特定空间。创新行为可以表现在科学、技术、教育、体制和经济模式等不同的侧面。狭义的理解是创新基于技术和经济效益的结合,即创新是从产生新的想法到生产出产品,再到销售的一系列过程。从经济学角度上说,创新是为满足社会需求而对旧的进行改造、改进或创造出新的,并能获得一定有益效果的行为。创新理论经过在不同领域的不断发展,现在发展为包括三个范畴的概念,分别是哲学概念、经济学概念和社会学概念,如图 2-1 所示。

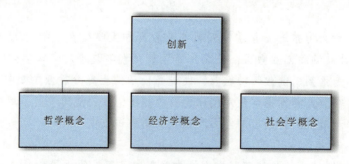

图 2-1 创新概念分类示意图

(一)创新的哲学概念

哲学上来说,创新是一种创造性的实践行为,这种实践行为是对已有资源的利用和再创造,是人类对发现行为的再创造,是对物质世界矛盾的再创造。人类通过对物质世界的利用和再创造,制造新的矛盾关系,形成新的物质形态。因此可以从以下四个方面来理解创新的哲学思想(见图2-2)。

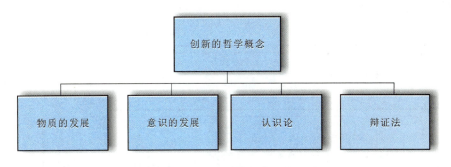

图2-2 创新哲学概念示意图

从物质的发展角度来说,创新带来物质的发展。在实践的范畴上创造新事物就是创新。任何有限的存在都是可以被再创造的,而物质的存在和不存在属于一种矛盾,所以矛盾是创新的核心,创新的无限性源于物质世界的无限性。

从意识的发展角度来说,创意是创新的思维形态,意识的新发展在于人对自我的创新。所以创新是人对现在的自我否定,对重复、简单方式的否定,这是人类得以发展的原因,用新的创造方式来创造新的自我。

认识论认为创新是自我意识的发展。而意识的发展是源于对过去的否定,其发展会推动行为的发展。那么,从认识的角度来说,创新就是用更加有广度、深度的视觉来观察和思考世界,并将这种认识作为日常习惯贯穿于具体实践活动中。

从辩证法的角度说,辩证法包括肯定和否定两个方面。肯定是从认同到批判的暂时过程,而否定是一种自我批判的永恒阶段。所以创新从这个角度来说就是一种从"认同"到"自我批判"的过程,是永无止境的。

因此,不断地、反复地学习与积累和创新构成一个矛盾发展过程,创新是人类社会自我发展的途径,也是我们学习成长的基本途径,用新的方式创造新的自我。

(二) 创新的经济学概念

创新的经济学概念起源于1912年美国经济学家约瑟夫·熊彼特出版的《经济发展理论》。

熊彼特在此书中提出:所谓创新就是要"建立一种新的生产函数",即"生产要素的重新组合"。企业家的职能是实现这种创新,即引进新的组合。通过不断地引进新组合来促进资本主义社会的经济发展。换而言之,资本主义社会的经济发展的核心驱动力就是不断地创新。因此资本主义社会存在的周期性的经济波动的内在因素就是创新过程中的非连续性,并且不同的创新对资本主义社会的经济发展产生不一样的影响,经济周期的长短也不一样。熊彼特将创新定义为"把一种新的生产要素和生产条件的新结合引入生产体系中,以实现对生产要素或生产条件的新组合"。

在熊彼特之后,也有许多的学者提出了关于创新在经济学上的定义。

20 世纪 60 年代，华尔特·罗斯托提出了"六阶段"理论，认为社会经济的创新源于技术的创新。"六阶段"理论包括的内容如图 2-3 所示。

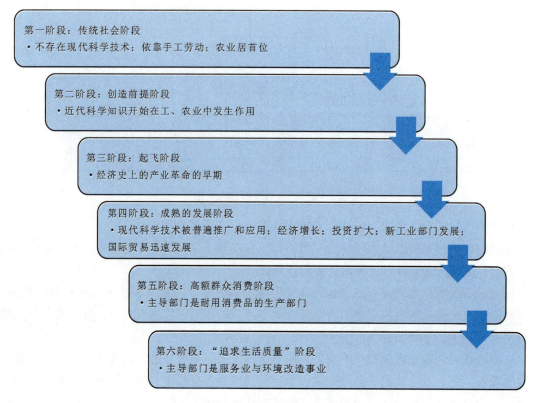

图 2-3　"六阶段"理论包括的内容

同样是 20 世纪 60 年代，迈尔斯和马奎斯提出："技术创新是从新思想和新概念到运用新思想和新概念不断地解决各种问题这一活动过程，最终成功应用一个有经济价值和社会价值的新项目。"林恩提出："创新是指从对技术的认识到最终将技术转化为商业化产品的行为过程。"

1962 年，伊诺思提出："创新是发明、资本注入、建立组织、计划制订、招人和开拓市场等行为综合的结果。"

20 世纪 70 年代，厄特巴克提出："技术的首次应用就是创新。"

1973 年，弗里曼提出："创新是从技术、工艺到商业化的全过程，这带来新产品的产生和商业化的应用新技术工艺。"

20 世纪 70 年代下半期，迈尔斯和马奎斯提出："将新的或改进的产品、过程或服务引入市场就是技术创新。"

1982 年，弗里曼提出："技术创新就是指第一次将新产品、过程、系统、服务进行商业性转化。"

20 世纪 80 年代中期，缪尔赛提出："技术创新是指构思具有新颖性、有意义的非连续性事件，并最终能成功实现。"傅家骥提出："技术创新是企业家抓住潜在机会，重新组合生产要素，建立高效的生产方法，推出新产品、新工艺，开辟新市场，寻找新供给来源或构建新组织的过程。"彭玉冰、白国红提出："技术创新是企业重新组合生产要素、条件和组织，以建立高效的新生产体系，获得更大利润的过程。"

1992 年经济合作与发展组织（OECD）认为："技术创新包含了新产品和新工艺的产生以及对产品和工艺的重大技术性改变。创新包括了一系列科学的、技术的、组织的、金融的和商务的活动。"

到了 21 世纪，宋刚、唐蔷、陈锐、纪阳在《复杂性科学视野下的科技创新》一文中提出："技术创新是各创新主体、要素交互发展的复杂作用下的涌现。"

正确界定技术创新的概念，对于研究技术创新理论及其在经济发展中的具体实践具有重要意义。为此，经济学家们做了大量的研究。美国学者莫埃思统计了 350 多篇关于技术创新的文章，其对技术创新的定义不尽相同。在技术创新的定义上，有分歧的观点主要集中在对技术创新中的"技术"概念的理解、对创新所包含内容的理解、对技术创新强度的要求等方面。

综上所述，技术创新概念的严格定义是一个广泛而复杂的问题，很难用简单的语言来定义。到目前为止，还没有一个严格意义上人人都能认同的统一定义。但是，人们普遍认为技术创新是经济概念，是一种经济发展观。这一概念的内涵是，高度重视技术变革在经济变革中的重大作用，它是经济和科技乃至教育、文化等的有机结合。

（三）创新的社会学概念

创新的社会学概念是指人类为了自我发展的需要，利用已知的资源，产生突破常规的思维，发现新的、有价值的东西。人类通过建立资源集合点，把资源重新分配，尽量达到最高的产出。

所谓创新，就是建立新的生产函数式，对生产要素和条件进行新组合。资源作为常量，当被代入不同的新的生产函数时，公式的得数，即产出也会改变。如果某一新函数式的结果超过其他函数式的结果，那么就产生了创新。

★ 案例 2-1　　　　　　　　**石墨烯**

2004 年，石墨烯被两名物理学家 Andre Gem 和 Konstantin Novoselov 首次发现，二人因此获得了诺贝尔奖。石墨烯的本质是具有二维属性的结晶碳同素异形体，是一种特殊的纳米级材料。它由碳六元环组成二维周期蜂窝状点阵结构，轻薄至几近透明，其热电转换结构具有独特性，它的磁性亦无其他材料可匹配，同时，它比钢要坚韧 200 倍，又比纸还轻，而且"身段"比体操运动员还灵活。由于其具有出色的电学性能、良好的热导率与卓越的力学性能，因此石墨烯被认为是 21 世纪的"神奇材料"，并给电子信息、航空航天、汽车与能源领域带来巨大革新。

例如，石墨烯的灵活性能让可穿戴设备发挥出更多想象力，它的轻薄也能让未来的飞机更省油、更具流线美感；以石墨烯为原料的锂电池能量密度高达 600wh/kg，是传统动力锂电池的 5 倍，石墨烯电池研发成功后，国内新能源汽车续航能力将大大提升，新能源汽车的推广难题也有望得到解决；石墨烯手机搭载了全新的石墨烯触摸屏、锂电池与散热膜，与传统智能手机相比，具备更高的触摸灵敏度、更高的电池续航与更好的散热性能等。

二、创新的类型

不同专家学者根据不同的方面对创新的类型进行过划分，这里我们给大家介绍常见的四种划分模式。

（一）熊彼特对创新类型的划分

熊彼特给创新的定义为："把一种新的生产要素和生产条件的新结合引入生产体系中，以实现对生产要素或生产条件的新组合。"并根据这一定义将创新划分成五种类型（见图2-4）：生产、采用一种新产品或产品的新特征，也就是消费者还不熟悉的产品；采用一种新生产方法，即还没有通过检验的方法；开辟一个新市场，即没有开发过的市场，无论这个市场以前是否存在；获得新的供应来源，通过掠取或控制原材料或半成品来实现，无论这种来源以前是否存在；构建新组织。

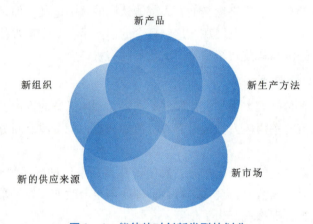

图2-4 熊彼特对创新类型的划分

在此基础上，德布林咨询公司在研究了近两千个创新案例后，总结出：以往所有伟大的创新都是源于十种基本创新类型或其组合，由此提出"创新的十种类型"框架（见图2-5）。通常，仅仅只包括一两种创新类型的简单创新是不足以让企业获得长远的成功的。比如，单纯的产品性能创新，是很容易被模仿，甚至被超越的。所以，企业只有综合应用一下多种类型的创新，才能保持一定的竞争优势。

盈利模式创新，指将产品和服务通过创新的方式转变为利润。比如，苹果利用iTunes和iPod的组合，让数字音乐的下载变得更加简单；星巴克提供给客人家庭和工作以外的第三空间等。

网络创新，指通过网络实现产品、服务方式的创新。比如，通过网络推出悬赏计划，即企业提供奖励金让网络公共群体帮忙寻找其想要寻找的东西；众包模式，即企业将需要执行的任务分配给网络公共群体完成。

组织结构创新，指通过采用独特的、创新的组织设计让组织更好地创造价值。比如，拓宽公司的管理幅度，使组织扁平化或机构更少；从直线职能型向事业部制结构转变，或者形成一种矩阵制结构或虚拟结构。

流程创新，是指公司主要产品或服务在操作过程中的操作程序、方式方法和规则体系的创新。例如，金融服务公司在服务载体上的创新，我们常见的网上银行、手机银行都是属于金融服务公司在服务流程上的创新。

产品性能创新，指企业在产品或服务的特征、价值和功能方面进行的创新。例如，iPhone 将移动电话、宽屏 iPod 和互联网结合在一起；苹果的虚拟键盘、指纹识别功能等。

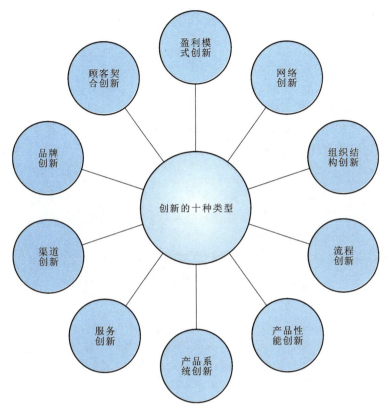

图 2-5 "创新的十种类型"框架

产品系统创新，指将公司产品和服务联系起来的系统进行创新。例如，Apple Store 提供与苹果系统配套的软件下载、提供用户反馈意见的渠道、提供相关产品的用户使用手册等。

服务创新，指提高产品相对应的服务。比如，厦门航空"美人鱼"班组结合厦门机场 T4 航站楼"东情西韵""海洋风情"文化的人文机场主题定位，率先提出打造国内第一个海洋主题安检现场，提升旅客对安检服务的满意度。

渠道创新，指在如何联系产品与顾客中进行创新。比如，汽车销售传统的模式是通过 4S 店进行销售。2014 年，汽车经销商庞大集团推出"汽车超市"零售业态，形成多品牌合一的 4S 店。庞大集团"汽车超市"所销售的车辆均是在庞大集团内部各 4S 店间进行直接调配的，不与汽车厂家发生直接关系。

品牌创新，指产品品牌中创新。比如，王老吉洞察到了年轻人对养生的渴望，将该品牌传统的产品进行重新包装，强调"养生""保健"，以更年轻化的方式与年轻人接触。

顾客契合创新，指要将公司产品性能和顾客的深层愿望联系在一起。例如，中通"优鲜送"提供的不只有物流服务，一方面，中通快递根据生鲜水果品类众多的地区特性推出

"优鲜送"快递专用单,满足了云南本地商户、农民及购买客户的双向需求;另一方面,中通快递主动承担产品前后期的宣传推广工作,做到了实力助农、为民分忧。又如,中通集团力推松茸,为的是将"物以稀为贵"的松茸销往各地,解决当地农民没有销路的困境。

> **案例2-2　星巴克盈利模式创新**
>
> 　　星巴克创始人霍华德·舒尔茨开创了把咖啡店打造成人们的"第三空间"的理念,这是咖啡店盈利模式上的一种创新。何为"第三空间"?美国社会学家欧登伯格直观性提出第三空间的概念,他称家庭居住空间为第一空间,工作场所为第二空间,而城市的酒吧、咖啡店、博物馆、图书馆、公园等公共空间为第三空间。还将在宽松、便利的环境中可以自由地释放自我定义为第三空间的主要特征。
> 　　20世纪90年代,星巴克率先将"第三空间"的概念引入咖啡店中,通过把星巴克独特的文化、精神和环境的体验提供给消费者,让他们在这种非家非办公的中间状态时有个好去处。这使得许多人把咖啡厅作为家和工作间以外最佳休闲或交流的据点,消费者能在这个地方愉快地完成自己的事情。
> 　　从星巴克的整体外观装修上来看,星巴克整体的风格是时尚的、简洁的、大方的。当然,其在不同地区的门店也会根据所在地区的文化特色进行装修,以与当地的文化景色融为一体。从星巴克自身的内部条件来说,星巴克的出品无疑是令人满意的。它在用材选料上都是比较严格的;在对咖啡师的培训中,星巴克会经常举行咖啡师之间进行交流的讲座茶会,让咖啡师们互相学习、互相交流,从而保持星巴克每一杯饮料的出品质量。一杯能够令人口齿留香的饮料,更加提升了顾客对星巴克的好感,让在星巴克"第三空间"内无论是闲聊、谈工作,抑或是独自休息的顾客都能从一杯美味的饮料中获得满足。

(二)彼得蒂尔对创新活动类型的划分

根据创新性质划分,彼得蒂尔将创新分为从0到1的创新和从1到N的创新。

根据彼得蒂尔的《从0到1:开启商业与未来的秘密》的序言中"复制一个模式比创造一个新模式容易得多。做我们已经知道的事是把世界从1推向N,只是增加了熟悉的事。但是每一次我们创造新东西的时候,我们是从0到1"。我们可以得出"从0到1"的创新是指创造出新的东西;"从1到N"的创新是指复制、重复熟悉的事情。例如,艾伦图灵发明计算机是从0到1的创新,而IBM生产的手提电脑是解决电脑体积过大不能随身携带的问题,这是属于从1到N的创新。

(三)根据创新性的大小划分

根据创新性的大小,创新的类型分为根本型创新、适度型创新和渐进型创新。

1. 根本型创新

根本型创新是指创造一项全新的技术,并引入产品或服务中,从而产生一个新的市场基础。根本型创新是不连续的创新,如果一个不连续的创新引起产业和市场维度的变化,那么这个创新也会影响到企业或顾客维度的不连续的创新。最典型的例子就是万维网和苹果手机。这些创新都无一例外地产生了新的企业或新的顾客。

根本型创新有时不是为了满足已知的需求，而是创造一种尚未被市场或者消费者了解的需求。正如乔布斯说过"不要问人们需要怎样的产品，因为他们根本不知道自己需要怎样的产品"。当这种创新成功后，会带来一系列的新需求，同时这种新需求会产生一系列的新顾客、新市场、新供应商、新竞争者等。在20世纪90年代的中国，很多人都没有想过电脑会彻底改变我们的生活、学习方式。甚至在21世纪开头，很多人都无法想象我们如今的智能手机时代。根本型新技术就像是一种催化剂，不断地促使新市场或新产业的产生。

2. 适度型创新

我们生活中绝大多数创新都属于这类创新，克兰施米特和库珀把适度创新定义为："由公司的原有产品线组成，但产品并不是创新性的，即市场对于它并不陌生，它只是企业当前产品线上的新产品。"一个适度型创新会带来技术维度或者市场维度的不连续，但这两个维度不会同时产生不连续。（如果两者同时产生不连续，则属于根本型创新，而如果两者都没发生，则属于渐进型创新）。适度型创新很容易被识别，因为市场不连续和技术不连续的任何组合都能转化成新产品。例如，在原有市场中，因为引入新技术而扩张的原有产品线，其代表例子是佳能的激光打印机，或现有技术进入新的市场，其代表例子有早期的传真机。

3. 渐进型创新

渐进型创新是指为存在的市场和存在的技术提供升级的产品。一项渐进型新产品涉及对现有生产和传输能力的改良和提高。渐进型创新可以发生在新产品创造过程的任何阶段。在研发阶段，研发会借鉴现有技术来改良现有的产品设计。渐进型创新并不会带来技术或者市场的不连续，但是渐进型创新很重要，它可以作为技术成熟市场的有利竞争武器，因为产品生产的扩张会带来渐进型创新。

比如，基于本地的消费能力，中国和印度等新兴经济体的企业通常会重新设计产品以降低产品的成本，从而降低产品的售价，以被广大的消费者群体接受。在印度，塔塔汽车集团生产一种只需要14 022元的汽车；古普塔电信公司将一家银行分支机构简化为一台智能手机和一台指纹扫描仪，让农村的村民也能用上ATM。在中国海尔将一种高端的消费产品——葡萄酒冷藏冰柜，重新做了降低成本的设计，从而确保了海尔在该市场60%的市场份额。这些例子都说明了渐进型创新的价值。

（四）根据创新所依赖的市场划分

鲍尔和克里斯滕森根据创新所需要的市场环境，将创新分为延续型创新和破坏型创新。

1. 延续型创新

延续型创新，是指改良现有产品性能，使其能为现有的客户群体提供更多的应用功能。延续型创新的特点是改善现有产品的性能，所以在延续型的创新特征中，其可以是根本型创新、适度型创新和渐进型创新。每一代苹果手机都是对前一代产品性能的改进，是一种延续型的创新。例如，苹果手机的产生本身就是一种根本型创新；取消苹果手机中的耳机插孔是在原来设计的基础上根据客户的需要进行的适度型创新；手机外观的变化，比如，增加不同颜色的外壳、不同尺寸的屏幕，这些是一种渐进型的创新。

2. 破坏型创新

破坏型创新，是指创造与原来产品性能差别较大的新产品性能或者新的产品性能组合。破坏型创新会将不一样的价值带入产品市场中，这些具有新的产品性能的产品会在一定程度上削弱现有产品所占的市场份额。例如，线上培训的产生对培训市场而言就是破坏型创新。线下培训收费贵、路途远，消费者需要为其环境、氛围、体验等付费，而对于那些没有条件去线下培训的人来说，线上的低价格正是他们需要的。线上培训就是对培训行业的破坏型创新，这种模式成功地削弱了线上培训的市场份额。还有，随着消费升级，轻奢餐厅的兴起削弱了五星级酒店的市场份额。有些餐厅的菜品有着接近五星级酒店的品质，但环境和服务等非常一般；有些餐厅如海底捞，菜品品质并不高，但是他们提供五星级的服务。顾客可以根据自己的需要，选择不同的餐厅。这些餐厅的兴起都是对五星级酒店的破坏型的创新。

总的来说，延续型创新是为了提供更好的产品和服务给更苛求、更高端的消费者；破坏型创新致力于生产出更简单、更方便和便宜的产品，以满足新的顾客。两者的区别如表 2-1 所示。

表 2-1 延续型创新与破坏型创新的区别

创新影响范围		延续型创新	破坏型创新
技术/生产	产品设计	提高/优化/改进现有设计	与原先有本质区别的新设计
	生产流程和组织	强化/改进现有生产组织结构	新系统、流程和组织
	产品技能（操作、管理、技术）	扩大/改进/优化现有技能	破坏现有技能价值，创造新的技能价值
	供应商的关系	加强与现有供应商的关系	大范围替换原有材料、开辟新的供应商、建立承包商网络
	基础设备	扩大已有的基础设备	用新设备大量替代现有设备
	知识基础	运用现有知识	运用新知识
市场/顾客	与顾客的关系	加强与现有顾客群体的关系	创造新的消费市场吸引、扩展新消费者
	顾客效用	现有产品效用提高	创造新的效用
	销售和服务网络	加强原有网络关系	扩展原有网络，建立新网络

资料来源：《科学学研究》，1997 年。

三、创新成功的三要素

根据专家、学者的观点、总结，创新的成功可以归纳为三个要素共同作用，这三个要素包括创新意识、创新思维和创新能力（见图 2-6）。

图 2-6 创新成功三要素

（一）创新意识

创新意识是创新的前提，是人们认识创新的价值性、重要性的程度，由此形成创新的倾向和准备状态。表现为积极开放的心态和乐于创新的意愿，是人们进行创造活动的内在动力。创新意识首先是具有积极开放的心态，具有好奇心和探究欲，并且总能得出与众不同的解决方案。其次是敢于否定，不迷信权威，发现与寻找符合客观实际的规律性行为与现象。

创新意识根据其来源分，有主动与被动之分。创新行为的产生，是源于长期的思考、积累、酝酿，突然灵光一现产生的创新意识。有一部分创新意识是被动的，是长期重复工作所累积经验后偶然出现的。另一部分是主动的创新意识，是强调主体的创新行为，强调发挥主观能动性，是长期思考、酝酿的结果。

同时，创新意识是创新能力的基础，是增加我们自主创新能力的前提。增强创新意识是实现理论创新、制度创新和科技创新的重要条件。

（二）创新思维

创新思维是一种创造性的思维活动，它可以开拓新的领域，创造新的成果，它是创新成功的关键因素。这种思维可以突破传统思维的界限，以超常规或者反常规的方法和视角去思考问题，从而提出独特的解决方案，甚至形成新颖、独到和有价值的成果。因此，创新思维不仅体现在新发现和新发明的思维过程中，也体现在思考的方法和技巧上，体现在某些局部的结论和见解上，是具有新颖独到特点的思维活动。具有创新思维的人在解决问题的时候可以想别人所未想，敢于突破原有的框架，或是反向思考问题，从而取得创新成果。

创新思维需要艰苦的脑力劳动，创新思维成果的实现往往需要长期的探索、刻苦的钻研，甚至反复、多次的挫折才能实现，并且创新思维离不开推理、想象、联想、直觉等思维活动。与创新思维相对立的是定式思维，定式思维是通过重复或重复使用而巩固形成的思维方式，是机械的、封闭的和单一的思维。因此，可以说创新思维是打破常规和习惯，以独特、新颖、灵活的方式思考问题的思维方式。

通常来说，具有创新思维功能的思维模式有：发散思维，即思维从一个点出发，没有预先设定目标，而是任意向四面八方发散；逆向思维，指敢于打破常规，从不同角度思考问题，甚至逆其道而行之；批判性思维，是一种基于充分的理性和客观性进行理论评估与客观评价，它不为感性和无事实根据的传闻所左右。具有批判性思维的人能在辩论中发现漏洞，并能抵制毫无根据的想法。在现代社会，批判性思维被普遍确立为教育尤其是高等教育的目标之一；形象思维，指根据生活中的各种现象加以选择、分析、整合，然后加以艺术塑造而成的思维方式。

> ★案例2-3 **哈利：买我的马戏票免费赠送一包花生**
>
> 美国宣传奇才哈利十五六岁的时候在一家马戏团做童工，负责在马戏场内叫卖小食品。但是每次看戏的人不多，买东西吃的人则更少，尤其是饮料，很少有人问津。有一天，哈利突发奇想：向每一位买票的观众赠送一包花生，借以吸引观众。但是老板坚决

> 不同意他这个荒唐的想法。哈利用自己微薄的工资做担保，请求老板让他试一试，并承诺说，如果赔钱就从他的工资里面扣；如果盈利了，自己只拿一半。老板这才勉强同意。于是，以后每次马戏团的演出场地外就多了一个义务宣传员："来看马戏喽！买一张票免费赠送好吃的花生一包！"在哈利不停的叫喊声中，观众比往常多了几倍。
>
> 观众进场后，哈利就开始叫卖起饮料来，而绝大多数观众在吃完花生之后觉得口渴都会买上一瓶饮料。这样一场马戏下来，营业额比平常增加了十几倍。其实，哈利在炒花生的时候加了少量的盐，这样花生更好吃了，而观众越吃越口渴，饮料的生意自然就越来越好了。

（三）创新能力

创新能力是指将创新想法变成现实的能力，能够提出通过创新的想法解决前人未解决的问题，能够通过创新的途径取得前所未有的成功。

对于企业而言，凡是能改变以后资源财富的行为，就是创新能力。因此，企业的创新能力是企业的要素资源在市场中进行有效的转化，从而提高企业内部质量、促进企业获得与其他竞争对手更多差异的能力，这种差异性最终转化为企业在市场上获得的竞争优势。企业创新能力的提高意味着企业竞争力的提高，创新能力的高低，直接影响企业竞争力的强弱。

对于社会而言，创新能力是人类进步的灵魂。如果人没有创新能力，便不会有今日人类的文明，我们可能还过着钻木取火的原始生活。爱因斯坦、爱迪生等人之所以能对人类发展做出如此大的贡献，就是因为他们具有很强的创新能力。当今社会的竞争，与其说是人才的竞争，不如说是人的创造力的竞争。

创新名言

因此，创新意识、创新思维和创新能力之间是相辅相成、相互促进的关系。创新意识促进创新思维，从而促进创新能力，反过来，创新能力也会激发创新意识和创新思维。创新三要素的关系如图 2-7 所示。

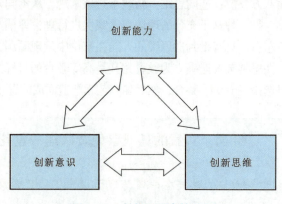

图 2-7 创新三要素的关系

> **★案例 2-4** **送 2/3 地皮给政府的精明商人**
>
> 美国某城 30 英里①以外的山坡上有一块不毛之地,该地皮的主人见地皮搁在那里没用,就把它以极低的价格出售了。新主人灵机一动,跑到当地政府部门说:"我有一块地皮,我愿意无偿捐献给政府,但我是一个教育救国论者,因此这块地皮只能建一所大学。"政府如获至宝,当即就同意了。
>
> 于是,新主人把地皮的 2/3 捐给了政府。不久,一所颇具规模的大学就矗立在了这块不毛之地上。聪明的地皮主人就在剩下的 1/3 的土地上修建了学生公寓、餐厅、商场、酒吧、影剧院等,形成了大学门前的商业一条街。没多久,地皮的损失就从商业街的盈利中赚了回来。

四、创新的过程

(一)沃拉斯"四阶段理论"

美国心理学家约瑟夫·沃拉斯在他的《思考的艺术》一书中,针对创造性思维提出了创造性思维过程包括四个阶段——准备、酝酿、顿悟和检验,即"四阶段理论"(见图 2-8)。该理论解释了思维从萌芽到创新的概念的形成,比较全面地解释了创新思维形成的过程。

图 2-8 沃拉斯"四阶段理论"

1. 准备阶段

准备阶段包括自身知识的积累、研究问题的提出、调查研究、资料收集、他人经验的获取、数据和材料的获得。这个阶段的目的和特点是熟悉需要解决的问题,了解问题的特征、类型,并围绕问题搜集分析相关数据、挑选信息、深入调查并在此基础上逐步梳理、明确解决问题的思路、方法,并通过反复思考和尝试来努力解决问题。在这阶段我们需要高度集中精神、深入了解所要研究解决的问题。创新思维就是围绕问题展开的,即我们提出的问题决定着我们思维的方向。因此,提出有意义、有价值的问题成为这个阶段的重要内容。

2. 酝酿阶段

如果问题不能立即解决,酝酿阶段随即来临。在酝酿阶段,思维者往往茶不思、饭不想、性情不定。因为对解决问题的方法难以明确,难以厘清问题中包含因素之间的联系。这个阶段的特点是创新者处于一个困惑、焦虑和暴躁的状态。

---

① 1 英里≈1.61 千米。

每次的酝酿期在其性质和持续时间上都有很大的差异，有时可能只需要几分钟，有时却可能需要几天甚至几年。在这一时期，思维者可能不再刻意解决问题，或者已经暂时不解决问题了。从表面上看，这是一个有意识的中断时期，但在此期间，大脑的无意识活动仍在继续。也就是说，大脑的潜意识里仍在不知不觉地搜集、筛选和重组信息，寻找问题解决的方案。

日本创造心理学家高桥浩曾在谈到这一阶段的特点时说：“创造性思维也和造酒一样，需要有个酝酿期。在第一阶段中，经有意识的努力而得到的东西大都是勉勉强强、比常识稍胜一筹的东西，不能有大作用。到了下一步的酝酿期，和酿造名酒一样，新的思想方案才逐渐成熟起来。一般的人不能忍耐这个酝酿期，也没想到有经历这一个时期的必要，因而老是在第一阶段里徘徊。”

3. 顿悟阶段

顿悟是指对曾经百思不得其解的问题突然之间就领悟了的思维现象。当问题思考进入这一阶段的时候，往往就会茅塞顿开，有时是某个点的突破，有时是某种关系突然地取得联系，有时是某个灵感突然闪现。同时，顿悟通常具有戏剧性，顿悟一出现，是突然的、强烈的。例如，阿基米德终于找到了希腊王向他提出的检验王冠含金量问题的答案时，他突然从浴盆里跳出来，欣喜地在大街上边跑边喊，大声地宣告：“我已经找到它了！我已经找到它了！”

4. 检验阶段

并不是所有问题的解决都是以这种茅塞顿开的方式而告终，最终解决问题的方式可能是错误的。所以，这种来自灵感的成果还必须经过深思熟虑、加工和验证的过程。为了检验创新成果的有效性和合理性，在检验阶段，仍要通过推理或实践继续思考、探索和检验，精神依然需要高度集中，不能有任何的分心和懈怠。验证创新成果的价值，要求我们具有较强的观察和分析能力，善于发现问题和判断对错，这对创新成果来说非常重要。

（二）刘奎林的"潜意识推论"

刘奎林是我国系统研究灵感思维的学者之一，他在约瑟夫·沃拉斯的"四阶段"理论的基础上，进一步就创造性思维发生的过程进行了研究，提出了"潜意识推论"。他认为这个创新过程由五道程序组成，即"境域—启迪—跃迁—顿悟—验证"（见图2-9）。

图2-9 刘奎林的"潜意识推论"模型

境域，是指能引起灵感迸发的必要的境界。这种境域如托尔斯泰所描述的："创造者入境后表现出来的那种潜思维与显思维随意交融、肆意驰骋、神与物游的'忘我'境域，正是'创作的最高境界'。"

启迪，是指激发灵感的偶然机会。创造者的灵感孕育到一定的饱和度，只要有某一相关的信息刺激，创造者突然间就会豁然开朗。

跃迁，是指灵感产生时非逻辑质变的模式，通过显意识与潜意识的相互作用，潜意识进入一种跳跃推理的质变过程。人们没有意识到形态或能量的逐渐转变，它在灵感思维中，是一种高级质变的方式。

顿悟，指灵感在潜意识孕育成熟后，显意识刺激时的瞬间爆发的表现。

验证，指对灵感思维结果的真实性进行科学的分析和评价。

刘奎林的"序列链"理论把创新思维分成了五个阶段。这五个阶段相互联系、相互制约，而形成一个通过显意识激发潜意识，以刺激灵感产生的有机系统。

托马斯·爱迪生曾说过"创造力等于1%的灵感加上99%的汗水"。这99%的汗水就是因为创新，这一过程包括测试、评价、再测试得到的灵感、启迪、顿悟。

> **★案例2-5　"叩诊法"的诞生**
>
> 18世纪，一位奥地利医生在给一个患者看病时，尚未确诊，患者就突然死去。经过解剖发现，其胸腔化脓并积满了脓水。医生在想：能否在看病前就能诊断出胸腔积有脓水以及脓水积了多少？直到一天，在一个酒店里，他看到伙计们正在搬着酒桶，只见他们敲敲这只桶，敲敲那只桶，边敲边用耳朵听，伙计们是根据叩击酒桶发出的声音来判断桶内还有多少酒的。突然之间，他想到人体胸腔的脓水的多少是否也可利用叩击的方法来判断呢。之后他大胆地做了试验，结果获得了成功。就这样，一种新的诊断法——"叩诊法"从此诞生了。

第二节　创　业

一、创业的概念

中国在很早之前就出现了创业这个词，如《孟子·惠王下》提到的"君子创业垂统，为可继也"。《抱朴子·逸民》："吕尚创业垂统以示后人，而张苛酷之端，开残贼之轨。"司马光的《萧何营未央宫》："创业垂统之君，致其恭俭以训子孙，子孙犹淫靡而不可禁，况示之以骄侈乎！"里面提到的创业垂统是指创建功业，创之子孙。诸葛亮《出师表》："先帝创业未半，而中道崩殂。"其中创业的意思是始造、开创。在《辞海》中创业的定义是开创基业，在《现代汉语词典》里面创业的定义是开创事业。

在西方，许多学者也提出了各自对创业的定义。霍华德·斯蒂文森提出："创业是一种管理方式，即对机会的追逐，与当时控制的资源无关。"熊彼特对创业的定义是："强调革新，包含新的产品、新的生产方法、新的市场、新的组织形式。财富就是在满足新的需求的革新的活动中被创造出来的。从这个角度来说，创业者可以被视为那些将各种不同的因素组合在一项革新性的活动中，并以此满足消费者的需求的人。同时，他们也希望实现的价值要超越原来的各因素的价值总和，并且能够创造出新财富。"被誉为"创业教育之父"的杰夫里·蒂蒙斯所著的创业教育领域的经典教科书《创业创造》对创业的定义是："创业是一种思考、推理结合运气的行为方式，它为运气带来的机会所驱动，需要在方法上全盘考虑并拥有和谐的领导能力。"科尔把创业定义为："发起、维持和发展以利润为导向的企业的有目的性的行为。"德鲁克认为："创业不仅是创办新组织或开展新业务，更是一个创新的过程，在这个过程中，新产品或新服务的机会被确认、被创造，最后被开发出来产生新的财富。"

南开大学张玉利教授认为："把创业仅仅理解为创建新企业是片面的，创业的本质更在于把握机会、创造性地整合资源、创新和快速行动，创业精神是创新的源泉。"吴晓义对创业的定义是："创业是不拘泥于当前资源，寻找机会，进行价值创造的行为过程。"郁义鸿等人在《创业学》里对创业的定义是："创业是一个发现和捕捉机会并由此创造出新颖的产品或服务，实现其潜在价值的过程。"

因此，我们认为创业是一个人或团队，发现和捕获机会，由此创造价值和谋求发展，并通过创新和特立独行来满足愿望和需求，实现其潜在价值的过程。一般来说，创业的概念分为狭义的创业和广义的创业。狭义的概念认为创建一个新企业的过程，包括建立新企业和企业内部再创业。广义的概念认为所有进行价值创造的过程都是创业。小到做好自己的本职工作，为社会更加美好做贡献，大到建立一个国家，或者改变世界。既包括创办大型的事业，比如兴建学校、医院、企业等，也包括创办小规模的事业，比如家业；既包括成功创办各类组织，也包括创办各种活动的过程。创业必须贡献出时间、付出努力，承担相应的财务的、精神的和社会的风险，从而获得金钱的回报、个人的满足和独立自主。

根据不同学者提出的定义，我们可以总结出创业的特点有：创业是优化和整合资源以创造出更大经济贡献或社会价值的过程；创业是劳动的一种形式，企业家需要在经营的过程中思考、推理和判断；创业是一个识别机会并创造出新事物的过程，如果有创造新事物（新产品、新市场、新生产过程或原材料、组织现有技术的新方法）的机会，创业者会运用各种方法去利用和开发这些机会，获得利益，实现价值。

所以，通过分析创业的定义和特点，我们可以发现创业可以给个人和社会带来的好处有：创业对一个国家或地区的经济发展起到巨大的推动作用。一方面，创业可以催生很多创业公司，打造快速发展的新行业；另一方面，创业可以解决一部分人的就业问题。创业对个人的人生发展也有重要的影响，创业成功可以带来巨大的物质财务和个人荣誉感，还可以充分释放个人的激情，实现个人的梦想。

二、创业的类型

随着创业浪潮的不断发展，创业活动的类型呈现多样化的发展趋势，同时，划分创业类型也是创业研究的开始。因此，学者们根据长期观察的创业活动，从多种不同的角度对创业活动进行分类。蒂蒙斯在1999年提出了创业理论模型，在这个模型中，蒂蒙斯认为影响创业的主要因素是创业者、资源和机会。因此，可以将创业过程定义为创业者根据其初始动机，整合自身资源，识别创业机会，获得利润的过程。所以，我们可以根据创业过程中涉及的因素对创业的类型进行归纳。

（一）基于创业者的划分

不同类型的创业者所创建的企业的类型、管理企业的方式等都是不同的。根据创业活动主体的差异，可以将创业活动分为个体创业和公司创业。个体创业是指不依附于某一组织的个体或者团队的创业行为，公司创业是指已有组织的创新活动。从创业的本质上分析，个体创业和公司创业有很多相似的地方，但是由于创业主体在初始资源、组织设计、战略目标等方面存在差异，因而在风险承担、创业环境、企业成长、最终成果等方面也存在差异。两者主要的差异如表2-2所示。

表2-2 个体创业和公司创业的主要差异点

个体创业	公司创业
创业者承担无限连带责任	公司承担风险，个人承担有限责任
创业者拥有商业概念	公司拥有概念（与商业概念有关的知识产权）
创业者拥有全部或大部分权益	创业者拥有公司的权益中很小的一部分
创业者的潜在回报是无限的	创业者所能获得的潜在回报是有限的
个体的一次失误可能意味着失败	公司能承受更多的失败
受外部环境的影响较大	受外部环境的影响较小
创业者具有相对独立性	创业者更多以团队形式进行
根据需要能灵活地改变过程、试验和方向	调整受到内部的规则、官僚体系等的阻碍
决策迅速	决策周期长
低保障，缺乏安全网	高保障，有一系列安全网
可以沟通的人较少	可以沟通的人较多
至少在创业初期阶段，存在有限的规模经济和范围经济	能够很快地达到规模经济和范围经济
存在资源局限性	各种资源的获取上占有优势

（二）基于创业动机的划分

GEM（Global Entrepreneurship Monitor，全球创业观察）在2001年的报告中提出了生存型创业和机会型创业的概念，这一概念是在前人对推动型创业和拉动型创业的研究基础上提出的。并根据初始创业动机把创业活动的类型划分为生存型创业和机会型创业两种类型。

1. 生存型创业

生存型创业是指某一类人从事创业活动是因为没有其他更好的工作。"生存型"反映了个体并不是自愿创业的。生存型创业的驱动因素包括创业者家庭收入不足、对目前工作不满意、找工作遇到困难以及需要照顾家庭而需要灵活的工作时间。

2. 机会型创业

机会型创业是指某一类人从事创业活动是因为有个好的想法或者发现一个好的商业机会，自愿地进行创业。机会型创业者大多数是在稳定的经济基础上开始创业活动，创业的领域也是他们所熟悉的。机会型创业的驱动因素包括创业者的自我追求、对社会地位的追求。

3. 机会型创业和生存型创业的比较

布莱恩·多布森将收入和保障网络作为区分生存型创业与机会型创业的度量指标，具体如图2-10所示，该图体现了生存型创业与机会型创业并非完全对立。

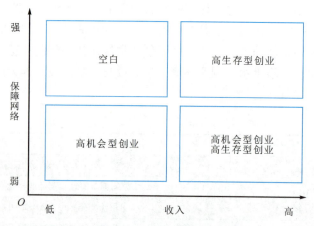

图 2-10　生存型创业与机会型创业的划分标准

从对经济增长贡献的角度比较，生存型创业者经营企业很少会关注经济增长这一因素，对地区的经济发展也几乎没有影响，通常来说生存型创业出现在经济欠发达的地区。机会型创业者会关注企业是否能够给地区带来经济增长，并会促进地区的经济增长。

从创业动机的角度比较，生存型创业者受生活压力的影响，其创业的目标是增加财富。而机会型创业者并不会过多追求物质的回报，而是追求产品或服务的专业性和创新性。

从创业者特征的角度比较，生存型创业者往往年纪较大，并且女性从事生存型创业的概率比男性高。相对来说，机会性创业者更自信，更愿意承担风险，有更多的自我控制力。并且这两种类型的创业者的创业技巧和态度均受到创业者年龄的影响。

承担风险对生存型创业有着消极影响，而对机会型创业有着积极的影响，生存型创业者会比机会型创业者更期望较低的风险，这是因为生存型创业者没有其他谋生的选择。对企业失败不存在恐惧的个体有较高的机会型创业倾向，研究表明，生存型创业者对失败的恐惧要比机会型创业者高两倍。

★案例 2-6

大学生创业：跑腿业务

张龙的跑腿业务起步也是大三以后的事儿了，那时在他脑海里还没有创业的概念。他当时把这个业务称为小生意。其实也就是在宿舍开个小卖部，给宅在宿舍的宅男宅女们送泡面、辣条等，赚个差价，一个月挣个七八百，刚够生活费。或许对于很多人，到这里就结束了，上学赚点外快，毕业后安心上班。

但是作为一个三本高校的学生，学的还是冷门的计算机专业，用他的话说，毕业就等于失业，也就是这种窘境，逼着他出来创业。因为有了两年的送货经验，他毕业后的跑腿生意开展得也比较顺利，业务也是五花八门，从帮忙取快递、买水带饭、充网卡、陪人旅游、代人表白到冒充男友，只要是和学生生活相关的、能赚到钱的，张龙都接。与此同时，张龙也会接半夜 12 点要求送一桶泡面到网吧熬夜的人的单，或者凌晨在火车站接人的单。这些根本赚不到钱，但张龙发现，比如火车站接人的雇主是某广告公司的策划，以后可以帮忙做广告；在网吧熬夜的其实是一程序员，以后他若开发网站可以帮忙。这些人在业务开展初期没有什么用处，但团队做大以后，这种投资的眼光就会展现出价值。

跑腿做了一年后，张龙拉了合伙人成立了服务公司并开始走上正轨。从送泡面到送同城快递，张龙的生意做得风生水起。

（三）基于是否存在创新的划分

根据创业中是否存在创新这个因素将创业划分为两种类型。第一类是套利型创业，即利用现有的差价优势低买高卖，从而赚取利润的创业活动。第二类是创新型创业，比如以低成本、开发新技术或者利用新商业机会为基础的创业活动。也就是说，建立在创新上的创业活动，不同于单独的创新或者创业活动，它不仅是具有开创性和原创性的活动，也强调要通过实际行动获得利润。因此，在创新创业这一类型中，创新是创业的基础，创业是创新的体现。

★ 案例2-7　**高校微信网红养成之路——关注学生贴近生活**

2013年的时候，微信公众号的使用者还没有像今天这样满地都是，张亿开始注册第一个公众号的时候也纯粹是因为无聊，并没有什么创业的宏伟理想，那一年，英雄联盟正红火，几乎成了每个男生的标配，大家集体逃课开黑，和隔壁宿舍对战联机也是常事，因此约队友就非常重要，张亿的微信公众号也是在这个时候火的，从最开始在公众号上分享自己的攻略，再到组织校园宿舍对战以及当解说，其完全和现在的电竞界的主播没有差别，只是说影响的范围小一点。在学校自己的微信公众号阅读量只有区区几百的时候，张亿的单篇图文阅读量都在2 000人次以上了，也开始在男生圈子里有了名气。

慢慢地，开始有食堂的商家嗅到了商机，联系他在每天的微信上打送饭订餐的广告。尝试了一周，效果还挺好，确实很多学生因为玩游戏而有送饭的需求。满足了学生的需求后，店家发现往往一天的微信广告就能给其带来100多份订单。再到后来，每天微信上接3个广告，收入就有300多元，抵得上一个白领的收入了。

一年半以后，张亿和一个做技术的舍友合伙，在运营微信号的同时给学校的商家以及周边的店面开发在线微商城和点餐系统，并积极联系学校的宣传部门，发一发学校师生的文章，这对依靠招生营生的学校也是一种宣传。学校也会拿出一部分资金来提供帮助。这也算是通过成为网红而创业成功的案例。

三、创业的核心要素

（一）蒂蒙斯创业模型

蒂蒙斯创业模型包括三要素，分别是创业者、资源和机会，如图2-11所示。创业者或创业团队在创业过程中具有主导作用,商业机会是创业过程的内在核心驱动力,资源是创业过程中来自外部的保障,也是创业成功的必要保证之一。创始人或工作团队应该了解如何在模糊、不确定的外部和内部环境中创造性地抓住商业机会,整合资源、制定战略和解决问题。

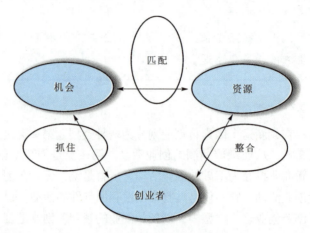

图 2-11 蒂蒙斯创业模型

首先,创业过程的起点是创业机会,而非金钱、战略、网络、团队或商业计划。创业时,最重要的是商业机会,而不是资金、团队的才干和能力及适应的资源等。在创业过程中,资源与机会间经历着一个差距到适应的动态过程。商业计划提供了交流的方式,同时给创业者、机会和资源三个要素之间的平衡状态提供了平台。

其次,创业过程是使创业者、机会和资源三个要素达到平衡和相互匹配。处于模型底部的创始人或工作团队要善于配置和平衡,借此推进创业过程。创业者团队需要做的工作包括:通过沟通、领导和创造活动对商机进行理性分析和把握、对风险进行认识和规避、对资源进行最合理的利用和配制、对工作团队进行适应性的分析和认识。

最后,创业过程是一个连续不断的寻求平衡的行为组合。在三个要素中绝对的平衡是不存在的,但企业要保持发展,必须追求一种动态的平衡,要保持平衡的观念来展望企业的未来。这时,创业者需要思考的问题是:目前的团队是否能领导公司未来的发展、资源是否能创造新的发展机遇和团队是否能把握机会等。这些问题在不同的阶段以不同的形式出现,牵涉企业的可持续发展。

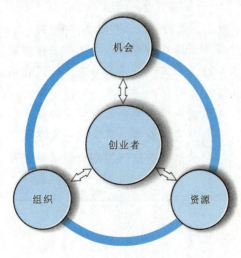

图 2-12 威克母创业要素模型

(二)威克母创业要素模型

根据威克母创业要素模型(见图 2-12),创业活动包括创业者、机会、组织和资源四个要素,这四个要素是相互联系和相互影响的。与蒂蒙斯创业模型不同，威克姆认为创业者或创业团队是创业活动的中心，他们在创业中的作用体现在他们主导其他三个要素进行创业活动，即寻找、识别和确认创业机会，获取与整合创业资源，设计与领导创业组织，同时通过创业者或者创业团队有效地处理三要素（即机会、资源和组织）之间的相互关系，实现要素之间的动态协调、稳定和匹配。

四、创业的过程

创业的过程是指创业者从产生创新想法，到创办新企业或新事业并获得回报的整个过程。这个过程中涉及很多活动和行为，比如识别创业机会、组建团队、筹集创业资金、制订创业计划等。哈佛大学教授拉瑞·葛雷纳根据创业过程的关键环节，按照时间顺序，提出了五阶段模型，如图 2-13 所示。这个模型主要描述企业成长过程中的演变与变革，很好地解释了初创企业的成长过程，是研究企业成长的基础。他把组织成长过程分为五个阶段。

图 2-13 葛雷纳五阶段模型

（一）创业阶段

在创业初期，企业有一个非常明显的特点，那就是更多依赖于创业者个人的创造力和英雄主义。在这个阶段，重点是研发和重视市场，首要任务是如何快速销售新产品，使得企业快速成长。因此创业者不需要太复杂的管理和战略就可以控制整个团队。在此阶段，企业成长的最大动力就是创造。

经过一到三年的发展，随着员工人数的增加，企业内部管理出现剧烈震荡。企业可能会出现领导危机，企业需要专业的领导者对自身的日常管理进行科学指导和管理控制。因此，要么创业者成长为一个专业的领导者，要么他找到职业经理人进行企业的管理与控制。这时最困难的是创始人需要在认知上自我变革，同时有足够勇气放弃很多东西。

（二）集体化阶段

第二个阶段是集体化阶段。集体化是指企业各部门由职业经理人进行管理，建立管理团队，引导员工执行决策层的决策。当企业发展到一定程度时，会出现又一次的震荡，即自立危机。这次危机的主要原因是中层、基层经理和员工均希望获得更多的自主权。之前对员工的指导使其工作经验和水平不断提升，加上企业规模不断扩大、管理层次不断增多，这些都会刺激员工对自主权的渴求，于是导致了企业发展出现新的危机，这时就应该适度授权，并建立更为规范的管理体系。

（三）规范化阶段

这一阶段的重点是授权，即通过权力下放实现经济增长。此时，大多数企业高速成长，他们的产品正在转向更广阔的主流市场。随着企业的高速成长，企业员工人数迅速增加，部门迅速细分，销售地点越来越多，此时需要公司高层更多的授权。通过分权实现企业的发展后，新的问题又会随之而来，即控制危机。所谓控制危机产生的原因就是企业授权过多或者过少。中、基层员工权力过多会导致自作主张、本位主义的现象；中、基层员工权力过少会出现合作难以协调的现象。因此，解决这一问题需要管理者对企业加强控制。

（四）精细化阶段

企业发展的第四阶段是精细化阶段。企业内部合作需要更规范、更全面的管理体系和更先进的管理信息系统来支撑。但官僚主义的出现将导致新的问题，比如繁文缛节的公事程序；管理层级过多；决策周期过长；人员冗余等。因此，在面对这个问题上，企业内部需要加强合作，比如采用项目管理的方法，组建多个团队，根据产品类型和销售区域设置相应的部门和团队以提高市场竞争的快速反应能力。

（五）合作阶段

在这个阶段，企业的规模通过合作快速增长，可能已经进入国际市场，已成为全球化的公司。集团总部的系统平台和各子集团的运营系统形成的是一种体系。集团总部依靠的是一种可跨越行业边界的无边界核心竞争力（软实力），而子集团形成的是行业核心竞争力（硬实力），这样将使集团的各行各业达到它们在单兵作战的情况下所无法取得的业绩水平。

创业计划书

第三节　发明、创造、创新与创业的区别与联系

发明、创造、创新和创业在广义上的意思大体上是相同的，都是指能产生新的成果、开创新的事物等。但是各自严格意义上的定义在学术界是众说纷纭。

一、发明和创造的关系

发明是指应用自然规律解决技术领域中特有问题而提出创新性方案、措施的过程和成果。发明不是简单的模仿已有的技术或简单归纳总结已有的方案和措施，而是要提供新模型、新工艺、新方法、新设备和新技术。因此，发明的对象是自然科学。

根据史书，创造亦作"剏造"，解释有：

其一，创造指发明、制造前所未有的事物。《宋书·礼志五》："至于秦汉，其（指南车）制无闻，后汉张衡始复创造。"《封氏闻见记·文字》："按此书隶，在春秋之前，但诸国或用或不用。程邈观其省易，有便於时，故修改而献，非创造也。"《今与古》："历史是人创造的，古时是古人创造的，今世是今人创造的。"

其二，创造指制造、建造。《三国志·魏志·曹髦传》："诸葛诞创造凶乱，主簿宣隆、部曲督秦絜秉节守义，临事固争，为诞所杀。"《北史·长孙道生传》："初，绍远为太常，广召工人，创造乐器，唯黄钟不调，每恒恨之。"《广阳杂记》卷二："寺左有九曲亭，乃东之所剏造，而子由之所记焉。"《红烛》诗："灰心流泪你的果，创造光明你的因。"

其三，创造指创作。即撰写文章或创作文艺作品。《后汉书·应劭传》："其见《汉书》二十五，《汉记》四，皆删叙润色，以全本体。其二十六，博采古今瓌玮之士，文章焕炳，其二十七，臣所创造。"《集外集拾遗补编》："关于新的年青的文学家的第一件事是创造或

介绍,蝇飞鸟乱,可以什么都不理。"

根据汉语词典,创造是指"将两个或两个以上概念或事物按一定方式联系起来,主观地制造客观上能被人普遍接受的事物,以达到某种目的行为"。

由此可知,创造一词的三个含义中第一个含义就是指发明,其创造的对象既包括自然科学,也包括社会科学。发明与创造的区别如表 2-3 所示,联系如图 2-14 所示。

表 2-3 发明与创造的区别

项目	发明	创造
数量上的区别	从 0 到 1 的过程	从 0 到 1、从 1 到 N 的过程
对象上的区别	自然科学	自然科学、社会科学

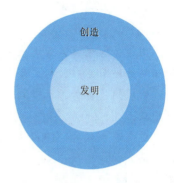

图 2-14 发明与创造的联系

例如,发明的对象只包括自然科学、新的产品和新的技术方法。创造的对象则既包括自然科学,又包括社会科学。企业创造了一套新的管理方法,但是不能说发明了一套新的管理方法。

发明和创造的定义在学术界存在争议,难以达成共识,但其公认的基本特征应具备两个条件。第一,发明和创造必须是原创的、新颖的,不是模仿和简单的重复。第二,发明和创造应该是对社会发展有意义或者有贡献的,并能够解决实际或理论的问题。简而言之,发明和创造是指提供新颖和有意义成果的活动。

★ 案例 2-8

电灯的发明

灯是人类征服黑夜的一大发明。19 世纪前,人们用油灯、蜡烛等来照明,这虽已冲破黑夜,但仍未能把人类从黑夜的限制中彻底解放出来。只有发电机的诞生,才使人类能用各色各样的电灯让世界大放光明,把黑夜变为白昼,从而扩大了人类活动的范围,使他们赢得更多的时间为社会创造财富。

真正发明电灯并使之大放光明的是美国发明家爱迪生。他是铁路工人的孩子,小学未读完就辍学了,靠在火车上卖报度日。爱迪生是一个异常勤奋的人,他喜欢做各种实验,制作出许多巧妙的机械。他对电器十分感兴趣,自从法拉第发明电机后,爱迪生就决心制造电灯,为人类带来光明。

爱迪生在认真总结了前人制造电灯的失败经验后,制订了详细的试验计划,分别在两方面进行试验:一是分类试验 1 600 多种不同耐热的材料;二是改善抽空设备,使灯泡有高真空度。他还对新型发电机和电路分路系统等进行了研究。

> 爱迪生将1 600多种耐热发光材料逐一地试验下来，唯独白金丝性能最好，但白金价格贵得惊人，务必要找到更适宜的材料来代替。1879年，几经实验，爱迪生最后决定用碳丝来做灯丝。他把一截棉丝撒满炭粉，弯成马蹄形，装到坩埚中加热，做成灯丝，放到灯泡中，再用抽气机抽去灯泡内空气，电灯亮了，竟能连续使用45个小时。就这样，世界上第一批碳丝的白炽灯问世了。1879年除夕，爱迪生电灯公司所在地洛帕克街灯火通明。
>
> 为了研制电灯，爱迪生在实验室里常常一天工作十几个小时，有时连续几天试验，发明碳丝做灯丝后，他又接连试验了6 000多种植物纤维，最后又选用竹丝，透过高温密闭炉烧焦，再加工，得到炭化竹丝，装到灯泡里，再次提高了灯泡的真空度，电灯竟可连续点亮1 200个小时。电灯的发明，曾使煤气股票3天内猛跌20%。
>
> 继爱迪生之后，1909年，美国柯进而奇发明了用钨丝代替碳丝，使电灯效率提高很多。从此，电灯跃上新台阶，日光灯、碘钨灯等形形色色的灯如雨后春笋般登上照明舞台。
>
> 灯使黑暗化为光明，使大千世界变得更光彩夺目、绚丽多姿。

二、创新和创业的关系

在谈到创新时，首先会想到创造力。创造力的定义是指以独特的方式综合各种思想，或在各种思想中建立联系的能力。但是仅有创造力是不够的，需要把创造性过程产生的结果转化为有用的产品或者方法，这个就是创新的经济学含义。而创业又是创新的进一步，当你有一个有用的产品或者方法时，可以通过设立企业使得这些产品或方法得以推广，并从中盈利。所以创造力、创新和创业的关系如图2-15所示。

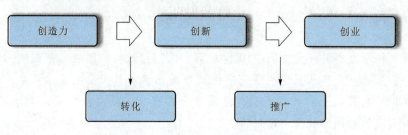

图2-15 创造力、创新和创业的关系

由本章第一节和第二节对创新和创业定义的介绍，我们可以知道，在广义上创新和创业都是指创造新的事物，而狭义上创新仅仅是创新的经济学概念，而创业仅仅是指创立企业。所以，在狭义上，创业不是创新，创新也不是创业。创业可能涉及创新，或者也并不涉及；创新可能涉及创业，或者也并不涉及。比如比尔·盖茨，他创立的微软已经是龙头企业了，现在已经不能说比尔·盖茨还在创业，当然微软的创新还是不断。还有，像IBM这样的"百年老店"，也还在持续不断的转型和创新中。

虽然说创新不是创业，创业也不是创新，但是创新和创业是不能分开的。20世纪最出名的管理学家之一彼得·德鲁克指出："创业是创新的落实,它牵涉利用目前的资源创造新财富的能力。"创新是创业的根本动力,在创业过程中,开发新产品,采用新材料,开拓新市场,实施新管理模式等,都必须有创新的思维做先导。没有创新的意识、创新的思维、创新的能力以及创新的决策,开创新的事业就会缺乏根基。

创业是创新的归宿。如果没有创业实践,创新成果就无法转化为有价值的产品,创新在一定程度上就会失去其意义。同时,创新的有效性只能通过未来的创业实践来检验。创业是创新的表现形式,创业的成败取决于是否有创新。创新与创业的联系如图2-16所示。

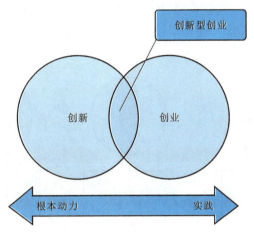

图2-16 创新和创业的联系

把创造力转化为有用的产出是创新型公司的一大特征。人们通过转化创造力,创新出有用的产品或方法,继而开办企业。所以,创新型创业不仅是创业分类中的一种,而且其本质上是一种创新活动。创新型创业过程包括变革、改革、转型升级以及引进新方法,这个过程或多或少具有创新性。创新型创业不是模仿别人的做法,而是通过创业来创造独特产品,尝试独特的方法。因此,在创新型创业中,创新与创业二者相互促进又相互制约,是密不可分的辩证统一体。创新精神的意义只有在创业实践中才能体现出来,最终产生创业的成功。

三、发明创造和创新创业的关系

熊彼特最早对发明和创新进行了区别,他认为,企业家的职能之一就是把新的发明创造引入生产系统,创新是发明创造的第一次商业化应用。熊彼特在他的创新理论中,有以下六个基本的观点。第一,创新内生于生产过程中,比如新的产品和新的生产方式产生于生产的过程。第二,创新是会产生"革命性"的变化。熊彼特用过一个比喻:"你不管把多大数量的驿路马车或邮车连续相加,也绝不能得到一条铁路。"第三,创新同时意味着毁灭,比如铁路的建设意味着不再使用驿路马车。第四,创新必须能创造出新的价值,熊彼特认为:"先有发明,后有创新;发明是新工具或新方法的发现,而创新是新工具或新方法的应用。只要发明还没有得到实际上的应用,那么在经济上就是不起作用的。"第五,创新是经济发展的本质规定。第六,创新的主体是"企业家"。因此,创新创业与发明创造的区别就在于它的推广应用,实现创造发明成果的价值。所以发明创造与创新创业的关系可以归纳为两幅图,如图 2-17 所示。

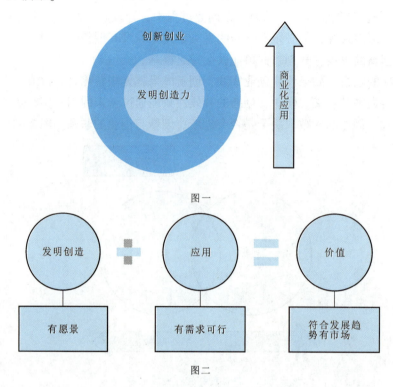

图 2-17　发明创造和创新创业的关系

　　创新创业就是将发明创造用于实际,赋予价值。发明创造的产生是因为有了愿景,有了想要实现的东西,才有创造的方向。比如 30 年前微软的愿景是希望每个人的桌子上都有电脑,因此它才会致力于开发电脑程序,使其可以走进千家万户。应用这一块包含两方面的内容,第一是这个新产品应该是有市场需求的。如果一个新的产品、新的应用,不见得能帮用户解决真正的问题,那么这个产品就不是一个有巨大潜力的创新。第二是可行性,比如我们都想要一个飞碟,这样我们都可以飞到火星,或者我们都想要记忆面包,这样我们就不需要去大量记忆知识,但这些就目前来说都是不可行的。

　　最后等式的右边,价值包括两方面。第一是产品应该符合趋势的发展才能创造价值,比如苹果的 iPod 本身并不是巨大的创新,它只是结合了一个容易使用的用户界面、很小的移动音乐机器,以及能够和机器互动的 iTunes 软件。正是因为乔布斯看到了人们对随身听音乐的需要,甚至在运动的时候都要听,因此把 iPod 设计成体积小、重量轻的物体,不像以往的硬盘。相比起苹果,索尼公司的 walkman 就没有考虑到这些,最后被市场淘汰。所以这个例子可以说明,苹果的 iPod 考虑到了未来的趋势,所以得到了爆发式的成长,而索尼的 walkman 没有考虑到这些,最后只能走向毁灭。所以创新一定要把握住业界的趋势。第二是产品或应用应该要有市场潜力,因为有很多发明是有愿景的、符合未来发展的趋势的,而且是有用的,也是可行的,但是它的市场却很狭窄。比如,洗手间里面的 iPod 的固定器,世界上可能有一些人会非常喜爱这样的设备,但是这个市场过于狭窄,所以企业家会更愿去做那些市场非常大的产品。比如微软公司,当时做了四个产品,分别是 Office Word、Office Powerpoint、Office Excel、Outlook,但这四个产品都不是业界的第一,但是微软就想到,未来的电子办公需要这四个软件的无缝衔接,需要彼此的互动,需要一致的用户体验,因此,微软就推出了 Office。可以看到,微软看到了未来的市场对 office 软件的巨大需求,而事实证明微软的预测是准确的,所以这个软件也给其带来了巨大的收入。

综上所述,创新创业与发明创造的狭义概念,是有本质上的区别的。但在"创新""发明""创造"字义解释和内涵的把握上又难以有严格的界定,学术界对此问题众说纷纭,难以取得一致的看法。

★ 案例2-9   **微波炉的产生**

微波炉的发明者是美国的斯本塞。斯本塞于 1921 年生于美国亚特兰大城。1939 年,他参加了海军,半年后因伤而退役,进入美国潜艇信号公司工作,开始接触各类电器,稍后又进入专门制造电子管的雷声公司。由于工作出色,1940 年,他由检验员晋升为新型电子管生产技术负责人。天才加勤奋的结果,使他先后完成了一系列重大发明,令许多老科学家刮目相看。其时,英国科学家们正在积极从事军用雷达微波能源的研究工作。伯明翰大学两位教授设计出一种能够高效产生大功率微波能的磁控管。但当时英德处于决战阶段,德国飞机对英伦三岛狂轰滥炸,因此,这种新产品无法在国内生产,只好寻求与美国合作。1940 年 9 月,英国科学家带着磁控管样品访问美国雷声公司时,与才华横溢的斯本塞一见如故、相见恨晚。在他的努力下,英国和雷声公司共同研究制造的磁控管获得成功。

一个偶然的机会,斯本塞萌生了发明微波炉的念头。1945 年,他观察到微波能使周围的物体发热。有一次,他走过一个微波发射器时,身体有热感,不久他发现装在口袋内的糖果被微波溶化了。还有一次,他把一袋玉米粒放在波导喇叭口前,然后观察玉米粒的变化。他发现玉米粒与放在火堆前一样。第二天,他又将一个鸡蛋放在喇叭口前,结果鸡蛋受热突然爆炸,溅了他一身。这更坚定了他的微波能使物体发热的论点。雷声公司受斯本塞实验的启发,决定与他一同研制能用微波热量烹饪的炉子。几个星期后,一台简易的炉子制成了。斯本塞用姜饼做试验。他先把姜饼切成片,然后放在炉内烹饪。在烹饪时他屡次变化磁控管的功率,以选择最适宜的温度。经过若干次试验,食品的香味飘满了整个房间。1947 年,雷声公司推出了第一台家用微波炉。可是这种微波炉成本太高、寿命太短,从而影响了微波炉的推广。1965 年,乔治·福斯特对微波炉进行了大胆改造,与斯本塞一起设计了一种耐用且价格低廉的微波炉。1967 年,微波炉新闻发布会兼展销会在芝加哥举行,获得了巨大成功。从此,微波炉逐渐走入了千家万户。由于用微波烹饪食物又快又方便,不仅味美,而且有特色,因此有人诙谐地称之为"妇女的解放者"。

复习思考

1. 创新的概念是什么？创新概念的分类有哪三种？
2. 创新成功的要素有哪三个？其对社会和个人发展的影响有哪些？
3. 创新的类型有哪些？
4. 创新的过程分成哪四个步骤？其对个人和社会创新的影响有哪些？
5. 创业的概念是什么？创业的分类有哪几种？
6. 创业的要素包括什么？具体模型有哪些？
7. 创新与创业之间的关系是什么？创新创业重要的原因有哪些？

参考文献

[1] [美] 熊彼特·约瑟夫.经济发展理论 [M].绛枫，译.北京：商务印书馆，1991.

[2] [美] 熊彼特·约瑟夫.资本主义、社会主义和民主主义 [M].易家详，译.北京：商务印书馆，1985.

[3] 葛宝山，刘庆中.基于 Timmons 模型的创业类型系统分类研究 [J].中国青年科技，2007（1）.

[4] 李士.技术创新和发明创造的联系与区别 [J].学习时报，2006（2）.

[5] 吴晓波，胡松翠，章威.创新分类研究综述 [J].重庆大学学报（社会科学版），2007，13（5）.

[6] 姚梅芳，马鸿佳.生存型创业与机会型创业比较研究 [J].中国青年科技，2007（1）.

[7] Kusunokik. Incapability of technological capability a case study on product innovation in the Japanese facsimile machine industry [J]. Journal of Product Innovation Management, 1997 (4)：368-382.

[8] Kleinschmidtej, Cooperrg. The impact of product innovativeness on performance [J]. Journal of Product Innovation Management, 1991 (8)：240-251.

[9] Josephl, Bower, Clayton M. Christensen. Disruptive technologies：catching the wave [J]. HBR, 1995.

[10] Rosanna Garc, Roger Calantone. A critical look at technological innovation typology and innovativeness terminology：a literature review [J]. The Journal of Product Innovation Management, 2002, 19：110-132.

第三章

创新创业者及职业生涯规划

 目标与要求

通过本章学习了解创新者和创业者的基本概念，认识创新者和创业者需要具备的素质；了解团队的基本概念、构成要素及其特征，认识团队在创新创业中的重要性，掌握组建和管理团队的基本策略、要求；了解创新精神、创业精神、企业家精神三者的概念及其内涵；了解职业生涯规划的基本概念，认识职业生涯规划在创新创业中的重要性，学会正确进行自我认知，掌握职业生涯规划的基本步骤。

 问题引入

拉卡拉集团董事长孙陶然2015年在"创新驱动未来"全球创新论坛年会上发表了主题演讲，他说："要先创新再创业，只有创新才有可能成功创业，复制可能是一条路，但本质上来讲，成功创业还是要创新。只有当创业者发现了别人没有发现的需求之后，也就是当创业者的产品、服务跟别人有差异之后，才能闯出一条路。"孙陶然认为，创新对于创业来说，它是一个捷径。很多创业者也把拷贝和复制看成是捷径，但这是很难成功的。孙陶然的话表明了创新的重要性。而近期美国封杀中兴通信的事件也告诉我们，创业道路上既要善于学习，更要善于创新。

孙陶然的话和中兴通信被封杀事件引发了我们的思考，在"双创"时代，是不是每个人都适合创业？是不是每个人都能取得创业成功？如何选择进入创新领域或创业领域？如何规划好自己的创新创业？

第一节 创新创业者

国务院总理李克强2014年9月在夏季达沃斯论坛上公开发出"大众创业、万众创新"

的号召,"双创"一词由此开始走红。近年来,"双创"工作为社会和经济发展注入了新的活力。"双创"让优秀的人不再被埋没,让有理想的人更有机会实现自身梦想。在"双创"的号召下,"创业"不是单一化的理想目标,"创新"更应成为大众的追求,全民都是参与"双创"的主体,只不过参与的方式不同。

瑞典管理学家 Kaj Mickos 认为,"创业不是创新,创新也不是创业。创业可能涉及创新,或者也并不涉及;创新可能涉及创业,或者也并不涉及"。正是由于创新与创业有所区别,才有了创新者与创业者两者的概念区分。创新者与创业者两者既有相关联性,又有一定的差异性。首先,创业者不一定都是创新者,但创业者要取得成功就一定要做一个创新者,从这个意义上讲,成功创业者也是创新者。其次,创新者虽然有成功创业者所应有的创新属性,但他不一定能成为成功创业者,创新者只有具备了创业者的特质和条件,才能成为一名成功的创业者。

一、创新创业者的定义与类型

(一) 创新者的定义和类型

根据前面第二章所讲的创新的定义,我们可以把创新者定义为:为了发展需要,运用已知的信息和条件,突破常规,发现或产生某种新颖、独特的有价值的新事物、新思想的人。

创新者与创新人才的概念有相关性。创新人才是指具有创新意识、创新精神、创新思维、创新知识、创新能力并具有良好的创新人格,能够通过自己的创造性劳动取得创新成果,在某一领域、某一行业、某一工作上为社会发展和人类进步做出创新贡献的人。创新者包含创新人才,创新人才是高层次的创新者。

创新者的定义有其历史属性和时代属性,在不同历史时期,人们对创新与创新者的理解会有一些不同。真正的创新者,必然是立足于现实又能面向未来的创新者,那些不能适应未来发展的只能是"伪创新者",必将被时代淘汰。创新者通常具有精力充沛、注意力集中、坚持不懈、想象力丰富、富有冒险精神等特征。创新者与循规者的区别就在于创新者具有创新意识、创新思维、创新知识、创新能力、创新精神、创新人格并能够取得创新成果,而循规者则是常规思维占主导地位,创新意识、创新能力、创新精神不强,习惯于按照常规的方法处理问题。

依据不同的标准,创新者可以分为不同的类型。依据创新者创新活动的表现形式可以分为知识创新者、技术创新者、制度创新者、服务创新者、组织创新者、管理创新者等;依据创新者创新活动的领域可以分为教育创新者、工业创新者、农业创新者、国防创新者、金融创新者、社会创新者、文化创新者等;依据创新者创新活动的性质可以分为研究型创新者、综合型创新者、应用型创新者。

★案例3-1

三个和尚喝水的故事

有一个庙,离河边比较远,需要人力挑水喝。但庙里的三个和尚都互相推诿,出现了一个和尚挑水喝、两个和尚抬水喝、三个和尚没水喝的局面。为解决这个问题,该庙的住持与三个和尚共同商议解决喝水的问题,提出了三种方案。

> 第一种方案，叫"机制创新"。针对和尚挑水山高路长，一人一天挑一缸很累的问题，住持找出了一个接力挑水的好办法。即第一个和尚挑三分之一的路程，然后换第二个和尚接着挑三分之一的路程，最后转给第三个和尚挑到缸里。大家劳逸结合，每人分担一部分，都不觉得累，水很快就挑满了。
>
> 第二种方案，叫"管理创新"。住持召集三个和尚，要求引进一个竞争机制，立个新庙规。规则是三个和尚都去挑水，挑得多的和尚晚上吃饭加菜，挑得少的和尚，作为惩罚，没菜吃。为了有菜吃，三个和尚都拼命去挑，解决了慵懒的问题。
>
> 第三种方案，叫"技术创新"。针对三个和尚提出的天天挑水太累的问题，住持想了个引水的方法——利用山上的竹子。把竹子砍下来，中心打通，然后连在一起，用一个辘轳，把水摇上去。这样一个和尚负责摇，一个和尚负责倒水，还有一个和尚可以休息。三个人轮流换班，简便又轻松。

困扰已久的"三个和尚没水喝"的难题，就这样通过庙住持的创新得到了根本解决。从这个案例我们也可以得出结论：创新对于每个人、每个组织、每个民族都有极其重要的意义。一个人不追求创新，他的事业将很难成功；一个企业不追求创新，它将在激烈的市场竞争中无法生存；一个民族不追求创新，那也只能是一个落后的民族。

（二）创业者的定义和类型

法国经济学家 Richard Cantillon 最早将创业者定义为"敢于冒险开创一项新事业并勇于承担责任的人"。法国经济学家 Say 将创业者描述为"将经济资源从生产率较低的区域转移到生产率较高的区域的人"。奈特将创业者定义为不确定性决策者，认为创业者要承受创业中的不确定性和风险。著名经济学家熊彼特则认为创业者应是创新者，即创业者要具备发现和引入新的更好的能赚钱的产品、服务与过程的能力。随着时代的发展，创业者的内涵不断得到丰富和完善。

目前，学界把创业者划分为狭义的创业者和广义的创业者。狭义的创业者是指能够承担创业过程中的所有不确定性和风险，敢于克服创业遇到的各种困难，在努力实现创业目标的过程中创造价值并获取利益的人。它不仅限于企业的法人代表或领导者、组织者，还指参与创业活动的核心人员。广义的创业者是指参与创业活动的所有人员，包括创业活动的发起者、领导者和创业活动的跟随者。本课程所指的创业者是狭义的创业者。

创业者类型的划分。从创业过程中所处的角色和所发挥的作用来看，可以分为独立型创业者、主导型创业者、跟随型创业者；从创业者的背景和动机来看，可以分为生存型创业者、投资型创业者、事业型创业者。

★案例3-2　　解洪志的创业之路

解洪志，铁岭人，2002年毕业于辽宁经济职业技术学院计算机与产品开发专业。2003年，他创建了沈阳市"朗为"（Longway）家教中心，在辽宁省大学生的创业潮中，他被授予了"大学生自主创业第一号证书"荣誉。2006年被当地媒体沈阳晚报报道为"大学生自主创业的第一人","朗为"家教中心也由创业初的3人发展到了150多人,在沈阳市家教市场中得到了家长和学生们的认可。解洪志说:"我的创业有一定成绩,但离成功还有距离,我还在不断地进行创业的探索。"

解洪志创业的念头产生于大学期间。在大学期间,解洪志担任学院的学生会主席,经常组织一些大型活动,每当看到自己组织、策划的活动获得圆满成功,他内心都有一股成功的喜悦感,他的信心和能力也得到了很大提高。也就是在这个时期,他萌生了要创立一番自己的事业的念头。大学毕业后,解洪志在哈尔滨东建机械制造公司沈阳分公司担任业务经理职务,这是一份很多人都羡慕的工作。但是,解洪志并不满足,他认为"做什么工作都不易,特别是打工族,为别人打工很受束缚,很多想法与个人能力都得不到最大的发挥""为谁做都不如为自己做"。最终,他选择了自主创业。

解洪志的创业定位是在沈阳开一家家教服务公司,他的梦想是办一家以教育为主的集团企业。为了创业,他在担任哈尔滨东建机械制造公司沈阳分公司经理职务时,就开始着手准备。他利用出差和公司奖励他的两次旅游机会,先后到长春、哈尔滨、北京、辽宁、锦州、铁岭、阜新等地进行调查,寻找市场机会。2003年7月,解洪志认为时机已成熟。他不顾家里人的反对,顶着各种压力,毅然从公司辞职,开始创业。

2003年10月,解洪志和他的同学一起创办了"朗为"家教中心,主要业务范围是经营家教服务和学生接送服务。他成为当时大学毕业生中第一个在沈阳市人事局领到《自主创业证》的人。

 思考

解洪志属于哪一种类型的创业者?他为什么能创业成功?

(三)创新者与创业者的区别

创新者与创业者的区别如表3-1所示。

表3-1 创新者与创业者的区别

项目	创新者	创业者
能力与素质有差异	创新者的活动往往局限在某一领域、某一行业、某一工作内,要求是专业性人才	创业者的活动涉及面广,是全方位的,要面对众多的任务和挑战,要求具备各种才能和素质
目标不同	创新者以创新技术、产品、服务等为目标	以创建新企业或管理、运营企业为目标
效益不一样	创新者的工作成果有些是隐性的,往往可以提高工作质量、效率,但不一定能转化为经济效益	创业者绝大多数活动以营利为目的,追求经济效益最大化

续表

项目	创新者	创业者
面临风险不同	创新者一般是在企业或者部门内创新，风险承担主体是企业或部门，个体面临风险较小	创业者是整个创业活动风险的承担者，所处环境复杂，风险巨大
需要的资源支撑不同	创新者的创新活动范围小，需要调动的资源量也较小，主要是依托企业、部门获取资源，工作难度小	创业者的创业活动涉及广泛，资源要求高，主要通过创业者自身的努力从市场中获取，工作难度较大

二、创新者的基本素质

★ 案例 3-3　　　　以"工匠精神"追求创新

1997 年，铁根全从金川集团公司技校毕业，成为镍冶炼厂镍电解车间的一名维修工。对铁根全来说，现场的维修操作难度并不大，通过向他人请教及一段时间的实践，他很快便能独立作业了。在参加工作的第六年，他被选为检修班班长。在工作期间，他还通过自主进修，先后获得了大专学历、国家职业资格等级"钳工"高级资格证书、国家职业资格等级"加压浸出工"高级资格证书。

2008 年，铁根全所属车间的关键设备加压泵出现了故障，导致传动箱抱死，严重影响了车间生产。当时，金川集团公司镍电解车间是国内首家电解镍生产单位，无论是设备的检修还是选型，在国内都没有任何可借鉴的经验，只能靠自己摸索。故障发生后，检修班立即对加压泵进行维修，从当天下午 5 点开始，一直检修到第二天上午 10 点，都没有发现故障源所在。随后，在其他工友回去休息的时候，铁根全一个人又回到检修现场，重新梳理故障原因。蜗轮、蜗杆、"N"轴总成……随着对设备的仔细检查，他终于发现了故障源所在——是一个十字连杆接销掉落了。在做了简单的维修后，设备恢复了运转。

这件事引发了铁根全的深思："这么小的一个故障，全班人竟找了十几个小时都没发现。仔细一想，还是我们学艺不精，对设备的了解不够透彻。"

此后，铁根全就带领班组人员，开始对车间内各项设备的结构进行剖析与研究，有效提升了班组检修设备的效率与质量。铁根全还通过自己的研究，与班组成员共同探讨，提出了对加压泵外移及加压泵作业方式改造方案，大大降低了加压泵的故障率，使加压泵作业率由 90% 提高到 96%，提升了生产线的稳定性。

20 年来，正是这种出于对工作的热爱，铁根全才勤于钻研，敢于担当，勇挑重担，他心中的责任感和使命感，激发了他的创新潜能。他参与完成的《提升电积镍品级率》QC 小组活动成果，连续 3 年荣获中国有色行业、中国优秀 QC 小组成果一等奖。他发明的"自制往复泵管道缓冲装置""润滑油取用装置""联轴器拆除安装装置""PVC 管道黏接装置""离心萃取机封拆除装置"等 40 余项技术创新成果被广泛应用于日常检修工作，年节约备件和检修费用 340 余万元。

铁根全先后被授予"甘肃省技术标兵""金昌市创新模范""金昌市五一劳动奖章""金昌十佳工匠""金川集团公司技术创新能手""镍冶炼厂优秀创新能手""镍冶炼厂金牌党员"等诸多荣誉称号,他带领的班组也被授予"甘肃省创新型班组""标杆班组""模范班组"等荣誉称号。

 思考

在铁根全身上,你看到了哪些优秀的创新品质?

创新者素质是指创新主体创造力及创新能力发挥的基础条件。这里我们着重介绍创新者六个方面的素质(见表3-2)。

表3-2 创新者基本素质一览表

素质结构	具体要求	典型事例
强烈的创新意识	有理想、有抱负,具备良好的进取和创新意识,有强烈的事业心和历史责任感;有追求改变、革新的强烈愿望,面对新问题、新情况善于思考,勇于批判,敢于探寻问题及其症结所在;能够创新性地提出科学的解决方案和改进措施	日本的中松义郎拥有3 000多项发明专利,被称为"世界上发明最多的人"。中松的母亲从小就教育他:"无论做什么事,一定要充满热爱。热爱能产生智慧和灵感。"
坚韧的意志	有很强的耐挫力,在面对自己的理想目标时,具有坚定信念,而面对困难时,敢于迎难而上,百折不挠,不达目标誓不罢休	爱迪生发明电灯丝尝试了将近一千次,每次都失败了,许多人劝爱迪生放弃,但爱迪生没有放弃,最后他成功了
敏锐的观察能力	具有敏锐的观察能力、深刻的洞察能力、见微知著的直觉能力和一触即发的灵感和顿悟;不断地将观察到的事物与已掌握的知识联系起来,发现事物之间的必然联系,发现别人没有发现的东西	瓦特在对壶水滚沸的观察中发明了蒸汽机,牛顿在对苹果落地的观察中创立了"万有引力"说,鲁班在对划破他手指的带细齿的野草观察中发明了锯
较好的创新思维	有较强的想象力和逆向思维能力,脑子活,主意多,不板滞不拘泥,善于捕捉机会;具备前瞻、独创、灵活的思维方式,能对事物进行正确的分析和判断,发现别人没有发现的新事物、新内容、新方法、新途径,能够做到独辟蹊径,突破困境,打开一条新的发展之路	为解决地面交通拥挤的问题,各大都市都想尽各种办法,如兴建地铁、地下隧道、双层公共汽车、高架桥、立交桥、地下停车场、立体车库,等等
丰富的知识	不仅有丰富的知识结构、广博而精深的专业知识,又有深厚而扎实的基础知识;不仅精通自己的专业并掌握所从事专业领域的最新成果和发展动态,又了解与自己专业相关的横向学科知识及其发展	"航天之父""导弹之父"钱学森不仅拥有专业的航天理论知识,还具备了工程学、物理学、地理学、思维科学、系统学、建筑学等领域的知识
科学的实践精神	有严谨、求实的工作作风,严格遵循事物的客观规律,从实际出发,以科学的态度进行创新实践	冬暖式蔬菜大棚的发明人王乐义,为了选择大棚的最佳地理朝向,他连续两年用罗盘观测当地的光照情况,最终确定了大棚最佳朝向是正南偏西5度

三、创业者的基本素质

创业者的基本素质如图 3-1 所示。

（一）良好的身体条件

创业者良好的身体条件是指身体健康、体力充沛、精力旺盛、思路敏捷。几乎所有的企业家都认为良好的身体条件是成功创业的一大前提。创业是艰苦而复杂的，在创业之初，受资金、环境等各方面条件的限制，许多事都需创业者亲力亲为。创业者工作繁忙、压力大、时间长，若无充沛的体力、旺盛的精力、敏捷的思路，必然力不从心，难以承受创业重任。舒尔茨在他的人力资本投资理论中认为："与体现在物质产品上的资本被称为物力资本一样，体现在人身上特别是劳动者身上的资本，则是人力资本，如智力、知识、技能和健康状况等……躯体的健康是人健康的基本条件之一，也是创业者的必备条件。"

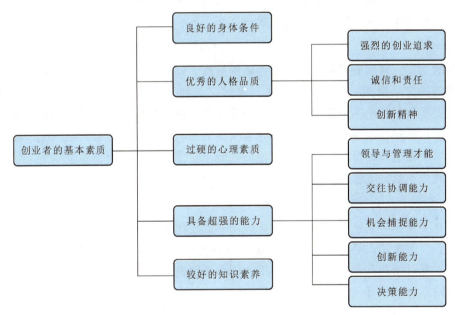

图 3-1　创业者的基本素质

（二）过硬的心理素质

心理素质是指创业者应该具备的心理条件，包括自我意识、性格、情感、气质等心理构成要素。作为创业者，自我意识上应自信和自主；性格上应开朗、坚持、果断和刚强；情感上应更有理性色彩。成功的创业者应该能做到不以物喜，不以己悲。在漫长的创业过程中，随时都可能会出现意想不到的问题，遇到挫折和困难，创业者要有充分的心理准备，要有艰苦创业的心理准备，要有面对失败的心理准备。

国内学者认为，创业者应该具备六方面的良好心理素质，包括：能独立思考、自主判断与选择；善于沟通、交流与合作；勇于担责、敢于冒险、积极行动；善于自我控制、敢于克服盲目冲动；百折不挠、坚持不懈、顽强拼搏；善于自我调适。

心理素质测试

（三）优秀的人格品质

1. 强烈的创业追求

要想取得创业的成功，创业者必须有实现自我、追求成功的强烈欲望。现实中，"无欲"是不存在的，"欲"是一种生活目标，是一种人生理想。创业者的这种欲望我们称为创业追求，他们追求得到个人内在实现的满足，追求得到社会的尊重，追求拥有财富。创业者的追求往往超过他们的现实，一旦目标明确，往往伴随着新动力和牺牲精神。

2. 诚信和责任

诚信是人的立足之本和发展的源泉。创业者的诚信品质决定着企业的声誉和发展空间。不守诚信或许可以赢一时之利，但必然失长久之利。创业者的诚信应体现在平等基础上和他人的合作与竞争上，体现在对企业和企业产品质量的保障上。除了诚信，创业者更重要的是承担社会责任。创业者要重视树立良好的企业形象，不贪图眼前的暂时利益，自觉地把个人的事业、企业的发展和社会的需要有机统一起来。

3. 创新精神

创业的过程，其实质就是一个不断创新的过程。例如，创新方法生产老商品，开拓新的产品销路，改革生产模式，等等。金利来品牌创始人曾宪梓认为，做生意要靠创意而不是靠本钱。在竞争日益激烈的市场中，不追求创新的企业很难站稳脚跟，创新和改革永远是企业永葆活力与竞争力的源泉。成功的创业者追求以创造性的思维解决问题，他们一般不会墨守成规、简单重复地完成任务，而是不断打破常规，寻求新的、更有效率的方法完成任务。

人格测试

（四）较好的知识素养

虽然有关调查结果显示，学历与创业成功率成反比关系，并非学历越高，取得创业的成功率就越大。但在知识经济时代，在商业竞争日益激烈的今天，创业已转向科技和知识创业，知识素养对创业有着举足轻重的作用。创业者要进行创造性思维，要做出正确决策，必须掌握广博知识，具有一专多能的知识结构。

创业者的知识结构包括以下三个方面内容：一是与创业活动密切相关的专业性知识，创业者在某一领域创业，就应熟悉掌握这一领域的相关专业知识；二是常识性知识，包括政治常识、经济常识、社会常识、法律常识等，这些常识可以帮助创业者少犯错误，少走弯路，有利于提高科学决策水平；三是经验性知识，包括商业经验、社会经验、生活经验等，这是创业者的人生经历和在工作实践中积累的知识。

当然，我们强调知识素养的重要性，并不是要求创业者必须完全具备这些知识才能去创业，而是希望创业者要有不断学习和完善知识结构的自觉性和实际行动。

（五）超强的能力

1. 领导与管理才能

创业要有一个领袖、一个灵魂人物。这个领袖自身应有明晰的使命、愿景、价值观，有很强的感召力，有高瞻远瞩的战略思维，有百折不挠的意志力和胸怀，有随机应变的灵活性和决策力，有统揽全局和明察秋毫的能力。同时，创业还需要有管理者来整合、利用各项生产要素，形成合力，发挥它们的最大效用。这个管理者，他必须有脚踏实地的执行能力，具备高超的管理艺术，必须对自己经营管理的事业了如指掌，对生产和消费趋势有预测能力，还必须善于选择合作伙伴，有组织或领导他人、驾驭局势变化的能力。

2. 交往协调能力

交往协调能力是指能够妥善地处理创办企业内部团队成员之间关系，企业与同业人员、合作伙伴、竞争对手之间关系，企业与公众（政府部门、新闻媒体、客户等）之间关系的能力。创业不是单兵作战，它需要有人脉，有广泛的人际关系网以及由此形成的强大支撑系统。因此，创业者要积极进行有效沟通，团结各界力量，既要做到坚持原则，又要做到求同存异，共同协调发展。

3. 机会捕捉能力

机会就是商机，成功总是属于那些善于捕捉机会的创业者。在创业过程中，机会往往稍纵即逝，只有嗅觉敏锐、决断果敢的创业者才能捕捉到。有些创业者经常抱怨："别人机遇好，我运气不好，没有机遇。"这其实是一种误解，很多时候我们缺的不是机会，而是发现并捕捉机会的能力。因此，创业者要多看、多听、多想，广泛获取信息，要有独特的思维，有独立见解，善于发现别人没发现的机会，并对机会做出快速反应。

4. 创新能力

抓创新就是抓发展，谋创新就是谋未来。面对全球新一轮科技革命与产业变革的重大机遇与挑战，面对经济发展新常态下的趋势变化和特点，创业者唯有追求创新才能取得成功。因此，创业者需要有创新意识、创新思维和创新技巧，要敢于做新思想、新理论、新方法和新发明的创造者。在这里，创业者不能单纯地为创新而创新，而应以解决问题为导向，在解决问题中发现创新的题材和内容、方法，只有这样才能体现创新的真正价值。

5. 决策能力

决策能力是创业者根据主客观条件，因地制宜，正确地确定创业的发展方向、目标、战略以及具体选择实施方案的能力。在创业过程中，决策是一项重要工作内容，是创业顺利进行并取得成功的前提，诸如创业团队组建、机会选择、创业融资、商业模式以及发展战略等重大决策，都与创业的成败直接相关。因此，创业者的决策能力很重要。创业者要有很强的分析能力和判断能力，要以调查为基础，以事实为根据，以创新思维进行科学决策。

第二节 创新创业团队

★案例3-4　　　　　　　世界上最难挖的团队

"天下没有人能挖走我的团队。"基于公司牢不可破的文化"壁垒"，马云如是说。"整个文化形成这样的时候，人就很难被挖走了。这就像在一个空气很新鲜的土地上生存的人，你突然把他放在一个污浊的空气里面，工资再高，他过两天还会跑回来。"

> 阿里巴巴在 2000 年就推出了名为"独孤九剑"的价值观体系。这个价值观体系包括群策群力、教学相长、质量、简易、激情、开放、创新、专注、服务与尊重等内容。而后,公司又将这九条精练成"六脉神剑"。阿里巴巴正是在这种认识的高度中不断地完善其企业文化建设的。
>
> 阿里巴巴人事部经理陈莉说:"阿里巴巴每年至少要把五分之一的精力和财力用在改善员工办公环境和员工培养上。"阿里巴巴对员工的工作时间没有严格的打卡要求,只要能完成工作任务随便什么时候上下班。"像 IT 业,研发性的工作用脑量大,员工总处于紧张繁忙的状态。提供优雅一点的工作环境,可以让员工心情舒畅,开心工作。"
>
> 这可能就是一般企业人才流动率高达 10%~15%,而阿里巴巴连续数年的跳槽率仍然能控制在 3.3% 的根本原因。

一、团队的定义及特征

(一)什么是团队

"团队"的概念是管理学家斯蒂芬·P·罗宾斯在 1994 年首次提出的。他认为,由两个或者两个以上的,存在相互作用、相互依赖关系的个体,为了特定的目标按照一定的规则结合在一起的组织就是团队。随后,团队的概念在生产、生活、营销、管理等方面被广泛运用。

根据百度百科所下的定义,团队(Team)是由员工和管理层组成的一个共同体,它合理利用每一个成员的知识和技能协同工作、解决问题,以达到共同的目标。

(二)团队与群体的区别

群体是指互有关系、互相依赖到一定重要程度的人的集合。更准确地讲,群体的定义可以概括为:相互作用、相互依赖的两个以上个体为了实现某个特定目标而结合在一起的集体。

威廉姆斯认为,团队首先是一个群体,但它又高于群体,其成员具有高度的共同性和相互依赖性。国内的学者也认为,团队是由更有思考性、自主性和合作性的个体组成的群体。可见,同是由个体组成的集体,群体比团队所涵盖的范围更广,团队是建立在群体基础上的子集。即便如此,两者在目标定位、身份认同、成员关系、领导作用、工作态度、技能组合、沟通方式、协作能力等诸多方面还是有较大差异性的,如表 3-3 所示。

表 3-3 团队与一般工作群体的比较

因素	团队	一般工作群体
目标认同	有明确的共同目标	认同共同目标的程度比较低或没有明确的共同目标
奉献意识	有高度自觉的奉献意识	奉献意识比较低下
合作的程度	自觉合作	更多依靠管理层的压力维持合作
对群体目标的评价标准	团队目标高于个人目标	强调个人目标

续表

因 素	团 队	一般工作群体
个人业绩与群体业绩的关系	强调整体体业绩	强调个人业绩
相互信任	高度相互信任	相互信任程度比较低
个人利益与群体的一致性	利益高度一致，个人利益和群体利益高度整合	利益一致性程度比较低，有时内部有利益冲突
沟通质量	信息高度分享，较多分享个人深层次信息	低度分享信息，只在别人需要时提供信息；个人深层次信息很少交流
矛盾性质	主要是方法的分歧，通过公开争论来解决	不仅存在方法的分歧，也存在目标和利益的分歧；经常不能公开争论，职位权力对争议的问题有决定性影响
决策权力分配	分散，授权多；集体决策	集中，授权少；少数人决策
分工	灵活的分工，但强调相互支持、能力互补	分工，强调完成本分工作
凝聚力	个人对人际关系满意度高，归属感很强	个人对人际关系满意度一般，归属感一般；有的人想离开群体

（三）团队的构成要素

团队的构成要素（见图3-2），总结为"5P"，是五个以"P"开头的英文单词缩写。

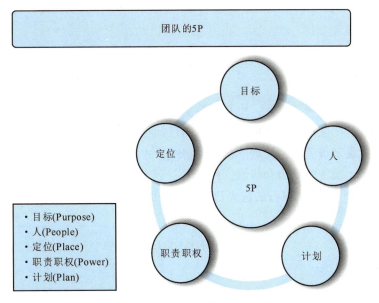

图3-2 团队的构成要素

（1）目标（Purpose）：团队要有一个共同的目标，即团队成员航向标，可指引成员要向何处去，而没有目标，团队就失去了存在的价值。

（2）人（People）：指团队的构成人员，是团队构成的最核心力量，两个（包含两个）

以上的人可以构成团队。选团队成员要根据目标需要,综合考虑人员的素质、能力、学识水平等因素。

(3) 定位(Place):团队的定位有两层含义:一是团队在企业中处于什么样的位置,由谁来选择、决定团队成员,团队应对谁负责,采取什么样的方式激励下属;二是个体成员在团队中扮演什么样的角色,是制定者还是实施者或评估者?

(4) 职责职权(Power):是指团队负有的职责和相应享有的权利大小。在一个企业中,权责利的合理配置会影响整个团队的工作积极性及主动性。如果权责利不清楚,内部就会出现相互推诿扯皮的现象。

(5) 计划(Plan):为实现目标对团队成员的工作进行分配,对团队进度进行科学安排,制订具体的行动方案,这是目标实现的重要保证。

(四) 团队的特征

★ 案例3-5　　　　古老的寓言故事

在非洲的草原上如果见到羚羊在奔跑,那一定是狮子来了;如果见到狮子在躲避,那就是象群发怒了;如果见到成百上千的狮子和大象集体逃命的壮观景象,那是什么来了?蚂蚁军团!

思考

团队有哪些优势?

1. 团队有明确的目标

团队目标既是团队发展的航标,也是团队前进的动力之源。远大的目标能统一团队成员的认识并激发成员的团队精神和创造力。团队的目标必须以团队成员的认可为基础,只有团队成员对目标的意义和价值有了清楚的认识和接纳,才能激励着团队成员把个人目标升华为团队目标,同时产生前进的动力和信念。1990年,沃尔玛的远大目标是2000年销售额达到1 250亿美元;1915年,花旗银行的远大目标是成为最大和服务最好的世界性金融机构。

★ 案例3-6　　　　新生活从方向选择开始

在撒哈拉沙漠,有一个叫比塞尔的村庄,这里方圆上千公里都没有人烟。有一个探险家到了这个村子,他用手语询问当地人为什么没有人能够走出去,村里的每个人都这样回答:"你从这儿朝任何一个方向走,最后你还是会转回原来出发的地方。"

为了求证这个说法,这位探险家雇用了一个当地人,要他带路,他想亲自看看到底是怎么回事。他们带上指南针和可以维持半个月的水,骑着两只骆驼出发了。

经过10天，他们大概走了800英里。在第11天的早上，他们发现自己果然又转回比塞尔村。

探险家经过思索和观察，发现了当地人走不出沙漠的原因，那就是村民们根本不认识哪个是北斗星，每次都是凭借前人的足迹、死去的树木上的纹路以及蚂蚁的洞穴来判断方向。可是，在风沙和岁月的侵蚀下，这些东西提供的信息往往是模糊的、混乱不堪的，甚至是相互矛盾的。因此，他们每次走都是凭借自己的感觉，走到哪儿算哪儿。没有任何参照物，又不认识北斗星，也没有指南针，走出沙漠的确是不可能的。

后来，一个村里的青年按照这个探险家告诉他的方法，他白天休息，晚上朝那颗北斗星方向走，最终从沙漠走了出去，成为比塞尔村的开拓者。村民们在村庄的广场上给他竖了一个铜像，铜像底座上刻着：新生活从方向选择开始。

2. 团队以协作为基础

互助协作是优秀团队不可或缺的精髓，是一个团队能否发挥最强力量的关键要素，也是团队保持稳定的关键要素。团队作用的发挥，强调的不仅仅是个体的力量，而更多强调的是团队的整体力量和团队成员的互助协作。团队协作可以激发出团队成员最大的潜力，让每个成员都能发挥出最高的水平。在工作中，团队协作往往是建立在相互信任基础之上的，团队成员互相包容、互相鼓励、互相交流，以团队成员间的友善激发团队的活力。

★ 案例3-7

1994年4月5日，下午两点，海尔公司接到一位德国经销商打来的电话，要求海尔公司必须在两天内发货，否则就取消订单。这意味着当天下午德国经销商所要货物必须装船，而4月5日正是星期五，海关、商检等部门是下午五点下班，给海尔公司的时间只有三个小时。如果按一般程序，几乎是不可能完成这一切的。

怎么办？如何完成这个看似不可能完成的任务？此时，海尔人靠它优秀的团队创造了奇迹。他们用齐头并进的方式，负责调货的调货，负责报关的报关，负责联系船期的联系船期，每个团队成员都把身心倾注到工作中，争夺每一分每一秒，确保每个环节都能顺利通过。4月5日下午五点半，这位德国经销商接到了海尔公司已将货物发出的消息，他很吃惊，也非常感激，特地写了一封感谢信给海尔。

3. 团队有共同的规范

团队为了实现目标，往往都会有规范、制约团队成员的思想、信念与行为的准则，这种准则就是团队规范。团队规范是一个团队价值观、团队精神的重要体现，好的团队规范往往都是团队成员认可的、拥护的，是团队成员行动的指南。一般来说，团队规范包括奖惩、培训、组织制度等，是对团队成员权利和义务的保障。团队规范通常是不断发展、变化的，随着团队战略的变化，团队规范会不断调整和革新，使之与团队战略相适应。

4. 团队有很强的互补性

团队应该是互补型的结构。创建团队，考虑的不仅仅是个体成员的能力与素质，还要考虑成员之间在能力或技术上的互补性，包括能力、性格、技术专长、经验等的互补。对个体成员来说，每个人都有自己的长处，但每个人也有自己的劣势，团队组建的重要目的之一就是要实现个体成员之间的优劣互补、取长补短，凸显个体成员"合体"的完美性。

> ★案例3-8　　　　　　**NBA 最有凝聚力的团队**
>
> 圣安东尼奥马刺队是美国得克萨斯州圣安东尼奥市的一支职业篮球队。在2014—2015赛季，马刺队队员年龄平均达到28岁，是 NBA 球队中年龄偏大的球队。球队中邓肯、帕克、吉诺比利三人被称为"马刺三巨头"，他们为球队效力的时间已经分别长达17年、13年、12年。波波维奇教练执掌球队也已经达14年之久。在当时来说，马刺是 NBA 最有凝聚力的团队。虽然他们的年龄偏大，但他们的团队配合、团队成员间的互补性很强。
>
> 邓肯是团队的基石，他技术全面，靠"低位单打"成名，得分能力强，球风稳重，防守能力一流，配合意识也强；帕克有"法国跑车"之称，速度快，突破能力强，有惊人的内线杀伤力，关键时刻还能在外围投篮命中；素有"腰刀"之称的吉诺比利，身体动作让人匪夷所思，投射、抢分能力很强，命中力奇高，尤其是三分球的命中力。邓肯、帕克、吉诺比利三人，内外结合，高快相配，内外串联，发挥了绝佳的团队配合。马刺队5次拿到 NBA 总冠军，他们团队成员的互补性、团队的凝聚力起了关键作用。

（五）团队的作用

1. 具有目标导向功能

良好的团队精神能使成员拧成一股绳，齐心协力，朝着一个目标共同努力。

2. 团队具有凝聚功能

团队精神可以培养、增强成员的团队意识、团队归属感，能够推动成员在习惯、信仰、动机、兴趣等方面的共性发展，形成共同的文化心理，进而引导成员产生共同的认同感、归属感和使命感。

3. 团队具有激励功能

团队精神能激励成员自觉地要求进步，向团队中最优秀的员工看齐，以他们为目标并为之努力奋斗。当然，团队的这种激励不能单纯仅限于物质奖励，要知道，团队成员更需要的是价值认可，并获得团队中其他成员的尊敬。

4. 团队具有控制功能

团队精神的控制功能，是通过团队内部所形成的一种观念的氛围、力量的影响，去约束、规范和控制成员的个体行为。这种控制不是自上而下的,更不是硬性强制力,而是由硬性控制向软性内化控制;由控制成员行为,转向控制成员的意识;由控制成员的短期行为,转向控制其价值观和长期目标。

团队的作用如图3-3所示。

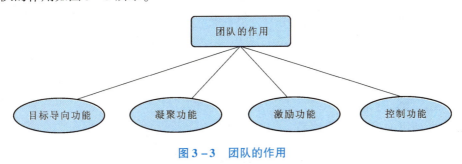

图3-3 团队的作用

二、创新创业团队及其重要性

(一)创新团队及其重要性

创新团队是指由两个或两个以上具有知识和专业技能互补、共同目标明确的个体组成的,既能相互承担责任,又能能动地进行创造性活动,运用创新的方法、创新的技术、创新的理念提高相关产品、技术、服务等的竞争力,产生一定的价值成果的工作团队。

根据不同的领域,创新团队可以分为科技创新团队、教育创新团队、文化创新团队、管理创新团队等多种类型。

创新通常都是一项团队工作,它需要有远见的领导者、科学家和工程师之间的合作,这是一个集思广益的成果。我们这个时代最重要的技术,都是无数个微创新加上少量突破性飞跃获得的,每一次创新都是在前人的积累基础上取得的。

创新团队的出现有其必然性,这是由创新的发展特点决定的。首先,随着时代的发展和进步,创新变得更广泛、更系统,它包括大量的各种各样的问题,如技术、流程、市场和顾客需求、制度等问题,这些问题的解决靠单一的创新者是无法完成的。个体通晓一切的时代已经一去不复返,为了全面地开展系统创新,需要来自不同背景,拥有各种知识、技能和资源的人组成团队。其次,创新的目的是提高竞争力,在竞争空前激烈的时代,时效和质量往往起决定性作用。单一的创新者很难保障创新成果完成的时效和质量,只有团队才能更好地提高时效和质量的可靠性,在竞争中取得先机和优势。

(二)创业团队及其重要性

创业团队是指有共同目标的两个或者两个以上的个体形成的,一起从事创业活动,共担创业风险,共享创业收益,共同创建一个新企业的团队。

创业团队根据成员构成情况,可以分为同质结构创业团队和异质结构创业团队;根据团队是否有明确的核心人物,可以分为星状创业团队和网状创业团队。

创业团队的优势在于能将不同特征、知识、技能和能力的人聚集在一起,形成优势互补,进而创造更好的创业绩效。没有创业团队的新创企业我们不能说它一定就会失败,但没有一个团队,新创企业想成为一个高成长、有潜力的企业是很难的。团队成员之间的优势互补可以有效降低新创企业的风险，提高管理质效。优秀创业团队是新创企业人力资源的关键组成部分，是新创企业的基石。一流的创业团队往往能够带来优质的资源、出色的知识、丰富的经验、独特的技能和对公司的承诺，团队成员间的团结、合作、协调、制衡以及由此形成的企业文化和企业价值对任何新创企业来说都是一笔宝贵的财富。与个体创业相比较，团队创业具有多方面的优势，包括能力互补、资源共享、渠道拓宽、科学决策、工作分担、降低风险等。

三、创新创业团队的组建

（一）组建团队的原则

组建团队的原则如图 3-4 所示。

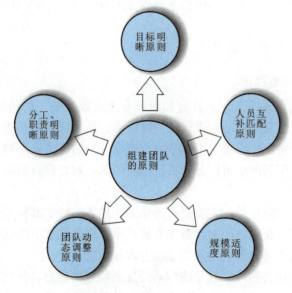

图 3-4 组建团队的原则

1. 目标明晰原则

组建团队首先考虑的就是要明晰目标定位。明确的目标使团队的任务、方向明晰，避免其迷失方向，这是团队走向成功的前提。美国心理学家洛克在他的目标设置理论中指出，目标本身具有激励功能，它是一个人的行动指南，是引起行为的最直接的动机。设置合适的团队目标会使成员产生想达到该目标的成就需要，使成员朝着既定的方向努力，并随时将自己的行为结果与既定的目标相比照，及时进行调整与修正，确保最终能够取得预期成果。

2. 人员互补匹配原则

人力资源管理理论认为，优秀团队的成员应该是相互补充、各有所长、相得益彰的。建立优势互补的团队是确保团队稳定的关键，在创建团队时，不仅仅要考虑成员相互间的人际关系、亲情关系，更重要的是要考虑成员间在能力和技能上的互补。实践表明，在知识、技能和经验方面互补的人员组建的团队能更高效地完成任务，在动机和个人特征方面相互匹配的人员组建的团队更能保证成员朝着共同的目标奋斗。

> **★案例 3-9**
>
> ## 唐僧团队的成功秘诀
>
> 唐僧师徒四人性格迥异，在取经过程中历经千险，却仍能团结一致，坚定目标继续前进，终于如愿取得真经。可以说，唐僧团队是一个经典的团队组合，团队成员包含四种角色：德者、能者、智者、劳者，他们各自分工明确，"德者领导团队，能者攻克难关，智者出谋划策，劳者执行有力"。其团队成员风格不同，才能各异，尽管时常会发生矛盾，但他们的优势互补和一致目标，使这个团队更容易取得成功。阿里巴巴创始人马云就曾经认为，唐僧团队是世界上最好的团队。

3. 分工、职责明晰原则

个人能力的局限性以及创新创业工作的复杂性决定了一个人不可能从事创新创业的所有工作，而应该根据成员特点进行适当的分工，各成员并肩作战，共同完成任务。因此，每个团队都有其明晰的分工，让所有工作都有人去做，成员间的工作不交叉重复。有分工就会有不同的岗位，不同岗位的职责自然也就会有所不同。团队完成分工后，要有对每个成员的职权范围以及承担的责任的明晰界定，每个成员的责、权、利都应该是对等的。

4. 团队动态调整原则

没有一个团队在创建之后能一直固守原有的规模及人员构成。"路遥知马力，日久见人心。"在漫长的创新创业过程中，总会有些团队成员不适应团队文化，达不到团队的标准，他们往往会拖团队的后腿，还可能致使团队人心涣散；同时，有些团队成员因为自身原因需要退出队伍，或者团队发现有更适合团队的人员需要加进来。以上情况的出现，都要求团队在适当的时候进行动态调整，适时清退不能融入团队的成员，引进更适合团队的人才。

5. 规模适度原则

组织行为学中的团队理论认为，一个有效团队的规模应控制在 3~25 人。如果团队规模过大，则成员的异质性会太强，容易演化成为群体，缺乏凝聚力；而如果团队规模太小，则成员的同质性又会太强，难以产生创新和突破。美国社会学家、社会交换论的代表人物之一彼得·布劳在分析组织规模对组织结构的影响时也认为，组织规模是影响组织结构最重要的一个因素，"组织规模的增长，会导致不同方向上分化的发展"。

（二）组建创新创业团队的步骤

1. 明确目标定位

组建团队首先要制定一个明晰的、具有可操作性和有一定挑战性的团队目标，确立远大理想，进行长远发展规划，建立团队奋斗的动力机制。团队目标定位要特色鲜明，符合时代和市场发展方向，有较强的创新性。目标不宜定得过大，也不能定得过小，否则团队容易丧失信心或失去斗志与激情。同时，制定目标时要将近期目标、阶段目标和远期目标结合起来。

2. 分析优劣势

在组建团队前,创新创业者都要对自身存在的优势和劣势进行科学分析,认真开展自我剖析,明确自身优势,发现自身不足。创新创业者可以用 swot(优劣势)分析法分析自己的优点、缺点、能力特征、性格特征、拥有知识、人际关系、可用资源等方面的情况,对自己即将或正在从事的创新创业活动有足够全面的认识。

3. 招募团队成员

创新创业者根据自身的情况,通过各种渠道和各种方式,寻求团队合作成员,确定合作形式。一般而言,一支优秀的团队必须包括以下几种人:创新意识强的人,可以决定团队未来发展的方向,是团队的战略决策者;策划能力强的人,能够全面、周到地分析团队面临的机遇与风险,考虑成本、投资、收益的来源和预期收益以及团队管理规范、章程、长远规划设计等工作;执行能力较强的人,具体负责执行过程,包括联系客户、接触终端消费者、拓展市场等。技术类创新创业团队中至少还应有研究开发型人才。另外,创新创业团队还要根据需要有财务、法律、审计等方面的专业人才。

4. 分工与职权划分

为了发挥团队的整体效能,团队内部要进行科学的分工,妥善处理好各种责、权、利关系。首先,在分工上要做到的是知人善任。要对成员进行全面的了解,既要知悉他的长处,更要看到他的短板,然后根据团队成员的特点和长处,安排相应工作,做到因人因事制宜,既要人尽其才,又要规避其短。其次,在职权划分上要做到责权一致。有分工就要有分权,团队要给予每个成员与他的岗位相匹配的权利,以使其能顺利完成工作任务。但同时也要明确责任,要对成员权利行使进行监督管理,既要有定性要求,又要有定量要求,还要有时间和质效的要求,真正让成员做到在其位谋其政,享其权负其责。

5. 构建制度体系

制度体系体现了团队对成员的控制和激励能力,重点包括了各种约束制度和激励制度。一方面,团队需要有各种约束制度,包括组织管理制度、财务制度、纪律条例、保密条例等,对其成员的行为进行有效的约束,避免成员做出不利于团队发展的行为,维护团队的和谐秩序。另一方面,团队也需要有效的激励机制实现其高效运作,主要包括考核标准、培训、利益分配方案、激励措施、奖惩机制等,让团队成员利益能够随着创新创业目标的实现而发生相应的改变,提高成员实现自我人生价值的自豪感与满意度,达到充分调动成员的积极性和创造性,最大限度发挥团队成员作用的目的。

6. 团队的调整融合

创新创业是一个不断发展变化的过程。随着创新创业的发展和面临环境的变化,团队必须对组建初期确定的人员匹配、制度机制、职务权利划分等方面进行动态调整,针对出现的新情况、新态势,解决与创新创业发展不相适应的问题。实践表明,在经过一段时间的磨合和考验之后,创新创业团队都要有一个痛苦的"洗牌"过程。例如,淘汰能力与岗位不相匹配的人员,引进新人才;废除不合时宜的旧制度,建立新制度;重新调整激励措施,激发团队的工作热情,凝聚团队力量,提升团队士气,等等。每一个成功的团队都是在经过一次或数次调整融合后，才逐渐走向成熟和完美的。（扫描封底二维码，查看视频"创业团队组建"。）

组建创新创业团队的步骤如图3-5所示。

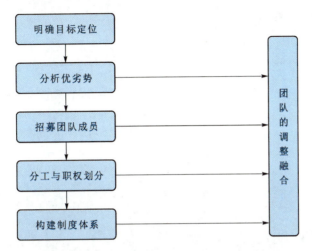

图3-5　组建创新创业团队的步骤

（三）贝尔宾团队角色理论

著名的贝尔宾团队角色理论是剑桥产业培训研究部前任主任贝尔宾博士和他的同事们提出来的，经过多年在澳洲和英国的研究与实践，他们认为，组建一支结构合理的团队需要有八种角色构成，后来修订为九种角色。贝尔宾团队角色理论指出，默契协作是高效团队的重要特征，团队成员要了解其他人所扮演的角色，知道如何做到发挥优势、弥补不足。团队九种角色的划分如表3-4所示。

表3-4　贝尔宾团队角色与典型特征

团队角色	典型特征
智多星 PL（Plant）	1. 创造力强，充当创新者和发明者的角色 2. 独立的、聪明的、充满原创思想的，为团队的发展和完善出谋划策 3. 运用自己的想象力独立完成任务，标新立异 4. 想法总是很激进，并且可能会忽略实施的可能性 5. 与其他团队成员保持距离，不善于与那些气场不同的人交流
外交家 RI（Resource Investigator）	1. 为人随和、热情，性格开朗、外向，善于和人打交道 2. 谈判的高手，并且善于挖掘新的机遇、发展人际关系 3. 善于听取和发展别人的想法，善于发掘那些可以获得并利用的资源 4. 好奇心强，行动力强，乐于在任何新事物中寻找潜在的可能性 5. 如果没有他人的持续激励，他们的热情会很快消退
审议员 ME（Monitor Evaluator）	1. 态度严肃、谨慎理智，不喜欢过分热情 2. 倾向于三思而后行，做决定较慢，善于在考虑周全之后做出明智的决定 3. 具有批判性思维

续表

团队角色	典型特征
协调者 CO（Co-ordinator）	1. 最突出的特征就是能够凝聚团队的力量向共同的目标努力 2. 成熟、值得信赖并且自信 3. 善于识别他人的长处所在，做到知人善用 4. 拥有远见卓识，并且能够获得团队成员的尊重
鞭策者 SH（Shaper）	1. 充满干劲，精力充沛，渴望成就 2. 非常有进取心，性格外向，拥有强大驱动力，能积极寻找办法解决问题 3. 勇于挑战他人，并且关心最终是否胜利 4. 顽强又自信，在面对失望和挫折时，会表现出强烈的情绪反应 5. 喜欢领导并激励他人采取行动 6. 对人际不敏感，好争辩，缺少对人际交往的理解
凝聚者 TW（Teamworker）	1. 性格温和，擅长人际交往并关心他人 2. 灵活性强，适应不同环境和人的能力非常强 3. 观察力强，愿意做倾听者 4. 非常敏感，但是在面对危机时，往往优柔寡断
执行者 IMP（Implementer）	1. 强烈的自我控制力及纪律意识 2. 偏好努力工作，并系统化地解决问题 3. 将自身利益与忠诚与团队紧密相连，较少关注个人诉求 4. 缺乏主动而显得一板一眼
完成者 CF（Completer Finisher）	1. 坚持不懈，注重细节 2. 比较理性，不会去做认为完成不了的任何事 3. 内部焦虑，但表面看起来很从容 4. 性格内向，并不太需要外部的激励或推动 5. 无法容忍那些态度随意的人 6. 不喜欢委派他人，更偏好自己来完成所有的任务
专业师 SP（Specialist）	1. 专注，会为自己获得专业技能和知识而感到骄傲，专注于维持自己的专业度以及对专业知识的不断探究 2. 绝大多数注意力都集中在自己的领域，对其他领域所知甚少 3. 只对专一领域有贡献

四、创新创业团队管理的技巧与策略

1. 建立信任

信任即彼此信赖，有吸引力，相互鼓励，共同承担责任。信任，是高素质团队的起点，对团队的发展有着制约和推动作用，团队能不能实现飞跃、团队成员间能否建立起相互的信任很关键。信任是合作的基础，团队合作往往是建立在信任的基础上，而非纯利益。

管理学之父彼德·德鲁克认为，组织建立的基础不是靠强制力，而是靠信任，高度的信

团队角色自测

任可以让尽可能多的信息得到共享和流通。在团队中，成员间建立信任需要一定时间的积累，也需要整个团队文化的推动。团队建设者应在人际交往、问题解决、奖惩激励等方面积极营造信任的氛围，让成员感受到信任的存在，让团队每个成员，包含领袖都能做到言出必行、信守承诺，那么团队的这种信任心理契约就能够得以维持，并得到发展。

2. 合理授权

管理学专家彼特·史坦普认为，成功的团队领袖不仅要学会控权，更要学会授权。在团队的建设和发展过程中，团队领袖合理地授权，可以让成员分担责任，调动团队成员参与团队决策的积极性和主动性，让个人或小组开展工作的方式更灵活。合理授权的意义可以体现在三个方面：一是给团队成员学习与成长的空间，显示团队领袖对团队成员的信任；二是激发团队成员实现自我价值的斗志，充分调动团队成员的积极性和创造性；三是更有利于科学决策。

3. 保持有效沟通

沟通就像一座桥梁，连接着不同的人、不同的理念和不同的文化，它是信息交流的重要手段。积极、有效的沟通能让交流的双方充分理解，达成共识。美国著名学者奈斯比特曾指出，"未来竞争是管理的竞争，竞争的焦点在每一个社会组织内部成员之间及与外部组织的有效沟通上"。保持团队成员之间的有效沟通是任何团队管理艺术的精髓，团队成员之间能否进行有效沟通、交流、协作共事，直接关系到团队能否建立一种正常、和谐的人际关系。

4. 实施目标管理

目标管理是指一种过程或程序。它是由组织中的上级和下级根据组织使命共同商议，确定组织在一定时期内的总目标，继而划分上下级的分目标，并将这些目标作为组织经营管理、评估和奖励部门及个人贡献的一个标准。

对于一个新建的团队来说，目标设置要切合实际，要科学评估，上下级之间要充分沟通，只有这样，双方的期待和困难才会更清晰。在预定的期限结束后，下级要开展自我评估，形成并向上级递交书面报告，然后由上下级一起考核目标完成情况，并根据工作质效决定奖惩。如果目标没有完成，则要分析原因，总结教训，重新调整修订目标。目标管理可以培育团队精神，改进团队合作，也正因为有目标的存在，团队中的每个人才有可能知道个人的坐标在哪里、团队的坐标在哪里。

5. 注重团队文化建设

团队文化是指团队的成员为完成团队共同目标并实现各自的人生价值，在相互合作的过程中形成的一种潜意识文化，包含最高目标、行为准则、道德风尚、价值观、管理制度等方面的内容。团队文化建设的工作对象是全体成员，通过文化娱乐、交心联谊等方式开展宣传、教育、培训，达到最大限度地统一成员思想、规范成员行为、凝聚成员力量的目的。

团队文化建设的成功会使团队在社会上形成良好的形象，成员的自豪感与荣誉感也会获得显著提升，能调动成员的团队归属感和使命感，积极参与维护团队形象与荣誉的行动，为团队发展总目标服务。（扫描封底二维码，查看视频"创业团队管理"。）

创新创业团队管理的技巧与策略如图3-6所示。

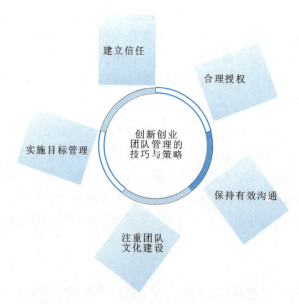

图3-6 创新创业团队管理的技巧与策略

第三节 创新精神和创业精神

一、创新精神

(一) 创新精神的定义

创新精神是指人在处理与外部世界的关系中,不甘守成与重复,不怕风险与失败,不尚空谈与陈规,勇于开拓新的世界,敢于走前人没走过的路,勤于发现、发明与创造,善于把新的思想变为新的事物,表现出永不自满、不受束缚、不断探索、奋发有为的气质。

创新精神是由多种行为方式与心理素质整合而成的精神状态,是对人在各种活动中表现出来的创新性倾向的总称。创新精神包括科学精神、批判精神、开拓精神、冒险精神、自主精神、务实精神等多种要素,这些精神要素的存在及其活动,构成了创新精神。

(二) 创新精神的内涵

创新精神是人在创新活动中反映出的精神素质,是人的创新本质的精神表现。

1. 创新精神是一种人类特有的精神

创新是人特有的能力。人与动物最大的区别就在于人不会满足于大自然的赐予,而是能主动去创造新环境、新事物来满足自己的需要,能主动去改造世界。可以说,人类的创新贯穿于整个人类的发展过程。创新精神就是在这种创新的历史中,内化为人的精神素质,积淀为人类的精神文化。

2. 创新精神是一种主体精神

当人处于消极地顺从命运安排、被外部世界奴役时,他并不是一个完全意义上的主体,也就是说他尚不具备成熟的创新精神。只有当人依靠自身主体力量,在实践和理论的意义上能把握、改变对象世界,在对客体的作用中形成主体势能时,他才能成为一个真正主体,才能显示出典型的创新精神。因此,创新是主体的功能,创新精神是主体精神的显著特征。

3. 创新精神是一种实践精神

实践属性是创新的固有属性,思想创新通常也要转化为实践创新。创新的模式有很多,但任何创新都不能脱离实践。创新精神来源于实践,又体现于实践,实践能真实地显示和培养创新精神。创新精神表明了主体活动的价值取向是求实务实、讲求实效,并且追求创造性的成就,创造新的价值。

4. 创新精神是一种时代精神

创新精神是随着社会经济形态的发展而发展的,在不同历史时代,创新精神的水平、能量和性质也会有差异性。在自然经济时代,受工具与制度因素的压制,创新精神还没有成为时代精神。随着经济关系、政治关系、社会关系向现代化的转型,创新精神才慢慢成了生产力的内在要求,成为人的普遍行为取向,并最终上升为时代的精神与历史的象征。

(三) 创新精神实例

★ 案例 3-10　　　　　屠呦呦和她的青蒿素

2015 年 10 月 5 日,中国药学家屠呦呦获得了诺贝尔生理学或医学奖,这个至高荣誉是对她在疟疾治疗方面所做贡献的肯定。屠呦呦也是中国第一位获得诺贝尔科学类奖的女科学家。

20 世纪 60 年代,抗性疟疾在世界范围蔓延,国内对抗疟疾新药的研发并没有取得实质性进展。1969 年 1 月,国家为了实现突破,成立了"523"抗疟疾药物研究中心,屠呦呦被任命为中药抗疟疾科研组组长。屠呦呦接到任务后,开始从本草研究入手,收集整理各类相关资料,先后进行筛选实验 300 余次,并最终确定主要研究方向为中药青蒿。在收集的资料中,屠呦呦在《肘后备急方》这本中医古籍中看到这一信息:"青蒿一握,以水二升渍,绞取汁,尽服之,可治疗寒热诸疟。"受这一启迪,她最终发明了低沸点溶剂提取法,并在 1971 年 10 月 4 日成功获得了青蒿乙醚提取物,实现了对鼠疟原虫抑制率达 100% 的控制,这是青蒿素发现最关键的一步。

1972 年,为了确保用药安全,屠呦呦和她课题组的两位同志将个人安危置之度外,亲自试服青蒿乙醚提取物,证明了该药是安全的。当年,屠呦呦将青蒿乙醚提取物在海南昌江疟区进行临床试用,她选取 21 例病人进行治疗,病人用药后,药效明显好于氯喹,血疟原虫被大幅度杀灭,并很快得到退烧,检测结果转为阴性。这一结果既开创了中药抗疟药物发现之先河,也带动了全国的抗疟研究。

青蒿乙醚提取物获取后,屠呦呦课题组开始对有效单体成分进行分离。1972 年 11 月 8 日,分离研究在失败了 190 次之后,屠呦呦课题组终于从青蒿抗疟有效部位中分离提纯得到抗疟有效单体——青蒿素,用这个青蒿素 50~100 mg/kg 可使鼠疟原虫转阴,这在国内外属首例。

> 1973年秋，屠呦呦团队在海南疟区对青蒿素进行了临床试验，结果证明了青蒿素就是青蒿抗疟的有效成分。这一发现，改写了用含N杂环的成分药抗疟的历史，标志着人类抗疟历史进入了一个新纪元。
>
> 1978年，屠呦呦的团队在全国科学大会上受到表彰；1979年，抗疟新药青蒿素获得了国家发明奖二等奖；1981年10月，世界卫生组织提议在中国北京召开青蒿素国际会议；1986年，青蒿素获得自我国新药审批办法实施以来的第一个一类新药的《新药证书》〔（86）卫药证字X-01号〕。
>
> 2015年12月，世界卫生组织在报告中指出，在过去十年间，青蒿素疗法得到广泛应用，对控制、治疗恶性疟原虫极为有效。青蒿素类的复方药物至今仍是世界卫生组织推荐的抗疟一线用药，用以治疗约70%的疟疾患者，使全球特别是发展中国家数百万人的生命得到挽救。

点评

创新从来都是开拓新路，必须有蹚出一条血路的魄力和勇气。在一次实验中，屠呦呦发现接受治疗的病人有转氨酶一过性升高的异常现象，对此她不惜以身试药，确认安全后才将药物投入临床使用。实践证明，创新之路多是"摸着石头过河"，有时甚至还无石可摸。敢冒风险、敢于尝试，应是创新者的基本品质，循规蹈矩、畏首畏尾，必然不会有创新成就。

二、创业精神

（一）创业精神的定义

创业精神是创业者的本质，是对创业者主观世界中的那些具有开创性的思想、观念、个性、意志、作风、品质等的高度凝结。它包含了敢于承担风险、诚信守法、开拓进取、坚韧实干、主动调适等内容。

创业精神既是一种抽象的品质，也是推动创业者创业实践的重要力量。这表现在三个方面：第一，创业精神可以让创业者发现别人没有注意到的变化和趋势，看到别人没有看到的市场前景；第二，创业精神可以让创业者在新事物、新技术、新环境、新动向、新需求面前有更强的吸纳力和转化力；第三，创业精神可以让创业者不断地寻找机遇，不断地追求创新，不断地推出新的经营方式和新的产品。

（二）创业精神的内涵

创业精神是创业者各种素质的综合体现。我们可以从以下几方面来理解它的内涵。

1. 高度的综合性

创业精神是多种精神特质综合作用的成果，诸如创新精神、进取精神、拼搏精神、合作精神等都是形成创业精神的特质精神。

2. 三维整体性

创业精神的产生、形成和内化，以及创业精神的外显、展现和外化，都是由哲学、心理学、行为学三个层面所构成的整体，即哲学层次的创业观念和创业思想、心理学层次的创业意志和创业个性、行为学层次的创业品质和创业作风，缺少其中任何一个层面，都无法构成创业精神。

3. 超越历史的先进性

创业实践是开创前无古人的事业，想前人不敢想的，做前人不敢做的，创业精神本身必然具有超越历史的先进性。

4. 鲜明的时代特征

不同的时代，人们有着不同的物质生活和精神生活条件，创业精神的物质基础和精神营养也不同，创业精神的内涵也就会发生变化。

(三) 创业精神实例

★案例 3-11

比尔·盖茨

比尔·盖茨是世界上最大的电脑软件公司的领导者。比尔·盖茨的事业和追求是从零开始的，他的第一个项目是给小型计算机设计一个基本语言（Basic 语言），并由此走向成功。

那个时代，"牛郎星"计算机仅有大约 4 000 字节的内存，这已不能满足人们的需求。比尔·盖茨看准了这个方向，他努力的目标就是扩大计算机的内存空间，并让它得到最大限度的利用。虽然比尔·盖茨还没有一台"牛郎星"计算机，但这并没有阻碍他的事业，他勇敢无畏地承担起了"英特尔"8008 微型处理器芯片的研发工作。他开始研究芯片使用手册，并编写了一套程序，这套程序居然使哈佛大学里的一台大型计算机能够模拟"牛郎星"计算机运行。

1968 年，比尔·盖茨着手编写"牛郎星"基本语言，他日夜不停地工作，疲惫至极时，就在书桌旁或地毯上打个盹。最后，他只花了五个星期就完成了 Basic 语言编写。1971 年，比尔·盖茨为湖畔中学编写程序。1972 年，比尔·盖茨卖掉了他的第一个电脑编程作品——一个时间表格系统，价格是 4 200 美元。1973 年，比尔·盖茨考进了哈佛大学。在学校，比尔·盖茨为第一台微型计算机 MITS Altair 开发了 BASIC 编程语言的一个版本。1975 年，比尔·盖茨和童年伙伴保罗·艾伦创建了微软公司，这时比尔·盖茨只有 19 岁。在他 24 岁的时候，比尔·盖茨做成了一笔大生意：为 IBM 公司设计便携式电脑机芯软件。

比尔·盖茨能创业成功得益于他对编程的浓厚兴趣，也得益于他的远见卓识和敏锐的机会捕捉能力，正应了他那句话：创业一定要顺应历史潮流。当 IBM 公司的领导层对市场上出现的"苹果"电脑公司便携式电脑还在观望研究时，比尔·盖茨却发出了预言："前途属于个人电脑，便携电脑的语言编程开发大有可为。"结果，全世界除了"苹果"公司，都采用了他的 MS—DOS 程序，1 000 万套"Windows"程序很快被一扫而空。1993 年，比尔·盖茨成为美国的首富。

点评

比尔·盖茨的创业顺应了时代潮流的方向，他凭借自己的才能抓住了难得的机遇，最终成就了自己。比尔·盖茨坚信一个真理：成功者无论在什么情况下，都要顺应时代潮流，他的理想与奋斗也要合乎社会的发展方向。只有这样，创业者的劳动成果才会对社会有贡献，这就是历史的规律。比尔·盖茨没有自己的"牛郎星"计算机，也没有见过"英特尔"8008微型处理器的芯片，是什么让他克服重重困难，并最终取得成功呢？是他对自己能力的了解，是他的自信坚定了他的信念，于是他做到了。这对于那些渴望创业但又担心自己准备不足的人来说是个很好的启示。每个有志于创业的人，在时代赐予良机时，都不能犹豫、不能徘徊，而要勇敢地抓住机遇，并付出不懈努力，只有这样才能梦想成真。

三、企业家和企业家精神

（一）企业家的定义

企业家是从事企业的组织、管理并承担经营风险的人。企业家 entrepreneur 一词是从法语中借来的，其原意是指"冒险事业的经营者和组织者"。美国经济学家熊彼特认为，企业家是不断在经济结构内部进行"革命突变"，对旧的生产方式进行"创造性破坏"，实现生产要素重新组合的人。美国经济学家德鲁克也认为，企业家是革新者，是勇于承担风险、有目的地寻找革新源泉、善于捕捉变化并把变化作为可供开发利用机会的人。

国内外学者还从价值观、道德、伦理等方面对企业家进行研究，认为企业家不等同于普通创业者，也不等同于商人。普通创业者、商人只对利润有无限追求，但对企业家来说，追求利润只是谋求企业发展的一个推进因素，企业家的最高价值是对社会的发展承担必要责任以及对科技发展做出贡献。

（二）企业家精神的定义和内涵

国内外学者普遍认为，企业家精神是企业家特殊技能（包括精神和技巧）的集合。或者说，企业家精神是指企业家组织建立和经营管理企业的综合才能的表述方式，它是一种重要而特殊的无形生产要素。

虽然多数学者都从创新、主动竞争、敢于冒风险这三个维度界定企业家精神，但也有学者从合作意识、济世精神、使命感等角度来研究企业家精神。他们认为，企业家精神应符合时代发展的要求，新时代的企业家精神范畴应被重新审视和扩大，仅有以创新为核心的资源获取能力并不充分，还应包含伦理维度的建构。这包含了两个层面的内容：一是创新、敢于冒风险、主动竞争是现代企业家精神的核心构成部分；二是现代企业家精神还包括了合作精神、奉献精神、济世精神等方面。

我们可以从以下五个方面对企业家精神进行理解和把握，如图3-7所示。

第一，创新精神。企业家的灵魂是创新，与一般经营者相比，企业家更具有创新特征。一个成熟的企业家能够发现一般人没有发现的机会，能够运用一般人不能运用的资源，能够找到一般人无法想到的办法。

第二，冒险精神。一个企业家要想获得成功，必须有冒险精神。对一个企业和企业家来说,不敢冒险才是最大的风险。

第三,创业精神。企业家在经营管理活动中往往具有锐意进取、艰苦奋斗、敬业敬职、勤俭节约等创业精神。

第四,宽容精神。企业家要具有宽容心,愿意与他人合作和友好相处。

第五,奉献精神。企业家之所以能成为被人们推崇的对象,其中重要的一点就是他们对社会、企业、员工有强烈的社会责任感和民族使命感,有很强的奉献精神。

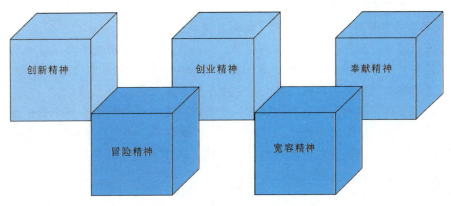

图3-7 企业家精神的构成要素

(三)企业家精神实例

> **案例3-12　　"一把剪刀"剪出传奇**
>
> 1934年,曾宪梓出生于梅州一个贫苦家庭。他4岁时,父亲离世。他与母亲相依为命,靠挑担和租地耕种维持生活。对当时的生活,他用"苦"字形容。他说:"我们山区非常贫困,吃不饱、穿不暖。"
>
> 曾宪梓很喜欢读书,但12岁时却因家贫止步于小学。中华人民共和国成立后,一位开展土改的工作人员看曾宪梓爱读书,就把他送进了中学。在学校不仅一切免费,每月还有3元助学金。"这对我震撼挺大的,这种心灵的震撼,我永远都忘不了。"
>
> 这种心灵的震撼影响了曾宪梓一生的轨迹。
>
> 中学毕业后,曾宪梓进入中山大学生物系学习,1961年毕业后,进入广东省农科院工作。
>
> 1963年,为了处理父亲的遗产,曾宪梓辞去了广东省农科院的工作后前往泰国。理智的他并没有和叔父争夺遗产,而是卖掉了随身带去的一部相机租了间小房屋后,向叔父学习领带制作技术,并表示:"我愿像父亲那样,通过自己的双手去创造。"
>
> 1968年,曾宪梓从泰国辗转香港,两手空空,处境艰难,却萌发了创业的决心。他用6 000港元开始生产领带。他从低档领带做起,又向高档领带进军,逐渐建立了自己的品牌。

> 1971年，金利来（远东）有限公司成立。1972年，曾宪梓在香港购入了553平方米的厂房，公司经营范围扩大到男士服装、服饰、皮具等领域。1984年，曾宪梓在家乡梅州建起了占地80 000平方米的金利来大厦。其间，曾宪梓积极进取，经常到欧洲国家交流学习，领略世界领带的新潮流，公司发展突飞猛进。短短数年间，凭着自己双手，曾宪梓就建立起了"领带王国"，更让人称颂的是他事业成功后，依然保持着勤俭节约，却对慈善、公益事业多次慷慨解囊。
>
> 1989年，曾宪梓投入100万美元，在梅县成立了"中国银利来有限公司"，但曾宪梓明确宣布，应当分配给他的那一部分利润，他分文不取，全部捐献给家乡梅县。曾宪梓先后捐巨资兴建了梅州市曾宪梓中学、梅县宪梓中学和丽群小学。他先后投入2 600多万元，用于曾宪梓中学的建校及扩大教学规模和师资力量。
>
> 除了在家乡教育事业上竭尽所能以外，曾宪梓一直以来都怀着桑梓之情，投身家乡的其他公益事业，捐巨资用于医疗、道路、桥梁、绿化等各项公益事业。据不完全统计，从20世纪70年代至今，他对内地的教育、科技、医疗、体育等事业做出的捐赠总额超过了10亿元。

点评

"一个企业家的成功与否，物质财富只是表象，社会责任感才是衡量的标杆。"一个真正的企业家，需要有深厚的社会责任感，既需要对自己从事的事业有一份强烈的热情，又要对周围的人和事心存关爱。曾宪梓受人恩惠在前，回馈报答社会在后，他用自己的行动阐释了什么是企业家精神。他虽然对国家、对社会做出了巨大贡献，但他坚称自己只是个普通商人，以终生报效祖国为人生目标。有位企业家曾经说过："做人要有良心，要知道反哺社会，不能光想着自己，你从社会获取财富，就应该把财富反过来再奉献给社会。"

第四节　创新创业者的职业生涯规划与发展

一、职业生涯规划的概念

一般意义上说，生涯就是生活。比如日常生活也是一种生涯。如果更抽象一些，目的性也更明确一些，那就是目前西方较为通用的说法，即美国的生涯理论专家萨柏认为，"生涯"是生活里各种事件的方向；它统合了一个人一生中各种职业和生活的角色，由此表现出个人独特的自我发展形态；它还是人生自青春期至退休所有有报酬或无报酬职位的综合，除了职位之外还包括与工作有关的各种角色。

职业生涯（Career）即事业生涯，是指一个人一生连续从事和负担的职业、职务、职位的过程。一个人的事业究竟应向哪个方向发展，其一生要稳定从事哪种职业类型、扮演何种职业角色，都可以在此之前做出设想和规划，这就是职业生涯设计。职业生涯规划要把个人和组织相结合，在对自己职业生涯的主客观条件进行测定、分析、研究的基础上，确定最佳的职业奋斗目标，并为实现这一目标做出行之有效的安排。

二、创新创业者的职业生涯规划及其重要性

创新创业者的职业生涯规划就是在了解自己的个性特征、能力素质、需求等内部因素及资源、环境等外部因素的基础上，根据自己的理想、追求确定适合自己的创新创业发展方向和目标，并制订相应的计划，以期能更好地推动创新创业。

当前，在国家大力推进"双创"的时代，不管是创新还是创业，都是一件复杂而艰巨的事情。每个想成为创新创业者的人在做出决定前，都需要了解创新创业的需求、条件，了解创新创业者将要面对的风险和挑战，并为之做好充足的准备。因此，创新创业者要想取得成功，除了个人要具备相应的特质外，还应有个人发展和提升规划、创新创业规划，以应对要面临的诸多不确定性和风险。

有人也许会说，不做职业生涯规划也能成功，那些政治领袖、名人、企业家、职业经理，他们未必都有职业生涯规划，为何他们的人生那么辉煌呢？是，不做职业生涯规划，有些人的事业也可能会取得成功，但其成功的概率并不高。一个成功的人一定是有明确目标并不懈追求的人。开展职业生涯规划，人的行动就有了更强的目的性、指向性和计划性，事业取得成功的把握无疑会更大。

> ★ 案例 3-13　　　　**孙正义的 50 年人生计划**
>
> 　　日本软银集团的首席执行官孙正义指出："成功不会在几年内就降临，它需要多年的努力。我建议每个人都准备好自己的清单，来决定你的人生该怎样走，然后全心全意做你决定好的事情。99% 的人走一步看一步，所以他们只能取得一般性的成功；而早早就树立愿景的人，往往会取得巨大的成功。"他在 19 岁就规划好了自己的人生，列出了未来 50 年自己的人生计划。在 20 岁时，投身于自己向往的行业并宣布自己的存在。
> 　　在 30 岁时，积累足够的资金尝试做一个大的项目，资金的规模应在 1 亿美元以上。
> 　　在 40 岁时，拥有至少 1 000 亿日元的资产，选好投资、经营的行业，并全力以赴，在这个行业里力争做到第一名。
> 　　在 50 岁时，在世界范围内有所影响，做出一番惊天动地的伟业。
> 　　在 60 岁时，获得标志性的事业成功。
> 　　在 70 岁时，选好自己的接班人，准备把事业交给下一任。
> 　　孙正义年少时就立下如此大志。他制订的这个野心勃勃的"50 年计划"，遭受了很多人的嘲笑。但是他认为，如果他许下一个宏大的愿望，拥有一个伟大的梦想，并有着高昂的激情和卓越的远见的话，他的人生就会变得更加充实、更加精彩。后来的事实证明，孙正义的理想并不是空想。当孙正义的人生画卷徐徐展开时，竟然几乎都是按照他的这个"50 年计划"所设计的轨道运行的，那些当初的梦想，正在一个一个成为现实。

风不会把没有目标的船吹向成功的彼岸，人生比建造房屋更需要蓝图。孙正义用他的事迹告诉我们，职业生涯规划有它的重要作用，它可以帮助我们集中精力、全神贯注地发挥自己的

优势，争取获得更多更好的回报，也有助于我们发挥潜力，成功实现自己的理想和目标。

三、创新创业者的自我认知与探索

（一）自我认知的定义

自我认知指的是对自己的洞察和理解，包括自我观察和自我评价。自我观察是指对自己的感知、思维和意向等方面的觉察；自我评价是指对自己的想法、期望、行为及人格特征的判断与评估，这是自我调节的重要条件。

（二）创新创业者自我认知的维度及其测试

1. 兴趣

每个人都有自己的兴趣爱好，它也是一个人的情感依托所在。因为自己喜欢，所以在做这件事情的时候就会很投入，即使十分疲倦和辛劳，也总是兴致勃勃、心情愉快的。如果一个人选择的职业与自己的兴趣吻合，那么枯燥的工作也会变得丰富多彩、趣味无穷，就会产生一种动力，也就是我们通常说的欲望，它是对自我价值的认可和追求。

著名科学家、诺贝尔物理学奖获得者杨振宁认为"兴趣是创新之源、成功之本"。他之所以能在物理领域的规范场理论取得最高成就，就是因为他在芝加哥大学读博士研究生的时候，对规范场发生了浓厚的兴趣。美国苹果公司创始人史蒂夫·乔布斯（Steven Jobs）研发了诸多影响世界的数字产品与技术，他的成功也在于他找到了且全身心地投入自己感兴趣的电子学领域。

目前，关于职业兴趣测试比较有代表性的是霍兰德职业兴趣测试，它是由美国职业指导专家霍兰德（John Holland）根据他本人大量的职业咨询经验及其职业类型理论编制的测评工具。霍兰德认为，个人职业兴趣特性与职业之间应有一种内在的对应关系。根据兴趣的不同，人格可分为研究型（I）、艺术型（A）、社会型（S）、企业型（E）、传统型（C）、实用型（R）六个维度，每个人的特性都是这六个维度的不同程度组合，如图3-8所示。

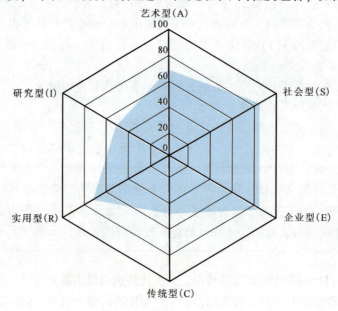

图3-8 霍兰德人格类型图

霍兰德认为企业型（E）特性的人更适合进入创新创业领域。这种特性的人的特点为：追求权力、权威和物质财富，具有领导才能；喜欢竞争、敢冒风险、有野心和抱负；为人务实，习惯以利益得失、权力、地位、金钱等来衡量做事的价值，做事有较强的目的性。

职业兴趣测量

2. 性格

美国心理学家霍兰德认为性格与职业环境的匹配是形成职业满意度和成就感的基础。如果从业者从事自己性格偏好的职业，那么他会在工作中释放出最高的激情，发挥出最完美的自己。但如果一个人的性格与职业不相符甚至有很大的冲突，那么，即使进入了这一岗位，他也会觉得工作是一种折磨，对工作不认可会导致职业倦怠，也就不会有成就可言。创新创业领域也一样，性格对创新创业的成败有重要影响。因此，每一个创新创业者在规划或者重新选择自己的道路时，一定要根据自己的性格，知道自己擅长什么，不适合做什么，真正喜欢什么，可能会厌恶什么。只有在对性格有深入了解的情况下，创新创业活动才能避免走弯路和浪费不必要的时间和精力。

在众多的性格测试工具中，MBTI 职业性格测试是国际最为流行的职业人格评估工具。作为一种对个性的判断和分析，它是一个理论模型，从纷繁复杂的个性特征中，归纳提炼出四个关键要素——动力、信息收集、决策方式、生活方式，以此进行分析判断，从而把不同个性的人区别开来。

MBTI 从四个维度考察个人的偏好倾向，以区分人与人之间的差异性。四个维度，分别是：

精力支配：外向 E（Extraversion）—内向 I（Introversion）。

认识世界：实感 S（Sensing）—直觉 N（Intuition）。

判断事物：思维 T（Thinking）—情感 F（Feeling）。

生活态度：判断 J（Judging）—知觉 P（Perceiving）。

MBTI 性格类型与职业匹配表如表 3 – 5 所示。

表 3 – 5　MBTI 性格类型与职业匹配表

ISTJ 内倾 感觉 思维 判断 稽查员	ISFJ 内倾 感觉 情感 判断 保护者	INFJ 内倾 直觉 情感 判断 咨询师	INFP 内倾 直觉 情感 知觉 治疗师、导师
ESTJ 外倾 感觉 思维 判断 督导	ESFJ 外倾 感觉情感判断 供给者、销售员	ENFJ 外倾 直觉 情感 判断 教师	ENFP 外倾 直觉 情感 知觉 倡导者、激发者
ISTP 内倾 感觉 思维 知觉 操作者、演奏者	ISFP 内倾 感觉 情感 知觉 作曲家、艺术家	INTJ 内倾 知觉 思维 判断 智多星、科学家	INTP 内倾 直觉 思维 知觉 建筑师、设计师

续表

ESTP 外倾 感觉 思维 知觉 发起者、创设者	ESFP 外倾 感觉 情感 知觉 表演者、演奏者	ENTJ 外倾 知觉 思维 判断 统帅、调度者	ENTP 外倾 直觉 思维 知觉 企业家、发明家

MBTI 职业性格测试结果表明，INTJ（内倾、知觉、思维、判断）型性格的人比较适合从事创新性的工作，而 ENTP（外倾、直觉、思维、知觉）型性格的人更适合从事创业活动。

创业个性测试

3. 能力

能力是个人综合能力的一种体现，在职业发展的过程中发挥着不可代替的作用，在一定程度上决定着职业的成就和事业能否持续扩大与发展。对创新者而言，创新知识的学习与积累能力、创新机会的捕捉能力、创新思维能力和创新技能是其核心能力。而创业者由于其面对环境的复杂性和挑战性，能力要求更广泛。关于创业能力的构成模型，国外学者通过文献分析和比较分析做了积极的探索。其中 Baum（1994）认为创业能力包含自我管理能力、知识能力、认知能力、机会识别能力、机遇发展能力、行政管理能力、人力资源能力、决策能力、领导能力等。

创业能力测评

4. 心理成熟度

为什么有些人才华横溢却不能笑傲人生？为什么有些人稍遇挫折就灰心丧气？这里涉及一个心理成熟度的问题。心理成熟的个体在面临挫折或冲突的紧张情境时，会在其内部心理活动中自觉或不自觉地解脱烦恼、减轻内心不安、恢复心理平衡与稳定。一个人要想顺利实现自己的职业理想，必须有良好的心理竞技状态，那些心智成熟的人往往最容易获得世俗的成功，更能早日达成心中的理想与愿景。

创新创业是一个复杂的长期的过程，它要面对激烈的竞争，面对各种变化和不确定性，忍受常人难于忍受的困苦。创新创业者往往要具备不怕挫折、不畏险阻、艰苦创业的心理素质以及良好的心态和自控能力，没有成熟心理的人是难于胜任创新创业重任的。

心理压力测试

5. 环境

这里的环境认知是对社会自我的认知和职业环境的认知。社会自我的认知是指对人的社会因素的认识，包括社会地位、家庭背景和状况、人际关系、可利用资源等；职业环境认知包括对社会环境、行业环境、地域环境、企业环境的认知。一个人的职业发展需要有一定的环境支撑，这样才能取得成功。在创新创业实践中，创新者与创业者都要受到政策法规环境、科技环境、资金环境、人才环境、产业环境、市场环境等的影响。两者的环境支撑有相似性，但也有所不同。创新者的环境支撑一般来自企业或职能部门的内部，获取难度较小，而创业者的环境支撑一般来自市场，获取难度较大；创新者受环境影响的涉及面要小，面临的风险也较小，而创业者面临的环境影响是全面的，任何一个环境因素的变化都可能会影响创业者的创业成功率。

前面我们所提到的创新创业者在兴趣、性格、能力、心理成熟度四个方面的自我认知，只能证明一个人是否具备创新创业的特质，但不能明确回答他是否可以做创新者或创业者这个问题。我们认为，在具备基本特质的前提下，环境因素决定了创新创业者的职业方向选择。

人、环境与职业的匹配可以用 SWOT 分析法进行测试。SWOT 分析，即基于内外部竞争环境和竞争条件下的态势分析，就是将与研究对象密切相关的各种主要内部优势、劣势和外部的机会和威胁等，通过调查列举出来，并依照矩阵矩形式排列，然后用系统分析的思想，把各种因素相互匹配起来加以分析，从中得出一系列相应的结论，而结论通常带有一定的决策性。

SWOT 分析中的四个英文字母分别代表：优势（Strength）、劣势（Weakness）、机会（Opportunity）、威胁（Threat），如图 3-9 所示。其中，优势与劣势是对自身条件的分析，机会与威胁是对外部环境的分析。SWOT 分析法是职业生涯规划常用的自我分析工具。

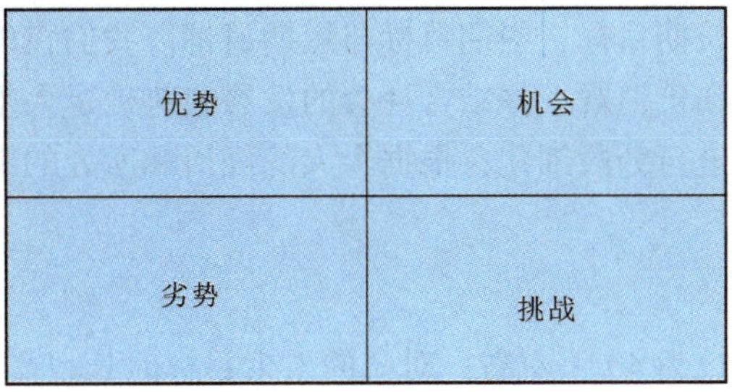

优势	机会
劣势	挑战

图 3-9 SWOT 分析模型

（1）对个人自身条件的优势与弱势可从以下这些项进行分析：
①职业爱好：自己喜欢与不喜欢做的事情；
②学习能力：学习速度、学习深度、特长的学科；
③工作态度：对工作执着上进的程度；
④与人交往能力：交往意愿、交往范围、交往深度、合作经验；
⑤自己的资金、家庭、朋友的支持程度。
（2）对外部环境的机会与威胁可从以下这些项进行分析：
①国际环境：行业的开放性、外资情况、全球经济情况；
②国内环境：政策导向、人口结构、GDP；
③所在的具体地区或城市情况；
④学校的情况、专业的情况；
⑤行业情况：行业特性、行业景气度、行业发展趋势、竞争程度、上下游产业价值链；
⑥企业的发展状况：老板、高级管理者、企业文化和制度、产品和市场、竞争对手；
⑦岗位就业情况：岗位发展趋势、竞争程度、待遇水平。

SWOT 分析法必须建立在对自身与外部环境的深入和充分了解的基础上，对自身的了解可以通过自我分析、他人评价、科学测试等方法来达到，而对外部环境的了解可以通过查阅资料、参观与见习、讨论、访谈等形式来达到。（扫描封底二维码，查看视频"创业人生方向设计画布"。）

四、创新创业者职业生涯规划的步骤

(一) 机会评估

机会评估包括两个层面：一是建立在自我认知基础上的机会评估，通过了解自己、审视自己，包括自己的性格、特长、学识、智商、爱好、情商、技能、思维方式等，弄清自己想干什么和能干什么，选择最适合自己的职业方向与道路；二是建立在环境认知基础上的机会评估，即充分了解自身所处环境的特点，分析职业环境的发展变化，明确环境对自己提出的要求以及自己在这个环境中的地位，等等。只有对自我内部因素和对环境外部因素进行了充分了解和把握，才能做到科学、合理规划自己的职业路线，使自己的职业生涯规划具有实际意义。

(二) 确定目标

根据职业生涯规划分为人生规划、长期规划、中期规划和短期规划，相对应的职业生涯目标也应包括人生目标、长期目标、中期目标与短期目标。我们在确定目标时，首先要根据个人的性格、气质、专业和价值观，并结合社会的发展趋势确定人生目标和长期目标，然后再对人生目标和长期目标进行分段细化，根据个人的经历和所处的组织环境制定相应的中期目标和短期目标。

1. 人生规划

一般人的职业生涯时长为 40 年左右，对应的人生目标时长也是 40 年左右。例如，规划 60 岁成为一个有数亿资产的公司董事。

2. 长期规划

规划时长 5~10 年，对应的是长期目标。例如，规划 30 岁时成为一家中型公司的部门经理，规划 40 岁时成为一家大型公司的副总经理，等等。

3. 中期规划

规划时长 2~5 年，对应的是中期目标。例如，规划到中小型公司不同业务部门任职，并有所成就。

4. 短期规划

规划时长 2 年以内，对应的是短期目标。例如，2 年内掌握哪些业务知识和业务技能，等等。

(三) 制订行动计划与措施。

制定职业生涯目标后，关键是要付诸行动。没有落实目标的行动，目标就无法实现，事业的成功也就无从谈起。而要行动，就得有具体措施和计划，主要包括时间分配、工作安排、学习培训等方面的措施。例如，计划学习哪些知识、掌握哪些技能？如何开发自身的潜能？如何分配时间？分哪些步骤？采取什么措施？如何提高工作效率？等等，都要有具体的计划与明确的措施。

(四) 实践尝试与能力提升

纸上得来终觉浅，绝知此事要躬行。职业规划毕竟是一种主观的评估和预测，它与实际会存在一定的误差或者不相符。因此，职业规划必须有实践环节，每个人在确定自己的职业发展方向后，都应尝试在所选职业领域实践锻炼一段时间，一是验证规划中各种评估的准确性，二是在实践中学习，拓展知识，提高能力，为今后的职业生涯做好各种储备。

（五）反馈与调整

在人生的发展阶段，由于社会环境的巨大变化和一些不确定因素的存在，我们与原来制定的职业生涯目标与规划有所偏差，这时就需要对职业生涯目标与规划进行评估和做出适当的调整，以更好地符合自身发展和社会发展的需要。职业生涯规划的评估与反馈过程是个人对自己的不断认识过程，也是对社会的不断认识过程，是使职业生涯规划更加科学、有效的有力保障。

复习思考

1. 什么是创新者？什么是创业者？两者的区别在哪里？
2. 创新者应具备哪些基本素质？创业者应具备哪些素质？
3. 什么是团队？创新创业团队的组建与管理要注意哪些问题？
4. 什么是企业家？企业家精神的内涵是什么？
5. 什么是创新创业者的职业生涯规划认知？创新创业者应怎样进行职业生涯规划？

拓展训练

团队建设素质拓展培训活动

一、认识团队：（20分钟）

游戏一：齐心站立。

时间：15分钟。

人数：每组12人。

道具：报纸若干。

游戏规则：

1. 让队员先以两人为单位，背靠背坐在地上，双手反扣着，然后一起利用背力和手腕力同时站立起来。

2. 完成第一组后，每小组人数变成四个，同样背靠背，双手反扣，但这次是反扣隔壁人的手，然后小组成员同样利用背力和手腕力同时撑起来。

3. 对完成快的小组可以增加人数，用同样的游戏规则同时将全组人撑起来，完成时间最快和人数最多的小组获胜。

4. 此项游戏强调的是同时站起来，而且不能用手撑地或者利用其他的辅助工具，若只是陆陆续续地站起来就要重新开始。

5. 各组在游戏前可以先商量对策。

游戏意义：通过游戏让学生了解到团队活动与个体活动的区别，通过体验小团队与大团队对游戏的影响，从而认识团队中每个成员的重要性。

小组分享（5分钟）：为什么一个人站起来没问题，两个人以上站起来所面对的困难就越来越大，这说明了一个什么道理？

二、组建团队：30分钟

游戏：团队共建。

时间：20分钟。

人数：分成若干小组，每12人一组。

道具：各种颜料和彩笔若干，空白小旗若干，旗杆若干。

游戏规则：

1. 各小组在规定时间内设计本组的队名、队歌、队旗和本队口号，队名、队旗图案设计和本队口号要在空白小旗中反映出来，并要推选一人对本组的队名和队旗的创意进行简单介绍。

2. 各组要设计自己队的一个造型，并作展示。

3. 各组选一人作为本队的队长，负责组织接下来的各项活动。

游戏意义：发挥学生的自主积极性和创造性，齐心打造一个特色团队，从而让新生体验建立团队的快乐。

小组分享（10分钟）：本小组在团队建设中遇到了什么问题？说明了什么？看了其他队的展示后，发现其他队的优势在哪里？本队以后在团队建设中要怎样去做进一步努力？

三、融入团队：40分钟

游戏一：传呼啦圈。

时间：10分钟。

人数：每组12~15人。

道具：呼啦圈数个。

游戏规则：

1. 小组成员手拉手围成一个圈，在其中一个人手臂上套上一个呼啦圈。

2. 各小组成员在不用手的情况下，将呼啦圈穿过每个人的身体，再将呼啦圈传回第一队员身上，用时最短的队胜出。

游戏二：集体摸高。

时间：10分钟。

人数：每组12~15人。

道具：玻璃绳若干，小铃铛若干。

游戏规则：

1. 在课室离地面3米处挂一小铃铛，小组的每个队员必须在其他队员的帮助下摸到小铃铛。

2. 摸高队员不能借用其他工具，也不能用跳的方式。

3. 各组可在活动开始前进行思考和沟通，要确保队员安全，在征得小组老师同意后方可开始游戏。

4. 游戏中用时最少的一组获胜。

游戏意义：

1. 游戏一让新生在活动中认识团队成员团结合作、互帮互助的重要性。

2. 游戏二是为了让学生明白一个人的力量是有限的，在条件和时间有限的情况下，团队完成任务就要有人做出牺牲，有人承担责任。

游戏三：生死电网

时间：15分钟。

人数：每组12~15人。

道具：网绳、垫子。

场地：室外。

游戏规则：

1. 在两棵树之间用绳子织起的网，有大小形状都不规则的十几个洞口。

2. 设想绳子为高压网丝，在规定的时间内，队员要互相配合在不碰触到网的情况下全部穿过去。

3. 每次穿过的洞口不能再过人，而碰到"高压网"就表示任务失败，需要重新再来。

4. 过网过程中会有敌机出现、侦查员出现，要保持高度警惕，不能言语交流，不能坠下悬崖。反之，表示任务失败，需要重新再来。

游戏意义：培养员工合理计划、有效组织、统一行动、亲密协作的意识；认识合理分工与服从组织安排的重要性；相互协调和精心操作，才能保障计划的顺利实施；感受面对困难时，应有的态度和做事的方式。

小组分享（5分钟）：大家在游戏中发现了什么？什么是使团队制胜的法宝？团队活动中做好计划有什么作用？团队成员怎样保障计划实施？

活动设计

创业团队访谈

具体要求：

1. 将学生分成若干个小组，每个小组5~10人，以小组为单位进行访谈。

2. 调研对象为校外中小企业创业团队（最好选择不同领域的创业团队），各小组自行确定访谈对象。

3. 小组成员拟定采访提纲（重点了解团队组建过程、团队管理与决策、团队职责权利分配机制、团队成员的融合与调整等问题）。

4. 小组成员共同撰写访谈报告，制作汇报材料（最好用PPT）。

5. 以小组为单位，在课堂上进行交流汇报（每组汇报时间为15分钟）。

参考文献

[1] 刘沁玲，陈文华. 创业学 [M]. 北京：北京大学出版社，2012.

[2] 李伟，张世辉. 创新创业教程 [M]. 北京：清华大学出版社，2015.

[3] 郭金玫，珠兰. 大学生创新创业基础 [M]. 上海：上海交通大学出版社，2017.

[4] 杨敏,陈龙春. 大学生创业基础 [M]. 杭州：浙江大学出版社,2014.

[5] 李肖鸣. 创业基础慕课学习评价手册 [M]. 北京：清华大学出版社,2015.

[6] 薛永基. 创业基础、理念、方法与应用 [M]. 北京：北京理工大学出版社,2016.

[7] 杨波,雷达. 创业实务 [M]. 上海：复旦大学出版社,2014.

[8] 张国才. 团队建设与领导 [M]. 厦门：厦门大学出版社,2008.

[9] 文德. 团队正能量 [M]. 北京：中国华侨出版社,2013.

[10] 杨敏. 创新与创业指导 [M]. 杭州：浙江大学出版社,2011.

[11] 刘志阳,李斌,任荣伟,等. 创业管理 [M]. 上海：上海财经大学出版社,2016.

[12] 孙俊岭,李莹. 创新精神的典范与背景考察 [M]. 北京：中国青少年音像出版社,2004.

[13] 叶文振. 大学生创业导论 [M]. 厦门：厦门大学出版社,2015.

[14] 张福建. 大学生职业生涯发展与规划 [M]. 北京：现代教育出版社,2011.

第四章

创新思维与训练

目标与要求

通过本章学习了解创新思维的基本内涵,认识创新思维的特征和作用。了解创新思维的形式。认识什么是思维定式,了解思维定式的表现形式。了解创新思维的表现形式,掌握创新思维的方法并能运用到实际中。认识什么是批判性思维,了解批判性思维与创造性思维的区别和联系。

问题引入

曾经有家鞋业公司想去非洲国家的一个岛屿上销售鞋子。于是,就派了一个销售人员先去考察市场。几天后,这位销售人员就给公司打电话过来了:"老板,这里的人,不论大人小孩,也不论男人女人都不穿鞋子,来这里销售鞋子根本就没有市场,我还是回去吧,不要在这里浪费时间了。"于是这位销售人员沮丧地回去了。公司老板接着又派了公司最好的一个销售人员过去,看看市场是否确实如此。几天后,这位销售人员也打电话过来了,他非常兴奋地说:"老板,这里有非常大的市场。因为这里的人,无论男人女人、大人小孩都不穿鞋子,如果我们能让他们认识到穿鞋子的好处和重要性,培养他们穿鞋子的习惯,这将是个潜力非常大的市场。我暂时不回公司了,我要留下来开发市场。"

思考

为什么两个推销员得出了不同的结论?

从这个故事我们可以得到启发:对待同样一个问题,不同的思维得出的结论是不同的。我们应该打破常规的思维方式,创造性地找出问题的解决办法。思维有很多种形式,创新思维是其中一个。那什么叫作创新思维呢?我们应该如何培养自己的创新思维能力呢?

第一节　认识创新思维

一、创新思维的含义

随着社会经济的发展，知识越来越重要。而知识经济的发展，更加依靠创新。知识经济时代要求人要有创新意识和创新能力，而创新过程中思维的创新是十分重要的。那么到底什么是创新思维呢？在这里，我们先对创新思维的含义及特性进行必要的阐述。

创新思维活动有广义与狭义之分。狭义的创新思维是指在人类史上首次产生的、前所未有的、具有较大社会意义的特定的思维活动。一般少数人才能具有这种创新思维能力。广义的创新思维包括的范围却比较宽泛，认为凡是对某一事物来说，具有新颖性的、独特意义的思维，都可以视为创新思维。它表现在生活的方方面面。从大的方面来说，一项新的科学发明属于创新思维的成果。从小的方面来说，在日常处理问题时构想出一种新的方法或方案，这也是创新思维。因此，每一位正常的人都具有创新思维能力。

本书中所指的创新思维，是指广义层面上的创新思维。我们这样理解创新思维：创新思维是指以新颖独创的方法解决问题的思维过程，这种思维能突破常规思维的界限，以超常规甚至反常规的视角去思考问题，提出与众不同的解决方案，从而产生新颖的、独到的思维成果[1]。

> ★案例4-1
>
> 相信每个人都有外出吃饭的经历。可是，你在伸手不见五指的餐厅里吃过饭吗？
>
> 是不是觉得很新奇？大概很多人都没有体验过吧。在巴黎蓬皮杜艺术中心广场对面的小街上，就有一家小有名气的"黑暗餐厅"。这个餐厅的特色就是里面没有一丝光亮，顾客都在全黑的环境中用餐，侍应生也全部都是盲人。它打出的广告语是"美食新体验""感官新经历"。这家餐厅充满了神秘感。它白天从来不对外开放，所以，没有人知道它的庐山真面目。因为如果外人知道了里面的样子，就会丧失其神秘感。
>
> 晚上营业时间，顾客进入餐厅后，先到一个光线昏暗的地方点餐。点餐结束后，顾客还要把身上所有可能的光源包括手表、手机、相机等放在接待处，不能带入餐厅。然后，将手搭在戴着夜视镜的服务人员肩膀上，慢慢地踱步进入餐厅，开始享受美食。顾客在餐厅吃的也是"黑暗料理"。餐厅中只有几个简单的套餐。红色菜单代表肉类料理，蓝色菜单代表海鲜类食物，绿色菜单代表素食料理。还有最刺激的白色菜单，此菜单不是顾客点的，而是由店家决定的。在黑暗的环境中，客人把不知道是什么的食物放入口中，是不是很刺激、很惊喜呢？
>
> 在黑暗餐厅就餐，追求的也许不是餐厅食物的味道多诱人，而是吃饭时找不着食物、看不到同桌的朋友、打翻盘子、弄洒汤汁等场面带给顾客的刺激感。此餐厅开业以来，就吸引了很多的情侣等顾客。很多游客甚至慕名而来，餐厅的生意非常火爆。

思考

黑暗餐厅的生意为什么那么火爆？

案例点评：案例中的黑暗餐厅就是利用创新思维想出了新的创意，创造出了新的成果。它们打破了常规的思路，对现有的餐厅模式进行新的改变，有了新的创意和想法。所以，创新思维不同于一般的思维活动，它不局限某一种思维模式，是一种灵活多变的、富于探索性的思维形式。

二、创新思维的特征

理论界对创新思维的基本特征有过种种分析，其代表性的特征（见图4-1）有以下几个方面。

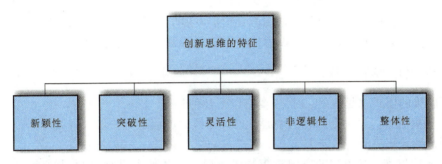

图4-1 创新思维的特征

（一）新颖性

创新思维是以求异、新颖、独特为目标的。它与传统思维活动存在的不同之处表现在：创新思维无论是思考问题的方式、方法，还是思维活动的结果都表现出鲜明的独特性和新颖性。这种新颖性还表现在论证方式、思考角度和方法、运用材料的方法等方面。

（二）突破性

创新思维是一种具有突破性的活动。它表现在能打破常规，开辟新颖的思路，发现事物间的新联系。创造者能突破原有的思维框架和思维定式，能够产生新的物质文明和精神文明，比如科技产品的更新换代、相对论的诞生。

（三）灵活性

创新思维能摆脱思维定式的消极影响，及时变换思维的角度和方位看待同一问题，从而形成多视角、多方位的思维活动，它反对一成不变，而是具体问题具体分析，灵活运用各种思维方式。

（四）非逻辑性

一般思维是逻辑思维，是在长期研究基础上产生的结果，在时间上是顺延的。而创造性成果的产生，很可能是突然出现的。这种非逻辑性表现在：思想火花的出现带有极大的随机性，它的爆发没有固定的时机。一种新想法，可能是在读书时由于某段精辟的论述而突然萌发；可能是在乘车、漫步、看戏时由一句台词或一个动作得到启发而爆发出来的；还可能是在与人讨论问题时突然受到启发而产生的，具有突发性[2]。

（五）整体性

创新思维是多种思维方式的结合。它包括逻辑思维与非逻辑思维、形象思维与抽象思维、发散思维与聚合思维等诸多思维形式。具有整体性特征。

三、创新思维的作用

首先,创新思维促使知识优化组合。

创新思维促使人们了解"上自天文,下自地理"多个领域的知识,拓宽知识的广度和深度,同时,达到知识的融会贯通和优化组合。

其次,创新思维促使企业自主创新。

创新思维对于企业而言,尤其重要。民族企业的发展,民族品牌的塑立,企业的研发创新、管理模式创新等,都离不开创新思维。

最后,创新思维促进教育体制的完善发展。

当前中国教育提倡素质教育,素质教育提倡发展学生的多方面能力,发展学生的自主能动性和想象力。其核心就是培养创新思维,因此创新思维促进了教育体制的完善发展。[3]

四、创新思维的模式

创新思维的模式(见表 4-1)主要有以下几种。

(1)辐射思维:以一个问题为中心,思维路线向四面八方扩散,寻找尽可能多的答案,以增强创造性地解决问题的能力。

(2)多向思维:从不同的方向对事物进行思考,从他人没有注意到的角度去思考,发现他人不曾发现的规律。

(3)换元思维:一个事物都是由多种因素构成的,变换其中某一要素,打开新思路。

(4)转向思维:思维在一个方向停滞时,及时转换到另一个方向。在某专业研究未达到预期效果时,转向相关学科和边缘学科进行思考。

(5)对立思维:从事物的对立面思考问题,能够更好地抓住其本质。

(6)反向思维:从相反的方向去思考,寻找突破的新途径。

(7)原点思维:在探究事物时我们常常对百思不得其解的问题,回到问题的原点去重新思考,从而寻得答案。

(8)连动思维:连动方向有三种:一是纵向,看到一种现象就向纵深思考,探究其产生的原因与发展趋势;二是逆向,发现一种现象,则想到它的反面或对立面;三是横向,发现一种现象,能联想到与其相似或相关的事物。[4](扫描封底二维码,查看视频"如何培养创业思维"。)

表 4-1 创新思维的模式

创新思维的模式	特 点
辐射思维	以一个问题为中心,思维路线向四面八方扩散
多向思维	从不同的方向对一个事物进行思考
换元思维	变换事物的某一要素,以打开新思路
转向思维	思维在一个方向停滞时,及时转换到另一个方向
对立思维	从事物的对立面思考问题
反向思维	从事物相反的方向去思考,寻找突破
原点思维	从事物的原点出发,寻找问题的答案
连动思维	从纵向、横向、逆向去联想

第二节　认识思维定式

> **★案例4—2**
>
> 　　历史上赫赫有名的拿破仑大家都知道。拿破仑是一个落魄的贵族子弟，从小就梦想成为将军。他从一个普通的贵族子弟到成为几乎统一了欧洲的法兰西帝国皇帝。他非常勤奋而且聪明，戎马一生，打了很多次胜仗。但是，他也有个非常致命的缺点，那就是自信甚至是自负。
>
> 　　当年，拿破仑在滑铁卢战役失败以后，被流放到圣赫勒拿岛上。后来，他的一个朋友赠送了他一副象棋。拿破仑在岛上无所事事，每天一个人默默地下棋打发时间，直至死去。因为他的名气，这副象棋被当作遗物曾被多次转手拍卖。有一天，这副象棋的购买者在把玩象棋的时候突然发现，这副象棋中的一个棋子底部竟然是可以打开的。他打开底部一看，里面竟然藏了一张纸，纸上画着如何从岛上逃生的路线图。可是，拿破仑却没有意识到朋友的良苦用心，直到死都没有发现象棋里的这个秘密。拿破仑大概做梦也不会想到，自己最后竟然死在常规思维的陷阱里。如果他能用南征北战时兵不厌诈的思维方法来思考一下这副象棋可能蕴涵的其他功能，也许他这一生的命运就会被改写了。

思考

到底是什么导致了拿破仑的死亡？

案例点评：雄极一时的拿破仑在被流放圣赫勒拿岛以后，其实是有机会逃生的。但是由于他的惯性思维，他认为密友给他的就是一副普通的象棋，没有想到它可能还有其他的功用。他陷入了思维定式，没有想到换个思路和角度去思考事物，所以，白白浪费了逃生的机会，真是可惜。那么到底什么是思维定式呢？它有什么样的作用呢？

一、思维定式的内涵

思维定式，也称"惯性思维"，是由先前的经验造成的一种对待事物的特殊的心理准备状态。在相似的条件下，思维定式使人能够应用已掌握的经验迅速解决问题。

二、思维定式的双面性

（一）积极性

思维定式的积极性表现在：在解决问题活动中，根据以往解决旧问题的思路和经验来处理和解决相类似的新问题。思维定式可以缩短思考问题的时间，提高解决问题的效率。

（二）消极性

思维定式的消极性表现在：它容易使我们产生思维上的惰性。当新旧问题形似质异时，特别是当问题的条件发生质的变化时,思维定式会墨守成规,遵循老方法解决问题,可能会导致失败。

三、几种常见的思维定式

几种常见的思维定式有四种(见图4-2):

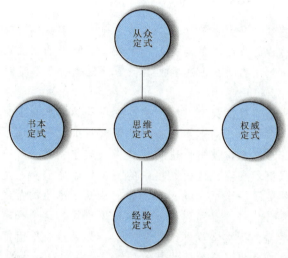

图4-2 几种常见的思维定式

（一）书本定式

书本定式,就是在思考问题时盲目运用书本知识,以书本为纲的思维模式。书本是一种系统化理论化的知识,是人类经验的结晶。它的积极作用是显而易见的。但是,许多书本知识是有时效性的,随着社会的发展,有些知识会过时,当书本知识与客观事实之间出现差异时,书本定式就会成为思想的障碍。

（二）权威定式

人是教育的产物,来自教育的权威定式使人们逐渐习惯对权威的言论不假思索地盲从,缺少创新意识。但是其实权威有时也会犯错误。如何突破权威思维定式呢?一要有质疑精神,不要盲目迷信权威;二要不断丰富和扩充自己的知识面,通过知识的累积提高对事物的鉴别力。

（三）从众定式

大多数人都有从众心理。比如你骑着自行车,看到红灯亮了,本应停下来,但是你看到大家都往前冲,自己也跟着往前冲,这样一种别人怎么做,我也怎么做的思维模式,就是从众定式。从众思维是消极的,懒于动脑筋就不可能产生新的创意。

（四）经验定式

经验是相对稳定的东西,通过长时间的实践活动所取得的经验是值得重视和借鉴的。但是,从思维的角度来说,经验具有很大的狭隘性,它会削弱头脑的想象力,造成思维能力的下降。如果经常受经验定式的束缚,就会墨守成规,失去创新能力。

四、突破思维定式的方法

思维定式是一种消极的思维方式,它使人们习惯于从固定的角度来分析研究问题,并以固定的方式来解决问题。那么如何突破思维定式呢？下面介绍几种方法（见图4-3）。

（一）奇思妙想

即突发奇想，提出新颖的思路和设想。比如，抢救因喝卤水而生命垂危的病人，可以采用让病人喝豆浆的方法；在整形手术中，为了增加组织移植的成活率，可以利用蚂蟥有吸人血的习性来去除淤血。

（二）稚而不嫩

幼稚看上去好像是儿童的弱点，实际上其涵盖着大胆的猜想和幻想。儿童可以不考虑各种束缚，对世界质疑：海为什么那么蓝？人的脑袋为什么是圆的，而不是方的呢？爱因斯坦住宅的附近住着一个十一岁的小女孩，这个小女孩同爱因斯坦逐渐熟悉后，常常跑去请教爱因斯坦数学问题。小女孩的母亲知道这件事后感到很过意不去，她去向爱因斯坦表示歉意，爱因斯坦却回答说："你不需要向我道歉，其实，我从她那里学到的东西比她从我这里学到的东西更多。"这绝非自谦之词，儿童的有些看似幼稚的问题，对爱因斯坦大有启发。

（三）懒而不惰

此处的"懒"是指崇尚简约，喜好方便，热衷自动化，指行动上有点懒，而思想上并不懒的行为。偷懒成为启动创新的驱动器。人们懒得动手发明了声控，懒得系领带发明了"一拉得"。爱迪生的某些创意就源于偷懒。当年，他在电气公司做工时，为了偷懒睡觉，便研究出了定时报音器，它能间隔一定的时间，自动发出线路一切正常的运行信号。所以，懒也可以创造新事物。

（四）外行成功

懂行人不一定能提出最佳构想，这其实有一定的道理。内行人经验多，条条框框也多。数学家希尔伯特曾说过："为什么爱因斯坦说出了关于空间和时间的最有卓识、最深刻的东西？因为一切有关空间和时间的哲学和数学他都没有学习过。"由此可见，爱因斯坦的出类拔萃之处，恰恰在于他没有一般内行人所具有的关于时间和空间的固定观念。在发明创造的方案构想阶段，外行人是大有潜力的。

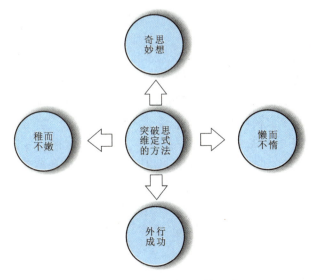

图4-3 突破思维定式的方法

打破思维
定势练习

第三节　创新思维的表现形式

> ★ 案例4-3　　　　　　　　发散思维
>
> 　　1987年，在我国广西省南宁市召开了一次学术研讨会。该研讨会的主题是：创造。在这次会议上集中了许多来自全国在科学、技术、艺术等方面的杰出人才。同时也聘请了国外某些著名的专家、学者，其中就有日本的村上幸雄。在会议中村上幸雄先生为与会者讲学。他的讲座很新奇，深受大家的欢迎。其间，村上幸雄拿出一把曲别针，请大家利用发散性思维，想想曲别针都有什么用途。会议上大家议论纷纷。有的说可以挂日历、挂窗帘、订书本，有的说可以别文件、别胸卡，说出了20多种。大家问村上幸雄："你能说出多少种？"村上幸雄轻轻地伸出三个指头说："我可以说出三千种。"大家都非常惊讶，心想：这日本人确实聪明。然而就在此时，坐在台下的许国泰坐不住了，他是中国魔球理论的创始人。他想：我们中华民族在历史上就是以高智力著称世界的民族，我们的发散性思维绝不会比日本人差。他给村上幸雄写了个条子说："幸雄先生，曲别针的用途我可以说出三万种，甚至更多。"村上幸雄十分震惊，许国泰说："幸雄先生所说曲别针的用途我可以简单地用四个字加以概括，即钩、挂、别、联。但是我认为远远不止这些。接着他把曲别针分解为铁质、重量、长度、截面、弹性、韧性、硬度、银白色等十个要素，用一条直线连起来形成信息的横轴，然后把要动用的曲别针的各种要素用直线连成信息标的竖轴。再把两条轴相交垂直延伸，形成一个信息反应场，将两条轴上的信息依次'相乘'，达到信息交合……"所以曲别针的用途就无穷无尽了。徐先生的发散思维为中国人民在大会上创出了奇迹，使许多外国人都十分惊讶！

 思考

许国泰是怎么想出曲别针那么多的用途的？

案例点评：许国泰在学术研讨会的发言，令许多外国人都刮目相看。他的发言为中国人民争了光，在大会上创造出了奇迹。其实他就是运用了发散思维的方法，在思考曲别针的用途时，从不同的角度去思考事物，分析了它的材料、结构、重量、韧性等要素，再分别考虑不同因素下的用途。他的思维方法，没有拘泥于一点或一条线索，而是尽可能向多方向扩展，所以得出了曲别针的用途是无穷无尽的。这种思维方法就是发散思维，它能够得出丰富的设想和方案。

一、发散思维

（一）发散思维的概念

发散思维也叫辐射思维、扩散思维或多向思维。它是指在对某个问题的思考过程中，从已有的信息出发,尽可能向多方向扩散,不拘泥于一点或一条线索,求得多种不同的解决办法,衍生出各种不同的结果。发散思维的示意图如图4-4所示。

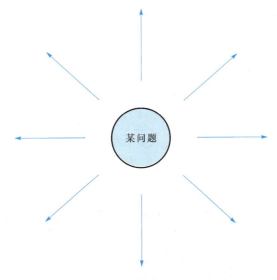

图4-4 发散思维的示意图

（二）发散思维的特征

发散思维的特性如图4-5所示。

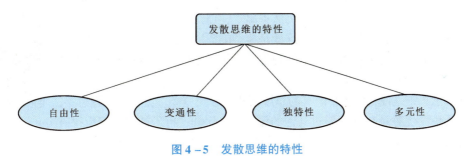

图4-5 发散思维的特性

1. 自由性

发散思维强调观念的自由发挥,发散思维不受束缚,打破思维定式,能在尽可能短的时间内生成尽可能多的设想和方法。

2. 变通性

发散思维需要人们打破头脑中僵化的思维框架,按照新的方向来思考问题、寻找答案。变通性需要思维沿着不同的方面和方向扩散。思维是灵活的甚至是跨越式的。

3. 独特性

人们在发散思维中会做出不同寻常的新奇的思考,具有独特性。

4. 多元性

发散思维不仅运用视觉和听觉,还会利用其他感官接收信息并进行加工。表现出多元性的特点。

（三）发散思维的分类

发散思维的分类如图 4-6 所示。

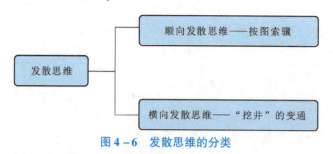

图 4-6 发散思维的分类

1. 顺向发散思维——按图索骥

顺向发散思维方法是指依据所需要解决问题的性质和形式，组合事物的功能、结构、属性的一种方法，包括功能发散、结构发散、组合发散、特性发散等方式。例如，液晶可以随温度变色，利用此特性进行发散思考，可以研制变色玩具、变色衣服、温度报警器、超薄体温计等。

2. 横向发散思维——"挖井"的变通

横向发散思维也称侧向思维，是指不按照思维逻辑顺序去推理，而是转换思维视角的思维方法。

顺向发散思维和横向发散思维是两种不同方向的思维方法。爱德华·德波诺在阐述顺向发散思维与横向发散思维两者的关系时曾用"挖井"做比喻。在挖一口井时，如果最初挖井的位置选得不合适，即使挖了很深，也仍然不出水，但是觉得已经做了很多工作了，现在放弃太可惜，只好继续将井挖得更深更大。这就是典型的顺向发散思维。而横向发散思维，则会首先确定井的位置，一旦发现位置错了挖不出水，就果断放弃，另寻新址。这就是两者的区别。

横向发散思维是使人们摆脱旧有的思维模式，寻找更新、更好的解题思路，避免因为某些"优势"想法而错过其他的思考点。比如，鲁班被茅草细齿拉破手指而发明了锯。此事例说明，从其他领域借鉴也是创新发明的一种思路。

发散思维训练

二、收敛思维

> ★ 案例 4-4
>
> ### 收敛思维
>
> 查尔斯·罗伯特·达尔文是英国著名的生物学家、进化论的奠基人。他从小就热爱大自然，尤其喜欢打猎、采集矿物和动植物标本。上学期间他把大部分时间都用在听自然科学讲座上，并且自学大量的自然科学书籍。曾乘贝格尔号舰做了历时 5 年的环球航行，对动植物和地质结构等进行了大量的观察和采集。其间收集各种动植物和地质标本，挖掘古生物化石，研究生物遗骸，观察荒岛上许多生物的习性。经过多年的积累，终于完成了《物种起源》这一划时代的著作，达尔文的理论成为对演化机制的主要诠释，并成为现代演化思想的基础，是现今生物学的基石。

> 隐形对于一般人来说都不陌生，但是您有没有听说过隐形飞机？隐形飞机并不是飞机隐形了，看不见了，而是指雷达无法侦察到飞机的存在。隐形飞机能够尽量减少或者消除雷达接收到的有用信号，是最为秘密的军事机密之一，目前隐形技术已经受到了全世界的极大关注。隐形飞机的研制过程是非常复杂的。它是科学家们通过研究仿生学，进而把最新的技术和材料应用在飞机上。要达到雷达探测不到、红外及热辐射仪等追踪不到的效果，就需要分别完成雷达隐身、红外隐身、可见光隐身、声波隐身四个目标。每个目标中还有许多具体的小目标，通过完成一个个小目标，最终才能制造出隐形飞机。所以隐形飞机是一种多目标聚焦的结果。

 思考

达尔文是怎么成功的？隐形飞机是如何制造出来的？

案例点评：案例中的达尔文之所以能够成功，就在于他们对事物的积累和坚持。它们的成功绝不是偶然的，是建立在对事物反复不断的分析、总结、研究的基础上的。隐形飞机的制造成功也是在解决一个一个小目标的基础上完成的。发散思维为我们提供了多种方案，而最终能否变成现实，就要依靠收敛思维的作用了。下面我们来学习收敛思维的相关内容。

（一）收敛思维的概念

收敛思维也叫聚合思维、聚敛思维、综合思维或集中思维，是指在解决问题的过程中，尽可能把已掌握的知识和信息，归纳到一个条理化的逻辑序列中，进行分析汇总研究，从而得出一个合乎逻辑规范的结论。收敛思维的示意图如图 4-7 所示。

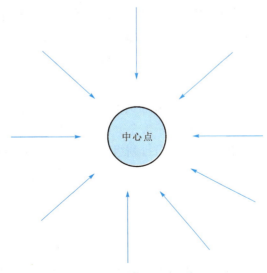

图 4-7　收敛思维的示意图

(二) 收敛思维的特征

收敛思维的特征如图 4-8 所示。

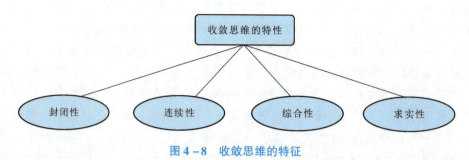

图 4-8 收敛思维的特征

发散思维与收敛思维在原理上相反，发散思维是将思路打开，想出尽可能多的方案方法，而收敛思维是要在此基础之上，将这些方案信息进行分类和编号，排除对创新活动无用的信息，得出最终的结论。因此，收敛思维要求更多的是封闭式、连续性、实际性的思考模式。收敛思维具有如下特性。

1. 封闭性

发散思维的思维方向是以问题本身为中心点，向四面八方扩散地展开思考，具有开放性，而收敛思维则是把这些发散思维的想法由四面八方集合起来，进行分析、比较、研究和汇总，得出一个合理的结论，具有封闭性。

2. 连续性

发散思维的过程，是从一个想法到另一个想法，这些想法或方案彼此之间是没有任何联系的，是跳跃式的思维方式，具有间断性。而收敛思维的思维方式则是一环扣一环的，每个想法之间是有关联性的，是有逻辑性的，且具有较强的连续性。

3. 综合性

在收敛思维过程中，要对各种发散思维结果，进行归纳综合、分析比较才能得出最佳的方法或方案。收敛思维得出的结论并不是简单地对信息的排列组合，而是具有创新性的综合，它是以目标为中心，对原有的知识从内容到结构上进行有理性的、逻辑性的选择、排列和重组。

4. 求实性

发散思维所产生的众多方案，一般来说都是不成熟的，发散思维主要求多而不是求准。所以对发散思维的结果，必须进行逻辑分析汇总，而收敛思维就是逻辑分析的过程。这些设想或方案是按照实用可行的标准来重新进行排列组合的。所以，收敛思维具有求实性。

(三) 收敛思维与发散思维的关系

1. 两者的区别

两者的区别如表 4-2 所示。

（1）思维指向相反。

发散思维是由问题的中心向四面八方扩散思考，而收敛思维是由四面八方的思考汇总于问题的中心，二者的思维方向刚好相反。

(2) 两者作用不同。

收敛思维是一种求同思维,是把多种想法理顺、筛选、综合、统一,是集中各种想法之后,对这些想法重新进行理性分析汇总,达到对问题的全面理性的认识;而发散思维是一种求异思维,它是尽可能地放开思维方向,把各种不同的方法和方案都设想到。没有发散思维就不会有新的假设和答案,就不会有创造性思维;但是发散思维所提出的新想法必须经过收敛思维的检验证明才能确定其是否正确。

表4-2 发散思维与收敛思维的区别

发散思维	收敛思维
由问题的中心指向四面八方思考	由四面八方汇总于问题的中心
求异思维,把不同的可能性都设想到	求同思维,要集中各种想法的精华

2. 两者的联系

两者的联系如图4-9所示。

收敛思维与发散思维既有区别,又有联系,两者是辩证统一的。在解决问题的过程中,两者在思维方向和思维过程中互补。在解决问题的早期,发散性思维起到更重要的作用。发散思维向四面八方发散,广泛收集各种想法和方案;在解决问题的后期,收敛性思维扮演着重要的角色。收敛思维针对发散思维获取的方案进行认真整理、精心加工,最终达到解决问题的目的。所以,两者是辩证统一的。

收敛思维训练

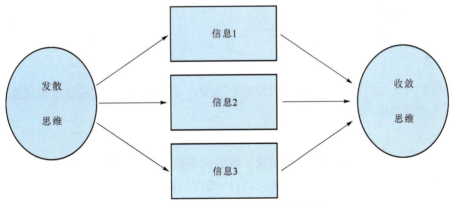

图4-9 发散思维与收敛思维的联系

三、逆向思维

★案例4-5

孙膑是战国时期齐国著名的军事家,他曾立下赫赫战功,很是聪明。他曾经去魏国求职,但是魏惠王为人心胸比较狭窄,并且嫉妒其才华,所以想故意刁难他。他对孙膑说:"听说你挺有才能,那我就考考你。如果你能想个办法让我从这个座位上走下来,我就任用你做将军。"其实魏惠王心想：不管你用什么方法，我就是不起来，你又能拿我怎么样呢？他想孙膑肯定做不到！孙膑心想：如果魏惠王赖在座位上，我也不能强行把他拉下来，那可是死罪。怎么办呢？这时聪明的孙膑心生一计。他对魏惠王说："这个问题确实很难，我确实没有办法让大王您从宝座上走下来，但是如果您再给我一次机会，我有办法让您坐到宝座上去。"魏惠王心想，这还不是一回事，我就是不坐下，你又奈我何？于是他便乐呵呵地从座位上走下来，看看孙膑能怎么办。这时，孙膑马上说："大王，您现在已经从宝座上下来了，我的任务完成了。"魏惠王这才醒悟过来，只好遵守承诺，任用他为将军。这就是逆向思维的妙用。

 思考

孙膑为何能胜魏惠王？

案例点评：孙膑能够智胜魏惠王，就在于他使用了逆向思维的方法。那么到底什么是逆向思维呢？它主要有哪些表现形式呢？下面我们来认识下逆向思维。

（一）逆向思维的概念

逆向思维是指从相反的、对立的、颠倒的角度提出问题、思考问题，是以背离常规的思考方法来解决问题的思维方式。

（二）逆向思维的特征

1. 批判性

逆向与正向是比较而言的。逆向思维破除经验和习惯造成的僵化的思维定式模式，它往往是对传统和惯例提出的挑战和批判。

2. 新奇性

常规思维下，人们往往容易思维僵化，得到的答案也是一般性的常规的答案。逆向思维以反惯性的方式思考问题，结果往往让人耳目一新、出人意料。

3. 突破性

常规思维受经验或者习惯的束缚，观念容易停留在原有的基础上，很难有进步和发展，而逆向思维就是突破传统习惯的束缚，产生前人从来没有过的解决问题的方法。

（三）逆向思维的表现形式

逆向思维的表现形式如图 4-10 所示。

1. 原理逆反

科技史上有些重大的创新发明就是在对事物原理的逆反思考基础上产生的。比如 1819 年，丹麦的物理学家奥斯特通过实验研究发现了通电导体可使磁针转动的磁效应。1820 年，法国的安培发现通电的螺线管具有与磁石相同的作用。英国物理学家法拉第想：为什么不能用磁产生电呢？于是，法拉第开始做各种各样的试验，经过反复的实验研究，终于在1831年发现了电磁感应现象，并且创制了世界上第一台发电机。这就是原理逆反的妙用。现代生活用的吸尘器，其原理也是与常规方式相反的创造成果。通常桌子、物品上积了灰尘，都是用"吹"的方式将其清除。但是地面上的灰尘垃圾，如果也用"吹"法清除，势必会弄得满屋子尘土飞扬。于是人们就反过来，创造了吸尘器。

2. 功能逆反

功能逆反是从事物既有功能的反面出发来思考问题，寻求解决问题的新方案。例如，原联邦德国某造纸厂，因工人疏忽，在生产过程中少放了一种胶料，制成了大量不合格的纸。用墨水笔一写，字迹就化开来。如果这批纸全部报废，就会给公司带来重大的损失。肇事者拼命地想：有没有什么好的补救办法呢？有一天，他漫不经心地把墨水洒在桌子上，顺手拿起几张这种"没用"的纸来擦，结果墨水被吸得干干净净。"变废为宝"的念头在他的头脑中产生了。终于，这批纸被当作吸墨水的纸，全部卖了出去。

3. 结构逆反

结构逆反是将已有事物的结构形式进行相反的考虑，通过调整物品结构的位置产生新的结构方式，实现事物性能的优化。比如夏普公司最初研制的电烤箱热源在下面，需烤制的鱼或肉放在上面。这种结构在加热过程中会产生这样的问题：鱼、肉经烘烤而析出的油脂要下滴，掉在电热丝上会产生大量焦烟，污染环境。技术人员想到做简单的结构变换，让加热用的电热丝装在烤箱上部，所烤食品置于下方，这样即便鱼、肉掉下去也不会接触电热丝，烟雾的问题也解决了。

4. 特性逆反

特性逆反就是以事物的某一属性的相反特性去取代已有的特性，从而达到不同的目的。比如，大家都知道的全自动洗衣机，在设计脱水缸的过程中很是费周折。研究人员当初在设计洗衣机的脱水缸时，采用了硬轴，但是这种材料在高速旋转时会带来很大的噪声，而且洗衣机会不停地颤抖。为了解决脱水缸这个问题，工程技术人员想了许多办法，先是把转轴加粗，不行，后来又把转轴加硬，仍然无效，最后，他们想不如逆向操作试试看，他们用软轴代替了硬轴，却没想到这次竟然成功了。软轴材料很轻，用手一推，脱水缸就东倒西歪，但是脱水缸在高速旋转时，却非常平稳，脱水效果很好。采用软轴成功地解决了颤抖和噪声两大问题。

5. 程序逆反

程序逆反是指在操作顺序上找到事物既有程序的逆反面，通过程序发生原理及时间的逆反调整实现对事物的改造。比如，传统的破冰船，是船在水上破冰。因为要依靠自身的重量来压碎冰块，所以它的头部设计采用了高硬度的材料，十分笨重，导致这种破冰船有一个缺点，那就是如果有侧向漂来的流水，容易翻船。苏联的一位科学家运用程序逆反的思维方法，对这种破冰船进行了改良。他设计的破冰船能够潜入水下，依靠浮力从冰下向上破冰。这种破冰船的设计不需要用高硬度的材料，不仅节约了许多原材料，而且船不容易侧翻，自身的安全性也提高了。

6. 观念逆反

随着社会的发展和科技的进步，许多旧观念都会有巨大变化，如能对习以为常的观念做相反的探索，就会有新的启发。比如，消费观念从以廉价为主向不同的需求型转换，从吃饱穿暖到吃好、穿好。而所谓吃好的观念也完全不是要油水多、鸡鸭鱼肉一大桌的概念，现代人喜欢的是清淡、天然野生、粗粮杂粮，甚至于开发昆虫食品、花朵食品。

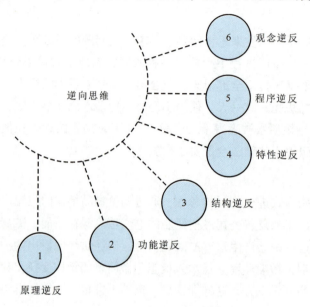

图4-10 逆向思维的表现形式　　　　　　　　逆向思维训练

四、联想思维

> ★ 案例4-6
>
> 　　我们经常看到汽车在奔跑，汽车中的汽油是怎么"汽化"而燃烧的呢？原来，"汽化"的过程是靠发动机使汽油充分混合来完成的。美国工程师杜里埃在发明"汽化器"的时候用了很多的方法去做实验，都失败了。一天他的妻子在喷香水，他顿时受到了启发，联想到了"汽化器"。他把喷雾器稍加改进，把喷雾的办法用到了发动机中，来混合空气和汽油，由此，"汽化器"就诞生了，它大大提高了发动机的效率。此事例是关于事物之间存在普遍联系的具体体现和运用。

 思考

"汽化器"和喷香水的相似性表现在哪里？

第四章 创新思维与训练

> ★ 案例 4-7
>
> 　　春秋战国时期，我国有一位创造发明家叫作鲁班。鲁班本姓输，名班。因为他是鲁国人，所以人们尊称他为鲁班。鲁班是怎样发明锯子的呢？传说，有一年鲁班接受了一项任务：要建筑一座宫殿。这个工程需要很多木料，但施工期很紧张。他的徒弟每天都上山砍木材，但是当时没有锯子，只有用斧子砍，效率很低。徒弟们也每天累得筋疲力尽，可是木料还远远不够。他心里非常着急，就亲自上山查看。上山的时候，他偶尔拉了一把长在山上的一种野草，一下子手被叶子划破了。他摘下叶片轻轻一摸，原来叶子两边长着锋利的齿，他的手就是被这些小齿划破的。他还看到在一棵野草上有条大蝗虫，两个大板牙上也排列着许多小齿，所以能很快地磨碎叶片。鲁班就是从这两件事上得到了启发。他想：要有这样齿状的工具，不是也能很快地锯断树木了吗！于是，他经过多次试验，终于发明了锋利的锯子，大大提高了工效。

思考

鲁班的锯是怎么发明出来的？

案例点评：案例中"汽化器"和"锯"的发明都是发明者在看到和使用某一事物时，联想到把这个功能运用到其他的事物上，从而发明了一种新的事物，达到了解决问题的目的。这就是联想思维的妙用。

（一）联想思维的概念

联想思维是指人们在思考过程中将一种事物与另一种事物联想起来，利用它们之间共同的或类似的规律，从而达到解决问题的目的。

（二）联想思维的特征

1. 形象性

联想思维基本的操作单元是表象。其所概括出来的表象因为具有一般特征，所以也体现出不同形象之间具有一定的相似性。人们通过创造性的联想思维，借助这种相似性进行越界思考，进而产生新的创造性发明。

2. 目的性

联想思维具有一定的目的性和方向性。它是把已知的事物作为思考的出发点，按照一定的方向、有目的地想到其他事物，达到解决某一问题的目的。

3. 实践性

联想思维能力是可以培养的，人们通过不断地实践锻炼，可以培养和提高联想思维的能力。人们在生成对事物的理解、获取知识和积累经验的过程其实都是联想的过程。

(三) 联想思维的形式

进行联想思维练习,会增强思维的发散性,为创造性地解决问题打下基础。下面介绍几种主要的联想思维方式(见图 4-11)。

1. 相似联想

相似联想是指由给定事物或现象想到与它相似的其他事物或现象(形状、功能、性质等)。比如看到水就想到河,看到钢笔就想到铅笔,看到毛衣就想到毛线。相似联想的是事物间的相似性和共同性。比如,"床前明月光,疑是地上霜"。这种联想方式运用了事物之间的相似性,把具有相似点的事物联系起来,从而产生新的创意。

2. 对称联想

对称联想是指由给定事物联想到在空间、时间、形状、特性等方面与之对称的事物。例如,上联想到下,左联想到右,黑联想到白,快联想到慢。

3. 接近联想

接近联想是指两个事物或者不同事物在时间上或空间上相互接近,它们之间形成的联想。比如看到雪就想到冬天,看到冰激凌就想到夏天。又如,看到儿童就想到幼儿园、儿童节等,看到汽车就想到汽油、红绿灯,这些也都是接近联想。

4. 相关联想

相关联想是指由给定事物联想到经常与之同时出现或者某个方面有内在联系的事物的思维方式。找到各事物之间的逻辑关系,从一点出发,一环扣一环地进行联想。比如,木头和足球,怎么样把这两者联系起来呢?只需四步。由木头想到树林,由树林想到田野,由田野想到足球场,由足球场想到足球。多做相关联想,可以提高创新思维能力。

5. 因果联想

因果联想是指由事物的某种原因而联想到它的结果。比如,由冰联想到冷,由火联想到热,由科技发展联想到经济发展,这些就是因果联想。

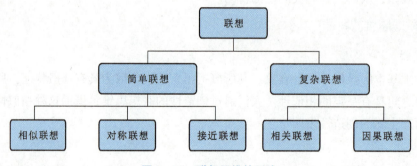

图 4-11 联想思维的形式

(四) 联想思维的方法

1. 类比法

类比法是指由一类事物所具有的某种特性,推测出与它类似的事物也应具有这种特性。

它是通过把陌生的事物与熟悉的事物进行比较,从中获得启发的方法。

(1) 直接类比。

直接类比是从自然界或者现有成果中直接联想到相类似的事物,进行类比联想,如听诊器的发明。当年有一天拉纳克医生到公园闲逛,当时有两个小孩在玩跷跷板,一个小孩在跷跷板的一头轻轻地敲板,另外一个小孩在另一头贴着耳朵听,他也过去学着小孩的样子听了听。他发现虽然小孩敲木板时用力很轻,可是他在另一头却听得非常清晰。他立刻就有了一个想法:能不能发明一种仪器,能够听到病人胸腔里的声音,以此来诊断病人胸腔里的健康状况?听诊器就这样诞生了。

(2) 对称类比。

利用自然界中有许多事物都有对称的特点,可以发明创造出新的事物。例如,正电子的发现就是狄拉克通过对称类比所联想到的。1931年,物理学家狄拉克在描述自由电子运动的方程中,推导出了两个正负对称的能量解。已知其中的正能量对应负电子,他因此类比联想到,负能量就应该对应正电子。所以,他提出了"正电子"的假说。第二年,他的猜想也得到了证实。1932年,美国的物理学家安德森从宇宙射线中发现了正电子。

(3) 仿生类比。

人们可以将现实中存在的某种生物的特性运用到创意上,创造出新的事物。比如人们仿照鸟类飞翔的特性制造出了飞机;鸟类可直接腾空起飞,不需要跑道,人们又仿此发明了直升机;人们发现蜻蜓的翅膀能承受超过其自己好多倍的重量,人们又仿制出超轻的材料,运用在航空、航海、车辆以及房屋建筑上。

(4) 因果类比。

有些时候两个事物或不同事物之间存在着同一种因果关系。因此,可根据一对事物之间的因果关系,推测出另一对事物的因果关系。例如,日本人铃木发明的气泡混凝土。他发现在塑料中加入发泡剂,能够使塑料中充满无数微小的孔洞,这样得到的泡沫塑料很轻,又具有良好的隔热和隔音性能。铃木把这种想法运用到水泥中,在水泥中加入一种发泡剂,制造出了气泡混凝土。

2. 移植法

移植法是指将某个学科或领域中的原理、技术、方法等,应用到其他学科或领域中,为解决某一问题提供帮助。

(1) 原理移植。

原理移植即把某一学科中的科学原理应用于解决其他学科中的问题。例如,电子语音合成技术可以使用在贺年卡、公交车、玩具、复读机、录音笔等众多产品上。

(2) 方法移植。

方法移植是指把某一学科或领域中的方法应用于其他学科或领域中解决问题。例如,香港中旅集团有限公司总经理马志民曾赴欧洲考察,参观了荷兰著名的景点的"小人国"。这个景点就是把全荷兰其他著名的景点都浓缩、缩小化放在一起。他回来后就把这种微缩方法移植到了深圳,把全国各地的自然风光、人文景观都缩小化放置在一个景点中,建成了具有中国特色的"锦绣中华",自开业以来生意十分红火。

（3）结构移植。

结构移植是指将某种事物的结构特征，部分或整体地运用于另外的产品的设计与制造中。例如，把缝衣服的线移植到手术中，出现了专用的手术线；把用在衣服上的拉链技术移植到手术中，发明了"手术拉链"，这种方法比针线缝合快很多，且不需要拆线，大大减轻了病人的痛苦。

（4）材料移植。

材料移植即将已知某种事物所采用的某种材料转用到其他新的载体上或者开发出新的用途和功效，以产生新的成果。例如，小苏打粉不仅可以用来发面包、制汽水，它还有其他的功用。比如将一杯小苏打和两匙淀粉混合起来，在身上散发异味的部位抹一抹，就可以清除体味。它还可以做清洁剂。在牙膏里加一点小苏打，可以去黄并美白牙齿。在鞋子里放一点小苏打可以吸收潮气和异味，起到干燥剂的作用。

★ 案例 4-8　　"叩诊法"的发现

18世纪，奥地利有一位医生，名字叫盎布露歌。他的父亲是一个卖啤酒的商店老板。他的酒总是装在很大的木桶里，木桶里黑乎乎的，什么也看不见。但他的父亲只用手在木桶外敲几下，便知道桶里还有多少酒。他从父亲的这种做法中得到了启发，把敲击运用到诊断病人病情上去。凡是遇到患有胸部疾病的人，都用手敲的办法试一试。久而久之，他总结出一套经验：只要是患有胸部疾病的人，就会发出又浊又弱的声音。这种方法叫作"叩诊法"。几百年来，全世界的医生都把这种方法作为诊断胸部疾病的重要手段之一。

思考

"叩诊法"的发明利用了什么样的原理？

案例点评："叩诊法"的发明就是联想思维的典型案例。盎布露歌医生看到他父亲用敲木桶的方法来判断桶里有多少酒，就联想到了用这种方法来判断胸部病人的病情，这是原理移植的方法。

联想思维练习

第四节　批判性思维

一、批判性思维的概念

"批判"（Critical）源于希腊文（Kriticos），指对错误的思想或言行批驳否定，也表示评论、评断、批示判断。批判性思维（Critical Thinking）的渊源可以追溯到古希腊苏格拉底所倡导的一种探究性质疑，即"苏格拉底方法"。它是指通过质疑通常的信念和观点，辨析它们当中哪些缺乏证据或理论基础，强调思维的清晰性和一致性。

批判性思维的概念源于杜威的"反省性思维"，即"能动、持续和细致思考任何信念或被假定的知识形式，洞悉支持他的理由及其进一步指向的结论"。

目前，对批判性思维存在三大误解。有的人认为批判性思维是否定性的，即发现问题，提出问题。然而，一个批判性思维者不仅仅是怀疑。质疑、批判是为了寻求证据和寻找理论基础，为我们的认知做理性分析。因此，批判性思维是建设性的。它使人们意识到，我们所处的世界中的行为和社会结构的多样性。有的人认为，批判性思维是有害的、是应该避免的。可是，批判性思维是在个人自治的基础上产生的。自治较少受他人的指示和影响。还有一个误解是，批判性思维并不鼓励创造性。其实两者是互相包含的。批判性思维通常依据如下标准来分析和评价一个论证的好坏：准确性、相关性、充足性、逻辑性、公正性等。一个好的论证是经过正反多方面思考、比较、分析、综合之后的结果，是发散思维与聚合思维的结果。而发散思维和聚合思维是创新思维的常见表现形式。所以批判性思维中包含着创新思维。

批判性思维包括思维过程中发现、分析和判断的过程。我们可以这样理解：批判性思维是在理性分析的基础上，对客观事实进行理论评估与客观评价的过程，他不会被感性的和无事实根据的传闻影响。批判性思维在日常生活中是不可缺少的。

二、批判性思维的特征

批判性思维的特征如图 4-12 所示。

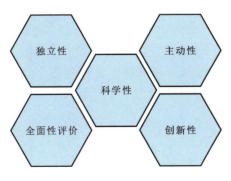

图 4-12　批判性思维的特征

（一）创新性

批判性思维是对原有事物的怀疑、否定和批判。这种思维方式对自己、对他人、对信念、对理论甚至对权威提出质疑、否定和批判，进而提出新的观点和理论，这是一种创新。

（二）独立性

批判性思维能够排除外界的影响和干扰，不唯书，不畏上，独立地思考问题和看待事物，自主地做出理性的决策。独立性是批判性思维的根本特征。

（三）主动性

批判性思维要求发挥主观能动性，积极主动地思考。保持好奇心，保持对事物和理论的质疑，在任何情况下都不放弃，这样才会激发创造性思维，这也是批判性思维的主要特征。

（四）全面评价性

批判性思维不是片面的挑剔，不是对事物采取中庸的态度，更不是偏执的想法，它是对所研究的事物进行多角度、全方位和连续性的分析和研究。

（五）科学性

批判性思维绝不是简单的否定。批判性思维是开放的、宽容的、尊重他人的、理性的高级思维，是在掌握充分证据前提下对事物进行的理性分析、研究和总结。具有很强的科学性。

三、批判性思维的过程模式

批判性地思考问题时，会经历这样的步骤，包括确定问题或疑问、收集证据、提出理论或解释、分析与假设等。批判性思维的过程主要涵盖以下几个步骤（见图4-13）。

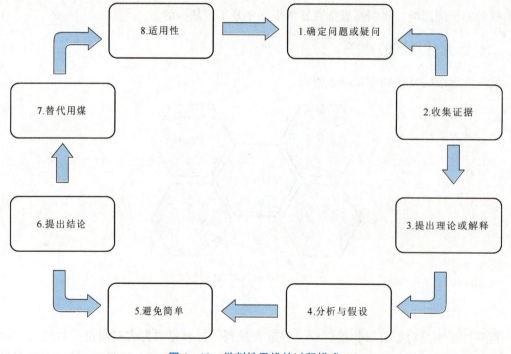

图4-13 批判性思维的过程模式

四、批判性思维与创新思维的关系

批判性思维和创新思维有相同的地方。两者都是对思维过程进行评估，都要具备基本的知识和实践，但是两者又有许多不同之处。这两者既有联系又有区别，如表4-3所示。

表 4-3 批判性思维和创新思维的区别与联系

思维方式	批判性思维	创新思维
区别	批判性思维是对知识细致、谨慎思考后的总结，批判性思维包含分析和衡量自身以及别人的意见和观点。更强调观点或论证的清晰性、一致性、合理性等方面	创新思维强调灵活性、原创性、联想思维和发散思维等。强调打破原有的规则和过程。更突出观点或论证的新颖性、灵活性、流畅性等方面
联系	批判性思维过程中包含创新思维	创新思维过程中包含批判性思维

（一）区别

创新思维更加强调灵活性、原创性、联想思维和发散思维等。批判性思维是在逻辑思维和理性思维的基础上产生的思维方式。它包含的技能有对比、分类、排序、类比、演绎归纳推理、评判等。它对个体的思想开放性以及认知的成熟度要求比较高。

（二）联系

（1）批判性思维过程中包含创新思维。

批判性思维的主要任务是如何判断论证。论证的基本要素是根据、推理和结论。批判性思维通常依据如下标准来评价一个论证的好坏：清晰性、准确性、精确性、相关性、重要性、充足性、深度、广度、逻辑、公正性等。一个好的论证是经过正反多方面思考、比较、分析、归纳之后的结果，是发散思维与聚合思维的结果。而发散思维和聚合思维是创新思维的常见表现形式。所以批判性思维的过程是包含创新思维的。

（2）创新思维过程中包含批判性思维，创新思维过程包含三个阶段，即准备阶段、酝酿阶段和验证阶段。

准备阶段需要批判性思维。准备阶段的主要工作是发现问题、提出问题，并搜集与问题相关的信息材料，进而对这些信息材料进行整理和加工。这个阶段需要可靠的观察、分析并根据题目进行分类，这都需要批判性思维。

酝酿阶段的任务是在第一阶段搜集材料、加工整理的基础上，对问题作试探性解决，提出各种方案。这个阶段需要找出相关的信息，进而展开推论，证实后，再进行方案的认定，这也是批判性思维的过程。

验证阶段需要批判性思维。验证阶段的主要任务是对第二阶段得到的初具轮廓的新方案、方法等进行检验和证明。这时，要运用批判性思维中的逻辑方法，检验新方案或新方法的是否合乎逻辑，是否具有可行性，要不断地反思批判和论证。

其实，批判性思维与创新思维是相互促进的甚至是相互包含的，并不是完全对立的。有人错误地认为，批判性思维只在于批判，在于"破"，会阻碍创新。其实不是这样的，批判性思维在"破"的同时也注重"立"，它重点在于通过批判、反思寻找好的、正确的、先进的观点和方案。所以，创新思维的实施过程中体现了批判性思维的精神。批判性思维是创新活动中探索质询、走向成功的必不可少的步骤。只是这两者是各有侧重的，批判性思维更强调观点或论证的一致性、合理性、清晰性等，创新思维则更强调观点或论证的新颖性、灵活性和流畅性。

创新思维与批判性思维的示意图如图 4-14 所示。

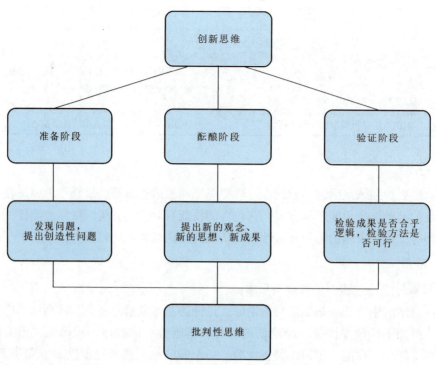

图 4-14　创新思维与批判性思维的示意图

> ★ 案例 4-9
>
> 　　创业的浪潮在中国大地迅猛兴起，很多大学生对创业充满了憧憬和向往。大学生张晓鹏（某理工大学机械设计专业）、贺丹丹（某大学哲学专业）、张方伟（某大学国际贸易专业）毕业时选择了自主创业。他们筹集了资金，在较为偏僻的地方办起了机械加工行业，先是依托老师的专利技术进行科技成果生产和经营。起步还算顺利，依靠老师和亲友的介绍，做了一些业务。但由于缺乏资金、经验，对市场不熟悉，经营一年多后被迫破产了。破产后他们又找了一个连锁加盟的项目，因为对项目没有深刻的了解和研究，没多久又失败了。后来又看到别人做淘宝很火，又开起了网络商店，可也是不温不火，经营状况并不好。他们也经常自问："创业真的这么难吗？""为什么别人的网店能做得很好？"后来由于经营不善，合作伙伴之间产生了分歧和争吵，这个团队也解散了。

 思考

案例中的大学生为何创业失败？

案例点评：现实中，大学生创业的失败率很高。主要原因是很多大学生普遍缺乏批判性思维能力，所以在项目选择、经营方式的确定、合作伙伴选择上往往会犯大量低级错误。这些误区常常表现在以下几个方面。

第一，容易轻信。大学生创业者往往年轻气盛，选择项目时不做深入的调查研究，容易被合作方的热情和口头承诺蒙蔽，不做逻辑上的证伪和反思，轻信对方。在招聘员工和选择合作伙伴上，又凭主观认识，不做理性分析，往往导致失败。所以，创业者需要具有批判性思维，同时还要考察市场，要做理性的分析再做决断。

创新和批判思维练习

第二，造成大学生创业失败的原因还有一个，在现行的考试机制下，大学生严重缺乏社会实践经验，对创业满腔热情，把创业想得太理想化，普遍缺乏批判性思维能力。

创新思维训练

所以，我们在这里重点介绍"批判性思维"这门课，是让大学生在面对项目、面对问题的时候，多做批判性思考，避免犯低级错误。

复习思考

1. 创新思维的概念和内涵是什么？
2. 创新思维的类别有哪些？
3. 具有创新思维有何意义？
4. 大学生怎样培养和提高创新思维的能力？
5. 如何理解大学生要具有创新思维能力？

参考文献

［1］吕丽，流海平，顾永静. 创新思维原理·技法·实训［M］. 北京：北京理工大学出版社，2014.
［2］张志胜. 创新思维的培养与实践［M］. 南京：东南大学出版社，2012.
［3］曾国平. 创新思维与创造力［M］. 重庆：重庆大学出版社，2016.
［4］张正华，雷晓凌. 创新思维·方法和管理［M］. 北京：冶金工业出版社，2013.
［5］刘卫平. 创新思维［M］. 杭州：浙江人民出版社，1999.
［6］李肖鸣. 创业基础慕课学习评价手册［M］. 北京：清华大学出版社，2015.
［7］薛永基. 创业基础、理念、方法与应用［M］. 北京：北京理工大学出版社，2016.
［8］冯艳. 论批判性思维与创新的关系［J］. 燕山大学学报，2012（12）：22－25.
［9］赵民. 论创造性思维的特征［J］. 河北青年管理干部学院学报，2007（1）：75－77.
［10］刘明. 创新思维在平面构成课程中的应用［J］. 东北师范大学，2011（5）.
［11］陈娟. 训练发散思维，挖掘深层智能［J］. 无锡市广播电视大学，2009（29）.
［12］赵江涛. 大学生批判性思维培养研究［J］. 大连理工大学，2009.

第五章

创新技法与创新力提升

 目标与要求

通过本章学习了解创新技法的含义、特点及其作用,掌握设问检查法、列举分析法、类比法、信息交合法、组合型技法、头脑风暴法、TRIZ 创新发明法等常见创新技法的原理、方法及其应用,着力提升发现、分析、解决问题的创新能力。了解技术创新的概念与特征,掌握企业技术创新的意义、要素、过程与模式,学会企业技术创新管理的目标、体系以及要点;了解创新产品的内涵,掌握新产品的创意来源及其创新模式,学会新产品开发的基本原则与流程,综合提升创业过程中对技术和产品的创新应用能力。了解商标法以及商标注册原则、途径及其程序,了解专利法以及专利申请的原则、途径及其程序,掌握企业知识产权的保护、管理与应用推广的要点,提升对创新成果的保护及应用能力。

 问题引入

全球化竞争日益激烈,华为何以成为全球信息通信技术产业领袖,屹立于世界品牌之林?对此,仁者见仁,智者见智。据调查,消费者之所以接受华为手机,在于它精准的消费者定位、新鲜的智能玩法、层出不穷的款式迭代以及巧妙的市场布局等。这些品牌印象的深处无一不指向一个关键词——创新。

华为惊人的创新能力,与其创新管理、巨额投入密切相关。华为建立了一整套创新机制,通过机制创新来驱动人才创新、技术创新、产品创新、知识产权保护与应用创新;在国内外建立了 16 个研究所、28 个创新中心,45% 的员工从事创新研究与开发,每年坚持将销售收入的 10%~15% 投入研发,已累计获得专利 36 000 多件,这些共同铸造了华为创新与发展的基石,大大提高了华为的全球竞争力,推动了核心技术与产品的卓越成就。

创新是科技公司安身立命之本。掌握创新技法,并应用于企业创新管理战略体系中,不断推动技术与产品的创新研发,使之成为企业创新创业活动中可持续发展的内生动力,进而保证企业创新的效率与成果。

第一节 创 新 技 法

创新技法是创新创业活动的重要制胜法宝。一个人不仅需要具备良好的创新意识、创新思维与创新精神,还需要掌握多元化的创新方法并能灵活恰当地运用,这样才能确保创新创业活动有所产出,获得优质的创新成果、创业方案。可见,掌握创新活动的方法与技巧,对于培养和提升大学生的创新创业素质与能力有着重要的作用。

一、创新技法概述

(一)创新技法的概念

创新技法,即创新创业活动的方法与技巧,是人们在创新创业活动过程中,进行系列思维活动与实践活动所采用的具体方式方法或有效技巧,是利用和反映创新创业客观规律而总结形成的有利于达成创新性目标的途径、手段和方式的总和。

长久以来,人们热衷于收集创新创业的优秀案例,对其成功过程与思路进行深入研究,分析、归纳、总结得出了许多可供业界和学界借鉴、学习和效仿的原理、规律与方法。这些创新技法,其实就是关乎如何发现问题、提出问题、解决问题,怎样提出创新理念并予以运用和验证,如何从各种问题、矛盾以及混沌的思维中找到引向创新性目标成果的途径和有效方法。

(二)创新技法的作用

贝尔纳曾言:"良好的方法能使我们更好地发挥运用天赋的能力,而笨拙的方法则可能阻碍才能的发挥。"

黑格尔说:"方法是任何事物所不能抗拒的、最高的、无限的力量。"

笛卡尔认为:"最有用的知识是关于方法的知识。"

我国民间有"授人以鱼不如授人以渔"的谚语。

从理论上讲,创新技法是创新创业活动方法论研究的重要内容,更是创造学理论的核心组成部分。从实践上看,创新技法为有意识地培养和发展人的创新思维与创新能力提供了方法教育的途径、手段和方式,成为创新创业教育的重要内容。

总的来说,方法就是力量。如果把创新创业活动比喻成过河,那么创新技法就是过河的桥或船。创新技法的应用,既可促进创新创业成果的产出,同时也可启发人们的创新思维,提高人们的创新能力及其创新创业成果的实现率与品质。

(三)创新技法的特点

创新技法的特点如图 5-1 所示。

1. 实践性

创新技法是在创新创业活动实践中总结而来,并经创新创业实践的检验而行之有效。它区别于哲学思辨的产物,不仅依赖对方法和技巧的理论学习和理解,更侧重实践的锻炼和体悟，因而具有很强的实践性和生命力。

2. 目的性

从创新技法的研究历史和现状看，它的使命直指"是什么""怎么做"等问题，指向的是问题的有效解决、创新发展，并往往以激发创新思维、缩短创新探索过程、提高创新效能等为目的。

但需要指出的是，创新技法对创新创业活动的运行一般不起直接作用，不会产生立竿见影的明显效果。创新技法可以有效地调动人的潜在力量，但创新创业的效果主要取决于创新创业者自身的思维能力、知识经验水平、非智力因素以及社会环境等，不宜过于把创新技法的作用绝对化。

3. 非逻辑性

创新技法的运用是没有固定模式的，其实质在于调动创新创业主体的非逻辑思维，激发创性思维与创新能力的产生。非逻辑思维是十分复杂多变的，不存在着固化的逻辑程序，所以在实践中运用推广，需要对创新技法进行形式要素的分析、归纳和总结。

4. 多样性

创新技法的体系、品类庞杂。至今为止，已有上百种创新技法为人所知所用。这些技法有的着力于思维方法，有的着力于组织形式，有的着力于非智力因素的调动；有的关乎提出问题，有的关乎解决问题，有的聚焦程式化技巧；有的侧重宏观，有的侧重微观；有的立足发散技法，有的立足收敛技法，有的立足统合技法；有的抽象，有的具体，其表现及运用形式多种多样，层出不穷。

5. 可操作性

创新技法得以广泛推崇、普及和推广，得益于它的可操作性。创新技法是创新创业活动的行动指南和制胜法宝，人们往往按照创新技法去探索、实施，努力推动创新发展。

但是，从理论模型转化为操作实践的过程中，创新技法的运用必然存在差异性和偶然性。创新技法的学习和训练，对不同的个体会有不同的效果；即使对同一个体，在不同时期或不同领域，其效果也会有差异。从实践而言，创新技法的掌握和运用的效果，受个体以及创新创业活动的主客观因素综合影响，因人、因时、因地、因事而异。

图 5-1 创新技法的特点

二、创新力提升训练

在国内外创造学界，学者们研究总结出来的创新技法多达上百种。虽然具体的创新技法体系、种类繁多，但是多数的创新技法都是在基础型创新技法中衍生或分化出来的。下面将简要介绍几种有普遍代表性的、适用性较强的常见创新技法，如设问检查法、列举分析法、类比法、信息交合法、组合型技法、头脑风暴法、TRIZ 创新发明法等。

（一）设问检查法

爱因斯坦有言，"提出一个问题比解决一个问题更重要"。实践证明，发现问题并提出问题，就相当于成功了一半。

设问检查法，就是指导人们在创新创业活动中以提问的方式从多个不同角度提出假设性解题方案，并通过实践验证以寻求最优解的技法。其实质就是列举一系列关于提问的清单，如"如果""是否""还能不能"等指引，并针对问题的特性逐项对照核查，以启发想象、开阔思维、拓展空间，引领人们较快进入多维度设想，寻求解决问题的途径。以下介绍三种典型的设问检查技法。

1. 6W2H 法

5W1H 法，亦称六问分析法，由美国陆军部队首创。该法重在引导人们立足何时（When）、何地（Where）、何人（Who）、何事（What）、何因（Why）、何法（How）六个方面，对创新对象进行针对性提问，通过讨论分析合理性的同时发现难点疑点，构成设想方案，并设法不断改进、满足相关条件，以获得最优创新方案。目前该法广泛应用于改善管理、改进工作、技术开发、价值分析等方面。

我国著名教育家陶行知先生对 5W1H 法进行了改进，发展为 6W2H 法，即增加了多少（How Much）、选哪个（Which）两个维度。其示意图如图 5-2 所示。他把这种提问模式称为使人聪明的"八大贤人"。该法一般要视具体问题性质的不同，设置不同的内容进行拓展设问检查。下面以"创新"话题为例，该法具体表现为：

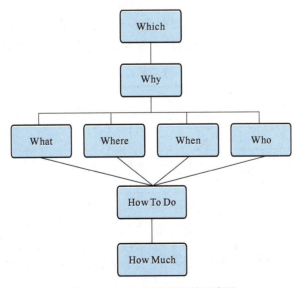

图 5-2　6W2H 分析法的示意图

（1）Why：为何需要创新？为何是这种现状？为何会如此发生？为何会受到束缚？为何

要有这样的举措？等等。

（2）What：创新的对象是什么？创新的目的是什么？创新的条件有哪些？创新的重点难点是什么？创新的要素是什么？等等。

（3）Where：何地着手？何地有资源？何处改进？何地适宜？何处最经济？何部门采用？等等。

（4）Who：何人承担创新任务？团队成员如何组建？面向何人？谁赞成？谁反对？谁被忽略了？等等。

（5）When：何时完成？何时实施？研究的期限是多久？研究的顺序是什么？何时最适宜？何时效果最好？等等。

（6）How：怎样实施？怎样改进？怎样能最快？怎样能效果最好？怎样能最方便？怎样能避免失败？怎样能更受喜爱？等等。

（7）How Much：达到怎样的水平？有什么功能？效果利弊如何？安全性如何？成本多少？盈利如何？等等。

（8）Which：选择哪个方案？可否融合？哪个适宜市场初期？投放哪个市场合适？哪个团队执行？等等。

2. 奥斯本检核表法

奥斯本检核表法，又称分项检查法、对照表法，是由美国创新技法之父亚历克斯·奥斯本于1941年提出的一种创新技法。该法针对需要解决的问题或需要创新设计的对象，从多个方面列出一系列相关问题，并逐个加以核对、分析和讨论，产生大量的思路，在筛选、完善有用思路的基础上，进一步思考、促进最佳解题方案产出。该法的核心是改进，通过改进来促成创新；列表对照核查简单易行，常适用于产品的研制与创新开发，有"创新技法之母"之美誉。

奥斯本检核表法原有75个问题，可以归为6个大类9个方面的问题进行系统思考，以便启发思路、开拓思维想象空间，促使人们产生新设想、新方案。具体归纳为表5-1。

表5-1 奥斯本检核表简介

检核项目		含义
一、由现状到目的	1. 能否他用	现有的事物有无其他的用途？稍加改变有无其他用途？保持不变能否扩大用途
二、由目的到现状	2. 能否替代	现有事物能否用其他元件、材料、力、结构、符号、方法、设备、声音等代替
三、质量的变化	3. 能否改变	现有事物能否做些改变？如声音、音响、颜色、花色、式样、味道。能否改变意义、制造方法、品种？改变后效果如何
四、数量的变化	4. 能否扩大	能否扩大适用范围？能否扩大现有事物的数量？能否添加零部件？能否增加使用功能？能否延长它的使用寿命
	5. 能否缩小	现有事物能否长度变短、体积变小、厚度变薄、重量变轻以及省略或拆分某些部分（简单化）？能否方便化、省力化、短路化、浓缩化

续表

检核项目		含 义
五、组合排列	6. 能否调整	内部元件能否交换？现有事物能否变换排列位置、顺序、计划、时间、速度、型号
	7. 能否颠倒	现有的事物能否从上下、左右、前后、里外、主次、横竖、因果、正负等相反的角度颠倒过来使用
	8. 能否组合	能否进行材料组合、原理组合、目的组合、形状组合、功能组合、部件组合
六、借助其他模型	9. 能否借用	能否模仿别的东西？能否引入其他的创新性设想？能否从其他产品、方案、领域中引入新的元素、材料、造型、工艺、原理、思路

通过表单逐一提问，边检核边思考，尽可能围绕问题发散性想象与拓展思维，突破旧有框架，大胆切换重组，这样就容易快速产生较多的创新设想。一般而言，根据任务情况，会安排3~8名检核人员共同参与检核、分析工作，这样有利于独立展开多角度创新思维，相互智力激励，产生更多的新思路、新设想，通过汇总筛选、思考与完善，提高最终解题方案的可行性和实用性。

3. 和田十二法

和田十二法，也称和田创新法则、聪明十二法、思路提示法、动词提示检核表法，是我国创新学者许立言、张福奎在奥斯本检核表的基础上，结合上海和田小学创新教学的实际，与和田小学共同提出的思维技法。目前，该法已被译成日文、英文在世界各国流传和使用。

下面，以电视机设计生产为例，简要介绍和田十二法的检核条目应用。

★案例5-1　**电视机设计生产的检核应用**

电视机设计生产的检核应用如表5-2所示。

表5-2　电视机设计生产的检核应用

序号	方法	含 义	以电视机为例
1	加一加	加高、加厚、加多、组合等	加一个机顶盒，成为数字电视
2	减一减	减轻、减少、省略等	减去底座，悬挂起来，成为教室教学电视
3	扩一扩	放大、扩大、提高功效等	屏幕扩大，成为大屏幕彩电（或增加屏幕成为多画面电视）
4	缩一缩	压缩、缩小，使之微型化	体积变小，成为微型掌上电视
5	变一变	改变形状、颜色、气味、音响、次序等	改变放置方式，成为壁挂式彩电
6	改一改	改缺点、改不便等不足之处	改变屏幕形状，专为儿童设计卡通电视
7	联一联	把原因和结果联系起来	电视与音响、麦克风、网络设备等组合成为卡拉OK唱吧

续表

序号	方法	含　义	以电视机为例
8	学一学	模仿形状、结构、方法，学习先进	与网络结合成为网络电视（与新技术合作）、手机电视
9	代一代	用别的材料代替，用别的方法代替	投影电视、家庭影院
10	搬一搬	移作他用	连接手柄游戏机，用于智能电视游戏
11	反一反	能否颠倒一下	平面电视改为曲面电视
12	定一定	定个界限、标准，能提高工作效率	网络电视定时更新，定时录制节目

"学起于思，思源于疑。"不论是创新还是创业，其关键是能够提出问题。设问检查法就是指引人们对目标事物进行系统的分析，多问几个为什么。从上面的设问技法可见，它有两个明显共性特征：一是以提问的方式去发现问题的症结与原因所在，进而寻找创新的途径；二是从不同角度多方面进行设问、核查以及思维拓展转换，有助于突破思维定式。

（二）列举分析法

列举分析法由美国内布拉斯加大学罗伯特·克劳福德教授所创，是运用分解和分析的方法，全面列举研究对象的特点、缺点、希望点等特性，并就其本质加以逻辑分析，运用发展性思维来克服思维定式、启发创新设想、找到创新主题、提出改进方向的一种创新技法。

运用列举分析法的关键在于，对特定对象的本质内容列举得越是全面越好，尽量要避免因思考不周全而错失良好创新主题与方向的现象。因其分析问题要求全面、精细，该法比较适用于小的、简单的问题，常用于简单设想的形成与创新目标的确定。需要注意的是，该法一般不直接作用于问题的解决，它往往助力推导多元有益的思路，进一步的实施还需要借助其他技法与手段来进行。

列举分析法因事物特定对象的不同而有多种。按所列举对象的不同，列举分析法可以分为特性列举法、缺点列举法、希望点列举法等。

1. 特性列举法

特性列举法，也称属性列举法，是列举分析法的基础方法。其解决问题的主要思路是逐一罗列研究对象的特征，进行关联想象，并提出解决方案。具体分为两个步骤：

第一步：选择目标较明确、宜小不宜大的创新课题，按其特征从逻辑上分为名词特性、形容词特性和动词特性三大类，并把相关特性详尽描述出来。

★ 案例 5-2　　**螺丝刀改造设计的特性列举**

螺丝刀改造设计的特性列举如表 5-3 所示。

表 5-3　螺丝刀改造设计的特性列举

序号	分解特性	含　义	以螺丝刀为例
1	名词特性	采用名词来表现特征，如事物的整体、结构、材料、工艺等	螺丝刀，手柄，圆形轴 材料，木，钢
2	形容词特性	采用形容词来描述特征，如人们对事物的感性认知，有关视觉的（大小、颜色、形状、厚薄、明亮度、图案等）、触觉的（冷暖、软硬、虚实、轻重等）	螺丝刀，轻的、重的； 轴，圆形的， 前端，楔形的
3	动词特性	采用动词来反映特征，如事物的主要功能、辅助功能、附属功能及其在使用时的主要动作等	人力操作，旋转

第二步：立足各个特性，进行发散性提问或自问，启发广泛联想，产生各种设想，再经收敛性评价分析，综合优选出经济效益高、美观实用的方案。

就螺丝刀的创新改造而谈，立足其三个特性，前期思考：可以去掉螺丝刀的钢质轴吗？有代用品吗？一定要用圆形轴吗？组合起来会如何？能否附加其他功能器材（试电笔、计时等）？体形改小一点会不会更好？可以利用电动、气动操作吗？……按照这样的思路创想下去，可以找到许多改进的方向与措施，或许一种新的多功能、便携式的电动拧螺丝工具设想就产生了。

2. 缺点列举法

缺点列举法，通过发散思维，挖掘并逐一罗列研究对象的缺点，通过分析找出其主要问题，并以此提出克服缺点的课题或方案。该法的核心在于敢于质疑，所谓金无足赤人无完人，每一个缺点都有突破、完善的可能，找准了问题所在就找到了创新发展的方向。例如，瓶装煤气比柴火煮食要方便，却存在运输不便、使用不当容易出现危险的风险。针对这些缺点，天然气管道输送成为优选方案，更具安全性、便利性及性价比。

运用缺点列举法，一般采用发散思维方法，围绕明确的对象或研究课题，通过会议、用户调查、同类事物对照比较等渠道开展广泛前期调研，征集有关缺点的意见。所谓缺点，即事物本身的原理、材料、实用性、安全性、坚固度、方便性、美观度、可操作性、体积体重以及成本、销售、性价比、利润等方面存在的问题，无法一一赘述，不过但凡是缺点均可详尽列出，越全面越好。只有这样，才能全面认知事物现状，继而系统性地整理归类缺点，并按轻重缓急排序，有针对性地分析其形成原因，从中分析亟待解决、最具价值或意义的症结，作为创新发展的主题与方向，予以深入破题攻关，有的放矢地探索研究解决方案。

值得思考的还有，缺点有时候并不是一无是处。缺点逆用法就是在列举事物缺点的基础上，立足缺点的有用性、启发性，巧妙地利用其缺点及原因，顺势而为，创造出另一种新技术、新状态的技法。正如"世上本没有绝对的垃圾，只有放错地方的资源"而言，其实有些一次性消费品本身就是受到人们"只用一次就坏了""不经用"等抱怨的启发，才拿定了"干脆就让它只使用一次"的主意。

3. 希望点列举法

立足人们的使用习惯与体验感知，从需要和愿望出发多角度提出创新构想，称为希望点列举法。例如，随着电影技术发展，从无声电影到有声电影、黑白电影到彩色电影、平面电影到立体电影、环幕电影等，就是一个不断满足人们对美好观影体验需求的过程，也是技术设备不断更新换代的过程。其实，希望点列举法就是源自"如果能这样该多好！"的消费期待。

希望点列举法不同于缺点列举法，而后者依据现有缺点提出改进设想，不会离开事物原型，是一种被动型创新技法。希望点列举法完全可以不受事物原型的约束，只以人们的希望为创新构思的基点，往往需要多方假设、大胆想象，是一种积极主动的创新技法。

运用希望点列举法有三个步骤：首先，可以通过会议、书面搜集调查、访谈、联想等渠道，就事物的原因、结构、功能、制造方法、材料、造型、颜色等方面，全面激发和收集人们的希望。其次，仔细梳理、研究人们的希望，详加讨论与研究，形成希望点，即创新性强、实用性高、科学可行、高价值的创新设想。最后，以希望点为目标，不断完善、形成方案、进入实施，创造新产品以满足人们的需要。希望点列举法比较符合人们追求美好新事物的逻辑，是享受创新的一种方法。

（三）类比法

事物之间普遍存在着联系。类比法，就是不同事物、对象之间因存在着某些方面的相似或相同属性，通过比较可以推断它们在其他方面也可能有相似或相同属性，以此启发思路，获得创新线索，正所谓触类旁通。例如，将 A 事物与 B 事物进行比较，A 事物有 a_1、a_2、a_3、a_4 等特性，而 B 事物有 b_1、b_2、b_3 等特性，其中 a_i 和 b_i 是相类似的特性。那么，B 事物应该也有 b_4 特性，且 b_4 与 a_4 也相类似。（注：这个类比推理结论在实际上是否成立，需通过实验验证。）

类比法不是主观想象的产物，而是有客观依据的。类比是以比较为基础，其客观根据是对象之间的同一性，是建立在类比推理基础上的同中求异或异中求同式的创新技法。类比法的创新过程如图 5-3 所示。

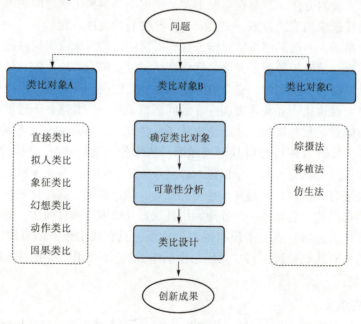

图 5-3 类比法的创新过程

类比法的类比方式、类比内容是多种多样的,可以是特性的类比,可以是外型的类比,可以是功能的类比,也可以是因果关系类比,等等。总体而言,具体有如下几种类比类型(见表5-4)。

表5-4 类比类型释义及其案例列表

序	类型	含义	案例
1	直接类比	从自然界或人为成果中直接寻找出与研究对象相类似的东西或事物进行类比	带齿草叶、长齿蝗虫与鲁班发明锯子
2	拟人类比	人们使自己与研究对象的某种要素认同、相关,自我进入"角色",体验问题并产生共鸣,获得创新线索	模拟人体手臂动作来设计挖土机
3	象征类比	借助事物形象、象征符号进行类比,可使抽象问题形象化、立体化、富有情感化,从而开拓创新思路	公孙大娘健美舞姿与张旭"龙飞凤舞"的草书艺术
4	幻想类比	在创新思维中用超现实的理想或完美的事物进行类比,实现创意	古科幻小说与现代宇宙探索
5	动作类比	与能够完成相同动作的事物进行类比,探索动作本身所反映出来的功能、机理等本质,以此获得创新线索	有些花朵在阳光下盛放、在阴暗处凋谢,以此动作类比,构想了光控门窗开关的设备
6	因果类比	事物因加入某种成分即产生因果效应,以此推及其他事物,获得创新启示	和面加入发泡剂,与泡沫塑料、气泡混凝土的研制
7	综摄法	以已知的东西为媒介,将毫无关联且不同的知识和要素结合起来,在异求同或者同中求异中激发创新设想	• 变陌生为熟悉:互联网术语"黑客""千年虫""病毒"的描述 • 变熟悉为陌生:收音机拉杆天线与可伸缩的教鞭、旅行手杖、照相机三脚架
8	移植法	把某一事物或领域的原理、结构、材料、方法、功能等移植到另一事物或领域中去,使已有成果在新条件下得以变革、拓展、创新的技法	• 原理移植:红外辐射与红外线遥感、测距、治疗、夜视等 • 方法移植:《孙子兵法》与商战 • 回采移植:古帆船与现代风帆 • 功能移植:海洋净化细菌与现代污水厂活性污泥处理法及其衍生改良工艺
9	仿生法	通过模拟生物的结构、功能、原理等,并作为创新创造的理想模型,来构思和探索研制事物新特性、新功能的方法	• 感官仿生:狗鼻子与"电子警犬" • 控制仿生:蜜蜂复眼与"偏光天文罗盘" • 力学仿生:模仿贝壳修造大跨度薄壳建筑 • 化学仿生:模仿舞毒蛾的性引诱激素化学结构,人工合成药物防治害虫 • 能量仿生:萤火虫"冷光"与日光灯的研发

以上 9 种类型的类比技法各有特点和侧重，在实际创新创业活动中，它们往往相互补充、相互渗透、相互转化。一般而言，类比的事物与原问题差别越大越有益、越能打开新思路、越有突破性。诚然，类比联想是一种偶然性推理，使用此法构思的思路必须接受实践和时间的检验。

（四）信息交合法

信息交合法，是许国泰先生于 1986 年首创，是一种多角度探讨信息交合与创新推导的技法。该法把事物整体信息以及人类实践活动的特性等分解为若干要素，并把这两类要素置于相交的信息坐标 X 轴与 Y 轴，构成"信息反应场"，每个轴上各信息点可以任意与另一轴上的信息点交合，产生丰富多样的联系与信息，这些信息组合的物化即为产品，信息组合及推导即为构思，进而可以筛选、推导出多元化的创新创意方案。

运用信息交合法，能使人们的思考从无序状态转为有序状态，改传统中随机性、抽象的"天马行空""苦思冥想"为自觉地运用直观的图表思维模式进行科学思考，使人们自觉训练大脑思维资源、结构与层次，突破思维定式，培养跨学科、多功能、全方位的创新思维品质，从而推出新构思、新设计、新产品、新方案。

信息交合法有一套严谨的公理和定理。其公理有二，分别为"不同信息的交合可产生新信息"，以及"不同联系的交合可产生新联系"。世界是一个普遍联系的有机整体，而信息是联系的交集。在联系的相互作用中，不断产生着新的信息、新的联系。

其定理有三，分别明确了信息交合法的若干规则：一是心理世界的构象即人脑中勾勒的映象，由信息和联系组成；二是新信息、新联系在相互作用中产生；三是具体的信息和联系均有一定的时空限制性。

定理一表明：其一，不同信息、相同联系所产生的构象，比如喇叭和轮子是两个不同信息，但交合在一起组成了汽车，轮子驱动行走，喇叭则发声告示。其二，相同信息、不同联系产生的构象，正如同样是灯，可吊着、可挂着、可手持（如手电筒）。其三，不同信息、不同联系产生的构象，如独轮车本来与碗、水没有联系，而演员把它们交合在一起，构成了影视片段、杂技节目。由定理一可见，人的思维活动正是信息"构象"的输入、输出所共同作用、交合结果的一个运动过程。

定理二表明：相互作用（即一定条件）是中介，没有相互作用就不会产生新信息、新联系，正如枪蛋和拐杖，是毫不相干的两类信息，但如果是在武器研发（条件）范畴内，或许可以交合"手杖式枪支"。

定理三表明：任何事物均有一定的条件限制。信息交合法不是万能的，它不可能取代所有人类的思维活动，更不可能取代人类的任何创新技法。

运用信息交合法时要注意四个步骤。第一步，就是要选好中心点，明确讨论问题的核心关键词，如图 5-4 所示，以"杯子"为例，先把"杯子"确立在零坐标。第二步，根据研究需要，确定画多少条坐标线，组成信息标，对于"杯子"可画出"功能""材料""学科""形态结构"四条坐标线。第三步，分解相关要素信息，并注入信息点，如在"功能"标线上可以标注盛液体、插花、装饰等；在"材料"标线上标注木头、陶瓷、金属、玻璃、塑料等。第四步，相交合，组成"信息反应场"，产生新信息，按需筛选和推导有用方案。比如，刻度与玻璃相交合产生了"刻度玻璃杯"，冲奶、泡咖啡就需要用到，与此同理，坐标线上的其余信息点相互交合即可产生无数的新联系、新信息、新产品。

图 5-4 杯子信息交合图

可见，杯子仍是杯子，但经过人类创新技法加工，其结构、功能、价值相继都发生了变化。这就是信息交合创新技法的功效所在。

在具体的创新创业活动实施过程中，可根据核心问题的信息量以及任务要求，采取单信息标、双信息标、多信息标的实施方法。具体取样示意图如下：

图 5-5 有 36 个交点，经分析、筛选，可能得出如下新式家具的组合信息：沙发床、沙发桌、穿衣镜、电视镜、电视灯、书架灯、录音机架、床头桌、桌柜、镜桌、沙发柜、电视柜等。

图 5-6 中，分析两坐标信息射线的交点（在图上用"※"表示不能组合出信息，"O"表示可能组合的信息，"△"表示已有该种组合信息），列出可能的家用新产品的组合信息：驱蚊台灯、散热书桌、提神钢笔、催眠风扇、灭蝇风扇等设想。

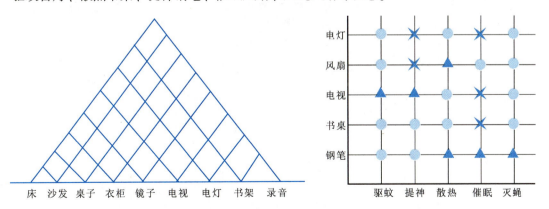

图 5-5 新式家具构想——单信息标交合图　　图 5-6 家用新产品构想——双信息标交合图

图 5-7 中，以肠类为零坐标，取水产类、肉禽类、药材类、水果类、形态类和肠衣原料类六根信息标线，经信息交合，该企业可得到上百种风味独特的肠品种，如虾仁火腿肠、海米火腿肠、红枸肠、月桂肠、黄鱼肠、香蕉肠、菠萝肠、苹果肠等。

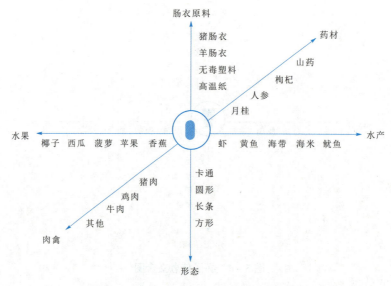

图 5-7 肠类食品开发——多信息标交合图

（五）组合型技法

组合型技法，是以综合分析为基础，按照一定的原理、功能、目的或规则，将两种或两种以上的原理、方法、现象、技术、物品进行适当的组合或重新安排，从而获得具有统一整体功能的新形象、新创意、新技术、新产品的创新技法，所谓"综合就是创新，越综合越创新"。

在创新创业活动中，组合是十分普遍的主流创新技法。它可以是简单的，也可以是综合的，更可以说是任意的、无限可能的，每个人在各个领域都可以根据自己的实际情况进行不同层次和范畴的组合创新，因此具有范围广、易普及、形式多、方法灵活等特点，其组合运作过程如图 5-8 所示。据不完全统计，现代科学技术新成果中有 70% 都是由组合型技法实现的。

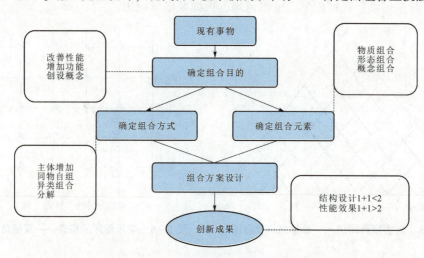

图 5-8 组合型技法运作过程技术路线图

组合的类型多种多样。根据组合的目的、规则、方式、内容、角度、层面等不同配方，会产生不同的组合类型与组合效果。以下简要归纳介绍五种基本类型（见表 5-5）。

表 5-5　组合型技法基本类型列表

序	类型	含义	案例
1	主体附加型	以某一特定对象为主体，通过置换或插入其他技术或增加新的附件，使得新事物的性能更好、功能更强大的创新技法	电风扇添加摇头、定时、加湿等功能 记事本上附加日历、通信录、换算表、计划总结表等附件
2	同类组合型	两种或两种以上相同或相近事物进行组合的创新方法，旨在保持事物原有功能、价值、意义的前提下，通过数量的增加来弥补功能的不足或获取新的功能、产生新的意义	组合刀具、组合插座、子母灯、子母电话、情侣对表等
3	异类组合型	两个或两个以上领域的技术思想或物质产品组合在一起，组合的结果带来不同的技术特点和功能风格的创新方法	• 元件组合：电子表笔、香味橡皮、音乐贺卡等 • 功能组合：多功能军刀卡、多功能电热锅 • 材料组合：软硬毛双层新型牙刷 • 方法组合：激光+超声波对水灭菌处理法 • 技术原理与技术手段组合：衍射原理+电子显微镜=晶体电子显微镜 • 现象与现象的组合：雨后光学现象彩虹
4	重组组合型	在事物的不同层次上分解原有组合，再按新的目标重新组合安装	分体组合家具，真空吸尘器、乐高玩具等
5	辐射组合型	以某一事物为中心，与多种其他元素相结合，形成发散式或集中式技术辐射，从而产生新产品和新技术的创新方法	以太阳能技术为辐射中心的热水器、自行车、汽车等 以磁材料为辐射中心的磁疗服、磁疗枕、磁化杯、磁性纽扣等

运用组合型技法创新时值得注意的是，参与组合的各要素越是不相关，因"远缘杂交"而形成的新产品就越具创新性。组合要素的量要把控适度，要素越多、组合的可能情况就越多越全面，但相应地会耗费越多的精力、时间。组合虽可以增加产品的功能，成为多功能、通用型产品，但同时会出现增加产品成本、提高生产制造难度、导致功能闲置、加速老化损坏等不利情况。

（六）头脑风暴法

头脑风暴法（Brain Storming），又称智力激励法、自由思考法、畅谈会法，是奥斯本于 1938 年首次提出、1953 年正式发表的，深受世界各国欢迎、付诸实践的激励创新思维的方法。一组人员通过召开特殊的专题会议，针对某一特定问题，在自由愉快、畅所欲言的氛围下，与会成员之间互相激励、互相交流、互相启迪、互相补充、互相修正、集思广益，从而产生大量新设想，它是个人发散思维的开放性、集体收敛思维的精准性相结合的体现。

头脑风暴法之所以能够在有限时间内产生很多优质创意，奥斯本是这样认为的：联合的力量可以成为复数。一个成员得到了一个创意，就会立马自动地运用想象力再思考其他创意，同时他的创意分享也会刺激、带动、启发他人的想象力，正所谓思想的碰撞。这种现象正如弗列特·夏普所说的："如果确实融入意见发表会中，个人灵感可在别人卓越的创意上点火，引发更多创意的火花。"这种群体效应有人称之为连锁反应。

为此，要想发挥头脑风暴会议的最佳效应，参会者必须遵循自由畅谈、延迟评价、以量求质、综合改善四项基本原则。此外，头脑风暴会议的可行性和有效性是通过一定的讨论程序和规则来保证的，因此，会议组织者和参与者必须共同充分做好准备阶段、会议阶段的各项任务。头脑风暴会议组织过程如图5-9所示。

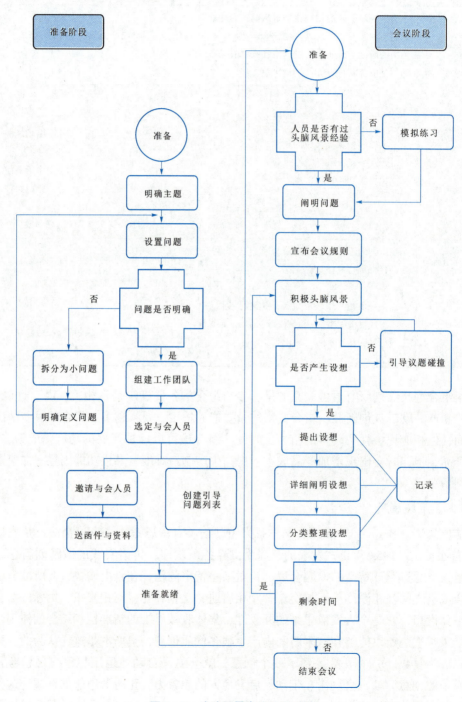

图5-9 头脑风暴会议组织过程

(七) TRIZ 创新发明法

TRIZ 是发明问题解决理论的俄文缩写,由苏联根里奇·阿奇舒勒及其研究团队在 250 万个专利发明的追踪研究中所提炼而出的,关于发现问题、解决问题的一整套创新发明理论、方法和工具,其核心在于引导人们遵循创新发明的客观规律与模式,不断追求各种技术难题或矛盾的完全解决,获得理想状态的最优解,即以尽可能少的投入实现最大化的功能效益。鉴于 TRIZ 创新法已是一个完整的理论和实践体系,本章节限于篇幅,仅做简介。

1. TRIZ 的理论体系

TRIZ 的理论体系是以自然科学成果为根基,以系统科学、思维科学为支柱,以认识论、辩证法、系统论为哲学指导,以技术进化原理为核心思想,以产品的技术系统或工艺的流程、其进化过程中所发生的矛盾、解决矛盾所涉及的资源、技术进化的目标理想解为四大基本概念,并囊括各种技术冲突、难题或矛盾所需的解决方法、分析工具以及算法流程(见图 5-10)。

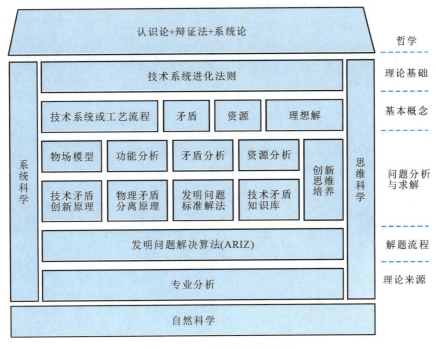

图 5-10 TRIZ 的理论体系

2. TRIZ 理论八大技术进化法则

基于技术系统进化演变规律,TRIZ 理论一方面可以帮助人们通过系统分析复杂问题,快速确认关键症结、根本矛盾所在之处,从源头上发现、分析、解决问题;另一方面可以深入分析产品、工艺等技术的当前状态,从原理上解决核心技术缺陷、难题,研发更具创新竞争优势的产品,还能预测产品的未来发展态势,进一步制定专利布局战略、产品开发规划。

TRIZ 理论八大技术进化法则如表 5-6 所示。

表 5-6 TRIZ 理论八大技术进化法则一览表

序	技术系统进化法则	内容	案例
1	S 曲线进化法则	产品从诞生到退出市场，因其技术状态变化，经历婴儿期、成长期、成熟期、退出期四个阶段，如处于婴儿期、成长期的产品一般表现为技术原理实现、性能优化、商业化开发等状态，而处于成熟期、退出期的产品，技术趋于成熟、盈利逐步达到最高并开始下降，市场上涌现新的替代产品。这就是产品生命周期，随着技术更新迭代，形成了该类产品的进化曲线族。人们也可以通过对产品的当前相关参数变化状态，分析确定该产品处于生命周期的什么阶段，有针对性地制定产品开发规划与策略	键盘研发，按照刚性—铰链式—柔性—气体—液体—场的技术系统进化路线，实现了从一体化刚性键盘—折叠式键盘—柔性键盘—液晶键盘—激光键盘的演变发展
2	提高理想度法则	任何技术在其生命周期之中必然有着积极功能和消极功能的存在，系统进化就是要朝着最理想化的功能发展，最理想的技术目标应是以尽可能少的投入、消耗实现无穷大的功能效益，即"结构消失，功能俱全"	Nike 公司在普通眼镜两侧增加菲涅尔透镜，发明了超广角运动眼镜，使人们在骑车运动时左右视角分别拓展了 25 度，有利于及时发现潜在危险、提高安全系数
3	子系统的不均衡进化法则	任何技术系统内部均包含若干个子系统，每个子系统都是不同步地沿着自身的 S 线发展的，会出现不均衡矛盾。技术系统的整体进化状态取决于发展最慢的子系统状态，即"木桶短板"效应	当年飞机设计中过于专注发动机系统，忽视空气动力学系统影响因素，导致技术系统整体进化缓慢
4	子系统协调进化法则	各子系统在保持协调的前提下才能充分发挥各自的功能。技术系统的进化就是要促进各子系统的结构、性能参数、节奏频率之间更协调发展	网球拍的横线与竖线的搭配与磅数需协调
5	动态性和可控性进化法则	技术系统可以沿着可移动、质地或结构柔性化、增加可控性等方向进化发展，以提高灵活、适应、可控性能	移动手机、无线网络、声控开关等发明
6	增加集成度再简化法则	通过整合或融合资源，优化结构，实现系统功能的最大化	共轴双旋翼直升机；苹果手表
7	向微观级和场的应用变革的进化法则	遵循的发展路径，宏观向微观、低效向高效场、提高场效率进行技术系统进化，在能量场转化中获得更优化的性能、控制体验	收音机—随身听—便携 CD 机—MP3—蓝牙耳机的演进
8	减少人工进入的进化法则	由人工操作向减少人工介入、实现自动化的路径进化	扫地机的发明

3. TRIZ 理论 40 个发明原理

阿奇舒勒及团队在 250 万个专利发明的追踪研究中，分析、总结、提炼了创新发明最普遍适用的 40 个基本原理，它们在不同的技术创新领域均被反复运用、反复体现，限于篇幅，下面简单罗列介绍，如表 5-7 所示。

表 5-7　TRIZ 理论 40 个发明原理释义一览表

序	发明原理	语义	序	发明原理	语义
1	分割原理	化整为零	21	急速原理	快刀斩乱麻
2	拆出原理	拨沙拣金	22	变害为利原理	以毒攻毒
3	局部特性原理	天方地圆	23	反向联系原理	察言观色
4	不对称原理	以偏概全	24	中介物原理	穿针引线
5	联合原理	集思广益	25	自服务原理	自动自发
6	多功能原理	一专多能	26	复制原理	以假乱真
7	嵌套原理	层出不穷	27	一次性用品原理	废物利用
8	反重力原理	分庭抗争	28	机械系统的替代原理	李代桃僵
9	预先反作用原理	先发制人	29	气动与液压结构原理	水涨船高
10	预先作用原理	先斩后奏	30	软壳和薄膜原理	薄如蝉翼
11	预先防范原理	未雨绸缪	31	多孔材料原理	无孔不入
12	等势原理	平起平坐	32	改变颜色原理	五光十色
13	逆向思维原理	倒行逆施	33	同质性原理	物以类聚
14	曲面化原理	毁方投圆	34	部分剔除和再生原理	兔死狗烹
15	动态化原理	一静不如一动	35	状态参数变化原理	随机应变
16	不足或过量作用原理	多退少补	36	相变原理	女大十八变
17	一维变多维原理	山不转水转	37	热膨胀原理	热胀冷缩
18	机械振动原理	天撼地动	38	强氧化作用原理	推波助澜
19	周期作用原理	周而复始	39	惰性介质原理	孟母三迁
20	有效持续作用原理	马不停蹄	40	复合材料原理	相辅相成

掌握并运用 TRIZ 发明原理，有利于更有针对性地提高创新发明的效率，进一步缩短研发周期、降低创新发明的成本，并能使创新发明的过程更具有方向性和可预见性。

4. TRIZ 理论 76 个标准解法

TRIZ 对创新发明做出的理论贡献之一，就是构建了系统的物—场模型，其原理为所有的功能都可分解为物质和场的关系；针对具体的物—场模型特性分析，就有相对应的标准解决方法与方案。产品是功能的实现载体，用物—场模型可以分析产品的功能状态，获得标准解决方案。TRIZ 所设有的标准解有 76 个，分为 5 类，每类解法的先后顺序都反映了技术系统进化过程和方向，具体分类如图 5-11 所示。

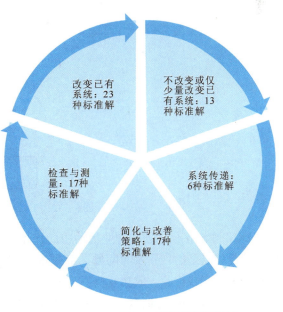

图 5-11　TRIZ 理论 76 个标准解归类图

5. TRIZ 应用的一般过程

TRIZ 解决问题的过程一般划分为四个步骤（见图 5-12）。一是分析，从功能、理想解、可用资源、冲突区域等多元角度对问题进行综合分析，是明确、解决核心关键问题的重要阶段。二是原理，即按标准参数确定冲突，并选用相关技术的、物理的原理获得冲突解。三是预测，确定技术系统进化模式，并引导技术系统、子系统及部件的设计向高一级的方向进化发展。四是评价，把所求出的解与理想解进行比较，考量其对技术需求的满足程度以及技术创新水平。

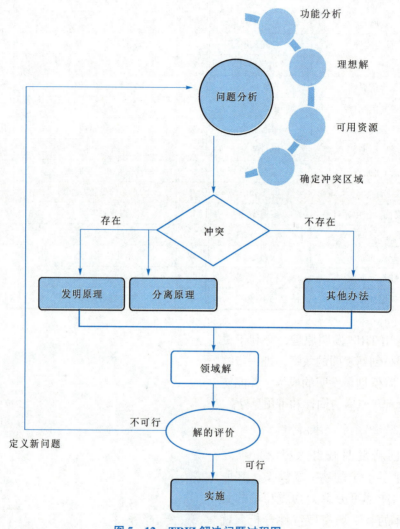

图 5-12　TRIZ 解决问题过程图

TRIZ 理论在全球创新创业活动中的作用是显著的，它有助于解决以技术矛盾和物理矛盾为特征的复杂的创新发明问题。经过半个多世纪的发展，TRIZ 理论及方法已经发展成为一套经受住实践检验、成功解决新产品开发问题的成熟的创新技法体系，为众多知名企业和研发机构创造了重大的经济效益和社会效益。

第二节　企业技术与产品创新

科技创新始终引领并推动着人类从农业、工业向知识经济社会发展。当前，全球竞争越演越烈，越来越多的企业把技术创新、产品创新作为提升核心竞争力的战略选择，通过努力提高创新管理水平，不断引领、支持企业可持续发展。

一、企业技术创新

（一）技术创新的概念与特征

1. 技术创新的概念

20世纪初，熊彼特（J. A. Schumpeter）提出了创新的概念及理论，他认为创新是一种新的生产函数的建立，即实现生产要素和生产条件的一种从未有过的新结合。在随后的几十年里，学术界就技术创新的内涵有过反复而深入的争论与探讨。本章节的技术创新，是指在社会市场需求和知识技术发展共同作用下，把新知识、新工艺、新技术、新服务等构想，经过新的研究开发或生产经营的要素重组，获得产品、服务、工艺的创新、改良或质量、效能的提升等实际应用，并产生市场、社会效益的经济技术活动。

技术创新是一种以技术为手段，以实现经济利益为目标，贯穿企业创新创业全过程的经济活动。为此，技术创新是经济学范畴的概念，其关键在于商业化，检验技术创新成功与否的判断标准在于其市场价值、社会价值的实现。这也是在我国经济、技术实践中，与技术发明、研究开发、技术进步等概念构成区别与联系的重要标准。它们可能具有商业目的追求，构成技术创新活动的一个环节，居于技术活动链的前端或末端；也可能不具备商业价值或应用，仅仅止于技术原型，是单纯的技术概念，以技术为导向，追求高技术含量、高技术水平，正如不能转化为现实生产力的诺贝尔奖，也不算作技术创新。

学界中，按技术创新中的技术变化强度，将技术创新分为渐进性（改良型）创新和根本性（革新型）创新。前者基于现有技术的局部性改进，如很多手机的迭代往往在于屏幕大小、操作界面友好、摄像像素等改良；后者在于技术上重大突破，如4G通信技术就是一种根本性创新。此外，按创新对象的不同，还可将技术创新分为产品创新（含服务创新）和工艺（过程）创新。

2. 技术创新的基本特征

技术创新的基本特征主要体现在创新性、实践性、系统性、冲突性、不确定性以及社会性等六个方面，如图5-13所示。

（1）创新性。任何一项技术创新，不论是发明创造还是改良改造，都应该是区别于从前的、从未做过的，这是关于创新的最基本的体现。

（2）实践性。技术创新要么来自市场实践，要么来自生产一线的实践，并须接受实践检验。所谓"用中学"（Learning by Using）、"干中学"（Learning by Doing）是习得和提升创新能力的必由之路。

(3) 系统性。在技术活动链中,创新活动涉及战略、调研、设计、研发、生产、营销、财务、人力等资源配备与供给的全过程。在企业实际运营管理中,还会涉及外部资源的支持,如供应商、中介渠道、客户、合作伙伴(如研究所、大学等机构、政府部门)等。要促成技术创新,往往是一项复杂的系统工程。

(4) 冲突性。以企业为例,企业技术创新不仅涉及创新创业活动相关主体的收益分配冲突、成本投入与回报率的资本冲突,还会涉及因技术创新带来的工作职位减少、工作职责调整等变革冲突。企业作为一个经济实体,利益冲突是企业运营与市场竞争的常态。

(5) 不确定性。技术创新是一个受多种因素相互交织作用的非线性的复杂网络系统,具有高度的多样性、复杂性、不确定性。因内外信息不确定性、变化性常在,导致技术创新结果较难被有效预测、追踪、把控,使得技术创新充满风险,失败率较高,各种不稳定情况层出不穷。

(6) 社会性。技术创新是技术成果转化为生产力的社会化过程,需要在一定经济社会条件支持下得以实现。一方面,技术创新需要贴近社会生活,同政治政策、经济环境、文化教育、社会发展等协调发展,另一方面,需要同世界科技联动发展,及时了解世界科技之林发展动态,不断提高吸收、消化、创造等能力。

图 5-13 技术创新基本特征

(二) 技术创新与企业发展

1. 企业发展史与技术创新驱动

企业扩大再生产的发展路径一般有二,分别是外延扩大再生产和内涵扩大再生产。外延扩大再生产亦称粗放的扩大再生产,是指单纯依靠增加劳动力的数量、增加投资和生产资料等要素来扩大生产规模的再生产,注重向生产的广度(数量)发展。而内涵扩大再生产主要依靠技术进步、改善生产要素的质量以及提高劳动生产率来扩大生产规模的再生产,注重向生产的深度和集约化(质量)发展。

企业从外延扩大再生产向内涵扩大再生产转变,需要一个过程,受外在和内在的经济规律支配。从企业的发展历程看,一般要经历以生产管理为导向、以市场营销为导向以及以技术创新为导向三个阶段。第一阶段生产力有限,市场产品供不应求,企业主要面临提高生产率、满足日益增长的产品需求的任务。第二阶段处于产能逐渐富集,市场供需渐趋饱和,市场竞争加剧,迫使企业寻求适销对路的市场策略推销产品,确保市场占有份额。第三阶段面临着传统市场发展已基本饱和,企业必须通过技术创新来刺激新的市场需求、挖掘潜在的用户需求,开拓新的用户和市场,实现由传统产品竞争向技术创新领域竞争。

2. 企业技术创新的重要性

熊彼特的创新理论指出,创新是经济增长的主发动机,创新的周期性决定了经济发展的周期性循环。他认为,人们之所以创新是因为看到获取超额利润的机会;创新开始就会带动经济复苏,创新增长就会带来经济繁荣,创新达到成熟就会产生经济衰退,创新一旦停滞不前甚至下降就会引发经济萧条。

全球化背景下的今天,新科学技术革命迅猛发展,信息、生物、新材料、新能源、空间等技术创新可谓一日千里,大量的新兴技术应用于生产,使生产科学化,带动了企业产品生产与服务的知识、技术含量随之越来越高。立足企业与产业发展来看,技术创新能力已成为企业竞争力的核心要素,并积极推动着传统产业的改造和升级、新兴产业的形成和发展。

1987年诺贝尔经济学奖获得者罗伯特·索罗(Robert Solow)研究指出,劳动力和资本的投入无法完全解释经济的增长来源,剩余经济增长应是技术创新的结果,技术创新是经济发展的主要驱动力,该成果被称为"索洛剩余"。2018年诺贝尔经济学奖再次授予了与技术创新研究有关的美国经济学家保罗·罗默(Paul Romer),他把技术进步视为经济的内生变量和知识积累的结果,并通过系列理论模型研究展示了经济力量如何支配公司在创新创造上的意愿,他关于"知识"的研究成果为促进技术创新和经济长期繁荣发展提供了大量新研究。

技术创新不仅对促进企业、行业、市场的经济发展发挥了巨大的作用,还强有力地推动着各项社会事业的发展。随着技术日新月异,人们的工作和生活如交通、教育、生活食品用品、医疗卫生服务、全球化通信交往等都发生着翻天覆地的变化,人们的健康状况、生活品质都得到极大改善,技术创新是企业承担社会责任、贡献社会发展的成果。

3. 企业技术创新的要素

企业技术创新的要素有四个,即机会、环境、支持系统和创新者,其中创新者是最主要的,如图5-14所示。创新者根据市场信息、社会需求以及知识存量、技术发展情报,在合适的环境与政策支持下,积极抓住创新创业机会,充分利用可得到的资源(如资金、设备、科技人员等)和内部组织功能(如设计、开发、试生产和营销等),就可以推动技术创新前行。因此,这四个要素是技术创新活动必不可少的组合。

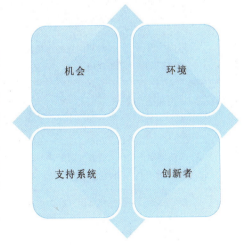

图5-14 技术创新四要素

(三)企业技术创新的过程与模式

1. 企业技术创新的过程

对技术创新的过程进行研究,其目的在于梳理、分析技术创新发生过程的普遍规律。技术创新,是在社会市场需求和知识技术发展的推动下,将创新的新构想经过研发、生产要素重组,演变成为具有商品价值的新产品、新服务、新工艺的过程,图5-15是该创新过程的交互模型。

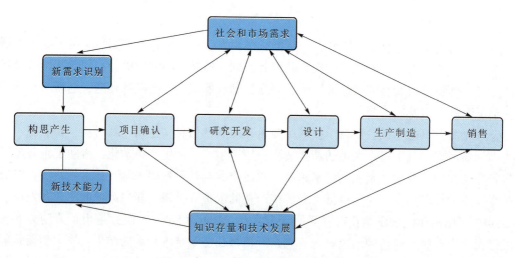

图 5-15 技术创新过程的交互模型

从技术创新过程的交互模型分析来看,一方面,十分注重过程的启动机制,即技术创新是由市场和技术两大因素共同作用引发的;另一方面,过程中各阶段(环节)之间均与市场需求、技术发展有着动态交互作用的关联,可见技术创新是一个多阶段的决策过程。美国学者 E·罗伯茨(E. Roberts)把这一过程分为了六个阶段,每个环节都反映了不同的技术交互与管理决策问题,如表 5-8 所示。

表 5-8 技术创新过程六阶段表

序	阶　段	过程内容
1	明确需求,产生构思	成功的创新从新的构想开始。立足时下社会与经济信息情报,把握市场需求的动态,并与技术的可能性关联起来,做出相关分析研判
2	形成构想,确认项目	对新构想的市场性、可行性等进行评估,决断该技术创新预案是否值得继续投入资源、可否立项
3	寻求解法,研究开发	进一步罗列亟待解决的问题清单,有针对性地投入人力、物力、财力、技术等寻求解决方案。有些问题的技术条件相对成熟,较易得到解决;有些问题或许需要深入系统研究和开发,寻找最优解决方案,也可能遇到无法克服的难题,技术创新项目被迫中断
4	成功解题,设计方案	通过发明解决问题,形成专利型技术成果;通过采用别人的或已有的技术解决问题,形成模仿型技术成果。结合技术创新路线思维,进一步设计新产品、新工艺的投产预案
5	调整完善,生产制造	在试产阶段会出现一些有待解决的问题和缺点,及时进行调整和修缮相关方案。在批量生产制造前,要重点解决工艺技术优化以及成本降低、满足市场需求等问题
6	投产应用,销售运营	并不是所有构想都能得到最终的成功试验并投产。新技术、新产品首次得到应用并向市场扩展,需要针对市场需求进行精准定位、有效营销,以期又快又好地收回投资,实现盈利

2. 企业技术创新的主要模式

企业技术创新需要知识、人才、资本等要素投入。其中,技术知识的来源可分为内生和外生。内生是指通过自主研发拥有的技术知识,外生是指通过引进或兼并等方式获得的技术知识。按企业技术创新活动投入要素和产出成果的不同,可以将企业的技术创新分为原始创新模式、赶超创新模式、局部创新模式、市场创新模式、标准领先创新模式五种主要模式,如表5-9所示。

表5-9 企业技术创新模式一览表

序	模式	内涵	案例
1	原始创新	企业自主研发内生性技术知识,作为核心创新,如安波特拥有国际水平的研发能力,并有数项国际专利	中星微电子坚持自主创新研发,先后突破七大核心技术,申请了千余项国际和国内专利,结束了中国"无芯时代"
2	赶超创新	企业初期虽未掌握内生核心技术知识,但初步掌握一定技术的研发能力,能较快提高自身技术水平,并通过努力逐步有些原始创新尝试	华为和中兴从20世纪80年代小型用户交换机起步,抓住移动通信技术迭代升级机会,实现了技术赶超
3	局部创新	企业主要是从外部获得关键技术,进行改良式创新	宝钢集团创业初期立足"对标世界,对标一流",通过引进设备、技术、生产线获得生产技术和能力后,进行自主创新,生产出更适销对路、成本更低、质量标准更高的产品。历经一代代宝钢人的创新发展,现已有多项技术和成果名列世界第一
4	市场创新	紧紧围绕客户需求,不断拓展新客户市场,并利用已有技术进行创新	华润双鹤药业立足市场,提出"仿创结合,仿中有创,以仿制为主导"的产品开发战略,通过研发和临床试验,生产出若干药品的新功效,开拓了新的客户
5	标准领先创新	针对行业空白,率先提出技术标准,并在起步阶段就形成技术路线领导地位	闪联产业联盟,由联想、TCL、康佳、海信、创维、长虹、长城、中和威八家大企业联合发起成立,致力于创建业内领先的标准与技术体系及其推广和产业化

(四)企业技术创新的管理要点

企业技术创新是一项非常复杂且风险极高的工程。要想确保技术创新成功且经济效益高,须充分认知技术创新规律,科学掌握技术创新方法,加强技术创新的有效管理。相比常规企业项目经营管理而言,技术创新涉及因素错综复杂、投入难以估算、预期回报难以确定,且创新人员需要相对独立自主的空间氛围等,对技术创新的管理无疑是一项很复杂且难度大的工作,需要一套科学、系统、有效的经验与方法加以指导。

1. 企业技术创新管理的定义

企业技术创新管理主要由产品创新管理、工艺创新管理组成,涉及新产品、新工艺的构想、设计、研究开发、生产制造以及市场营销、认同与扩展的商业化全过程。技术创新管理的根本目的是通过满足消费者不断增长和变化的需求,来保持和提高企业的技术创新核心竞争优势,从而确保企业可持续发展的经济效益,实现企业整体发展战略目标。

对此,企业技术创新管理,是指在一定的技术条件下,为了使各种资源的利用更加合理,企业整个系统运行更加和谐高效,创新生产能力得到更充分有效的发挥,所采取的集资源管理、决策管理、过程管理、风险管理、制度管理、营销管理、文化管理等于一体的优化绩效管控的过程。

2. 企业技术创新管理体系

企业技术创新是一项涉及多部门、多环节的系统工程,建立一套完善高效的管理体系,有利于确保各项工作顺利进行。企业技术创新管理体系的构建,涉及技术创新决策管理层面的各项战略、制度、办法、要求等的制定,涉及技术创新过程管理层面的各项具体方案、模式、措施、途径等实施,涉及技术创新协同管理层面的各个机构、组织、设备、人员等落实,以及各部分各环节之间的合理配置和有机组合。管理体系的实施和运转,就是企业对技术创新工程的具体管理过程,其运行结果就是企业技术创新核心能力的形成以及企业技术创新规划目标的实现。企业技术创新管理体系一览表如表5-10所示。

表5-10 企业技术创新管理体系一览表

序	管理模块	内容要求
1	资源管理	主要包括研发资金、仪器设备设施、人才、技术信息等资源。应严格管控各种资源的筹集方案、实现途径、保障运行的具体规定和措施;并确保得以优化配置和合理利用。明确、落实各资源管理部门及人员的职责任务,监控、考评各资源使用过程与实效
2	决策管理	作为企业技术创新的关键环节,其科学性和合理性直接关系到项目风险大小及最终效果。对此,企业须建立健全民主、科学的决策制度和规定;建立严谨的专家评估机制,力保项目优化决策;从市场需求、技术成熟度、创新能力、技术实施方案等方面全面综合地开展技术创新项目论证;实事求是地做好项目的事中、事后评价,及时调整完善,总结好经验、教训
3	过程管理	作为系统的过程管理,应包括制定技术创新各环节的具体实施制度及操作指南;监控各环节实施的全过程;及时组织和协调各参与方、各部门的行动;考评实施过程中各环节、各部门的绩效等
4	风险管理	主要包括技术、市场、知识产权、信用、时间等多种风险。风险管理应包括技术创新过程中各环节的风险预测和分析,风险预警和评估,风险监测和控制,风险化解和规范,风险补救措施和方案设计,风险责任界定和合理负担等管理工作
5	制度管理	应建立技术创新过程中各环节、各步骤的具体操作制度,确保运转制度化、规范化、标准化、人性化。应健全技术创新参与各方的协调管理机制,明确各方权利、义务、责任等。应完善企业技术创新的配套管理制度,如利益分配、培训、奖惩、调控等
6	营销管理	一方面,开拓好市场,做好产品的目标市场确定、营销渠道选择、广告策划、营销方案设计、促销方式优化等,使企业创新产品尽快占领市场份额、实现商业化模式。另一方面,通过营销活动,及时了解并反馈用户、市场对产品的需求,为企业技术创新发展提供更多的信息支持
7	文化管理	加强职工主人翁意识、敬业爱岗、团队精神的培训,提高全员科学文化素质和创新创业观念;畅通信息渠道,鼓励员工积极参与、主动支持技术创新;建立良好的企业文化,营造浓厚的创新创业氛围

企业技术创新管理体系囊括了资源管理、决策管理、过程管理、风险管理、制度管理、营销管理、文化管理七大模块，每个模块共同作用形成企业技术创新管理体系的总体框架。这七部分内容联系紧密、相互作用、相互影响，构成一个统一的整体，只有各部分都处于相对最优状态，才能保证管理体系总体功效最大化，因而必须始终保持各模块之间的良性协调和互动。此外，管理体系的运行还需要一定的政策环境、经济环境、社会环境、生态环境、文化环境、技术环境、管理体制环境、市场环境的相互配合，必须设法调动外部环境紧密有序配合，确保管理体系处于最优状态。

3. 企业技术创新管理应注意的要点

大量事实表明，企业技术创新虽有不少的成功故事，但那些未达到预期商业效果或者完全失败的案例也屡见不鲜，其管理非常复杂、极具风险挑战。企业经营是龙头，管理是基础，技术是工具，在企业技术创新管理过程中应尤其注意以下七点事项。

（1）应善于发现和及时抓住市场机遇。满足市场需求、获得商业利润，是检验企业技术创新成功的标准。对此，企业要全面深入地调研了解市场现实和潜在需求，对市场变化保持灵敏的触觉，能及时抓住市场机遇。同时，在技术创新过程中要时刻以商业化为导向，要有市场定位与格局，做到始于市场、终于市场。

（2）应明确创新目标，确保可行。企业在制定技术创新目标时，一方面要立足市场实际，另一方面要考虑技术的可行性，认真制定出简单明确、参与者认同的切实可行的技术创新目标。目标明确后，应制订详细的技术研发工作计划和商业计划书，把各项目标细分和转化为对项目的实际要求与行动。

（3）应制定技术创新战略，突出重点、可持续发展。企业技术创新战略作为全局性、长远性、抗争性、纲领性和可靠性的指导思想，从宏观上而言应解决技术创新面向市场竞争采取何种态势（进攻型、防卫型）、何种研究开发体系技术、何种方式进行技术研究和开发这三类问题，突出重点，明确长期、中期和短期发展目标及相应措施。

（4）应明确创新定位，为细节而研发。企业的技术创新要紧紧围绕客户现实的和潜在的需求、要求和期待而出发，力争以优质满足来赢得发展。贴近消费者，无微不至地为消费者着想，从解决消费者的烦恼、需求的定位来确定创新突破的方向，在一点一滴的细节创新中又快又好地获得市场回报。

（5）应注意选择适当的合作伙伴。合作伙伴一般包括大专院校、科研机构、企业、用户等，建立稳定而有效的伙伴关系必须以互补性为基础、以契约精神为保障，项目参与各方必须各有所长、各有所需、各有所获、各有所守，具有强烈的合作意愿和责任感，具备互信互利的良好人际关系，你中有我我中有你，共同形成较强的合作创新能力，竭尽全力促成项目顺利成功。

（6）应优化配置和合理利用创新所需的必要资源。企业技术创新必须具备财力、物力和人力资源的投入，缺一不可。财力资源为技术创新项目提供经费保障；物力资源即技术资源，为技术创新提供硬件（仪器、设备、设施）和软件（专利、信息、工艺等）以及测试检验等技术保障；人力资源对技术创新的成功起决定性的作用，项目负责人、团队核心成员尤为重要。

（7）应注意创新技术的保护与持续开发。企业加强技术保护，一方面要增强专利意识和法律观念，注册在先、用知识产权保护法来维护自己的发明创造和创新技术合法权益；另一方面要充分利用技术优势，开发一些有特色、起点高、易于保护的实施技术。此外，随着市场竞争日益激烈，企业应注重技术创新的持续发展，通过有效的利益分配制度和激励机制，不断鼓励、带动企业员工创新的动机和热情；通过加强职工创新创业培训教育，不断提高职工的创新思维与能力，全面提升企业的整体创新实力和后劲，使企业立于不败之地。

二、企业产品创新

（一）创新产品概述

创新（Innovation），其首字母 I 可以理解为 Insight（洞察），末字母 n 可以理解为 new value（新价值），即创新始于洞察，终于创造新价值。这是关于创新的独特的新解读，因洞察而发现问题、发现需求，探寻事物的内在规律，提出新的构想，并通过系列方法与实践，把创想变成有价值的可行的产物。

创新产品是在创新作用下，对产品进行创造或改善，以开辟新市场、满足客户需求。在商业领域，产品创新是现代企业最重要、最基本、最常态的创新活动，它须通过创新产品与服务来不断迎合消费者日益增长的美好生活需要、引领消费者的新使用习惯，从而实现自身商业价值，占领市场份额。

创新产品一般可分为全新型创新产品和改进型创新产品。全新型创新产品是指应用新原理、新技术、新工艺、新材料制成的，用途及其原理有显著变化的，市场上从未有过的产品。此类产品创新机制既有技术推进型，也有需求拉引型。例如，在汽车领域，特斯拉无人驾驶汽车无疑就是全新型创新产品，其工作原理相比传统汽车已发生很大变化。改进型创新产品是指在产品原理没有重大变化的情况下，基于市场和客户需要，有针对性地改进其生产成分、技术、功能、质量、款式、包装等新产品，一般属于需求拉引型。例如，蜗轮增压发动机相对自然吸气发动机而言，就是改进型创新产品。此外，从产品创新主体参与的数量来划分，创新产品还可以分为自主型创新产品和合作型创新产品。

（二）新产品创意

创新产品往往萌生于产品创意。所谓产品创意，就是企业基于洞察提出的能够推向市场的产品构想。优秀的产品必然来源于优秀的产品创意，而优秀的产品创意往往是对用户需求和痛点的深度洞察，以及解决该问题的强烈动机的结果。此外，产品创意的产生还需要各方面的信息线索启发，需要掌握一定的方法和思考模式，以便在用户痛点和信息线索之间快速建立某种联系，提供多种思考和解决问题的路径，从而形成解决方案，产生优秀的产品创意。正如锯子的发明，鲁班曾一直苦恼于如何省力地分割木头（这是他的需求与痛点），对此他有着强烈的解决问题动机，整天冥思苦想。有一天，他的手在爬山时一不小心被一种草叶子割破，仔细一看发现叶子的边缘呈锯齿状（有用的信息线索）。于是他用"仿生"创新技法，将分割木头的需求和锯齿状的叶子联系起来，"一不小心"发明了锯子。

立足市场，优秀的创新产品一般应具备有用（即功能与价值）、易用（即体验好、使用方便）、用户喜欢用（有情感认同与满足）、用户容易得到（性价比高、便捷获取）等特点（见图 5-16）。这就要求在设计、研发产品创意时，一方面要理性思考，主要涉及产品的硬性要素，如功能、结构、外观形态等；另一方面要感性思考，主要涉及产品的软性要素，如用户体验、用户情感、商业模式等。把硬性要素与软性要素相融合、把企业的供给思维与消费者的需求思维融入创意研发，这不仅使产品创意更丰满，也提升了创意转化成真实产品的成功率。关于产品的创新研发，一般遵循以下模式进行，如图 5-17 所示。

图 5-16　优秀创新产品的用户体验特性

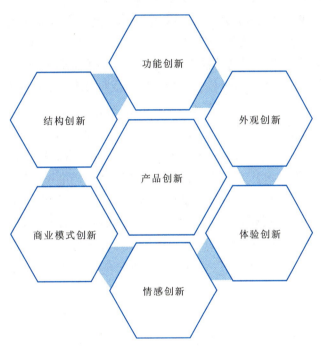

图 5-17　产品创新模式图

（1）产品功能创新是最基本的创新。产品功能创新，是解决用户需求和痛点的最基本的创新思考维度。任何一个产品都须具备一定的功能来解决用户的具体问题。在功能创意中，可以采取产品功能组合、将单一功能极致化、功能跨界、增强产品移动性和便携性、功能模块化、智能化、自动化等多种手段，凸显产品创新性。

（2）产品结构创新优化提升产品功效。TRIZ 创新技法中的技术系统进化论认为，柔性化是系统进化的一个重要方向。产品内部结构的优化和升级是沿着刚体、铰链和伸缩嵌套结构、柔体、流体、场等几种模式逐渐向柔性方向发展的。产品内部结构设计影响着产品功能的实现，柔性化的结构如折叠、铰链、嵌套、柔体、流体等设计，或采取逆向思维模式，改变产品内部结构组件之间的相互作用关系，都会有助于产品功能的优化发挥，如铰链式折叠键盘、柔性橡胶键盘、曲面屏幕、液压千斤顶等。

（3）产品外观形态创新影响用户购买决策。一般来说，在功能、结构及品牌效应相仿之下，产品外观形态对于用户购买决策起着重要作用。产品外观形态涉及产品的轻重、大小、厚薄、形状、色泽、质感、体感等。产品外观形态创新就是要构建外在差异化优势，通过"高颜值"来引人注目；可以尝试变换产品的外观形态，如大小、厚薄转换，规则到不规则转换，仿生设计，动态外观设计，突破用户的常规认识，形成新鲜感、亲切感、时尚动感，带给用户强烈的视觉体验。

（4）通过创新提升用户的产品体验。用户体验的提升与创新，可以采用以下几种方法：一是降低用户的使用风险，可以对产品进行一定程度的预装或预处理，提升使用的便利性；二是降低用户的学习成本；三是降低用户的使用成本，如搬运、储藏、维护、维修保养等成本，提升产品的使用价值；四是适当增加动手化功能模式，增加用户与产品交互时的仪式感和神秘感；五是采取 DIY 模式，让用户参与其中、乐在其中；六是全心全意为用户提供超级体验，即制造意外惊喜、超越用户期望等。

（5）通过创新满足用户的产品情感需求。用户的情感需求，产品大致可以赋予安全、社交、同情、怀旧、祈愿、竞争与挑战、自我与社会认同等多方面情感功能。如果产品在创意构想时就直接体现这些情感素材，就更容易赢得有这方面心理需求的用户的芳心。

（6）创新产品商业模式。立足产品创意商业化变现的维度，来深度思考和创新产品商业模式，一方面要细分市场、针对特殊用户群体来考虑产品创意定位，如三星 Galaxy 手机开发了儿童专属模式，有效利用儿童市场拓展了成人商务手机市场；另一方面要着力打造创新的商业运营平台与模式，如可以打造平台型产品（如苹果"iPod + iTunes""iPhone + App Store"平台模式）、采用产品服务化（如滴滴出行、e袋洗上门洗衣服务、好厨师 APP 送大厨上门等）、软件硬件化或硬件软件化（科大讯飞的语音识别技术应用服务）、打造流量型产品（如小米手机与小米商城）、深度定制产品（如海尔个性化家电定制）等。

（三）新产品开发

新产品开发是指根据企业经营战略，基于对市场和用户的需求洞察，有计划地研制或改进产品与服务，并成功推入市场的生产过程。

不断开发新产品是现代企业生存和发展的长远策略。随着市场竞争日益激烈、消费者消费水平日益提高，产品的市场生命周期越来越短，企业只有不断开发新产品，解决产品设计、生产、老化，再设计、再生产、再发展的循环更新问题，才能适应消费者不断变化的需求，在市场竞争中立于不败之地。诚如日本的彩色电视机，第一代产品进入成熟期，第二代产品就开始进入引入期，第三代产品同时已经开始研究设计，使产品序列形成一个连续的创新产品流，塑造企业强大的市场品牌效应。

1. 新产品开发的原则

（1）与众不同原则。企业通过开发与众不同的独创性强的专利产品，可以减少或避免市场竞争，所谓"最聪明的竞争是避免竞争"。

（2）适销对路原则。除极为超前的科研成果开发应用以外，企业创新产品应紧紧围绕市场动态和用户需求而为，多开发急需的、量大的、有竞争力、有生命力的产品，确保商业化适销发展。

（3）高附加值原则。在创新产品开发中应着力提高产品的科技附加值、外观艺术文化附加值、市场营销附加值和无形资产附加值，追求最优化的投入产出比，获得较高的综合效益。

（4）相对最佳原则。人们在开发某一产品时所能掌握的信息和技术能力总是相对有限的，任何一次开发只能追求更好，无法绝对最好。为此，在开发新产品时，一方面要努力追求产品数量与质量上的优化成效，另一方面也要把握时机入市，在市场中不断探索提升。

（5）超前开发原则。面对市场产品更新换代速度加快的挑战，企业产品开发战略应高瞻远瞩，要重视技术储备与超前开发，不断推出新产品，努力提升人无我有、人有我优、人优我新的竞争实力。

（6）系统工程原则。企业产品开发是一项综合性系统工程，涉及市场调研、设计、生产、市场营销、售后服务的全过程，每个相关联的环节都会对产品创意、产品开发带来互动影响，须从经营战略上统筹推进，以实现最大化的整体综合效益。

（7）量力而行原则。创新产品开发存在风险，切勿贪大求全，片面追求高、精、尖。应立足市场、从实际出发，注意开展联合、协作开发，提高成功率。

（8）市场检验原则。市场是创新产品开发的起点与归宿。新产品要以市场为导向，接受用户的检验，积极做好相关意见及建议的收集与反馈，不断提升开发的质量。

2. 新产品开发的流程

新产品开发主要包括以下5个阶段11个步骤，大致流程如图5-18所示。

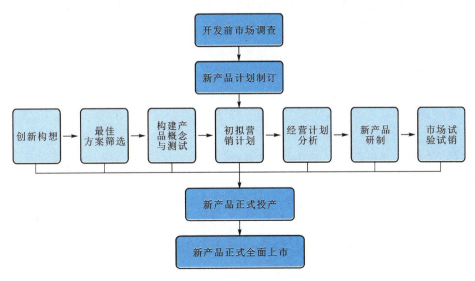

图5-18 新产品开发流程图

(1) 开发前市场调查。

组织市场部人员或委托第三方单位如市场调研机构、咨询机构、相关院校等，针对市场需求的变化趋势、潜在新需求、生产技术的发展动向、竞争对手的市场战略与产品特色、中间商供应商的运营动态，以及本企业产品与服务的销售现状、用户意见等内容开展专项调查，全面了解、洞察、掌握行情业态，明确企业新产品的开发方向。

(2) 新产品计划制订。

制订明确的开发运行计划有利于提高创新过程的效率和成功率。制订切实可行的开发计划，需要充分考虑以下因素：一是要紧紧围绕企业既定的总体发展目标与战略来谋划；二是明确新产品的竞争领域，做好产品SWOT分析；三是明确产品创新的具体目标；四是做好实现创新目标的具体规划，如关键性创新要素的来源、创新方式和创新技术掌握情况、预估进入市场的最佳次序和时机、遇见不利情况和突发事件时的应急方案等；五是组织专家对开发计划进行评估与优化。

(3) 创新构想。

在充分调研、明确开发计划的基础上，立足产品功能、结构、外观形态、使用体验、商业模式等展开各种设想，进一步激发和收集创新构想信息源（如消费者、营销人员、技术人员、竞争者产品、经销商、供应商、科研院所等）的信息情报，并进行综合、加工，碰撞产生越多越好的创新构想。

(4) 最佳方案筛选。

在研发过程中，应及时对相关的创新构想及方案进行分析评估，取其精华，去其糟粕，放弃不可行、可行性不高、没有经济价值、没有发展前途的构想，保留、培育那些符合企业发展目标、长远利益、与企业资源相协调的构想。在分析评估时，尤其要注意：市场定位、市场潜力、市场变化趋势、市场稳定性、创新技术可行性、资源可支持性、创新成本、预期效益、风险、对企业目标的贡献等，通过科学的全面的评价、对比，筛选出最佳构想方案。

(5) 构建产品概念与测试。

把优秀的创新构想逐步构建成完整的产品概念的过程：精确洞察市场和消费者的需求；转化优秀创新构想，生成若干个产品概念；立足企业目标定位与资源、技术能力建立产品规格；根据用户、企业或市场价值链上的各方标准来评价和测试产品概念，选择一个或几个产品概念转换成现实的系统，即用文字、图形、模型等方式使概念具体化，进入开发阶段。

(6) 初拟营销计划。

对已确认的新产品概念拟订相应的市场营销策略，为日后投产运营做准备。

(7) 经营计划分析。

分析该产品的销售量、成本与利润的估计情况，研判其是否符合企业的目标。

(8) 新产品研制。

经领导部门批准后，对概念产品进行反复的实验试制，按计划控制好产品的标准、成本、性价比等，初步产出实体产品与服务。

(9) 市场试验试销。

投入小批量生产，并在企业内部进行试用，或进行实验观察试用，送交特定的消费部门或经销合作单位试用，及时征集、分析试用者的意见与感受，改进产品质量。此外，设计品牌与包装，把少量样品投放市场试销，直接听取消费者、销售者等的意见，并预测市场对新产品的反应、需求趋向，为产品正式投产做准备。

（10）创新产品正式投产。

经过企业试验和市场试销后，有针对性地进行新产品改良提升，并投入车间批量生产。为确保投产成功，应做好以下工作：一是拟订新产品发展计划；二是正式确定产品厂牌、商标、包装策略；三是核实产品出厂成本；四是拟订销售策略和分配方案等。

（11）创新产品正式全面上市。

经过以上各阶段各步骤的开发工作，新产品终于正式推广上市。企业内各部门如营销、运输、财会、生产等部门要加强协作，努力做好广告宣传、继续收集消费者意见、不断改进产品质量、洞察市场可能出现的竞争情况等系列工作。

以上就是创新产品开发的一般流程，其过程同时也是产品创新价值链的体现。创意的开发、生产与制造，是以产品及服务为载体，充分利用市场营销和渠道销售进入消费环节，消费者或直接消费体验，或进入创新产品衍生市场进行消费交易。创新产品就是这样在创意构想—生产制造—营销推广—传播分销—消费交换的路径形成过程中，完成了价值挖掘—价值创造—价值开发—价值捕捉—价值实现—价值增值的整个传递过程，并在文化、技术、资金、人力等生产要素的支持与共同作用下，构成了产品创新价值链系统。

在实际过程中，市场变化难以预控、市场问题纷繁复杂，企业应及时调整开发计划和流程步骤，着力优化或放弃那些不适应市场营销的产品决策、构想，不断提升企业创新管理的水平，推动企业富有生命力地成长发展。

第三节 知识产权创造、保护及运用

企业通过系列创新努力，提升技术或产品的创新竞争力，其中获得回报的能力与成果的创新保护密切相关。英美法谚语有云，"救济走在权利之前，无救济即无权利"。创新成果的知识产权保护，实际上就是通过产权明晰的法律手段减少技术与产品溢出，确保并提高创新企业的创新成果占有率。在经济全球化、知识产权保护战略日益发挥重要作用的今天，在保护基础上应用推广创新成果，有利于形成独特的竞争优势，并使竞争在公平、有序的法律环境下进行。为此，企业应充分考虑成本、收益、时间等因素，综合利用外部的和内部的资源及渠道来创造、保护、应用、推广创新成果产权，其中外部资源有知识产权法、行业领域相关标准与制度等，内部资源有商标、专利、商业秘密、持续引领创新战略等。

一、商标注册

（一）商标与商标法

1. 商标概述

商标（Trade Mark）是一个专门的法律术语，是某具体自然人、法人或者其他组织的商品或服务特有的、用于区别他人的商品或服务的、具有显著特征的标志，一般由字母、文字、数字、图形、颜色组合、三维标志和声音等要素或其相互组合而成。经商标局核准注册的商标为注册商标，包括商品商标、服务商标、集体商标、证明商标；商标注册人享有商标专用权，受法律保护。

商标的起源可追溯至古代，当时工匠将其签字或"标记"印制在其艺术品或实用产品上。时至今日这些标记演变成为世界通行的商标注册和保护制度。

2. 商标的价值与作用

商标是企业的无形资产，商标的价值以商标能够为企业带来的预估资本价值来测评，取决于商标的认知度、认可度。

商标是现代经济的产物，对商业贸易的健康有序发展有着重要的作用。从法律上看，商标通过确保商标注册人享有用以标明商品或服务来源，或者许可他人使用以获取使用费报酬的专用权，而使商标注册人受到保护。就商业而言，商标是对商标注册人的相关成果及其经济效益的承认与奖励，可以阻止假冒等不正当竞争行为，对全球商业生态圈的公平务实、积极进取、工匠精神等起到促进作用。从消费来讲，商标是产品与包装装潢画面的重要组成部分，新颖别致、寓意深刻、设计精美、个性突出，能很好地装饰和美化产品，传达品牌效应，使消费者乐于购买。

3. 商标法概述

中华人民共和国成立以来，在 20 世纪 50 年代起制定了有关商标管理的法律规范。到了 20 世纪 80 年代初期，随着改革开放政策的推行，商品经济开始复苏，对外贸易不断发展，商标保护逐渐有了内生的需求。就在 1982 年全国人大常委会通过了中华人民共和国的第一部商标法，这也是中华人民共和国的第一部知识产权单行法——《中华人民共和国商标法》（以下简称《商标法》）。后因履行相关国际公约义务、履行中国加入 WTO 的相关承诺，全国人大常委会先后于 1993 年、2001 年对该法进行了修订。2013 年，为了满足国内实践对商标法提出的要求，全国人大常委会对《商标法》进行了第三次修正。2014 年 4 月，国务院公布了新修订的《中华人民共和国商标法实施条例》。

商标法

这两部就是我国现行有效的有关商标管理的主要法律法规，涉及商标注册的申请、审查、核准、续展、变更、转让和使用许可，注册商标的效力，商标使用的管理，注册商标专用权的保护以及商标代理等内容。

（二）商标注册的原则与途径

商标法
实施条例

1. 商标注册原则

商标注册时，需要遵循下列原则。

（1）自愿注册和强制注册相结合原则。我国大部分商标采取自愿注册原则。国家法律、行政法规规定必须使用注册商标的商品（主要指卷烟、雪茄烟、有包装的烟丝）的生产经营者，必须申请商标注册，未经核准注册的，商品不得在市场销售。

（2）显著原则。申请注册的商标，应当具有显著特征，便于识别，并不得与他人在先取得的合法权利（如外观设计专利权、姓名权、著作权）相冲突。

（3）商标合法原则。申请注册的商标不得使用法律禁止的标志。已经注册的使用地名的商标继续有效。未经授权，代理人或者代表人以自己的名义将被代理人或者被代表人的商标进行注册，被代理人或者被代表人提出异议的，不予注册并禁止使用。商标中有商品的地理标志，而该商标并非来源于该标志所标示的地区,误导公众的,不予注册并禁止使用;地名具有其他含义或者作为集体商标、证明商标组成部分的除外;已经注册的使用地名的商标继续有效。

(4) 对商标注册申请进行审查公告时,两个或者两个以上的商标注册申请人,在同一种商品或者类似商品上,以相同或者近似的商标申请注册的,初步审定并公告申请在先的商标;同一天申请的,初步审定并公告使用在先的商标,驳回其他人的申请,不予公告。

(5) 禁止抢注商标原则。申请商标注册不得以不正当手段抢先注册他人已经使用并有一定影响的商标。

2. 商标注册的途径

自然人、法人或者其他组织在生产经营活动中,对其商品或者服务需要取得商标专用权的,应当向商标局申请商标注册。狭义的商标注册申请仅指商品和服务商标注册申请、商标国际注册申请、集体商标注册申请、证明商标注册申请、特殊标志登记申请。广义的商标注册申请除包括狭义的商标注册申请的内容外,还包括变更、续展、转让注册申请,异议申请,撤销申请,商标使用许可备案,以及其他商标注册事宜的办理。

国内的商标注册申请人办理商标注册申请有三种途径:一是自行提交电子申请;二是自行到指定地点办理注册申请;三是委托依法设立的商标代理机构办理。第一种,申请人可自行通过网上服务系统(http://sbj.saic.gov.cn/wssq/)在线提交商标注册申请。后两种途径的主要区别是发生联系的方式、提交的书件、文件递交和送达方式稍有差别。在发生联系的方式方面,自行办理的,在办理过程中申请人与商标局直接发生联系;委托商标代理机构办理的,在办理过程中申请人通过商标代理机构与商标局发生联系,而不直接与商标局发生联系。在提交的书件方面,自行办理的,申请人应按规定提交相关书件;委托商标代理机构办理的,申请人除应提交的其他书件外,还应提交委托商标代理机构办理商标注册事宜的授权委托书。在文件递交方式方面,申请人自行办理的,由申请人或经办人直接将申请文件递交到商标局商标注册大厅(也可到商标局驻中关村国家自主创新示范区办事处,商标局在京外设立的商标审查协作中心,或者商标局委托地方工商和市场监管部门设立的商标受理窗口),申请人也可以通过网上申请系统提交;代理机构可以将申请文件直接递交、邮寄递交或通过快递企业递交商标局,也可以通过网上申请系统提交。在文件送达方式方面,申请人自行办理的,商标局的各种文件送达当事人;委托商标代理机构办理的,文件送达商标代理机构。

外国人或者外国企业在中国申请商标注册和办理其他商标事宜的,应当委托依法设立的商标代理机构办理。但在中国有经常居所或者营业所的外国人或外国企业,可以自行办理。

委托商标代理机构办理商标注册事宜的,应准备的书件和办理程序可以向商标代理机构咨询。

3. 注册商标的程序

商标注册是一种商标法律程序。由商标注册申请人提出申请,经商标局审查后予以初步审定公告,没有人提出异议或提出异议经裁定不成立的,该商标即注册生效受法律保护,商标注册人享有该商标的专用权。

根据《商标法》(2013)第三十九条规定,注册商标的有效期为十年,自核准注册之日起计算。第四十条规定,注册商标有效期满,需要继续使用的,商标注册人应当在期满前十二个月内按照规定办理续展手续；在此期间未能办理的，可以给予六个月的宽展期。每次续展注册的有效期为十年，自该商标上一届有效期满次日起计算。期满未办理续展手续的，注销其注册商标。商标局应当对续展注册的商标予以公告。

具体注册流程：商标查询—申请文件准备—提交申请—缴纳商标注册费用—商标形式审查（1个月）—下发商标受理通知书—商标实质审查（12个月）—商标公告（3个月）—颁发商标证书，详见图5-19。

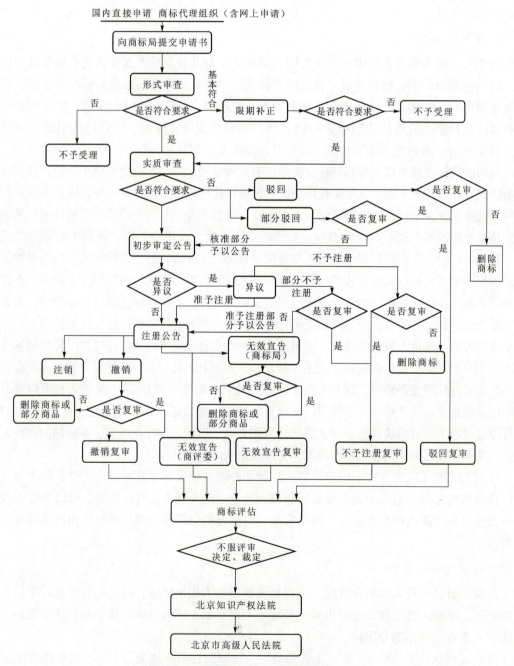

图5-19　商标注册流程（以北京市为例）

商标注册收费标准：一个类别受理商标注册费 300 元人民币（限定本类 10 个商品/服务项目，本类中每超过 1 个另加收 30 元人民币）。受理集体商标注册费 1 500 元人民币。受理证明商标注册费 1 500 元人民币。

商标注册

规费清单

二、专利申请

（一）专利与专利法

1. 专利概述

专利（Patent），是受法律规范保护的发明创造，它是指一项发明创造向国家审批机关提出专利申请，经依法审查合格后向专利申请人授予的在规定的时间内对该项发明创造享有的专有权。

专利权是一种专有权，这种权利具有独占的排他性。非专利权人要想使用他人的专利技术，必须依法征得专利权人的同意或许可。

2. 专利的种类

依照《中华人民共和国专利法》，专利分为发明专利、实用新型专利和外观设计专利三种。

（1）发明专利。发明是指对产品、方法或其改进所提出的新的技术方案，主要体现为新颖性、创造性和实用性。取得专利的发明又分为产品发明（如机器、仪器设备、用具）和方法发明（制造方法）两大类。产品是指工业上能够制造的各种新制品，包括有一定形状和结构的固体、液体、气体之类的物品。方法是指对原料进行加工，制成各种产品的方法。

发明专利并不要求是经过实践证明可以直接应用于工业生产的技术成果，可以是一项解决技术问题的方案或是一种构思，具有在工业上应用的可能性。但如果仅仅是一种不具备工业上应用的可能性的想法，是不能授予专利权的。

（2）实用新型专利。实用新型是指对产品的形状、构造或其结合所提出的适于实用的新的技术方案。

同发明一样，实用新型专利保护的也是一个技术方案。但实用新型专利保护的范围较窄，它只保护有一定形状或结构的新产品，不保护方法以及没有固定形状的物质。实用新型专利技术方案更注重实用性，其技术水平较发明而言要低一些。

外观设计专利。外观设计是指对产品的形状、图案或其结合以及色彩与形状、图案的结合所做出的富有美感并适于工业应用的新设计。

（3）外观设计与发明、实用新型有着明显的区别。外观设计注重的是设计人对一项产品的外观所做出的富于艺术性、具有美感的创造，但这种具有艺术性的创造，不是单纯的工艺品，它必须具有能够为产业上所应用的实用性。外观设计专利实质上是保护美术创新，而发明专利和实用新型专利保护的是技术创新；虽然外观设计和实用新型与产品的形状有关，但两者的目的不相同。前者的目的在于使产品形状产生美感，而后者的目的在于使具有形态的产品能够解决某一技术问题。例如，一把雨伞，若它的形状、图案、色彩相当美观，那么应申请外观设计专利；如果雨伞的伞柄、伞骨、伞头结构设计精简合理，可以节省材料又有耐用的功能，那么应申请实用新型专利。

外观设计专利的保护对象，是产品的装饰性或艺术性外表设计，这种设计可以是平面图案，也可以是立体造型，更常见的是这两者的结合，授予外观设计专利的主要条件是新颖性。

3. 专利的基本特征

专利有两个最基本特征："独占"与"公开"。以"公开"换取"独占"是专利制度最基本的核心，这分别代表了权利与义务的两面。"独占"是指法律授予技术发明人在一段时间内享有排他性的独占权利。"公开"是指技术发明人作为对法律授予其独占权的回报而将其技术公之于众，使社会公众可以通过正常的渠道获得有关专利技术的信息。

4. 专利的价值与作用

（1）专利作为一种无形资产，具有巨大的商业价值，是提升企业竞争力的重要手段。

（2）个人将创新成果申请专利，是对自己知识产权的保护。在专利转化后可以获得一定的经济利益。

（3）专利的质量与数量是企业创新能力和核心竞争能力的体现，是企业在该行业身份及地位的象征。

（4）企业通过应用专利制度可以获得长期的利益回报。

（5）企业拥有一定数量的专利是申报高新技术企业、创新基金等各类科技计划项目的必要前提条件。

5. 专利法概述

中华人民共和国成立以来，中央人民政府政务院于1950年8月颁布了《保障发明权与专利权暂行条例》，该条例采用了苏联的发明证书和专利证书的双轨制。1963年11月，上述条例被废止，国务院颁布了新的《发明奖励条例》，由发明奖励制度取代了发明保护制度。

随着改革开放步伐加速，商品经济和市场竞争观念逐渐形成，人们开始认识到专利是科技竞争和市场竞争的产物。1980年1月国务院批准了原国家科委《关于我国建立专利制度的请示报告》，我国正式开始专利立法的准备工作。1984年3月12日，《中华人民共和国专利法》经第六届全国人大第四次会议审议通过，并于1985年4月1日正式施行。专利法的诞生，标志着我国专利制度的开始。

在我国专利法的不断实践和发展完善过程中，至今已经进行了三次重大修改，分别是1992年、2000年、2008年。其中，前两次修改主要是为了落实中美知识产权谅解备忘录的承诺以及遵循加入WTO后适应TRIPS的相关规则；而第三次修改则源自自身发展要求，推动实施国家知识产权战略，建设创新型国家，大力提升自主知识产权水平。2010年1月，国务院公布了新修订的《中华人民共和国专利法实施细则》。

为了客观、公正、准确、及时地依法处理有关专利的申请和请求，国家知识产权局依据《中华人民共和国专利法实施细则》第一百二十二条制定了《专利审查指南》（2010，修订版）。该规章是《中华人民共和国专利法》及《中华人民共和国专利法实施细则》的具体化，因此是专利局和专利复审委员会依法行政的依据和标准，也是有关当事人在专利申请各个阶段应当遵守的规章制度，具体可登录官网 http：//www.sipo.gov.cn/zhfwpt/zlsqzn_pt/zlfssxzjsczn/index.htm 查阅。

这三部就是我国现行有效的有关专利管理的主要法律法规，涉及专利权的授予条件，专利的申请、审查和批准，专利权的期限、终止和无效，专利实施的强制许可，专利权的保护，专利登记和专利公报，国际申请的特别规定等内容。

专利法

专利法实施细则

（二）专利申请的原则与途径

1. 专利授予的原则

发明专利和实用新型专利，应当具备新颖性、创造性和实用性。

（1）新颖性，是指该发明或者实用新型不属于现有技术，也没有任何单位或者个人就同样的发明或者实用新型在申请日以前向国家知识产权局提出过申请，并记载在申请日以后公布的专利申请文件或者公告的专利文件中。

现有技术，是指申请日以前在国内外为公众所知的技术。

申请专利的发明创造在申请日以前六个月内，有下列情形之一的，不丧失其新颖性：在中国政府主办或者承认的国际展览会上首次展出的；在规定的学术会议或技术会议上首次发表的；他人未经申请人同意而泄露其内容的。

（2）创造性，是指与现有技术相比，该发明具有突出的实质性特点和显著的进步，该实用新型具有实质性特点和进步。

（3）实用性，是指该发明或者实用新型能够制造或者使用，并且能够产生积极效果。

尤其要强调的是，专利发明必须明显不同于习知技艺，获得专利的发明必须是在现有技术或知识上有显著的进步，而不能只是现有技术或知识的显而易见的改良。这样的规定是要避免发明人只针对既有产品做小部分的修改就提出专利申请。若运用习知技艺或熟悉该类技术都能轻易完成，无论是否增加功效，均不符合专利的进步性精神。在该专业或技术领域的人都想得到的构想，即是显而易见的，不能申请专利。

2. 专利申请的途径

国内的专利申请有三种途径：一是申请人自行登录中国专利电子申请网（http：//cponline.cnipa.gov.cn），在线提交专利申请；二是自行到指定地点提交申请；三是委托依法设立的专利代理机构、专利代理人办理。

专利代理机构是经省专利管理局审核，国家知识产权局批准设立，可以接受委托人的委托，在委托权限范围内以委托人的名义办理专利申请或其他专利事务的服务机构。

专利代理人是指获得专利代理人资格证书，持有专利代理人执业证并在专利代理机构专职从事专利代理工作的人员。他们可以提供以下服务：一是为申请专利提供咨询；二是代理撰写专利申请文件、申请专利以及办理审批程序中的各种手续以及批准后的事务；三是代理专利申请的复审、专利权的撤销或者无效宣告中的各项事务，或为上述程序提供咨询；四是办理专利技术转让的有关事宜，或为其提供咨询；五是其他受委托的有关专利事务。

术业有专攻，尤其对于专利文件的撰写和专利方面的法规，有很强的科学规范，需认真地研究和学习。因此，一般可能需要委托专利代理机构和专利代理人，以提高申请的成功率，获得合理的专利权保护范围。截至2018年10月底，我国有4.2569万人取得专利代理人资格，执业专利代理人达到1.8468万人，专利代理机构达到2126家。

专利代理审批服务指南

专利代理审批服务指南

（三）专利申请的程序与方法

发明专利申请的申请、审批程序主要包括受理、初步审查、公布、实质审查以及授权五个阶段。实用新型或者外观设计专利申请的申请、审批程序主要包括受理、初步审查和授权三个阶段。具体申请、审批流程详见图5-20。

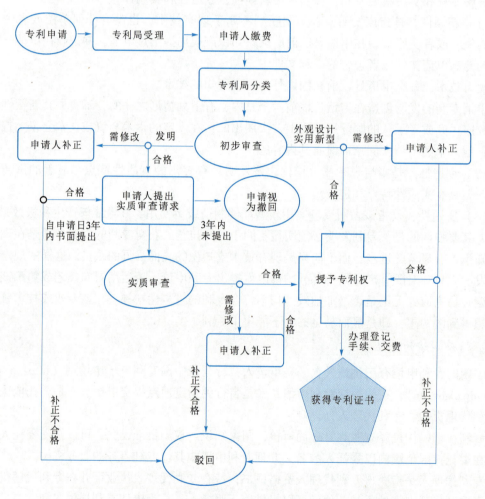

图5-20 发明、实用新型和外观设计专利的申请、审查流程图

关于专利保护期限，发明专利权的期限为二十年，实用新型专利权和外观设计专利权的期限为十年，均自提交专利的申请日起计算。

专利申请具体方法与手续、程序等相关内容在国家知识产权局综合服务平台（http：//www.cnipa.gov.cn）、专利检索和分析平台（http：//www.pss_system.gov.cn）上均有详尽的指引说明，限于章节篇幅就无法一一分述了。关于专利的法律法规、实施细则及审查指南，专利申请手续与审批程序，专利申请系列表格，代理机构信息，以及专利费用规定等，都可以在拓展阅读中获取相关资讯。

专利申请
文书要求

专利电子
申请指南

三、企业知识产权的保护与应用

随着科技创新和经济的发展，知识产权保护战略已成为我国企业维护自身技术优势和技术成果的主要武器。加强知识产权保护，就是保护企业的创新成果及其经济效益，为企业可持续健康发展保驾护航。

（一）企业知识产权的管理

企业为促进知识产权的良性发展，更好地保护创新技术及产品的自有知识产权、维护公司的经济利益和合法权益，一般需要成立专门的知识产权管理部门，严格履行工作职责，开展知识产权规范化经营管理。

1. 企业知识产权管理的主要内容

知识产权管理部门负责公司商标权、专利权及商业机密的日常管理工作。

（1）商标权管理。

一是为公司及时注册商标，或委托代理。

二是有针对性地检索公司相同产品或服务的商标使用情报，确定商品类别、申请注册商标的国家等信息。

三是定期上网查新，积极采取法律手段制止他人相关商标的侵权行为。

四是参与许可使用或转让注册商标的合同起草、签约等工作。

（2）专利权管理。

一是制定公司有关专利权方面的规章制度，并组织实施。

二是办理公司相关专利的申请、授予等法务工作。

三是定期查阅专利公报，对可能损害公司专利权益的申请，及时干预并提出法律意见。

四是紧密关注国内外同行中有无擅自使用公司专利技术的侵权现象，积极收集证据，采取法律手段制止侵权。

五是参与许可使用或转让专利技术的合同起草、签约等工作。

（3）商业机密管理。

一是明确公司商业机密的内容和范围，制定规章制度加以保护。

二是加强人才管理，尤其是知悉或可能接触商业机密的人员，他们的劳动合同须加入保守商业机密条款。

三是制定保密责任制度，严格规范管控对外业务谈判、接待来自外单位的人员、对外技术交流和展示等活动的内容。

四是按照公司商业机密管理办法，查处泄露公司商业机密、造成损失的相关责任人，必要时追求其法律责任。

2. 企业知识产权管理职责权限

知识产权管理部门是公司主要负责知识产权管理的责任部门，其主要工作包括规划管理、业务协调沟通、日常事务管理以及人事管理四个方面。

（1）规划管理。

一是研究并提出公司知识产权工作战略规划。

二是不断完善公司知识产权管理的各项规章制度。

三是根据公司业务运营及发展的实际需要，制订公司知识产权年度工作要点及计划，并组织实施。

（2）组织协调及沟通。

一是积极联系、及时了解政府相关行政部门、司法机关和行业知识产权协会的业务情报，适时向公司领导反映知识产权管理工作的动态信息。

二是参与对外技术交流、技术贸易、技术合作、知识产权谈判等有关合同或协议的管理工作。

三是督导、办理公司各项知识产权的申请、注册、登记等事项，协助做好相关知识产权的评估工作。

（3）日常事务管理。

一是以保护公司知识产权为目的，审查相关部门开展的对外信息发布、论文发表、展览会和研讨会上的内容信息。

二是就公司所牵涉的知识产权方面的侵害或指控组织专项调查，提出对策，采取有效法律手段处理纠纷，降低公司损失，消除负面影响。

三是为有关员工提供公司知识产权管理的业务咨询与培训。

（4）人事管理。

一是明确职责、规范管理，使全体员工了解和遵守公司知识产权保护的有关制度。

二是对新聘用人员开展岗前知识产权管理专题培训教育，并签订保护知识产权的相关协议。

三是事先对参与技术交流、技术培训外派人员进行专门教育与内容审查，防止泄密。

四是对有关调出、离职、退休等人员，应按有关规定将岗位上涉密资料、设备、信息等交还公司，并在法定或约定限期内履行保密义务。

3. 企业知识产权应急管理

当企业的专利、商标受到侵权或被控侵权，以及公司商业机密受到侵害时，知识产权管理部门应立即启动应急管理预案，及时、妥地处理好各方事宜，全力维护公司权益。一般而言，知识产权管理部门应先确认对方行为是否属于侵权行为，然后按以下步骤进行排查与处理。

（1）公司商标被侵权处理措施。

一是聘请专业的商标律师；二是公司知识产权管理部门联合律师商议对策；三是广泛收

集侵权方的侵权事实或行为的信息、资料、数据等证据；四是依据律师意见，知识产权管理部门尽快整理、研究、提出应对方案，并送公司主管领导审批；五是公司财务部评估、预测损失情况，作为确定侵权赔偿数额的依据；六是向工商机关投诉侵权行为，或向工商机关请求调解；七是如调解不成，以公司名义向人民法院提起民事诉讼。

(2) 公司专利被侵权处理流程。

一是聘请专业的熟悉本行业的专利律师，联合专利发明人等组建应急管理小组。

二是知识产权管理部门应确认公司专利权是否有效，应急管理小组应认真对比分析双方技术，确定侵权是否成立。

三是收集各方证据。知识产权管理部门应提供公司享有专利权的证据，并收集侵权者相关信息（如确切的名称、法人代表、公司地址等）；市场部等相关部门应负责收集侵权事实的证据（如侵权物品的产品目录、实物、销售发票或合同等）；财务部、投资部等确定损害赔偿的证据。具体的索赔依据有三：可以是本公司所发生的实际损失，即因侵权行为而导致的专利产品销售量减少，或销售价格降低，以及其他多付出的费用或少收入的费用等损失；侵权者因侵权行为所获得的利润（如销售时间、销售量、销售价格、销售成本等）；可参照专利权人与第三人的专利许可证贸易的费用（已生效的专利许可协议为证）。

四是发出警告。明确侵权成立，应向侵权方发出警告函（警告函的寄送方式应以能够获得寄送凭证的目的为准），要求停止侵权行为。

五是提请法院发布诉前"临时禁止令"。在咨询律师意见下，如有证据证明侵权人正在实施侵权行为，且如不及时制止将会使公司权益受到难以弥补的损害，公司应在起诉前向法院申请临时禁止令，责令侵权方停止相关侵权行为。申请临时禁止令时，知识产权管理部门需准备公司享有的专利权和侵权事实的证明材料，并提供一份详细、专业的技术分析报告，或者由技术部门出具的专家意见和财产担保的证明材料。此外，应急管理小组需要对侵权人正在实施的侵权行为向法院做出说明。

六是侵权协商。应急管理小组约谈侵权人沟通协商，可以与侵权人签订专利实施许可合同或专利转让合同进行和解，如和解不成，可以选择法律手段解决。

七是选择解决方式。应急管理小组应联合财务部等，在权衡比较诉讼金额、诉讼成功率、赔偿金额是否能挽回公司损失等利害关系后，确定是交专利管理机关处理还是通过法院进行民事诉讼解决。

(3) 公司商业机密被侵害的处理办法。

公司的商业机密被侵犯，应视不同情况，采取相应手段向不同部门起诉，寻求司法保护。

一是员工泄密。与公司签订《中华人民共和国劳动合同》的员工，期限未满，擅自跳槽，并带走公司商业机密，侵犯公司利益的，公司可依据《中华人民共和国公司劳动争议处理条例》向当地劳动争议仲裁委员会申请仲裁。对仲裁裁决不服的，可以在 15 日内向人民法院起诉。

二是损失较小。如果公司预计损失小、对公司商誉影响不大，公司可以与侵害人进行协商，要求其停止侵权行为并做适当赔偿。

三是损失较大。如果侵权行为给公司造成的损失较大，公司要聘请专业律师，确定赔偿金额，携相关证据，向人民法院起诉。

四是违法行为。公司面对商业机密侵权违法行为，应向县级以上工商行政管理部门投诉，并提供侵权行为和商业机密的有关证据。

(4) 公司商标侵权指控处理流程。

一是调查并确定对方的商标是否为注册商标、驰名商标或正在申请注册中等注册情况。

二是市场部认真核查当前使用该商标情况，以及在销商品使用该商标的实情。

三是向市、区工商部门咨询相关业务问题，及时委托专业律师或商标代理人处理，根据专业人士的意见做出具体的应对方案，并报送公司主管领导定夺处理。

四是如不构成侵权，应当充分主张自己的合法权利，积极应对对方可能采取的行动。

五是如侵权可能性较大，应先停止使用该涉嫌侵权的商标或撤下涉嫌侵权的商品，并做好相关记录，然后通过合理的方式与对方友好地协商解决问题。

六如协商不成，可请商标律师或商标代理人准备应对。

(5) 公司专利侵权指控处理流程。

知识产权管理部门应对警告函或诉讼的内容，确认所谓的侵权行为是否为公司所为。如公司确有侵权行为，则应做好以下工作。

一是聘请专业的熟悉本行业的专利律师，联合专利发明人等组建应急管理小组。

二是知识产权管理部门应调阅对方的专利文件，确定该专利的保护范围，就侵权指控事实开展内部调查，确定本公司是否生产了专利产品或使用了专利方法。自检本公司的产品或方法，是否具备专利独立权利要求的全部技术特征，或在某些特征不同的情况下，它们之间是否构成等同；如果产品或方法缺少一个或一个以上的独立权利要求中的技术特征，或尽管不缺少，但其中一个或以上特征不构成等同，则侵权不成立。如果公司的行为是为生产经营目的使用或销售不知道是未经专利权人许可而制造并售出的专利产品或依照专利方法直接获得的产品，能证明其产品合法来源的，不承担赔偿责任，停止侵权行为即可。如确认公司的产品或方法已构成侵权，则还可进一步对该专利的有效性进行分析。

三是分析该专利是否有效。知识产权管理部门调查涉案的专利权是否仍在保护期内，专利权人是否缴纳了年费。由专业律师调查专利是否缺乏新颖性、创造性。如果根据以上检索结果分析，认为有可能宣告该专利无效，则公司应抓紧时间，在答辩期内，向中国专利局复审委员会提出宣告该专利无效请求，同时将宣告专利无效请求书复印件提交给法院，请求法院裁定中止诉讼程序。

四是积极采取和解措施。如果该专利权无法宣告无效，公司应及时停止侵权，并由应急管理小组积极争取与专利权人达成和解协议，以减少摩擦，降低损失。

五是据理力争，应对诉讼。如果公司与对方在赔偿数额上无法达成一致，公司应做好应诉准备，收集对自己有利的证据和法律依据来支持自己的主张，维护己方权益。

(二) 企业知识产权的应用

企业知识产权管理战略与体系，不仅要提高知识产权保护水平，守好创新技术与产品的权益，还要努力激发知识产权的应用活力，力争促成创新技术与产品利益最大化。为此，企业可以结合实际，对知识产权战略决策做好以下部署（见图5-21）。

1. 知识产权投资战略

知识产权投资战略的目标是在更大程度、更广层面上实现知识产权的间接价值、主动价值和动态价值，从而最终实现企业价值最大化。

2. 企业主动管理战略

企业知识产权投资战略首先需要企业管理层的有效沟通和合作。一般情况下，知识产权管理部门对于知识产权的科技文化属性相对更为了解，但对于其经济属性和市场层面的了解不够，这在一定程度上阻碍了实现知识产权价值的空间。因此，知识产权管理部门需要长期有效地同企业 CEO、CFO、COO 及相关核心部门等进行充分沟通，从知识产权的开发、投入生产、产品营销，到衍生交易以及知识产权的对外投资进行配合，平衡畅通的管理有助于实现知识产权的可持续价值。

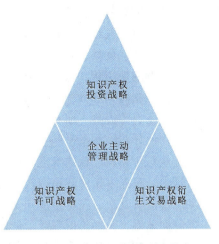

图 5-21　企业知识产权的应用战略

3. 知识产权许可战略

在诸多知识产权战略中，知识产权许可战略是至关重要的一项应用，它包括对外许可知识产权使用、获取其他企业的知识产权许可使用权。

（1）对外许可知识产权使用。

企业的知识产权战略包括输赢战略和双赢战略。前者是知识产权所有者在一定时间内控制知识产权的使用，垄断知识产权的市场收益，独自获取相关价值；后者则是企业主动将知识产权许可其他企业使用，甚至提供相关技术和人员帮助其他企业使用知识产权，从中获取价值。从表面上看，双赢战略是知识产权的所有者将知识产权的价值转移给了其他企业，但是从长远来看，它实际上是视野更为广阔的公司战略，公司最有价值的知识产权资产得到了更充分有效的利用，因为竞争者即使没有获得该项知识产权的许可，同样也会在一段时间后发现或发明相关的知识产权，找到类似的解决方案，这样，该知识产权的价值就会毫无疑问地大打折扣。IBM、微软等众多文化创意企业正是从知识产权双赢战略中谋取巨额利润的。因此，知识产权作为企业最有价值的资产，应当采取双赢战略，互惠互利，从长远的视角和更为广阔的视野实现企业价值的创造。

（2）获取知识产权许可使用权。

和对外许可使用知识产权的方向相反，获取其他企业的知识产权许可使用权，是企业依靠知识产权创造价值的捷径，通过"借鸡生蛋"，企业需要支付相关的许可费用，通过估算知识产权的未来收益和支付的许可费用，企业可以决策是采取外来知识产权许可策略，还是自行研发知识产权。很多时候，前者更为快捷有效。

4. 知识产权衍生交易战略

创新技术与产品往往都具有较强的市场辐射力，它们中的功能、结构、外观形态、文化艺术内涵、价值追求等都能使得知识产权在相关的消费领域和消费层次里辐射和增值，形成多层次的多元盈利模式，知识产权的价值也能在衍生交易中获得较大提升。迪士尼公司是衍生交易领域的典范，据统计，其营业收入主要包括动画制作、主题公园和衍生交易。其中，衍生交易的收入大致占其总营业收入的40%，主要包括各种卡通形象的知识产权交易，涉及图书、杂志、玩具、礼品、家具、文具等，迪士尼公司从批发和零售商品的销售定价中提取固定比例的使用费，可见，成功的知识产权衍生交易可以给企业带来丰厚的价值。

目前，我国大部分企业还未建立自己的知识产权管理部门或知识产权岗位，知识产权的管理水平还有待提高。面对竞争与发展，企业应加强全员知识产权意识与创造能力的培养，并与合作伙伴积极探索机制、结成知识产权同盟，联合加强知识产权的保护和应用水平。

企业对于知识产权的管理应该突破传统的被动管理方式，努力延伸到知识产权的积极主动管理中。首先，拓展知识产权的价值内涵，关注并实现知识产权的间接价值、主动价值以及动态价值。其次，在对企业知识产权价值管理中，需要建立以知识产权价值评估为基础的价值管理体系，包括价值判断、价值维护和价值创造。在对知识产权的价值评估方法中，可以结合传统的现金流折现思路和期权定价思路，以真实体现知识产权的主动管理的动态价值。最后，在价值管理思路的基础上，企业应当通过知识产权主动管理战略、知识产权许可战略以及衍生交易战略，积极为企业创造投资价值。通过知识产权价值管理和战略决策，从根本上实现长远推动企业增值创收和创意产业发展的战略目标。

复习思考

1. 请运用相关创新技法进行创意想象，2119年的人类生活将会是怎样的？
2. 简述头脑风暴法的基本原则与会议规则。
3. 简述企业技术创新管理体系的运行过程及要点。
4. 简述新产品开发的原则与流程。
5. 结合实例，研讨产品设计的创意模式。
6. 简述创新成果的法律保护措施。
7. 如何对创新成果进行高效益应用推广？

活动设计

请选取任一校园热点问题或者专业—行业热点话题，以小组为单位开展头脑风暴，研讨出有价值的思路方案，并作课堂成果分享。

案例分析

以小组为单位，自选任一企业创新技术或产品，搜集整理相关资讯情报，运用所学的创新技法分析其创新机理、创新过程（模式），综合评价该企业技术创新管理成效，或该新产品创新价值，并做5~8分钟的PPT专题汇报。

相关链接

2018年大型纪录片《创新中国》，讲述了当前中国最新科技成就及创新精神的中国故事。它关注最前沿的科技突破、最新潮的科技热点，分别聚焦信息、制造、生命、能源、空间与海洋等深具影响的领域，在宏大的国际视野里探讨中国的创新成长以及由此引领的世界影响。据介绍，"该片在制作中创新性地使用了语音合成技术，是世界首部采用人工智能配音的大型纪录片"。

参考文献

［1］唐继红. 大学生创新创业实务［M］. 北京：高等教育出版社，2017.
［2］李冠辰. 产品创新36计：手把手教你如何产生优秀的产品［M］. 北京：人民邮电出版社，2017.
［3］齐艳霞. 研发管理文书与方案精益设计［M］. 北京：人民邮电出版社，2016.
［4］薛永基. 创业基础：理念、方法与应用［M］. 北京：北京理工大学出版社，2016.
［5］于复生，沈孝芹，师彦斌. TRIZ工程题解与专利撰写及创造性争辩［M］. 北京：知识产权出版社，2016.
［6］眭平. 创新力提升的横向研究［M］. 北京：清华大学出版社，2016.

第六章

创新创业环境与政策

 目标与要求

通过本章学习了解创新创业环境的分类；分析全球创业观察模型（GEM项目）及其对我国创新创业环境的评估；了解创新创业环境需要进行实地的市场调查；熟悉我国各级各类创新创业政策红利，结合自身实际学会规划和利用好创新创业政策。

 问题引入

李开复称，中国的移动互联网正处在一个爆发式成长的时期，目前有八九亿的潜在用户，每天随身携带手机随时可以上网。这个价值几万亿的商机是过去互联网的10倍以上。另外，移动互联网的创业成本创历史新低，一两百万投入一个移动互联网创业公司，就足够验证它是否能成功。李开复认为，"在这样一个蕴藏着巨大商机的时代，我国创新创业环境在逐步改善，投资将成为未来新的趋势"。李开复的话说明创新创业环境的重要性。创新创业者要先对身处的创新创业环境深入了解，发现市场的创业机会，识别自身的资源和技能，然后挖掘创业机会，实现创业目标。

李开复的话引发了我们的思考，在当前"大众创业万众创新"的大环境下，为什么北京、上海、广东、浙江一带的创新创业者要比我国其他城市多？创新创业和外在环境究竟有什么联系？如何判断和评价目前创新创业环境是好还是坏？面对当前的创新创业环境，你将做怎样的创新创业打算？

第一节 创新创业环境

一、创新创业环境的内涵

创新创业环境是指那些与创新创业活动相关联的因素的集合，包括宏观环境、行业环境、微观环境和家庭环境。创新创业过程是创新创业者与外部环境之间主客观因素交互影响的过程，尤其是创新创业者所处的宏观环境、微观环境、行业环境、家庭环境以及经常接触的亲友等要素，对创新创业者的创新创业行为选择具有重大的影响力。创新创业环境的发展变化可以给企业带来市场机会，也可以造成市场威胁。通过对创新创业环境的SWOT分析和研究，创新创业者可以认识到自己或识别出企业自身在资源和技能等方面的优势与劣势，以此来判定企业将要面临的机会和威胁，以便把握有利时机，规避风险，实现企业的目标。

二、创新创业环境的分类

（一）宏观环境

宏观环境又叫总体环境，是指那些给企业造成市场机会或市场威胁的主要力量，主要包括政治、经济、社会文化、技术、自然和法律等因素。宏观环境一般包括政治（Politics，P）、经济（Economy，E）、社会文化（Social Culture，S）、技术（Technology，T）、自然（Nature，N）和法律（Law，L）六类因素，简称PEST。PEST常常作为一种企业所处宏观环境的分析模型。由于自然环境、法律环境等因素的变化速度较慢，企业较易应对，因而不作为重点研究对象。

宏观环境对企业的发展起着重大的作用，尤其是其不可控性因素对企业的影响非常巨大。因此，创新创业者必须了解或熟悉相应的宏观环境因素，以适应环境的新变化，抓住发展机遇（见图6-1）。

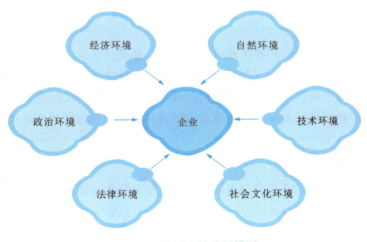

图6-1 宏观环境分析模型

1. 政治环境（Political Environment，P）

政治环境是指一个国家或地区制约和影响企业的各种与政治有关的环境要素，即与企业经营活动密切相关的外部政治形势、国家方针政策及其变化。党和政府制定的方针政策，决定和反映国民经济的发展方向和速度；稳定的政治环境还关系到社会购买力的提高和市场消费需求的增长变化。因此，企业应该密切关注国家政策的变化，及时调整企业发展策略，这才是企业的生存之道。从某种程度上说，政治环境与创业者的创业决策和企业选择息息相关。

2. 经济环境（Economic Environment，E）

经济环境是指影响企业经营活动的各种经济要素的总和，包括经济结构、经济发展水平、经济周期、国民收入及其变化趋势、居民可支配收入、消费者储蓄以及城市化程度等多种因素，它们决定市场规模的大小。而市场规模的大小决定于人口增长的速度和居民的实际购买力。企业面临的社会经济条件，是决定企业能否存活的重要因素。

3. 社会文化环境（Socio-cultural Environment，S）

任何企业的经营活动都处于一定的社会文化环境中，它对企业的营销行为有非常重要的影响。所谓社会文化环境，是指一个国家、地区或民族的传统文化，主要由社会结构、风俗习惯、宗教信仰、价值观念、审美观念、道德规范、生活方式、文化传统、人口规模与地理分布等因素构成。因此，社会文化环境是影响人们的消费需求、消费观念和购买行为的主要因素。社会文化环境的变化产生新的市场，为创新创业者创造出新的创业机遇。

4. 技术环境（Technological Environment，T）

技术环境主要包括社会科技水平、社会科技力量、国家科技体制、国家科技政策和科技立法等因素。邓小平提出"科学技术是第一生产力"的著名论断，科学技术的发展水平决定社会生产力水平。技术的进步会创造出新产品，同时也会刺激更多的消费需求，在某种意义上新技术改变了人们的思维方式、生活方式和消费习惯，尤其是新技术的"创造性破坏"为创业者带来无限的创业机会。技术环境与新创企业的生产经营活动密切相关，因此，创新创业者要关注新进入行业的技术发展状况，选择合适的产业，才能使企业存活下去。

5. 自然环境（Natural Environment，N）

自然环境是指一个企业所在地区或市场的水土、地理、气候、资源分布、生态环境等因素。创新创业者要想创业成功，首先要分析周围的自然环境是否为企业的生存与发展提供了稳定有利的条件，是否提供了行业所需的资源条件。面对自然环境的变化，人们在优化生态环境、促进社会经济可持续发展方面，要重点关注环境保护，为创新创业者提供广阔的发展空间。

6. 法律环境（Legal Environment，L）

法律环境是指国家或地方政府颁布的规范企业经营行为的各项法规、法令、条例、准则等。各种法律规章制度既可以保护企业的正当利益不受侵害，同时又可以监督和制约企业的行为。创新创业者要充分了解并熟悉法律环境，懂得利用法律手段保障自己的正当权益，只有根据法律条文的变化观测行业发展趋势，才能更好地生存和发展，避免企业受到损失。

（二）行业环境

行业是指提供同一类产品（或服务）或提供具有可替代性产品（或服务）的企业群，行业分析的主要内容包括行业的生命周期阶段、行业的进入与退出障碍、行业需求及竞争状况、行业主导技术的发展均势及行业的发展前景。行业环境分析的目的在于通过考察行业发展情况及潜在的发展机会，来使创新创业者做出正确的投资决策。

1. 行业生命周期

行业生命周期是每个行业都要经历的初创阶段、成长阶段、成熟阶段和衰退阶段四个阶段的演变过程，如图6-2所示。对创新创业者而言，不同的行业发展阶段所带来的创新创业机会和创新创业威胁是不相同的，其中，成长阶段的市场机会最大，创新创业者应该尽量在此阶段进入；衰退阶段的市场威胁最大，创新创业者应该尽量在此阶段退出，如表6-1所示。

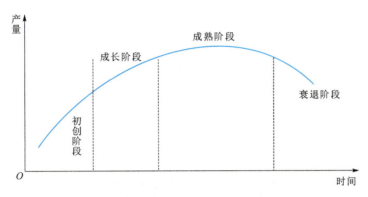

图6-2 行业的发展阶段

表6-1 不同行业发展阶段的创新创业机会与威胁

行业发展阶段	行业特点	创新创业机会	创新创业威胁	对创新创业者的建议	典型案例
初创阶段	行业生产的关键技术正在研发，消费群体需求和经营标准不确定，规模偏小	先机优势，存在大量机会	存在很大技术风险、市场风险	尽早进入	新能源汽车行业；人工智能新技术行业；无人机行业
成长阶段	关键技术逐渐成熟，行业规模迅速扩大，市场上的产品数量大、品种多	市场需求增长较快，创业者机会多，整合、兼并、加盟、联盟	出现大量规模相近的企业，现存企业规模小，产品少	加盟连锁	麦当劳与肯德基等企业
成熟阶段	市场趋于稳定，需求增长缓慢，产品缺乏创新	产品、技术、服务、方法、流程等创新	企业间竞争激烈，实力弱的企业易被兼并或淘汰，创业机会十分有限	不轻易进入	大润发与零售行业；百度与搜索引擎行业
衰退阶段	市场上产品需求不断下降，原有产品被新产品替代	细分或退出	许多行业纷纷退出，市场机会微乎其微	不进入，尽量回避	西门子、MOTO、朗讯等企业

2. 行业竞争力分析

20世纪80年代初，迈克尔·波特（Michael Porter）提出波特5力模型。该模型不仅可以有效地分析客户面临的竞争环境，还可通过找寻企业在本行业中的盈利模式来判断创新创业者所具备的创业能力。这五种力量主要包含潜在竞争者进入的能力（Potential Competitors Ability to Enter）、供应商的议价能力（Bargaining Power of Suppliers）、购买者的议价能力

(Bargaining Power of Buyers)、替代品的替代能力（Substitutes）、同行业内现有竞争者的竞争能力（Rivalry）。行业竞争的激烈程度、行业利润潜力的变化、本行业资本流向程度以及企业收益的大小均与这五种力量的综合强度密切相关，如图6-3、图6-4所示。

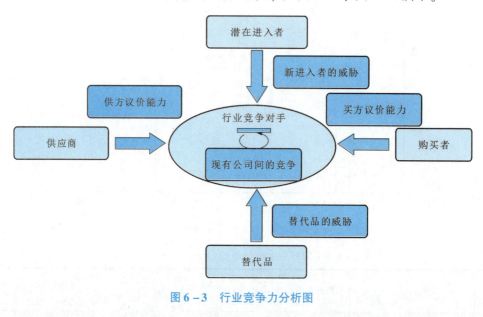

图6-3 行业竞争力分析图

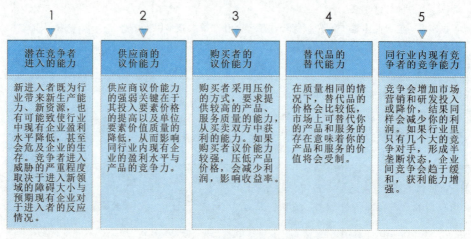

图6-4 行业竞争力分析图

波特竞争力模型的重要意义在于，"5力"的抗争中蕴含着总成本领先战略、差异化战略和专一化战略等三类战略思想，如表6-2所示。

表6-2 行业内的五种力量与一般战略的关系

行业内五种力量	一般战略		
	总成本领先战略	产品差异化战略	集中战略
潜在竞争者进入的能力	杀价能力➡阻止潜在对手进入	培育顾客忠诚度➡挫伤潜在进入者信心	建立核心能力➡阻止潜在对手进入

续表

行业内五种力量	一般战略		
	总成本领先战略	产品差异化战略	集中战略
购买者的议价能力	压价能力	选择范围小➡ 削弱大买家谈判能力	没有选择范围➡ 大买家丧失谈判能力
供应商的议价能力	抵制大卖家砍价	将涨价代言费转嫁给顾客方	砍价能力高➡ 转嫁供方涨价代言费
替代品的替代能力	低价➡ 抵御替代品	降低替代品的威胁	特殊产品和核心能力➡ 防止替代品威胁
同行业内现有竞争者的竞争能力	促进价格竞争	品牌忠诚度➡ 顾客不理睬竞争对手	竞争对手➡ 无法满足顾客的需求

★ 案例6-1

海底捞"无人餐厅"

随着消费升级、信息化、大数据、人工智能等新科技新理念的发展，"跨界"和"智能"成为今年餐饮业的关键词。2018年10月28日，斥资1.5亿打造的海底捞全球首家"智慧餐厅"在北京正式营业。所谓"智慧餐厅"，是指从等位点餐，到厨房配菜、调制锅底和送菜，都融入了一系列"黑科技"，高度实现了"无人化"。海底捞的"智能餐厅"从"智能大脑""智能定制""智能出菜""智能体验"四个部分诠释了从生产到服务的全过程，给消费者带来全新的视听享受和就餐新体验。

海底捞的"智能餐厅"为国内智能餐饮打造了"样板间"，事实上，不只海底捞，多方巨头均不约而同瞄准了"智能餐厅"。例如，快餐巨头德克士"要开2 300家'未来店'"、碧桂园"要开1 000家机器人餐厅"、家电巨头长虹"要开机器人餐厅"[3]。餐饮行业的迭代正在驶入"快车道"，智能餐厅具有"人力成本低、出品水平稳定、大数据加持"等竞争优势，未来"餐饮智能化"成行业趋势，将如同流水一样蔓延至整个行业，传统餐厅或将逐渐消失……

思考

为什么传统餐厅将逐步被"餐饮智能化"取代？海底捞的"智能餐厅"具有什么竞争优势？

点评

科技改变着我们的生活，海底捞"智能化餐厅"可以优化经营模式和链条，受益于低人力成本、高质量产品、全新智能体验。人工智能改变传统经营模式，顺应餐饮智能化的趋势，许多餐饮企业相继涌现，从阿里、盒马鲜生，到五芳斋、庆丰包子铺等都开始了智能餐厅的试验，利用移动互联网技术改变运营模式，改善服务质量。

2. 地区环境

每一个企业都必须设立在一定的区域内,选择在哪里建立企业需要做周详的调研。创新创业者在创业时应重点考虑创业者熟悉程度、创业者影响力、新创企业影响力、企业支持者或反对者、人际关系技能、创业机会最大化措施和阻力问题最小化措施七方面因素,如图6-5所示。

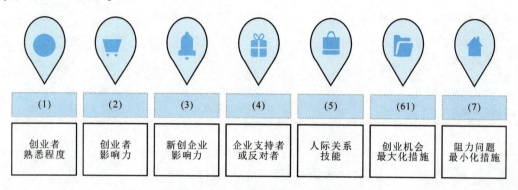

图6-5 地区环境的评价因素

三、全球创业观察模型(GEM)及其对我国创新创业环境的评估

当前的创新创业环境究竟是否适合大学生创新创业,或者适合进行何种类型的创新创业,需要进行科学的分析和评价。

(一)全球创业观察(GEM)的内涵

全球创业观察(Global Entrepreneurship Monitor,GEM),是由美国百森学院和英国伦敦商学院共同发起成立的国际创业研究项目。该项目于1999年正式启动,是第一个跨国家和跨地区、旨在研究全球创业活动态势的大型研究项目,在国际的创业研究和教育上享誉盛名。据《全球创业观察(GEM)2017/2018中国报告》显示,截至2017年,包括中国在内,GEM项目参与国家已有美国、加拿大、德国、英国、日本、法国等73个,参加GEM的国家人口总数占世界人口总数的67.8%,GDP占世界总额的86.0%。目前GEM项目的研究报告受到世界各国的广泛关注,具有重要的社会经济价值,是获取世界各国的创业初期状况、创业活动、创业环境以及创业政策等重要信息的来源。

(二)基于GEM模型的创新创业环境评价

在创新创业环境条件方面,GEM项目的研究报告主要包括金融支持、政府政策等十个方面,其构成一个国家创业环境的主体,从不同视角分析了二十国集团背景下的中国创业,如图6-6所示。

1. 金融支持(Entrepreneurial Finance)

金融支持,是指新创企业和成长型企业获得政府的专项资金支持,为其创新创业提供良好的环境保障。由GEM问卷可以看出,世界各国创业者的金融支持主要来源于权益资金,而我国创新创业者的金融支持主要源于自有资金、亲戚朋友借贷或引入私人股权筹集资金。

2. 政府政策（Government Policies）

政府政策，是指相关政府部门制订相关创新创业优惠政策，促进地方创新创业投资发展。与中央政府不同，我国地方政府制定创业政策时往往优先考虑新创企业和成长型企业。

3. 政府项目（Government Entrepreneurship Programmes）

政府项目，是指各级政府直接向新创企业和成长型企业提供项目支持，为其提供创新创业类培训和信息咨询等服务。重点考察政府项目的获取难易度、效度、质量、数量，科技园和企业孵化器，政府行政人员的履职能力和行政效率等。

4. 教育与培训（Entrepreneurship Education at Post School Stage and Entrepreneurship Training）

教育与培训，是指各级政府开展不同层次的创新创业技能培训，提升创新创业者的创业实践能力。重点考察初等和高等教育、技校、职业院校、经济管理方面的大学本科和研究生课程的质量、完备性、实用性和深度等维度并进行评价。

5. 研究与开发转移（Research and Development Transfer）

研究与开发转移，是指实施国家创新驱动战略和知识产权战略，促使企业的技术创新成果转化，成功实现商业化，并向创新创业型企业转移；它是企业家提高市场竞争力、提升竞争市场份额的有效路径。

6. 商务环境（Commercial and Legal Infrastructure）

其重点考察新创企业和小微型企业在成长过程中商务环境的影响。加强创新创业实践平台建设，完善创新创业一站式服务环境。GEM问卷主要调查管理咨询、会计审计、法律、公共关系、金融服务等维度并进行评价。

7. 市场开放程度和行业进入壁垒（Internal Market Burdens or Entry Regulation）

其主要考察新创企业和成长型企业发展过程中消费品、中间产品和服务市场的影响程度，推动形成全面开放新格局，如确保市场体制的公开性、市场信息的透明度、反垄断执行力度和效度等。

8. 有形基础设施（Physical Infrastructure）

有形基础设施，是指为新创企业和成长型企业的创新创业者提供日益完善的基础设施及服务，有助于创新创业者活跃程度进一步提升。重点考察通信设施、公共设施、邮政服务、交通设施、互联网等。

9. 文化和社会规范（Cultural and Social Norms）

文化和社会规范，是指营造良好的创新创业氛围，制定适合新创企业和成长型企业创新创业的社会文化和规范。重点考察企业家的创业态度，对待风险、失败和成功的态度，是否具有冒险、努力拼搏的创新创业精神，是否敢于承担社会责任，以及如何看待具有不同民族宗教信仰的创新创业者与女性创业的态度等。

10. 知识产权保护（Intellectual Property Protection）

知识产权保护，是指依照世界各国法律法规，著作者、发明者或成果拥有者在一定期限内通过劳动获得的专利、发明、版权和商标等智力成果所有权。一般情况下它具有独占性和排他性的特点。

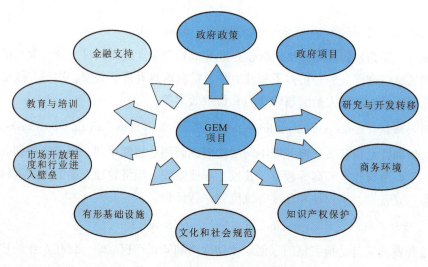

图6-6　GEM项目的主要内容

四、创新创业环境的调查

（一）调查内容

创新创业环境的调查内容，主要包括行业环境调查、用户需求调查、竞争对手调查、政策法规调查和产品销售调查五个方面，如图6-7所示。

图6-7　宏观环境分析模型

（二）调查方法

创新创业环境调查常用的方法主要有问卷调查法、抽样法、观察法、访问法和焦点小组访谈法等，如图6-8所示。

问卷调查法	・问卷一般由卷首语、问题与回答方式、编码和其他资料四个部分组成 ・按照问卷填答者的不同，可分为自填式问卷调查和代填式问卷调查
抽样法	・选择有代表性的调查样本，通过对其分析获得对行业环境的整体认识 ・抽样方法主要包括：随机抽样、分层抽样、整体抽样、系统抽样
观察法	・观察法是指用自己的感官和辅助工具去观察被研究对象、获得资料 ・观察法包括直接观察法、痕迹观察法、行为记录法等
访问法	・访问法是通过访员与调查对象接触，收集有关资料的社会调查方法 ・按访问的具体方式分为面谈访问、邮寄访问、电话访问、留置访问、个别深度访问和小组讨论
焦点小组访谈法	・由主持人以一种自然的形式与一个小组具有代表性的消费者或客户交谈 ・实施步骤为：准备小组访谈、选择主持人、编制讨论指南和编写小组访谈报告

图6-8　创新创业环境的调查方法

★案例6-2　韶关学院玉蕈园师生创业团队

以韶关学院英东生命科学学院方白玉副教授为首的食药用菌研发实践团队，从1992年3月开始，在一小块蘑菇种植试验田栽培"最简单的平菇"，历经26年的实践探索，如今在食药用菌产学研孵化基地栽培出"绿色、营养、健身产品的精品"。这主要得益于韶关学院高度重视大学生创新创业工作，构建了校企协同双创育人平台，促进了产学研深度融合。学校投入建设资金超1 000万元，优秀校友温继优捐助300万元，现已建成一个现代化无公害智能化栽培食药用菌的产学研孵化基地。

该团队积极响应国家"大众创业，万众创新"的号召，立足"绿色发展理念"和专业优势，利用粤北自然、环保的菌草资源，严控栽培环境，严格挑选培养基地，严格遵循无菌、无虫害的管理，产品从单一、简单走向多样、高品质：天然环保的菌草灵芝、绿色保健的银耳、药食用同源的灰树花（舞茸）、美味的有机猴头菇……这些天然绿色环保健康的食药用菌产品深受广大消费者喜爱。

学校已安排该团队进驻"北区创业孵化基地"和"青年创业服务亭孵化基地"，支持该创业团队（项目）的孵化工作，为其配备了校外创新创业导师，并对其进行"一对一"的指导，同时，提供了工商代理、法律咨询、创新创业竞赛申报、投资对接等服务工作。2015年该团队荣获全国第四届创新创业大赛总决赛生物医药行业团队第六名和优秀团队，被中央电视台新闻频道专题播出。

该团队积极响应国家科技扶贫、产业扶贫的号召，尝试与地方共建示范科技产业扶贫新模式，服务地方的经济发展，广东一家企业已与玉蕈园创业团队达成合作协议，首期将投入1 000万元，扩大无公害天然菌菇的栽培规模，创业项目已落户韶关市浈江区犁市镇太村，目标是打造食药用菌深加工基地，带动当地贫困户脱贫。

该团队研发的食用菌获国家级发明专利2项、注册商标2个，其创业园成为科技部备案的国家级"星创天地"和广东省农村创新创业星创天地，每年可培养500名食用菌行业的专用人才。这使得濒临倒闭的湖南味菇坊生物科技有限公司"起死回生"，获得2亿元融资，员工由30多人发展到300多人。玉蕈团队成立了师生共同创业的玉蕈公司，而黄丁全、罗添洪、王志辉三位同学均自主创业，从事食药用菌的栽培工作，他们分别成立了两家公司。

食药用菌师生创业

 思考

为什么玉蕈园师生创业团队能创业成功？谈谈大学生创业成功所必需的创新创业环境。

 点评

创新创业环境对企业的发展起着巨大的作用，尤其是对初创企业和成长型企业的影响非常巨大。因此，创新创业者在创业前必须了解或熟悉相应的创新创业环境因素，对创业行业状况进行分析，对创业市场进行调查、预测和调研，寻找合适的行业商机。

第二节 创新创业政策

初次创业者由于缺乏社会经验和丰富的启动资金，面临的风险很大。为了鼓励更多的大学生选择自主创业，促进大学生就业和经济增长，国家和地方政府出台了一系列相关政策和措施，对大学生创业起到了积极的促进作用。创新创业者应充分了解并熟练运用这些创新创业优惠政策。

一、创新创业政策的内涵

创新创业政策是指政府所制定的一系列能改善创新创业环境、支持和鼓励大学生创新创业的制度和措施。创新创业政策的本质是激励创新创业，作用是营造良好的创新创业环境、扶持创新创业者的成长，进而提高创新创业活动的水平。而制定大学生创新创业政策的目的在于培育大学生的创新创业意识，激励大学生的创业精神，为大学生创业创造更好的成长机会。同时，以创业带动就业，促进社会经济全面协调地发展。

二、国家层面创新创业政策

为支持和鼓励大学生创新创业，国家和各级地方政府出台了创新创业教育政策、财政金融支持政策、创新创业培训政策和创新创业服务政策等诸多方面的优惠政策，如图6-9所示。对于打算自主创业的大学生来说，只有深入了解这些创新创业政策，才能走好创新创业第一步。

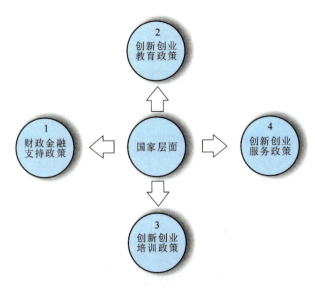

图 6-9　国家层面创新创业政策的主要内容

（一）扶持大学生创新创业的教育政策

1999 年，教育部《面向 21 世纪教育振兴行动计划》中指出要实施高校高新技术产业化工程，在高校周围建立高新技术产业化基地，加强对学生的创业教育，鼓励他们自主创办高新技术企业。2015 年李克强总理提出了"大众创业、万众创新"战略后，我国掀起了"双创"热潮。我国扶持大学生创新创业教育的政策主要涵盖设立创新创业教学课程、开展创新创业竞赛、加强创新创业师资队伍建设、进行创新创业实践基地建设、实施弹性学制五个方面，如图 6-10 所示。

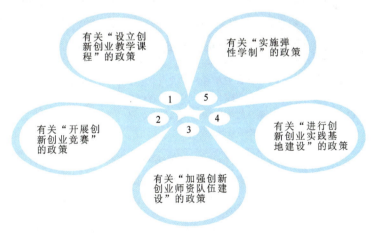

图 6-10　扶持大学生创新创业的教育政策

1. 有关"设立创新创业教学课程"的政策

我国高校创新创业课程建设源于 2002 年教育部在清华大学等 9 所高校开展创业教育试点，这些高校率先尝试设立创业教育课程，之后其他高校纷纷效仿开设创业教育课程。2012 年教育部发布了《普通本科学校创业教育教学基本要求（试行）》，要求高校想方设法创造条件，面向全体学生单独开设"创业基础"必修课。之后许多高校组织编写了创新创业教育教材，从某种意义上说，有效提升了我国高校创新创业教育课程建设水平。2015年国务院办公厅颁布了《关于深化高等学校创新创业教育改革的实施意见》，为高校创新创业教育课程建设指明了发展方向，要求促进创新创业课程与专业课程的融合（见表6-3）。

表6-3 有关"设立创新创业教学课程"的政策

制度名称	主要内容	发文单位	文件号或文件颁布时间
《关于大力推进高等学校创新创业教育和大学生自主创业工作的意见》	将其纳入专业教育和文化素质教育教学计划和学分体系中，建立多层次创新创业教育课程体系	教育部	教办〔2010〕3号
《普通本科学校创业教育教学基本要求（试行）》	要求高等学校创造条件，单独开设"创业基础"必修课	教育部	教高厅〔2012〕4号
《关于深化高等学校创新创业教育改革的实施意见》	健全双创教育课程体系，促进专业教育与创新创业教育融合	国务院	国办发〔2015〕36号
《关于做好2016届全国普通高等学校毕业生就业创业工作的通知》	所有高校都要设置创新创业教育课程，开设创新创业教育必修课和选修课，并纳入学分管理	教育部	教学〔2015〕12号
《教育部高等教育司2016年工作要点》	挖掘和充实各类通识课、专业课的创新创业教育资源。开发纳入学分管理的创新创业教育课程	教育部高等教育司	教政法〔2016〕6号
《关于实施高校毕业生就业创业促进计划的通知》	将创新创业教育融入人才培养全过程，开发好创新创业教育课程	人社部、教育部	人社部发〔2016〕100号
《高等学校乡村振兴科技创新行动计划（2018—2022年）》	建设一批一流农林专业，打造一批线上线下精品课程，推动科教结合、产教融合、协同育人的模式创新	教育部	教技〔2018〕15号
《关于加快建设高水平本科教育 全面提高人才培养能力的意见》（简称"新时代高教40条"）	推动创新创业教育与专业教育、思想政治教育紧密结合，深化创新创业课程体系、教学方法、实践训练、队伍建设等关键领域的改革	教育部	教育部 2018年6月21日
《中国教育现代化2035》	推行启发式、探究式、参与式、合作式等教学方式以及走班制、选课制等教学组织模式，培养学生创新精神与实践能力	中共中央、国务院	中共中央、国务院 2019年2月23日

2. 有关"开展多种创新创业竞赛活动"的政策

共青团中央、教育部、人力资源社会保障部、中国科协、全国学联5个部门共同主办的"创青春"全国大学生创业大赛，自2014年起共同组织开展，每两年举办一次。教育部、中央网络安全和信息化领导小组办公室、国家发展和改革委员会、工业和信息化部、人力资源社会保障部等13个部门共同主办中国"互联网+"大学生创新创业大赛，大赛自2015年创办以来，累计有 225 万名大学生、55 万个团队参赛。该大赛是我国深化创新创业教育改革的重要载体和平台，已经成为我国覆盖面最大、影响力最广的大学生创新创业盛会，也推动了我国创新创业教育改革呈现多点突破纵深发展的良好态势，如表 6-4 所示。

表 6-4　有关"开展多种创新创业竞赛活动"的政策

制度名称	主要内容	发文单位	文件号或文件颁布时间
《教育部高等教育司 2018 年工作要点》	要求办好第四届中国"互联网+"大学生创新创业大赛	教育部高等教育司	教高司函〔2018〕12 号
《关于做好 2018 届全国普通高等学校毕业生就业创业工作的通知》	各地及高校要强化创新创业实践，办好各级各类创新创业竞赛	教育部	教学〔2017〕11 号
《关于加快建设高水平本科教育 全面提高人才培养能力的意见》（简称"新时代高教 40 条"）	强化创新创业导师培训，发挥"互联网+"大赛的引领推动作用，提升创新创业教育水平	教育部	教育部 2018 年 6 月 21 日

3. 有关"加强创新创业教师队伍建设"的政策

2017 年，教育部完成了首批导师遴选入库相关工作，共确定 4 492 位导师为首批入库导师。至 2018 年，由教育部主办的"全国高校创业教育骨干教师高级研修班"已连续举办 16 期，通过交流、借鉴国内外创新创业教育经验，改革教学内容和方法，提高有关教师的创新创业素质和教学水平。截至目前，该研修班共为全国高校培养创新创业教育骨干教师近 2 000 名，如表 6-5 所示。

表 6-5　有关"加强创新创业教师队伍建设"的政策

制度名称	主要内容	发文单位	文件号或文件颁布时间
《关于大力推进高等学校创新创业教育和大学生自主创业工作的意见》	积极聘请企业家、创业成功人士、专家学者等为兼职教师，建立一支专兼结合的高素质创新创业教育教师队伍	教育部	教办〔2010〕3 号
《关于实施高校毕业生就业创业促进计划的通知》	考虑就业指导教师的工作性质、业绩，同等条件下适当倾斜，推进就业指导教师队伍职业化、专业化、专家化	人社部、教育部	人社部发〔2016〕100 号
《国家创新驱动发展战略纲要》	培养造就一大批勇于创新、敢于冒险的创新型企业家	国务院	国务院 2016 年 5 月
《教育部高等教育司 2018 年工作要点》	要求做好全国万名优秀创新创业导师人才库建设	教育部高等教育司	教高司函〔2018〕12 号
《关于全面推行企业新型学徒制的意见》	企业应选拔优秀高技能人才担任学徒的企业导师。企业导师要着重指导学徒进行岗位技能操作训练	人社部、财政部	人社部发〔2018〕66 号
《中国教育现代化 2035》	建设高素质专业化创新型教师队伍，夯实教师专业发展体系，推动教师终身学习和专业自主发展	中共中央、国务院	中共中央、国务院 2019 年 2 月 23 日

4. 有关"建设创新创业实践基地"的政策

截至2014年年底,全国国家大学科技园总数为115家,科技园孵化场地面积为801.7万平方米,科技园孵化企业为9 972个,科技园孵化企业收入为361.2亿元。截至目前,我国已经评选了两批共200所"全国深化创新创业教育改革示范高校",建设了100个"高校学生科技创业实习基地",并且通过多种形式建立省级、地市级大学生创业实习和孵化基地,如表6-6所示。

表6-6 有关"建设创新创业实践基地"的政策

制度名称	主要内容	发文单位	文件号或文件颁布时间
《高校学生科技创业实习基地认定办法(试行)》	以国家大学科技园为主要依托,重点建设一批"高校学生科技创业实习基地"	教育部、科技部	教技厅〔2010〕2号
《国家大学科技园管理试行办法》	成为技术创新基地、高新技术企业孵化基地、创新创业人才聚集和培育基地、产学研结合示范基地	科技部、教育部	国科发高〔2010〕628号
《关于进一步推进国家大学科技园建设与发展的意见》	在大学科技园内有重点地布局和构建学生实习、实践基地,培养创新、创业人才	科技部、教育部	国科发高字〔2015〕487号
《国务院关于印发"十三五"国家科技创新规划的通知》	加强创新创业综合载体建设,发展众创空间,支持众创众包众扶众筹,服务实体经济转型升级	国务院	国发〔2016〕43号
《关于实施高校毕业生就业创业促进计划的通知》	建设大学生创业园、留学人员创业园和创业孵化基地,发展众创空间,提供低成本场所和孵化服务	人社部、教育部	人社部发〔2016〕100号
《国家创新驱动发展战略纲要》	发展众创空间。建立低成本、便利化、开放式众创空间和虚拟创新社区,建设多种形式的孵化机构	国务院	国务院2016年5月
《国务院关于印发"十三五"国家科技创新规划的通知》	系统布局高水平创新基地。以国家实验室为引领,形成功能完备、相互衔接的创新基地	国务院	国发〔2016〕43号
《关于做好2018届全国普通高等学校毕业生就业创业工作的通知》	各地各高校要加快发展众创空间,依托创业园、创业孵化基地等为毕业生创新创业提供场地支持	教育部	教学〔2017〕11号
《关于科技企业孵化器 大学科技园和众创空间税收政策的通知》	国家级、省级科技企业孵化器、大学科技园和国家备案众创空间应当单独核算孵化服务收入	财政部、税务总局、科技部、教育部	财税〔2018〕120号
《陈宝生部长新时代全国高等学校本科教育工作会议上的讲话》	要推进科教融合,让学生尽早参与和融入科研,早进课题、早进实验室、早进团队,加大各级科研基地向本科生开放力度,提高学生科研实践能力和创新创业能力	教育部	教育部2018年6月21日

续表

制度名称	主要内容	发文单位	文件号或文件颁布时间
《关于加快建设高水平本科教育 全面提高人才培养能力的意见》（简称"新时代高教40条"）	依托大学科技园、协同创新中心，搭建学生科学实践和创新创业平台，推动高质量师生共创，增强学生创新精神和科研能力	教育部	教育部 2018年6月21日
《高等学校乡村振兴科技创新行动计划（2018—2022年）》	支持建设一批有示范性的高校乡村振兴创新创业基地，支持高校师生开展农业农村领域创新创业活动，推进高校科技成果的有效转化和产业应用	教育部	教技〔2018〕15号
《2019年国务院政府工作报告》	鼓励更多社会主体创新创业，拓展经济社会发展空间，加强全方位服务，发挥双创示范基地的带动作用	国务院	国务院 2019年3月5日

5. 有关"实施弹性学制"的政策

弹性学制是具有伸缩性的学习时间、实践性的学习过程以及可选择的学习内容和学习方式等特点的学校教育教学模式；弹性学制可以满足学生个性化、多样化的教育要求，学生可以根据自己的学习需要、兴趣、特点自主安排大学生活，由"被动学习"变为"主动学习"，如表6-7所示。

表6-7 有关"实施弹性学制"的政策

制度名称	主要内容	发文单位	文件号或文件颁布时间
《关于大力推进大众创业万众创新若干政策措施的意见》	健全弹性学制管理办法，支持学生保留学籍休学创业	国务院	国发〔2015〕32号
《关于深化高等学校创新创业教育改革的实施意见》	实施弹性学制，放宽学生修业年限，允许调整学业进程、保留学籍休学创业	国务院	国办发〔2015〕36号
《关于实施高校毕业生就业创业促进计划的通知》	制定学分转换、弹性学制、保留学籍休学创业等措施	人社部、教育部	人社部发〔2016〕100
《关于做好2018届全国普通高等学校毕业生就业创业工作的通知》	进一步落实创新创业学分积累与转换、弹性学制管理、保留学籍休学创业等政策	教育部	教学〔2017〕11号
《关于全面推行企业新型学徒制的意见》	学徒培养实行弹性学制和学分制。鼓励和支持学徒利用业余时间分阶段完成学业	人社部、财政部	人社部发〔2018〕66号

> **案例 6-3　　大学生有效利用创业政策**
>
> 　　邓河南，男，广州长大的潮汕人，1992 年 11 月出生，2015 年 7 月毕业于广东韶关学院经济与管理学院。其座右铭是"十年河东，十年河西，十年河南"。2016 年他创办了韶关市创世前沿文化传播有限公司。公司目前拥有 2 项知识产权、12 项软件著作权，是国家高新技术企业的入库对象。
>
> 　　自 2011 年 9 月考上韶关学院后，邓河南充分利用国家和地方政府制定的创业优惠政策，一方面，自主申请小额创业担保贷款；另一方面，积极参加各级各类创业比赛，累计获创业扶持奖金 40 余万元。例如，2012 年，所负责的校园餐桌广告项目获国家级创新创业实践项目立项，项目立项资金 4 万元，韶关联通再奖励 0.5 万元。2015 年，旗下产品"创世帮"，曾荣获中国首届"互联网+"创新创业大赛优胜奖；2015 年，荣获广东省"我要去创业"三等奖；2015 年，荣获中国第五届创新创业大赛优胜奖，科技局补贴 10 万元；2015 年，申请韶关市创业免息贷款，额度 10 万元，一次性补贴 5 000 元，租金补贴 6 000 元。
>
> 　　又如，2016 年，荣获清远市大学生创业比赛一等奖，奖金 1 万元；2017 年，荣获首届全国青年"乐创"杯创业创富大赛二等奖，奖金 1 万元；2018 年，荣获韶关市"丹霞杯"返乡创业比赛三等奖，奖金 2 万元；2018 年，荣获中国第八届创新创业大赛优胜奖，科技局补贴 2 万元用于企业宣传片制作；2018 年，申请广东省中小企业服务券，获批 2 万元用于公司管理咨询；2018 年，子公司申请韶关政府扶持创业免息贷款，获批 10 万元。另外，邓河南入选 2017 年全国大学生创业英雄百强。

思考

你认为邓河南创业成功的关键因素是什么？他有效利用了国家和地方政府制定的哪些创业扶持政策？

利用国家政策创业

点评

　　在当前严峻的就业形势下，大学生创业受到国家和地方政府的鼓励。目前，国家出台多种优惠措施鼓励大学生创业。邓河南有效利用国家和地方政府制定的创业优惠政策，一方面，他自主申请小额创业担保贷款，是国家鼓励大学生自主创业的主要政策之一；另一方面，他通过参加各级各类创业比赛获得丰厚的创业培训基金，这笔基金是其创业资金的主要来源。

（二）扶持大学生创新创业的金融政策

　　大学生创业面临的主要问题之一是缺乏启动资金。据麦可思研究院发表的《2017 年中国大学生就业报告》显示，近几年来，80% 以上的大学生自主创业的资金主要来自父母、亲友投资或借贷和个人储蓄。国内对于家庭条件不好的大学生来说，创业资金缺乏是他们进

第六章 创新创业环境与政策

行自主创业的最大障碍。政府部门的各种优惠政策以及金融机构的信用贷款，能够助推大学生们更好地创新创业，如表6-8所示。

表6-8 扶持大学生创新创业的金融政策

内容	分类
创新创业的金融政策	1. 小额担保贷款政策 2. 创业基金政策 3. 税费减免政策 4. 注册资金优惠

1. 小额担保贷款政策

小额担保贷款政策如表6-9所示。

表6-9 小额担保贷款政策

制度名称	主要内容	发文单位	文件号或文件颁布时间
《关于改进和完善小额担保贷款政策的通知》	可向当地银行提出小额担保贷款申请，有意愿从事一些微利项目的，将会给予贴息50%的优惠政策	财政部、人行、劳动和社会保障部	银发〔2006〕5号
《关于实施大学生创业引领计划的通知》	认真落实小额担保贷款政策，落实银行贷款和财政贴息政策，重点支持吸纳大学生较多初创企业	人社部	人社部发〔2014〕38号
《关于做好2018年全国高校毕业生就业创业工作的通知》	加大政策资金支持，落实好创业担保贷款、一次性创业补贴、场租补贴等政策	人社部	人社部函〔2018〕16号

2. 创业基金政策

创业基金政策如表6-10所示。

表6-10 创业基金政策

制度名称	主要内容	发文单位	文件号或文件颁布时间
《关于实施大学生创业引领计划的通知》	以多种方式向创业大学生提供资金支持，设立重点支持创业大学生的天使投资和创业投资基金	人社部	人社部发〔2014〕38号
《关于实施高校毕业生就业创业促进计划的通知》	鼓励天使基金、风险投资和创业投资基金等社会资本，以多种方式支持高校毕业生创业	人社部、教育部	人社部发〔2016〕100号

· 179 ·

续表

制度名称	主要内容	发文单位	文件号或文件颁布时间
《关于做好2018年全国高校毕业生就业创业工作的通知》	设立高校毕业生就业创业基金，积极引入各类社会资本，多渠道助力毕业生创业创新	人社部	人社部函〔2018〕16号
《2019年国务院政府工作报告》	改革完善金融支持机制，设立科创板并试点注册制，鼓励发行双创金融债券，支持发展创业投资	国务院	国务院 2019年3月5日

3. 税费减免政策

税费减免政策如表6-11所示。

表6-11 税费减免政策

制度名称	主要内容	发文单位	文件号或文件颁布时间
《关于支持和促进就业有关税收政策的通知》	若毕业生在毕业后从事个体经商，将在3年内限额依次扣减个人所得税等，每户每年8 000元	财政部、国家税务总局	财税〔2010〕84号
《关于继续实施支持和促进重点群体创业就业有关税收政策的通知》	对持证从事个体经营的人员，在3年内按每户每年8 000元为限额依次扣减其当年实际应缴纳的营业税等	财政部、国家税务总局、人力资源社会保障部	财税〔2014〕39号
《关于实施高校毕业生就业创业促进计划的通知》	按规定给予税费减免优惠，为高校毕业生创业开辟"绿色通道"	人社部、教育部	人社部发〔2016〕100号
《关于科技企业孵化器 大学科技园和众创空间税收政策的通知》	对国家级、省级科技企业孵化器，大学科技园和国家备案众创空间免征房产税和城镇土地使用税；免征孵化服务取得的收入增值税	财政部、税务总局、科技部、教育部	财税〔2018〕120号
《2019年国务院政府工作报告》	强化普惠性支持，落实好小规模纳税人增值税起征点从月销售额3万元提高到10万元等税收优惠政策	国务院	国务院 2019年3月5日

4. 注册资金优惠

注册资金优惠如表6-12所示。

表6-12 注册资金优惠政策

制度名称	主要内容	发文单位	文件号或文件颁布时间
《关于实施2010高校毕业生就业推进行动大力促进高校毕业生就业的通知》	对刚开始创业的大学生，出台了注册资金分期到位政策	人社部	人社部发〔2010〕25号
《关于实施大学生创业引领计划的通知》	落实注册资本认缴登记制。对符合条件的创业大学生，按规定减免登记类和证照类等有关行政事业性收费	人社部	人社部发〔2014〕38号

续表

制度名称	主要内容	发文单位	文件号或文件颁布时间
《关于实施高校毕业生就业创业促进计划的通知》	落实好支持创业的便利化措施，会同有关部门简化工商登记手续，提供企业开户便利，按规定给予税费减免优惠	人社部、教育部	人社部发〔2016〕100号

（三）扶持大学生创新创业的培训政策

扶持大学生创新创业的培训政策如表6-13所示。

表6-13 扶持大学生创新创业的培训政策

制度名称	主要内容	发文单位	文件号或文件颁布时间
《关于进一步做好普通高等学校毕业生就业工作的通知》	对于参加自主创业培训的大学毕业生和培训机构，参考其创业成果等给予一定补贴。开展"万名大学生创业培训计划"	国务院	国发〔2011〕16号
《关于实施大学生创业引领计划的通知》	编制专项培训计划，优先安排培训资源，使有创业培训需求的大学生获得创业培训。要鼓励开发适合大学生创业的培训项目	人社部	人社部发〔2014〕38号
《关于实施高校毕业生就业创业促进计划的通知》	优先安排优质培训资源，开发合适的创业培训课程，使每一个有创业意愿和培训需求的毕业生都有机会获得创业培训	人社部、教育部	人社部发〔2016〕100号
《关于做好2018届全国普通高等学校毕业生就业创业工作的通知》	依托各类培训机构、企业培训中心等平台，创新开发一批质量高、特色鲜明、针对性强的培训实训课程	教育部	教学〔2017〕11号
《关于全面推行企业新型学徒制的意见》	在企业，采取企业导师带徒的方式，在特殊的培训机构，采取工学一体化的教学培训方式。应用"互联网+"、职业培训包等培训模式	人社部、财政部	人社部发〔2018〕66号

（四）扶持大学生创新创业的服务政策

扶持大学生创新创业的服务政策如表6-14所示。

表6-14 扶持大学生创新创业的服务政策

制度名称	主要内容	发文单位	文件号或文件颁布时间
《关于进一步做好普通高等学校毕业生就业工作的通知》	为创业大学生提供"一条龙"服务，包括政策咨询讲解、信息服务咨询、项目开发讲解、风险测评、融资指导等	国务院	国发〔2011〕16号
《关于实施大学生创业引领计划的通知》	建立健全创业公共服务政府采购机制并加强绩效管理，构建覆盖院校、园区、社会的创业公共服务体系	人社部	人社部发〔2014〕38号

续表

制度名称	主要内容	发文单位	文件号或文件颁布时间
《关于实施高校毕业生就业创业促进计划的通知》	有关部门简化工商登记手续，提供企业开户便利，按规定给予税费减免优惠，为高校毕业生创业开辟"绿色通道"	人社部、教育部	人社部发〔2016〕100号
《关于印发"十三五"国家科技创新规划的通知》	大力发展科技服务业，建立统一开放的技术交易市场体系，提升面向创新全链条的服务能力	国务院	国发〔2016〕43号
《国家创新驱动发展战略纲要》	构建专业化技术转移服务体系。发展研发设计、中试熟化、创业孵化、检验检测认证、知识产权等各类科技服务	国务院	国务院2016年5月
《关于做好2018年全国高校毕业生就业创业工作的通知》	为毕业生创业提供咨询辅导、项目孵化、场地支持、成果转化等全要素服务，帮助解决工商税务登记、知识产权等	人社部	人社部函〔2018〕16号
《粤港澳大湾区发展规划纲要》	完善区域公共就业服务体系，完善有利于港澳居民特别是内地学校毕业的港澳学生在珠三角就业生活的政策措施。支持香港通过"青年发展基金"等帮助香港青年在大湾区创业就业	中共中央国务院	中共中央、国务院2019年2月

三、典型省市层面创新创业政策

除了国家积极出台了鼓励大学生自主创业的一系列新政策外，此外，广东省、浙江省、湖南省、上海市、杭州市、广州市、深圳市等各省市纷纷出台了鼓励大学生自主创业的优惠政策。大学生创新创业政策的主要内容包含：创新创业教育政策、财政金融支持政策、创新创业培训政策和创新创业服务政策等。

（一）创新创业教育政策

创新创业教育政策如表6-15所示。

表6-15 创新创业教育政策

制度名称	主要内容	发文单位	文件号或文件颁布时间
《关于大力推进大众创业万众创新的实施意见》	推行大学生创业校企双导师制。全面推进高校学分制管理改革，实行弹性学制管理，支持大学生保留学籍休学创业	广东省人民政府	粤府〔2016〕20号
《关于做好当前和今后一段时期就业创业工作的实施意见》	深化课程体系、教学内容和教学方式改革。加快高校示范性创业学院建设，形成一批创新创业教育基地	浙江省人民政府	浙政发〔2017〕41号
《关于促进创新创业带动就业工作的实施意见》	将创新创业教育作为在校学生必修课和毕业生就业指导重要内容，纳入教学计划和学分管理。举办创新创业项目竞赛	中共湖南省委、湖南省人民政府	湘发〔2015〕7号

续表

制度名称	主要内容	发文单位	文件号或文件颁布时间
《关于做好2016年上海高校毕业生就业创业工作的通知》	以课堂教学为主渠道,以创新创业大赛等活动为载体,利用学生创业园、创业孵化基地等平台,孵化一批创新创业项目	上海市教育委员会、上海市人社局	沪教委学〔2016〕7号
《关于做好当前和今后一段时期就业创业工作的实施意见》	融入人才培养体系,健全课程体系,促进专业教育、实习实践等与创新创业教育有机融合	广州市人民政府	穗府〔2017〕26号
《关于做好当前和今后一段时期就业创业工作的实施意见》	加强创业孵化基地、众创空间等建设,为创业者提供政策扶持和指导服务。深化课程体系、教学内容和教学方式改革	深圳市人民政府	深府规〔2017〕12号
《关于做好当前和今后一段时期就业创业工作的实施意见》	深化课程体系、教学内容和教学方式改革。加快高校示范性创业学院建设,形成一批创新创业教育基地,开设专业课程	杭州市人民政府	

(二)财政金融支持政策

财政金融支持政策如表6-16所示。

表6-16 财政金融支持政策

制度名称	主要内容	发文单位	文件号或文件颁布时间
《关于大力推进大众创业万众创新的实施意见》	按规定给予创业孵化基地提供创业孵化补贴;对入驻政府主办的创业孵化基地的初创企业,按规定减免租金	广东省人民政府	粤府〔2016〕20号
《关于做好当前和今后一段时期就业创业工作的实施意见》	按规定给予一次性创业补贴。设立大学生创业引导基金,引导社会资本共同设立创业投资子基金	浙江省人民政府	浙政发〔2017〕41号
《关于促进创新创业带动就业工作的实施意见》	完善小额担保贷款政策,简化担保手续,降低贷款门槛。对创办符合条件的小微企业,依规全面落实各项税收优惠政策	湖南省委、省人民政府	湘发〔2015〕7号
《关于做好2016年上海高校毕业生就业创业工作的通知》	落实工商登记、税费减免、创业贷款、房租补贴、创业培训见习补贴、初创期企业社会保险补贴等优惠政策	上海市教育委员会、上海市人社局	沪教委学〔2016〕7号
《关于做好当前和今后一段时期就业创业工作的实施意见》	新就业形态劳动者符合条件的,可参加基本养老保险和城镇职工医疗保险,并缴纳基本养老保险费和基本医疗保险费	广州市人民政府	穗府〔2017〕26号
《关于做好当前和今后一段时期就业创业工作的实施意见》	创业担保贷款最长时间调整为3年,个人贷款最高额度调整为30万元,合伙经营或创办企业,贷款最高额度调为300万元	深圳市人民政府	深府规〔2016〕12号
《关于做好当前和今后一段时期就业创业工作的实施意见》	在校生和毕业5年以内的毕业生,符合条件者可给予企业连续3年创业补贴。设立大学生创业引导基金、创业投资子基金	杭州市人民政府	

(三) 创新创业培训政策

创新创业培训政策如表 6-17 所示。

表 6-17 创新创业培训政策

制度名称	主要内容	发文单位	文件号或文件颁布时间
《关于大力推进大众创业万众创新的实施意见》	强化农村劳动力专业就业培训和职工技能晋升培训，开展远程公益创业培训，培养农民创业创新带头人	广东省人民政府	粤府〔2016〕20号
《关于做好当前和今后一段时期就业创业工作的实施意见》	支持优质培训机构和平台开发数字培训课程，开展"互联网+"培训。通过整建制购买培训项目开展培训	浙江省人民政府	浙政发〔2017〕41号
《关于促进创新创业带动就业工作的实施意见》	要将创新创业教育作为在校学生必修课和毕业生就业指导的重要内容，纳入教学计划和学分管理	湖南省委、人民政府	湘发〔2015〕7号
《关于做好2016年上海高校毕业生就业创业工作的通知》	各高校要进一步系统开展就业指导教师培训，着力提升政策理论水平和职业指导能力	上海市教育委员会、人社局	沪教委学〔2016〕7号
《关于做好当前和今后一段时期就业创业工作的实施意见》	完善职业教育、技能培训与产业发展密切结合教育培训模式。对符合条件的企业按规定给予职业培训补贴	广州市人民政府	穗府〔2017〕26号
《关于做好当前和今后一段时期就业创业工作的实施意见》	强化职业教育和技能培训。推进职业教育和职业培训精准对接产业发展需求、精准契合受教育者需求	深圳市人民政府	深府规〔2016〕12号
《关于做好当前和今后一段时期就业创业工作的实施意见》	支持优质培训机构和平台开发数字培训课程，开展"互联网+"培训。通过整建制购买培训项目开展培训	杭州市人民政府	

(四) 创新创业服务政策

创新创业服务政策如表 6-18 所示。

表 6-18 创新创业服务政策

制度名称	主要内容	发文单位	文件号或文件颁布时间
《关于大力推进大众创业万众创新的实施意见》	加强科技成果转化服务。发展"互联网+"创业服务，为创客提供场地、团队运营、资金扶持、产品推广等孵化服务	广东省人民政府	粤府〔2016〕20号
《关于做好当前和今后一段时期就业创业工作的实施意见》	健全公共就业创业服务体系。运用就业创业服务补贴政策，支持公共就业服务机构和高校开展招聘和创业服务	浙江省人民政府	浙政发〔2017〕41号

续表

制度名称	主要内容	发文单位	文件号或文件颁布时间
《关于促进创新创业带动就业工作的实施意见》	建立各级创新创业服务专家库，组建各级专家服务团。鼓励科技特派员创办、领办、协办企业和开展创新创业服务	中共湖南省委、省人民政府	湘发〔2015〕7号
《关于做好2016年上海高校毕业生就业创业工作的通知》	建设高校创业指导站，推动公共创业政策宣讲、专家咨询指导、项目受理与对接、技能培训与实训等服务向高校延伸	上海市教育委员会、上海市人社局	沪教委学〔2016〕7号
《关于做好当前和今后一段时期就业创业工作的实施意见》	校校合作共建"广州青年就业创业指导工作站"，试点建立广州市高校毕业生"创业就业服务站"，提供就业创业服务	广州市人民政府	穗府〔2017〕26号
《关于做好当前和今后一段时期就业创业工作的实施意见》	推进"互联网+就业创业服务"，构建实体大厅、网上平台、移动应用、自助终端等一体化公共就业信息服务平台	深圳市人民政府	深府规〔2016〕12号
《关于做好当前和今后一段时期就业创业工作的实施意见》	动态分析服务诉求，为高校毕业生等劳动者职业生涯发展全过程和用人单位人力资源开发全过程主动提供精准服务	杭州市人民政府	

★ 案例6-4

丹霞山的美丽乡村生活

2010年8月，广东丹霞山"申遗"成功，韶关学院2002届英语教育专业学生符小蜜毅然决定辞职，在景区内开了丹霞印象首间集住宿、音乐吧、书吧为一体的特色民宿。8年多过去了，在符小蜜的带动下，丹霞印象深耕丹霞山市场，在丹霞山区域先后直营和托管运营了多间网红客栈和民宿，客房入住率在50%左右。

2018年年初，在仁化县委县政府的领导下，成立了仁化县客栈民宿协会带领丹霞山的民宿稳步发展。丹霞印象连锁客栈荣获韶关市五星级乡村旅游民宿，"丹霞印象"民宿品牌获得2018年"丹霞杯"返乡人员创业创新大赛创业创富赛企业组金奖。总店入围"首批中国精品民宿客栈示范店"，旗下民宿获"2017最受欢迎客栈民宿"。符小蜜荣获2016年"全国优秀创客"，其"创业史"成为当地青年的励志版本。

2017年年末，丹霞印象结合政府鼓励政策在丹霞山瑶塘村开启了"民宿+文创农创+美丽乡村生活圈"的建设探索，迈出了推动乡村振兴的第一步。

民宿+优质文旅业态，激活乡村资源，树立品牌。文化的复兴与传承，是乡村振兴的重要内容。丹霞印象系列特色客栈民宿集群为核心圈层，同步拓展农业、教育、旅游、餐饮、文创等业态组成合作圈层，将有效利用民宿公共空间，设计红豆手工坊、故乡风物展、乡村市集等活动促进乡村民艺非遗的传承与发展，恢复乡村的文化活力。

新乡村+创业和就业，实现宜居宜业宜旅生活圈。 广东丹霞印象新乡村生活圈（瑶塘村）项目本着"居游共享、村民共建"的发展理念，吸纳当地村民成为民宿和相关产业的员工。设立"新乡村生活学院"，开展技能培训，为青年提供施展才华的创新创业实践平台，吸引青年群体返乡就业创业，全力孵化青年农创、文创项目，解决乡村振兴建设的人才匮乏问题。

丹霞山+美丽乡村，带动全域旅游发展。 借助丹霞山品牌核心吸引力，深挖在地文化和乡村资源，不断串联丹霞山的民宿、乡村、非遗、科普、手工等线路产品，让在地资源和丹霞山有效衔接，实现客源扩大和充分导流。整合乡村资源、树立乡村产业可持续发展模式的信心。丹霞印象以稳步提升的入住率保障了基础收益，同时带动了相关业态发展，员工团队也从3人发展到了近百人，特别是在当地用人率上达到90%，促进了当地的经济发展和就业。

田园综合体，助力乡村振兴。 2018年丹霞印象品牌总结探索经验，走出了丹霞山，在乳源县合作打造乌石岭田园综合体项目。广东丹霞印象一直在为国家全面实施"乡村振兴战略"贡献力量。带动青年回乡创业就业，解决乡村振兴中的"人才"问题；以文创为核心驱动力，打造农产品品牌，助力农业产业化升级。

丹霞山网红民宿

 思考

你认为符小蜜创业成功的关键因素是什么？她在创业上利用了哪些创新创业扶持政策？从符小蜜的创业经历中你学到了哪些经验？

 点评

符小蜜抓住"乡村振兴战略"的重大发展机遇，按照全域旅游的思路，借助丹霞山品牌核心吸引力，以民宿为入口，整合乡村特色资源，打造乡村产业可持续发展模式，开启了"民宿+文创农创+美丽乡村生活圈"的建设模式，带动当地全域乡村旅游发展。

复习思考

1. 分析创新创业环境的方法有哪些。
2. 通过访谈、问卷的形式调查已创新创业者，看其在创新创业过程中是否进行了创新创业环境的分析。他们是从哪些方面进行创业分析的？
3. 如果你要创新创业，你的创新创业项目是什么？针对你的创新创业项目进行创新创业环境的分析。
4. 调研周围准备创新创业的人。通过问卷、访谈等形式了解准备创新创业者们是否了解所在地区的创新创业扶持政策。他们是如何知道这些创新创业扶持政策的？这些创新创业扶持政策对他们的创业有什么影响？

5. 针对自己拟创办的企业，分析可享受哪些创新创业优惠政策，如何利用，有哪些创新政策风险。

6. 如果你想创新创业，除了当前的创新创业扶持政策外，还希望获得哪方面的支持？

拓展训练

一、游戏训练
游戏名称：行业创新创业环境分析

1. 训练目的。

通过训练，帮助同学们了解"十三五"期间我国各个行业创新创业环境的机会与威胁。

2. 训练步骤。

（1）各学习小组确定本组的创新创业行业领域。

（2）训练前预告收集关于"十三五"期间该行业领域的资料，包括发展机遇、问题等。

（3）各组制作 PPT，选派代表进行演示、说明，并接受其他同学的提问。

（4）老师点评。

3. 训练要求。

（1）行业创新创业环境分析除了要体现全国趋势外，还要有当地特色。

（2）行业创新创业环境除了要有数据、观点外，还要有业内标杆企业分析，以及业内名家观点。

（3）行业创新创业环境还需要结合波特竞争 5 力模型进行分析。

二、实际操作训练

访问一个企业家。要求采访一个在过去 3~5 年中创建的新企业，可以是自己所希望从事的领域里的榜样，最好是自己专业领域创业成功的优秀校友。通过采访，了解一个创业者创业成功的关键因素，他在创业过程中利用了哪些创新创业政策？

三、视频观感

（一）网上视频

【思考】

1. 你认为俞敏洪创业成功最主要的因素有哪些？

2. 结合本视频，谈谈创新创业环境主要包括哪些。

（二）影视作品

美国电影《硅谷传奇》（*Pirates of Silicon Valley*）

【思考】

结合本电影，你认为当前的大学生创新创业环境存在哪些机遇和威胁？

参考文献

[1] 丁栋虹. 创业学 [M]. 上海：复旦大学出版社，2014.

［2］陆岚，秦剑. 基于全球创业观察项目的创业研究分析与展望［J］. 管理现代化，2015（6）：37－39.

［3］陈德明，陈少雄，朱国华. 大学生创业规划［M］. 广州：广东高等教育出版社，2014（6）：63－68.

［4］教育部《教育部高等教育司 2018 年工作要点》（教高司函〔2018〕12 号），2018.

［5］教育部《关于做好 2018 届全国普通高等学校毕业生就业创业工作的通知》（教学〔2017〕11 号），2017.

［6］人社部、教育部《关于实施高校毕业生就业创业促进计划的通知》（人社部发〔2016〕100 号），2016.

［7］国务院《关于大力推进大众创业万众创新若干政策措施的意见》（国发〔2015〕32 号），2015.

［8］人社部《关于实施大学生创业引领计划的通知》（人社部发〔2014〕38 号），2014.

第七章

创业机会与创业风险

目标与要求

通过本章的学习，了解创业机会的基本内涵、特征与类型；认识创业机会与商业机会的关系；了解创业机会的来源；了解创业机会及其识别要素，学会如何评价某个机会是有价值的创业机会；掌握创业风险类型以及如何防范风险；了解由创业机会开发商业模式的过程，掌握商业模式设计策略和技巧。

问题引入：一个好点子，净挣100多万——机会就是财富

2003年，南京邮电大学博士2年级的饶翔创办了安讯科技（南京）有限公司。

2005年，联通推出了无线上网卡业务，但是，用户的上网卡有时会因为卡里面的流量用完而突然不能上网，而客户对此并不清楚。能不能设计一个小软件，在客户上网时告诉他无线上网卡里的流量用了多少、还剩多少？他们瞄准这一市场空白点，打造"无线上网卡用户维系关怀"业务。

为方便客户续费，他们还开通了网上银行续费业务。"就是这么一个小小的功能，就使得联通在无线上网卡这项业务上，一年内获得了2 000万元的续费额，客户群遍布11个省共计110万人。" 3年下来，这项业务为安讯挣了100多万元。

2007年，饶翔到美国考察，当时第一代iPhone在美国刚刚上市，400美元一部。饶翔把玩了之后，觉得iPhone很好用，一定会火，于是把一部分公司业务转向了围绕iPhone的软件开发。2009到2011年期间，其营业额的增长每年均超过100%。

为什么有人能够发现机会并成功地开发机会的价值，而另一些人却遭遇了失败？

1876年，西方联合国际公司一次内部会议得出这样的结论："电话这项装置作为沟通的工具，还存在许多无法克服的技术障碍，因此这项产品不具有任何市场潜力。"但很快，电话取代电报成为人类主要的远程通信工具。

1901 年，莱特在一次公开演讲上说："人类想要飞行，至少还要 50 年的时间。"但 1903 年，莱特兄弟提前实现了飞行梦想。

1910 年，发明家爱迪生公开宣称："镍铁电池的出现，将会使石油工业消失。"

1932 年，爱因斯坦在一项学术会议上指出："核能在实际上是无法获得的，因为原子不可能自动分裂。"

1943 年，IBM 公司创始人华生在一次电脑产业发展前景的研讨会上指出："电脑未来的全球市场规模只有 5 台。"

耶鲁大学一位管理学教授在一名学生的期末专题报告上评注："这份有关货物运输的专题研究虽颇具创意，但一点也不可行，所以我连 C 的成绩都无法给你。"这位学生名叫史密斯——联邦快递公司 FedEx 创始人。

第一节 创业机会识别

近几十年来，研究者们都尝试回答这样一个问题，即：什么是创业者的原动力？最初，有学者们从"特质论"出发，认为创业者具有异于常人的特殊个性特质，但这类观点遭到了许多学者的质疑。

纽约大学伊斯雷尔·柯兹纳教授（Kirzner）首次指出（1979）："创业是一个机会发现活动，创业者往往对机会保持高度的警觉性，机会发现是创业中重要的一个环节。"创业机会识别既是创业活动的初始阶段，也是其核心环节，对于新创企业成功与否至关重要。而创业机会识别则源于创意的产生。

一、创意与机会

（一）创意的概念

创意（Create）是具有一定创造性的想法或概念。创意的核心是创造性思维，其突出的标志是具有新颖性、独特性，创造性思维往往带有随机性和突发性，因此又常被称为"灵感"。

创意是否具有商业价值则存在不确定性。例如，1922 年，明尼苏达矿业制造公司的弗兰西斯·G·欧奇，作为当时公司顶级的销售人员，就梦想着把砂纸作为剃须刀片的替代品卖给男士。这的确是一项创意，但它从来未流行过。

★案例 7-1   迪士尼的卡通创意

迪士尼年轻时穷困潦倒，不得不与太太租住在一间破旧的房子里。每天都有很多老鼠在房间里乱窜，迪斯尼夫妇苦中作乐，常借着老鼠的滑稽动作聊以宽慰。

他们最终因付不起房租而被房东赶了出来。经济拮据的夫妇两人只好栖身在公园的长椅上。夜幕降临，突然行李包里伸出一个小脑袋，那是他平时喜欢逗弄的一只小老鼠。看着滑稽的小老鼠，迪士尼脑海里产生了一个新奇的创意，他惊喜地说道："世上一定还有不少像我们这样的穷人，他们也需要有自己的快乐，就让可爱的老鼠去逗他们开心吧。"

> 第二天，迪士尼便开始了他的创作，不久，一个可爱的"米老鼠"卡通形象诞生了，一家公司出资邀请迪士尼合作，制作米老鼠卡通图画和电影。迪士尼凭借"米老鼠"开始了自己的创业生涯。

（二）机会的内涵

Kirzner（1979）对机会的定义最具代表性："机会就是未明确的市场需求或未得到充分利用的资源或能力。"

不同的研究视角对机会的理解存在差异。一种是从静态角度认为创业机会是客观存在的，以 Kirzner 为代表的奥地利经济学派基于此还创立了机会发现理论。另一种动态角度，则是强调了创业者的努力在机会识别中的重要作用。

可以肯定的有两点。一是机会总是存在的，一种需求得到满足，另一种需求又会产生；一类机会消失了，另一类机会又会出现。二是大多数机会不会显而易见，需要发现和挖掘。因为显而易见的机会会被过度开发利用而丧失价值。

二、商业机会和创业机会

（一）商业机会

清华大学雷家骕教授认为："机会是指实现某种目的的可行的突破口、切入点、环境、条件等。商业机会是指实现某种商业盈利目的之可行的突破口、切入点、环境、条件等。""创业研究之父"蒂蒙斯教授认为："创业过程始于商业机会，而不是资金、战略、网络、团队或商业计划。"

创业行为起始于商业机会。一个人只有在发现商业机会后，才可能进一步考虑能否配置到必要的资源以及如何利用这个商业机会去最终盈利，进而着手开始创业。对于创业者而言，真正的商业机会比资金、团队的智慧、才能或可获得的资源更为重要。

一个好的创意未必是一个好的商业机会。例如，你可能通过一项新技术发明了一个非常有创意的产品，但是市场可能并不需要它；或者，一个创意听起来不错，但是在市场上没有竞争力，或不具备必要的资源，或尽管市场有需求，但是需求的数量不足以收回成本，那也不值得考虑。

（二）创业机会

创业机会属于独特的商业机会范畴，是一种特殊的、具有商业价值的创意。

奥地利经济学派认为："创业机会与商业机会的根本区别在于利润或价值创造潜力的差异，创业机会是一种独特的商业机会，它具有创造超额经济利润的潜力，而一般的商业机会只可能改善现有的利润水平。"

英国雷丁大学经济学教授马克·卡森（Casson）认为："创业机会是一种新的'目的—手段（End-Means）'关系，它能为经济活动引入新产品、新服务、新原材料和新组织方式，并能以高于成本价出售的市场情况。"

享誉世界创业研究领域的著名学者美国凯思西储大学教授斯考特·谢恩（Scott Shane）

提出（2003）："创业机会本质上是一种能带来新价值创造的'目的—手段'关系。"所谓"目的"指的是创业者计划服务的市场或要满足的需求，表现为最终产品或服务；所谓"手段"指的是服务市场或满足需求的方式，表现为用于供给市场最终产品或服务的价值创造活动要素、流程和系统。

综上所述，创业机会是指具有商业价值的创意，表现为特定的组合关系。

三、创业机会的特征与类型

（一）创业机会的特征

《21世纪创业》的作者杰夫里·蒂蒙斯教授提出，好的创业机会具有四个特征：第一，对顾客有很强的吸引力；第二，在你所处的商业环境中有可行性；第三，它必须在"机会之窗"（是指创意推广到市场上去所花的时间，若竞争者也发现了同样的机会，并已把产品推向市场，那么机会之窗也就关闭了）存续的期间被实施；第四，有必要的资源（人、财、物、信息等）和技能来创立业务。

（二）创业机会的类型

1. 从创业机会的来源角度

问题型机会，指的是由现实中存在的未被解决的问题所产生的机会。此类在人们的日常生活中大量存在。比如，工作生活中存在的各种不便、顾客未被满足的需求、无法买到称心如意的商品、服务质量差等。这些问题的解决方法，会产生价值或大或小的创业机会。据说联邦快递的创业者史密斯，因为在工作中感觉采购物品时，其经常不能在需要的时间内到达而产生了创办联邦快递公司的想法。

趋势型机会，是指在变化中预测到未来的发展方向，看到将来的潜在机会。这种机会一般产生在时代变迁或重要领域的改革时期。在这种环境下，各种新的趋势开始产生，但往往不被多数人认可和接受，一般处于萌芽阶段。如果能够及早发现并把握，就有可能成为未来趋势的先行者和领导者。趋势性机会一般出现在经济变革、政治变革、人口变化、社会制度变革、文化习俗变革等各个方面。一旦被人们认可，它产生的影响将是持久的，带来的利益也是巨大的。

政策型机会，是指政府政策变化带来的商机。为适应社会经济的发展，政府需要不断调整自己的政策，而政策的变化通常会带来新的商业机会。事实上，随着社会分工的不断细化和专业化，从政策中寻找商机，还意味着创业者可以通过对特定产业链的分析，在商机催生的产品或服务的上下游延伸中寻找商机。

2. 从目的—手段关系的明确程度

识别型机会，是指市场中存在十分明显的目的与手段关系，创业者可以通过目的—手段关系的连接来辨别的机会。例如，当供求之间出现矛盾或冲突时，不能有效满足需求或者根本无法实现这一需求时辨别出新的机会。常见的问题型机会多属于这一类型。

发现型机会，是指目的或手段的任意一方处于未知状况，等待创业者从中去发掘机会。比如，开发出来一项新技术，但其具体的商业化产品尚未出现，需要通过不断尝试来发掘潜在的市场机会。比如激光技术在出现后数十年才真正发展为民用。

创造型机会，指的是目的和手段皆不明朗，创业者要比别人更具先见之明，才能创造出有价值的市场机会。这种机会通常可以创造出新的目的—手段关系，将能为创业者带来巨大的利润。常见的趋势型机会往往属于这一类型。

四、创业机会的来源

蒂蒙斯认为，创业机会主要是来自改变、混乱或是不连续的状况。

德鲁克提出机会的七种来源："意外之事；不协调；程序需要；产业和市场结构；人口变化；认知、意义和情绪上的变化；新知识。"

凯斯西储大学创业学教授斯考特·谢恩的观点比较有代表性，他提出产生创业机会的四种变革："政治和制度变革、社会和人口结构变革、技术变革、产业结构变革。"

创业机会主要来自一定的市场需求和变化。

（一）需求问题

顾客需求在满足前就是客观存在的问题，创业的根本目的是满足顾客需求。

寻找创业机会的一个简单而重要的途径就是善于发现自己和他人工作生活中的难处以及由此产生的解决问题的需求。新需求的出现、需求方式的改变都会产生新的问题，有经验的创业者能够从中找到富有价值的创业机会。

> **★案例7-2 五笔字型与王码公司创业**
>
> 历经数千年悠久历史的汉字，在数字时代面临严峻的挑战。如果无法通过电脑的26个键位输入汉字，在信息时代汉字的应用就会受限，就将有被淘汰的危险。
>
> 20世纪70年代初，青年王永民决心在茫茫的汉字汪洋中奋勇开拓，他以《现代汉语词典》为研究对象，把密布在其中的一万两千多个汉字，逐字拆分，反复琢磨，终于，1983年他发明的"五笔字型"突破了汉字电脑化"瓶颈"，被誉为不亚于活字印刷术的伟大发明。
>
> 1998年，王永民提出了世界上第一个汉字键盘输入的全面解决方案——五笔字型输入法，获得了中、美、英三国专利，被誉为"把中国带入信息时代的人"。
>
> 1998年，王永民创办了王码公司，经营"五笔字型"汉卡。汉卡给王永民创造了可观的经济效益，王码公司一年的纯利润就达上千万元。

（二）变化

创业机会多源自不断变化的市场环境，市场结构、市场需求必然随着环境变化而变化，这样会给各行各业带来良机。变化是创业机会的重要来源，没有变化就没有创业机会，人们透过这些变化，常常会发现新的创业良机。

彼得·德鲁克更是将创业者定义为那些能"寻找变化，并积极反应，把它当作机会充分利用起来的人"。

> ★案例 7-3　　　　两厘米的商机
>
> 　　2001 年 7 月，国内外媒体争相报道欧元将于 2002 年元旦正式流通的消息。对于大多数中国人来说这则消息仅仅是一则普通的新闻，但海宁的一位企业家却从中看到了商机。通过对比，他发现新版的欧元尺寸较大，比原先欧洲的纸币普遍长了两厘米左右。这两厘米也将导致欧洲人原有的钱包装不下新欧元。他马上意识到这是个很好的商机，并立刻与欧洲商人合作，按照新尺寸定做了 1 万个钱包投放市场，立即销售一空。此后他每天都有上万个钱包的产量，但仍无法满足市场需求。

> ★扩展阅读　　　　一则信息引发的商机
>
> 　　1993 年的一天，王传福通过国际电池行业动态信息了解到，日本本土不再生产镍镉电池，这就意味着镍镉电池生产将会发生国际大转移，王传福意识到自己创业的机会来了。随后几年，王传福利用自己在电池行业多年的技术积累，迅速填补了日本企业撤出留下的市场空间。
> 　　"二战"结束后的一天，霍英东无意中看到刊登在报纸上的许多拍卖战时剩余物资的通告。他心想：目前市面上物质紧缺，买回来卖，也许能赚些钱。此后，他经常留意报刊上的招标通告。第一次和朋友合作转卖物资，霍英东就净赚 2.2 万元。他意识到，贸易行业利润高、赚钱快，是致富的一条捷径。
> 　　以上两个案例说明商机实实在在地存在于我们的日常生活中，通过分析发现变化并抓住它的人常常会一夜巨富。在对待商机的问题上，很多情况下是"有心栽花花不发，无心插柳柳成荫"。

（三）创造发明

创造发明提供了新产品、新技术，在更好地满足社会需求的同时，也带来了新的创业机会。在人类社会发展史上，每次重大的发明创造都会引起产业结构的重大变革，产生无数的创业机会。即使只是跟上时代的步伐，成为推广销售新产品、新技术的人，也会获取无限商机。

沁恒科技
创业之路

（四）竞争

通过弥补竞争对手的产品或服务的缺陷和不足，更好地满足市场需求，也将带来新的创业机会。当你审视周围的公司，如果你能比他们更便捷、更可靠、更低价地向客户提供产品或服务，在效率上超越竞争对手，你也许就找到了机会。

（五）新知识、新技术的产生

新知识、新技术的产生改变了企业间的竞争手段和模式，也使得拥有新知识、新技术的人成功地发现和利用机会的能力大大提高,从而使得创业机会激增。比如,近年来,移动互联网、3D 打印等新技术必将带来无限的创业机会。

> **★案例 7-4　　20 秒充满一部手机的"超级充电器"**
>
> 据英国《每日邮报》报道,来自加州林布鲁克中学的 18 岁女中学生伊莎·卡瑞,凭借自己发明的超级充电器,获得 2013 年度"英特尔国际科学工程大奖赛"5万美金大奖。
>
> 这一体型小巧的"超级电容器"使用了纳米技术,充满一部手机仅需 20 秒左右,且电量能长时间保存。该电容设备还具有超长的使用寿命,能够循环充电使用上万次。而且非常柔韧,可以被用在服装织物等当中,比普通电池拥有更多优点和应用之处。
>
> 伊莎小小年纪就取得了不起的成就,不仅为相关产业领域提供了潜在的创业机会,也给她自己带来了机遇。虽然目前该充电器只在发光二极管上使用过,但伊莎认为未来这一发明可以广泛用于手机、电动汽车等使用重复充电电池的设备。谷歌公司也开始与伊莎进行积极接触,双方有望展开紧密合作。

五、影响机会识别的关键因素

识别创业机会受到历史经验等多种因素的影响,从本质上说,机会识别是一种主观色彩浓厚的行为过程。

现有研究表明,影响机会识别的关键因素主要体现在创业者的创业警觉性、先前经验、认知因素、社会关系网络、创造性等方面。

1. 创业警觉性

创业者与普通人的不同在于,他总是敏锐地关注他人忽略的市场环境特征。警觉的创业者时刻注意着市场,对潜在的机会保持着敏锐的洞察力,一旦发现创业机会就会采取相应行动并努力获取利润。

Kirzner(1979)认为,创业警觉性对机会发现具有关键的影响。常人在知识上不是全能的,同时受经验所限,对机会的发现缺乏应有的敏感性,往往不能够发现潜在的创业机会,只有具有警觉性的企业家才可能发现机会并利用机会而获得利润。

2. 先前经验

先前经验的积累受创业者既往工作、创业经历以及受过的教育培训等方面的影响。在机会识别过程中,创业者自身的知识和经验可以为创业者提供重要参考。

Shane(2000)指出:"个体先前工作经验中所积累的顾客问题信息、市场服务方式知识、市场知识造就了创业者的'知识走廊',导致创业者在面对同样的机会信息时,解读出的往往是与其先前知识密切关联的机会。"

3. 认知因素

认知过程是产生创意、激发创造力、识别机会的基础。认知因素如创业意识、创新思维等本身就是创业能力的重要组成部分,是个体创业机会识别的重要前提。

Shane(2000)认为:"创业机会的发现取决于两个必要条件:第一,个体获取承载创业机会的信息;第二,个体合理解读这些信息并识别其中蕴含的价值。"

机会认知就是感知和认识到机会,就是合理解读信息并识别出其中蕴含价值的过程,也是机会的认知和识别过程。

4. 社会关系网络

社会关系网络提供了孕育创意所必需的土壤,其深度和广度也对机会的识别产生影响。

创业者的社会关系网络是其在长期的生活当中积累的"人脉","人脉"会提供许多重要信息和资源,创业者往往在社会交往过程中获得承载商业机会的信息并发现创业机会。掌握大量社会关系与专家联系网络的人,更容易得到更多的机会和创意。

5. 创造性

认知过程需要产生创意、激发创造力。

面对市场需求和环境变化,创业者需要以独具匠心的思维方式寻求具有新颖性和实用性的解决方案,以从中识别和把握创业机会。从这个意义上说,机会识别是一个不断反复的创造性思维过程,创造性思维在创业机会的识别和开发方面起到重要的作用。

六、识别创业机会的一般过程

创业者对创业机会的识别和把握是创业过程的开端。创业者从众多创意中选择其认可的创业机会,并对这一机会持续开发,发展为真正的企业,直到成功。在这一过程中,机会的潜在价值与创业者的能力交叉互动,创业者对创业机会的认知也越来越明确。

创业机会识别过程通常包括机会搜索、机会识别和机会评价三个阶段,如图7-1所示。

机会搜索阶段,创业者从存在的创意中,搜索发现具有潜在的商业发展机会和价值的创意,然后进入下一阶段——机会识别。这里的机会识别是狭义的识别,是从创意中筛选合适的机会。这一过程分为两个步骤:首先是通过对宏观市场环境以及行业进行分析,判断该机会是否属于广泛意义上的有商业发展价值的机会;其次是个性化的机会识别阶段,也即判断这一机会对特定的创业者来说是否可行。识别出合适的机会后就是对筛选出的创业机会进行评价,这一过程将在下一节详细探讨。

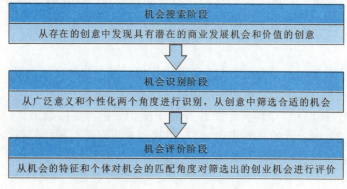

图7-1 创业机会识别过程

七、创业机会识别的行为技巧

(一)通过市场调研发现机会

多数创业机会都可以通过市场调研分析得以发现。借助市场调研,对企业的微观环境(顾客、供应商、竞争对手等)和宏观环境(政治、法律、技术、人口等)进行分析寻找机会。例如,独生子女的校外培训教育需求,社会老龄化产生的老年人消费需求,食品安全问题引发的绿色食品需求,下岗失业问题产生的就业需求等。

(二)通过问题分析和顾客建议发现机会

问题分析就是要找出个人或组织面临的问题以及由此产生的需求,进而找出解决方法。对创业者来说,一个有效并能产生回报的解决方法就是识别机会的基础。顾客最清楚自己需要什么,一个新的机会有可能由他们识别出来,顾客会提出一些诸如"能那样的话肯定会更好"此类的非正式建议。留意这些意见,有助于发现创业机会。

(三)通过创新获得机会

在新技术行业中此种方法最为常见,它可能始于某项新技术发明,进而发展新技术的商业应用价值,也可能始于拟满足的市场需求,从而积极探索相应的新技术和新方法。通过创新获得机会的方式难度最大,风险也更高。一旦成功,其回报也更大。比如当当网、亚马逊等成功地将互联网技术引入图书销售,艺龙旅行网和携程网成功地将互联网技术引入旅客咨询服务并形成广阔的应用和开发前景。今天互联网已深入人们的生活,极大地改变了人们的生活方式和消费观念。

★案例7-5　　　市场空缺成就"我爱我家"

陈早春1995年毕业于复旦大学经济专业,因读书时跟外商交往频繁,他很快便在帮老外租房、买房时看到了商机。

陈早春把上海一些老洋房租过来后,按照外国人的品位重新装修改造成住宅,然后转租给外国人。因为定位明确,因此他做得非常成功。

1998年,经考察,陈早春发现北京的房屋租赁市场和二手房市场潜力巨大。12月陈早春来到北京,着重发展房屋租赁市场,很快在北京站住了脚,并且在1999年以高达200万利润的业绩吸引到了投资者的目光。

当时正热播电视剧《我爱我家》,公司改名为"我爱我家",此名字亲切又容易使人联想到房产。"我爱我家"目前已经荣升为世界100个价值品牌之一。2005年,陈早春以20亿人民币资产位列国内的福布斯富豪榜第70名,成为业界的"黑马"。这一年,正好距离他大学毕业10年。

第二节　创业机会评价

选对了创业项目,就意味着创业成功了一半。因此,对于创业机会的评价,必须慎重并采取科学的方法。创意需要符合一定的标准才是真正的创业机会,而创业机会只有符合创业者的能力和目标才是有价值的。

一般而言,创业机会评价可以从产品、技术、市场与效益等几大方面进行评估。值得指出的是,创业者一般不会列举太多评价指标,创业机会通常比较模糊,很多指标无法准确地估算,所以创业者更多的是凭借自己的先前经验、商业敏感抓住几个重要指标分析,表现更多的是主观判断而不是科学分析。

一、有价值创业机会的基本特征

(一)价值性

创业机会是能带来商业价值的机会,它能使创业产生利润,这是创业机会受到创业者与投资者追寻与青睐的根本原因,也是创业机会区别于其他机会的根本特征。当然,这里说的价值性并不是说创业机会本身具有一定的直接价值,而是说它可以成为价值增值的创业活动的切入点。

(二)可行性

创业者还必须了解已有的创业机会是否有可行性。首先它能在你的商业环境中行得通;其次,你必须有资源,比如人、财、物、信息、时间和技能,这样才能顺利利用创业机会开展创业活动。

(三)时效性

创业因"机会"而存在,而机会是具有很强时间性的有利因素,转瞬即逝。创业机会产生于市场变化,存在于特定的市场环境之中,市场的每一次变化所带来的创业机会都是有时效性的。换言之,创业机会产生于一定的条件下,随着环境的变化、消费者需求的转移,创业机会也会变化。因此,创业者必须及时捕捉机会和适时地利用机会,否则时过境迁,机不再来。

从产生创意到发现机会,进而发展为清晰的商业概念,意味着创业者识别到了创业机会。至于发展出的商业概念是否能成为有价值的创业机会,进而投入资源开发,还需要进一步论证。

二、个人与创业机会的匹配

判断创业机会是否适合自己的主要依据在于机会特征与个人特质的匹配。

学者们普遍认同:"创业活动是创业者与创业机会的高度结合,一方面,创业者识别并开发创业机会;另一方面,创业机会也在选择创业者。只有当创业者和创业机会之间存在着恰当的匹配关系时,创业活动才最有可能发生,也更可能取得成功。"

联想控股董事长柳传志就反复提醒创业者:在转身做企业时,需想清自己的性格是不是适合做企业。他总结,人大概可分为两种:"奔日子"的和"过日子"的。"奔日子"的人,总在奔,宁可冒风险,也要过一种新的生活,有新的追求。而"过日子"的人,则把谋生存作为创业的动机。

柳传志自认是"奔日子"的人。当时毕业后的他在国防科委、科学院等研究部门工作,得过不少奖项，但是心总是不安分，想去寻找新追求。"'奔日子'型的创业，达到一定高度后，还想跟自己较一把劲。"比如像马云这样的人，不停地往前走。这种人对推动生产力的发展是有好处的，是更值得鼓励的，但是风险很大。

（一）个人与创业机会匹配的"两阶段"理论

1. 识别"第三人机会"阶段

所谓"第三人机会"，是指对于某些市场主体而言感知到的某种潜在机会。

创业者依据先前经验和认知因素，对外部信息进行搜集、分析和甄别，通过资源匹配分析，识别出第三人机会。这相当于机会识别的第一个步骤——"判断该机会是否在广泛意义上属于有利的商业机会"。

2. 识别"第一人机会"阶段

"第一人机会"阶段则是指，对于创业者本人而言有价值的机会的阶段。在识别出第三人机会基础上，该机会的创新性、盈利性和不确定性程度，若能与创业者个人特质中认知因素、成就需要、自我效能感相匹配，那么创业者就可能感知和识别出第一人机会。

（二）个人与创业机会匹配的实践

判断创业机会是否适合自己，实践中主要从个人经验、社会网络和经济状况三个方面评价。

个人经验方面，要考虑先前工作生活所积累的经验，能否支撑创业机会开发所必需的知识技能。

社会网络方面，要考虑自己所熟悉和掌握的社会资源，能否支撑创业机会开发所必需的资源和其他因素。越是广泛的社会关系网络，越有利于个体发现和把握创业机会，开展创业实践活动。

经济状况方面，要考虑能否承受创业活动付出的机会成本。很多创业者，创业之初原本有着报酬丰厚的工作机会。面对创业的投入和回报的不确定性，也需要考虑因创业而放弃现有收入所造成的损失，能否通过创业机会的价值潜力在未来一段时间内得以弥补。

★案例7-6　**工作环境压抑个性**

泗洪的农家孩子刘锐，1992年毕业于南京大学信息化管理专业，后分配到某省级机关，一干就是10年。工作10年后，他辞职创业，成立了及时雨净水设备公司。

刘锐当年在机关的工作与他的专业有关，是做统计工作。一个办公室、几个同事，这么小的天地，每天清闲得令人憋闷。因为谨记"祸从口出"的国训，他平时说话都不敢大声说，到后来，谨小慎微到说话时别人都听不清。

工作环境与人格特质不合，缜密思考后，刘锐选择辞职创业。读高中时刘锐就有创业的念头，他是自己可以当家做主的人，有事业、有主见。目前，刘锐已经创造了可观的经济效益。

三、创业机会评价的技巧和策略

评价创业机会需要采用科学的方法。一方面,可以从机会的价值特征出发评价创业机会的价值创造潜力,判断值不值得投入发掘所发现的创业机会;另一方面,可以从个体与创业机会匹配角度出发评价创业机会价值实现的可能性,判断个体能不能够把握并实现创业机会的价值。

为帮助创业者识别创业机会,美国百森商学院的蒂蒙斯教授提出了一个创业机会评价基本框架。这也是一个比较完善的创业机会评价指标体系。蒂蒙斯教授认为,创业者应该从行业和市场、经济因素、收获条件、竞争优势、管理团队、致命缺陷问题、个人标准、理想与现实的战略差异8个各方面评价创业机会的价值潜力,并围绕这8个方面形成了53项指标,如表7-1所示。

表7-1 蒂蒙斯的创业机会评价框架

行业和市场	1. 市场容易识别,可以带来持续收入 2. 顾客可以接受产品或服务,愿意为此付费 3. 产品的附加价值高 4. 产品对市场的影响力高 5. 将要开发的产品生命长久 6. 项目所在的行业是新兴行业,竞争不完善 7. 市场规模大,销售潜力达到1 000万到10亿 8. 市场成长率在30%~50%,甚至更高 9. 现有厂商的生产能力几乎完全饱和 10. 在五年内能占据市场的领导地位,达到20%以上 11. 拥有低成本的供货商,具有成本优势
经济因素	12. 达到盈亏平衡点所需要的时间在2年以下 13. 盈亏平衡点不会逐渐提高 14. 投资回报率在25%以上 15. 项目对资金的要求不是很高,能够获得融资 16. 销售额的年增长率高于15% 17. 有良好的现金流量,能占到销售额的20%以上 18. 能获得持久的毛利,毛利率要达到40%以上 19. 能获得持久的税后利润,税后利润率要超过10% 20. 资产集中程度低 21. 运营资金不多,需求量是逐渐增加的 22. 研究开发工作对资金的要求不高
收获条件	23. 项目带来的附加价值具有较高的战略意义 24. 存在现有的或可预料的退出方式 25. 资本市场环境有利,可以实现资本的流动

续表

竞争优势	26. 固定成本和可变成本低 27. 对成本、价格和销售的控制较高 28. 已经获得或可以获得对专利所有权的保护 29. 竞争对手尚未觉醒，竞争较弱 30. 拥有专利或具有某种独占性 31. 拥有发展良好的网络关系，容易获得合同 32. 拥有杰出的关键人员和管理团队
管理团队	33. 创业者团队是一个优秀管理者的组合 34. 行业和技术经验达到了本行业内的最高水平 35. 管理团队的正直廉洁程度能达到最高水准 36. 管理团队知道自己缺乏哪方面的知识
致命缺陷问题	37. 不存在任何致命缺陷问题
个人标准	38. 个人目标与创业活动相符合 39. 创业家可以做到在有限的风险下实现成功 40. 创业家能接受薪水减少等损失 41. 创业家渴望进行创业这种生活方式，而不只是为了赚大钱 42. 创业家可以承受适当的风险 43. 创业家在压力下状态依然良好
理想与现实的战略差异	44. 理想与现实情况相吻合 45. 管理团队已经是最好的 46. 在客户服务管理方面有很好的服务理念 47. 所创办的事业顺应时代潮流 48. 所采取的技术具有突破性，不存在许多替代品或竞争对手 49. 具备灵活的适应能力，能快速地进行取舍 50. 始终在寻找新的机会 51. 定价与市场领先者几乎持平 52. 能够获得销售渠道，或已经拥有现成的网络 53. 能够允许失败

选编自姜彦福、邱琼：《创业机会评价重要指标序列的实证研究》，载自《科学学研究》，2004（1）．

我国台湾的创业学教授刘常勇（2002）归纳的创业机会评价框架比较简单，具有代表性。他认为创业机会评价主要围绕市场和回报两个层面展开，如表7－2所示。

表7－2 刘常勇的创业机会评价框架

市场评价	是否具有市场定位，专注于具体顾客需求，能为顾客带来新的价值 依据波特的五力模型进行创业机会的市场结构评价 分析创业机会所面临市场的规模大小 评价创业机会的市场渗透力 预测可能取得的市场占有率 分析产品成本结构

续表

回报评价	税后利润至少高于5% 达到盈亏平衡的时间应该低于2年 投资回报率应高于25% 资本需求量较低 毛利率应该高于40% 能否创造新企业在市场上的战略价值 资本市场的活跃程度 退出和收获回报的难易程度

选编自刘常勇：《创业管理的12课堂》，北京：中信出版社，2002.

第三节　创业风险识别与管理

创业风险，是指在创业过程中，由于创业活动的不稳定性，创业环境的不确定性，创业者经验、创业团队能力与创业投资者资源的有限性，以及创业企业管理的复杂性，创业活动偏离预期目标甚至失败，给创业者和创业企业带来损失的可能性。有价值的创业机会也是有风险的。在创业过程中创业者必须清晰地了解以下问题：创业需要面对哪些风险？如何有效地识别风险？如何有效地管理风险？

一、创业风险的构成与分类

（一）创业风险的构成

创业风险主要由风险因素、风险事件和风险损失三个方面构成。

1. 风险因素

风险因素是指能够引起或增加风险事件发生的机会或影响损失程度的因素，是引发风险事件的潜在条件，是造成风险损失的内在或间接原因。创业风险因素从形态上可以分为人的因素和物的因素两个方面。物的因素是有型的状态或情形，如技术的不确定性、经济环境恶化等；人的因素指道德、心理的状态或情形，如道德水平和心理风险因素等。

2. 风险事件

风险事件是风险因素综合作用的结果，是产生风险损失的直接或外在原因和媒介物。创业风险的可能性变成现实，成为创业风险事件，以致引起损害后果的发生。例如，技术研发的不确定性导致新产品研发的失败，经济环境恶化导致销售下降等。

3. 风险损失

风险损失是指可以用货币衡量的，非预期的、非故意的经济利益的减损。风险损失包括直接损失和间接损失。

（二）创业风险的分类

创业风险的分类如表7-3所示。

表7-3 创业风险的分类

划分依据	分类	
按创业风险的内容划分	项目风险	环境风险
	市场风险	技术风险
	管理风险	财务风险
按风险的来源划分	系统风险	
	非系统风险	
按风险的可控程度划分	可控风险	
	不可控风险	

1. 按创业风险的内容划分

（1）项目风险。是指由各种主客观因素导致的项目选择错误或项目运营失败。在商业机会的识别与评估过程中，由于各种主客观因素的影响，如信息获取不足、项目评估不科学、高估商机可行性、低估风险与难度等，错误地选择创业项目或错误地放弃原本有价值的创业项目，于是创业面临一开始就出现方向错误的风险。即使选择合适的项目，在项目运营过程中还会有许多风险，如创业者没有能力整合足够的资源运行项目、市场上忽然出现更有竞争力的同类产品或服务等。

（2）环境风险。是指由于创业活动所处的社会、政治、经济、法律、环境等的变化，创业者或企业蒙受损失的可能性。例如，战争，国际关系变化或有关国家政策改变，政权更迭，宏观经济环境发生大幅度波动或调整，法律法规的修改或者创业相关事项得不到政府许可等给创业活动带来的风险。

（3）市场风险。是指由于市场情况的不确定性，创业者或企业蒙受损失的可能性。市场风险包括市场对新产品的接受能力与接受时间的不确定性、产品扩散速度的不确定性、售后服务的不确定性、新市场竞争能力的不确定性等。例如，贝尔实验室在20世纪50年代就推出图像电话，但20年之后，该技术才被市场接受。又如摩托罗拉公司耗资50亿美元所开发的铱星通信系统在技术上很先进，但当其1998年年底投入商业运营后却一直无法形成稳定的客户群体，最终铱星公司不得不关门大吉。

（4）技术风险。是指因技术发展变化的不确定性而导致创业失败的可能性。技术成功的不确定性、技术发展前景的不确定性、技术效益的不确定性、技术成果转化的不确定性等都会带来技术风险。技术的不确定性既包括企业现在拥有的技术本身功能与成长的不确定性，也包括与之相关的配套技术和替代技术的变动所带来的不确定性。

（5）管理风险。是指在创业过程中因信息不对称、管理不善而导致创业失败的风险。创业者并非天生就是成功的企业家，也并不一定具备出色的管理才能，当创业企业发展到一定规模时，原来不成熟的管理方式很容易导致风险事件的发生。创业企业的管理风险主要包括营销管理风险、人力资源管理风险、企业制度风险等。

（6）财务风险。是指创业企业由于财务结构不合理、融资不当、对所需资金估计不足、难以及时筹措创业资金、现金流管理不力等，可能会丧失偿债能力，导致预期收益下降，形成一定的财务风险。创业企业的财务风险主要包括筹资风险、投资风险、现金流风险。

2. 按风险的来源划分

（1）系统风险。系统风险是源于创业企业之外的由创业环境带来的风险。诸如与宏观的政治、经济、社会等方面相联系的风险。创业者往往无法对其进行控制或施加影响，但仍然可以采取相应的措施来进行防范、规避、转移或者化解各种系统风险，以免给企业带来损失。

（2）非系统风险。是指源自企业内部的商业活动和财务活动而引发的风险。非系统风险往往由创业企业自身的内部因素引发，也只对个体企业产生影响。非系统风险包括投资风险、创业团队风险、技术风险、创业融资风险、新创企业管理风险等。

3. 按风险的可控程度划分

（1）可控风险。是指在一定程度上可以控制的风险，如团队风险、技术风险、财务风险等。

（2）不可控风险。是指创业者或企业无法影响或控制的风险，如上述系统风险。

二、创业风险的管理流程

创业风险中，有一些是可以预测的，有一些是不可预测的。对于创业者来说，虽然风险发生的时间、地点和损失程度具有不确定性，但可以通过建立完善的信息搜集与管理系统，采用科学的预测方法和控制手段，对创业风险进行有效的管理。

创业风险的管理是一个包括了风险的识别、风险评估和制定风险应对策略的动态过程（见图7-2），目的是尽可能地避免风险，将成本及损失最小化。

（一）风险识别

风险识别是创业人员对创业过程中可能发生的风险进行感知和预测的过程。风险管理人员在调查研究的基础上对尚未发生的潜在风险进行系统识别和归类。风险识别是风险管理的基础，通过识别风险，查明各种不确定因素和风险来源，厘清各种风险之间的关系，预估各种风险事件的可能后果，确定哪些因素对创业构成威胁、哪些可能带来机会，为风险管理做好准备。

风险识别的内容包括：识别风险可能发生的领域、识别引发风险的主要因素、风险的性质、风险发生的概率以及风险可能引发的后果。

（二）风险评估

风险评估是指在风险识别的基础上，对可能发生的风险进行预计、度量和后果评估等工作，也可以对总体的风险水平进行预测和评估。

风险评估，包括风险估计和风险评价。

风险估计是通过对风险的不确定性和风险要素系统地、充分地考量，预计创业过程中各种风险发生的概率以及发生之后的损失程度。风险估计需要把风险事件发生概率、可能的结果和危害程度、预期发生的时间几个方面结合起来考虑。

风险评价是针对风险估计的结果，应用各种风险评价方法来判定风险影响大小、危害程度的过程。风险管理人员应针对不同的风险选用不同的方法进行评价，针对评价结果，决定是否采用以及采用什么样的风险控制措施，进而为管理者选择风险管理方法、进行风险决策提供可靠依据。

(三) 风险应对

风险应对是在风险评估的基础上，创业者采取有效的措施对风险进行防范和控制，尽可能消除或减少损失，以最大限度地实现安全保障的风险管理方法。常用的风险应对方法有风险回避、风险自留、风险预防、风险抑制和风险转嫁等。

风险回避，是指放弃某一方案或计划以中断风险来源，从而避免由此带来的损失后果。风险回避是一种消极的处理方法，多数风险都和收益相连，没有风险也就没有收益，因此回避风险虽简单，往往也意味着放弃收益机会。因而，风险回避通常仅适用于某种风险所导致的损失概率和程度相当高时，或用其他方法处理风险不经济这两种情形。

风险自留，是创业者自我承担风险损失的一种方法。风险自留，常常在风险所致的损失短期内可以预测，损失概率和幅度较低，不致影响企业财务稳定时采用。这种情况下，风险自留的成本要比采用其他风险处理方式时要低，而且方便有效。

风险预防，是指在风险损失发生前，采取有效控制措施，减少或消除可能引发风险的各种因素，以达到降低风险发生的概率、控制风险带来的损失程度的目的。风险预防是风险管理的最常规方法。

风险抑制，是指在风险发生时或发生后，为缩减损失幅度而采取的各种应对措施，通常在损失无法避免和转嫁的情况下采用，如损失发生后的各种自救措施和损失处理等。

风险转嫁，是指为了避免承担风险损失，利用合法的方式或手段，有意识地将风险全部或部分地转嫁给他人承担的一种风险管理方式。转嫁风险的方式主要有保险转嫁和非保险转嫁。非保险转嫁又细分为两种方式，一是转让转嫁，二是合同转嫁。(扫描封底二维码，查看视频"创业的风险控制"。)

图 7-2 创业风险管理流程

三、创业风险的防范

创业者在对机会风险评估的基础上，努力防范和降低风险。完善的风险管理，应事先排定次序，优先处理发生概率高、引发损失大的风险事件，再处理风险相对较低的事件。实践中，须衡量两者的比重，做出最合适的决定。

(一) 系统风险防范的可能途径

系统风险是由某种全局性的共同因素引起的，创业者无法控制或无法施加影响，并难以采取有效方法消除的风险。因此系统风险也称为不可分散风险，一般来说，环境风险、市场风险等属于系统风险。对于系统风险，创业者可以从以下三个方面做好风险的防范。

1. 综合分析

创业者首先应对创业环境进行正确的认识和了解。通过对创业环境进行合理评估，熟悉创业的宏观环境、行业环境、政策环境等，以求深入准确地预估创业过程中可能遇到的系统风险。目前我国实施更加积极的就业鼓励政策，在自主创业税费减免、小额担保贷款、创业地落户以及场地、项目、技术、培训等方面为大学生创业提供了一揽子优惠和鼓励政策，创造了更为宽松的环境。

2. 合理预测

创业风险大多是可以预测的，创业者应尽可能利用所掌握的资源，采用和团队成员探讨等有效的方法来对那些能够预测的风险进行深入分析，预测创业环境的可能变化以及变化会给创业企业带来的影响，尽量对创业的系统风险做到心中有数，制定相应的应对策略。

3. 合理应对

由于系统风险的不可分散性，创业者只能通过对系统风险的分析和预测来制定合理的应对措施，尽量规避并尽可能降低系统风险发生对创业者自身带来的不利影响。

（二）非系统风险防范的可能途径

非系统风险是由创业者自身因素引起的，只对该创业企业产生影响。因此可在某种程度上对其进行控制，并通过一定的手段予以预防和分散。非系统风险的防范种类如图 7-3 所示。

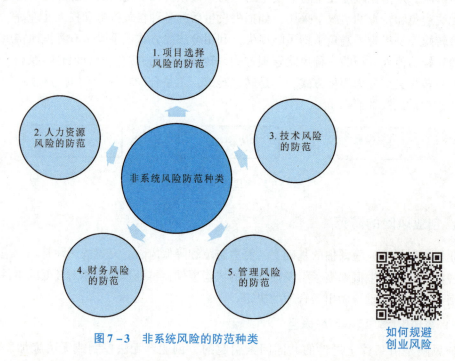

图 7-3 非系统风险的防范种类

如何规避创业风险

1. 项目选择风险的防范

项目选择风险是一种机会风险，是由于选择创业而失去其他发展机会所可能获取的收益。因此，创业者在创业准备之初就要对项目风险和机会收益进行全面衡量，将创业目标和目前的职业收益、自己的生涯规划进行权衡分析。如果认为创业条件尚不具备，就不要操之过急，而是先就业或继续从事目前的工作，边工作边观察学习，学习所在公司开拓市场的方式、管理者管理公司的技巧等，学会利用自己的工作机会建立良好的关系网络，等待时机成熟再开始创业。

2. 人力资源风险的防范

人力资源风险是指创业企业在创业初期和成长期广泛存在的创业团队风险和关键员工流失风险。创业团队风险主要指团队的稳定性、团队的组织协作能力、环境适应能力等方面的风险；关键员工流失风险是指那些具有特殊才能、负责核心业务、控制关键资源的员工离开创业企业而导致的风险。

创业团队风险的防范策略：谨慎选择创业团队成员，形成团队的共同价值观和愿景，明确团队成员的权利和责任，制定并遵守团队规范和团队纪律，建立创业团队的动态调整机制。

关键员工流失风险防范策略：识别关键岗位和关键员工预先制定防范措施，采取有效激励措施留住关键员工，通过限制性契约减少关键员工流失可能带来的损失。

3. 技术风险的防范

技术风险是指由于技术发展的不确定性所带来的风险。技术创新能带来丰厚的回报，但掌握不好也可能会使使用者损失惨重，创业者一定要通过有效途径减少技术风险发生的可能性。首先，应重视对技术创新方案的可行性论证，并通过建立敏锐的技术发展监测系统正确判断技术发展趋势，减少技术开发与技术选择的盲目性。其次，可通过组建联合技术开发体，建立创新联盟等方式来分散技术创新的风险。最后，重视专利申请、商标注册、技术指标申请、保密协议等保护性措施，防止技术外流和侵权，通过法律手段减少损失出现的可能。

4. 财务风险的防范

对于创业企业而言，除本身的投资风险外，财务风险主要表现为融资风险和现金流风险。在控制融资风险方面，要筹划合理的融资规模，防止不当融资；把握合理的融资机会，防止过早或过晚融资；要融资也要融智，选择最佳的融资对象，同时要因地制宜地选择最有利的融资方式及其组合，谨防融资陷阱。在现金流风险管理方面，要确定现金流在企业财务管理中的核心地位。要学会分析现金短缺的原因，进而强化经营活动的现金流管理；合理规划投资，防止盲目投资占用过多资金；同时也要科学规划融资，确保合理的财务结构。

5. 管理风险的防范

管理风险主要体现在经营决策、战略规划、营销组合不合理以及组织制度的不科学；创业者的综合素质较低，以及对生产运作内部沟通、激励等问题管理不力等方面。

管理风险的防范，需要通过提高管理者素质、改变管理和决策方式以有效应对。创业企业的管理风险，具体来说可以采取以下措施应对：第一，努力提高创业团队核心成员的素质，树立诚信意识和市场观念，并以此为基础提升领导层的自身能力建设，建立能够适应企业不同发展阶段的组织机构；第二，实行民主决策与集中管理的统一，将企业的执行权合理分配，避免不规范的家族式管理影响企业发展；第三，明确决策目标，完善决策机制，减少决策失误。

四、创业者风险承担能力的估计

创业者风险承担能力是指创业者所能承受的最大风险损失。创业者在进行风险识别的过程中，既要确定其能接受的风险范围，也要对其能够承受风险的程度进行评估，以采取合理的风险管理方法，减少创业过程中的不确定性。

创业者风险承担能力与创业者的个人能力、工作情况、收入情况等息息相关。对其风险承担能力的估计可以从以下几个方面进行。

（一）可用于承担风险的资金

通常，创业者的个人情况和家庭经济状况会影响到创业者用于承担风险的资金。例如，家庭条件比较困难的创业者会较少寻求家庭的支持，能用来承担风险的资金一般也会比较低；应届毕业大学生缺少创业资金的积累，用于承担风险的资金也较少。一般情况下，用于承担风险的资金数量和创业者的风险承担能力直接相关。

（二）可从其他途径取得收入的能力

从其他途径取得收入的能力越强，创业失败对创业者的影响就越小，创业者能够用来偿还创业失败所引致的债务能力也越强，其风险承担能力也越强。因此，从其他途径取得收入的能力也会影响创业者风险承担能力。

（三）危机管理的经验

创业者危机管理能力会影响到创业风险发生时采取的风险抑制措施的效果，从而影响到损失的大小。危机管理能力越强，创业者就越能及时采取有效风险防范措施抑制损失，避免损失进一步扩大。创业者的危机管理经验越丰富，其风险承担能力就越强。

大学生创业风险

第四节　商业模式开发

管理学大师彼得·德鲁克曾说过："当今企业之间的竞争不是产品之间的竞争，而是商业模式之间的竞争。"前时代华纳行政总裁迈克尔·邓恩认为："在经营企业过程中商业模式比高技术更重要，因为前者是企业能够立足的先决条件。"在现代商业竞争中商业模式的作用如此重要和独特。那么商业模式的内涵是什么？商业模式如何创造独特的价值？如何设计出有竞争力的商业模式？

在创业机会识别过程中，创业者对如何开发利用创业机会实现新企业良性运营并持续盈利，往往缺乏思考、定位模糊，而实现盈利是新创企业在竞争中生存的基本前提。

清华大学中国创业研究中心高健教授指出："有资料调查显示，当今中国创业企业的失败，23%是因为战略失误，28%是因为执行问题，而高达49%的失败是因为没有找到适合自己持续盈利的商业模式。"

因此，作为机会识别和论证的一部分，创业者必须思考和设计出完整的、切实可行的商业模式。

一、商业模式的定义和本质

（一）商业模式的定义

商业模式是商业运行的内在机理，是企业为满足目标客户的价值主张，将内外部各种资源优化组合、合理调配和利用,并最终实现有效、持续盈利而建立的一种系统结构。本质上是若干因素构成的一组运营逻辑关系的链条,也称为企业价值链条。

(二) 商业模式的本质

商业模式本质上是若干要素构成的一组盈利逻辑关系链条。企业对价值主张、价值网络、价值维护和价值实现四种要素进行规划组合,各要素不同的结合方式形成不同的商业模式。

商业模式本质上也是企业价值创造的逻辑。而企业价值是通过顾客、伙伴、企业的交叉互动创造出来的,体现为顾客价值、伙伴价值和企业价值。

顾客价值、伙伴价值和企业价值紧密联系——顾客价值是基础、伙伴价值是支撑、企业价值是目标(见图7-4)。

(1) 顾客价值。顾客价值是企业实际满足的顾客的特定利益目标组合,价值主张和价值网络的共同作用形成了顾客价值。

(2) 伙伴价值。伙伴价值是指企业能够提供给合作伙伴的特定利益组合,价值网络和价值维护的共同作用形成了伙伴价值。

(3) 企业价值。企业价值是指企业最终实现的盈利,价值维护和价值实现的共同作用形成了企业价值。

图7-4 商业模式逻辑关系链条

二、商业模式和商业战略的关系

商业战略是商业模式的一部分,是企业基于商业模式的一套关于行动方向的策略,商业模式实际上是一套企业进行战略思考的框架。明确的商业模式是创业成功的首要前提,这不仅在于商业模式本身具有重要的商业价值,还在于它直接影响企业的创业过程和商业战略的选择与实现。环境资源相近的情况下,商业模式决定竞争胜负;商业模式趋同的前提下,企业成败则取决于企业战略核心能力。

从一定意义上来说商业模式相当于一个"规划图",它为创业者提供了一条路径参考,而商业战略则是探索如何"实现",引导创业者走向成功。在现实中商业模式和商业战略容易混为一谈,两者实际上既有区别又有联系。

(一) 商业模式与商业战略的联系

商业模式在很大程度上决定了企业的发展潜力,商业战略则是将潜力转变为现实的重要手段,商业模式和商业战略之间是互补关系,而不是替代关系,在既定商业模式基础上选择适当商业战略更有助于发挥商业模式的发展潜力。

具体而言,商业战略的制定以商业模式的构建为基础,而商业战略的实施则建立在商业模式的运行和改进的基础之上。创业团队的首要任务就是设计适应企业发展的商业模式,在此基础上制定适当的商业战略。

(二)商业模式与商业战略的区别

(1)商业模式是面向现实的、(相对)静态的价值创造方式的规划;商业战略则是面向未来的、动态地完成从决策到实现的实践过程。

(2)商业模式侧重内部结构和价值实现,回应的是企业"提供什么"和"如何提供"的问题;商业战略更多地关注外部环境和竞争,通过恰当的行为选择赢得优势。

(3)商业模式是企业价值创造的基本架构和价值体系;商业战略则是在此架构基础之上,在环境和竞争条件约束下的目标体系和行动体系。

(4)一段时期内,企业通常只有一个商业模式,但可以同时存在多个商业战略。

三、商业模式因果关系链条的分解

商业模式是由价值主张、价值网络、价值维护、价值实现四个要素构成的一组盈利逻辑关系的链条(见图7-5)。

图7-5 商业模式因果关系链条

(一)价值主张

价值主张,就是指企业通过优化整合价值链上的资源,以适当的方式满足客户需求,为客户创造价值。成功的商业模式需要一个明确而又有吸引力的客户价值主张作为基础。Johnson等(2008)指出:"价值主张包括三个元素:目标顾客;客户利益(客户需要解决的某个重要问题,或需要满足的某项重要需求);提供物(为解决问题或满足需求而提供的某种产品或某项服务)。"

(二)价值网络

价值网络,泛指企业为有效地实现其价值主张进而实现商业利润,同其价值链上的商业伙伴之间形成的合作关系网络。

随着顾客需求的个性化发展和技术的不断进步,价值网络变得更为复杂,除了顾客、供应商、商业伙伴这些原有网络参与者之外,其他多种类型的社会商业主体也参与其中,如广告商、联盟企业、中介机构(渠道商、贸易商等)乃至政府机构等。各类型的参与者之间彼此联动、互为依存,构成一个复杂的利益共同体,通过特定的方式建立起直接或间接的竞争与合作关系。

(三)价值维护

大量案例表明,成功的商业模式有赖于建立有效的价值维护体系,以保障价值创造活动持续有效地开展。

价值维护由伙伴关系与隔绝机制两部分组成。

（1）伙伴关系指企业与价值网络中的商业伙伴基于信任，在价值创造活动中形成的风险共担、利益共享的长期互利合作关系。

（2）隔绝机制指为价值网络及价值创造的方式、成果免受侵害而做出的设计安排，即如何防范模仿者和竞争者，使价值创造活动不受外来因素所影响。

（四）价值实现

价值实现即通过各种收入流（Revenue Flow）来获取所创造财富的途径，即如何将盈利"赚到手"。

主要体现为收入模式和成本管理两项内容。

（1）收入模式是指企业获得收入的具体方式。即探求企业利润来源、营利过程以及产出方式的系统方法。

（2）成本管理是指企业控制运营成本的方式。即企业在创造价值的活动中，如何进行成本布局和成本控制，以实现盈利最大化。

> **★案例 7-7**　　　　　**张茵的价值发现和价值匹配**
>
> 美国森林业资源丰富且纸张循环利用程度高，据统计，美国每年需要消耗 5 400 万吨纸张，由此产生的废纸，有近 75% 会被回收利用。中国每年从美国进口大量废纸再利用。
>
> 随着中美贸易迅猛发展，中国发往美国的集装箱越来越多。细心的张茵发现，这些集装箱返回中国时往往都是空载，由此她发现了其中的商机和价值网络。她租用这些返航的集装箱船只运回美国的废纸，运费十分低廉。
>
> 通过价值匹配，张茵从美国收购到便宜的废纸，经由低廉的航运，大量运送至国内，为造纸厂提供了大量优质原料，同时获取超额利润。

四、设计商业模式的思路和方法

（一）设计商业模式的思路

商业模式设计是创业机会开发环节的一个不断试错、修正和反复的过程。

根据商业模式盈利逻辑关系，设计商业模式的思路应该是，以满足顾客需求为立足点和出发点，从创业者现有的资源以及市场竞争的实际情况出发，以发现价值、创造价值、传递价值和实现最大化的价值为目标。

至于企业盈利，则是客户价值最大化之后的必然产物，并且企业盈利的多少与创造的客户价值、伙伴价值的大小成正比。

具体设计步骤如下：

1. 价值发现

价值发现就是企业应该通过提供产品或服务来满足客户的什么需求、解决客户什么问题,进而实现客户价值。企业必须对顾客的需求和偏好有比较深刻的认识和了解,商业模式的设计理念就是把握顾客的需求。另外,掌握顾客的心理和偏好也非常重要。大量实践表明,设计完善的商业模式是分析和把握顾客需求和心理,并寻求产品或服务在市场中最佳定位的一项重要工作。

2. 价值创造

企业的产品或服务是企业赢得顾客的利润点。针对目标顾客群的清晰的需求和偏好,不但要为顾客创造价值,更要为企业创造价值。面对不断变化的市场环境和用户需求,只有改进和修复产品或服务中的不足之处,企业的生存和成长才有保证。

3. 价值实现

价值实现是指企业创造的价值被市场认可并接受,完成从要素投入到价值产出的过程。价值实现这一活动中涉及最多的就是盈利模式,即企业自身如何获得利润。

4. 价值维护

商业模式必须是自我保护的,防止竞争者争夺企业的目标客户,保护企业利润来源,不被竞争者侵蚀利润点,不被淘汰,利润杠杆不易被模仿,或者当对手想模仿的时候,企业已培养了大量的忠实的客户群。(扫描封底二维码,查看视频"商业模式设计"。)

商业模式设计

(二)设计商业模式的方法

设计商业模式的方法如图 7-6 所示。

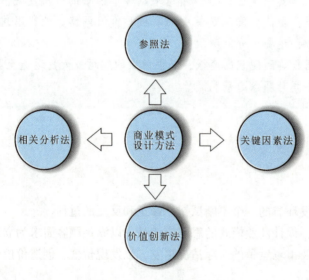

图 7-6 设计商业模式的方法

商业模式画布

1. 参照法

该方法是以国内外企业的成功商业模式作为参照,根据企业自身的情况对有关创业权变因素,如经营方向、发展规模、技术等加以调整和改进,确定商业模式设计方向,摸索出符合本企业的创新商业模式。

2. 相关分析法

运用商业模式设计的一般知识，根据企业的商业模式所涉及的各种变量因素，将影响因素与商业模式一一对应，以确定企业的商业模式。利用相关分析法，企业可以发现相关因素之间联系的规律性，研究如何整合资源达到价值创造的目的。例如，eBay 公司的网上拍卖，来自传统的拍卖方式；亚马逊公司通过分析传统书店，在网上开办电子书店。

3. 关键因素法

商业模式中存在着多种变量对目标的实现产生影响，其中若干个因素起到关键作用，即成功变量。企业找出实现目标所需的关键因素，就能确定商业模式设计的优先次序。关键因素法分为五个步骤：其一，明确商业模式设计目标；其二，分析影响商业模式设计的各种因素，识别出关键因素；其三，确定不同阶段的关键因素；其四，明确各关键因素的性能和评价指标；其五，制订商业模式的实施计划。

4. 价值创新法

商业模式竞争激烈的同时，同质化也日趋严重，企业需要通过创新来设计一些全新的商业模式，即通过将价值创造要素全面优化组合，设计出全新理念的商业模式，这一点在互联网的企业中表现尤为明显，如 360 杀毒软件实行的免费多边平台模式。（扫描封底二维码，查看视频"商业模式画布"。）

五、商业模式创新的逻辑与方法

商业模式创新是企业在以客户为中心的前提下，为应对内外部环境的变化，对企业的目标客户、业务范围、经营方式等进行重新定位，对价值网络中的要素、自身发展潜力进一步发掘，对产业链进行重新整合，从而建立起新的价值网络、盈利模式等的创造性过程。

企业之间的竞争已经转化为商业模式之争，商业模式创新在某种程度上决定了企业的命运。不存在一成不变的商业模式，现有的商业模式会随着市场的变化（新技术、新的竞争者、新的竞争规则等）而变得过时，企业盈利能力也随之下降，坚持商业模式持续不断地创新是企业追求长期成功的必由之路。

（一）商业模式创新的逻辑

德鲁克在《管理实践》一书中指出，企业的目的在于创造客户价值，为客户提供产品或者服务，而不是利润的最大化。企业生存的唯一理由就是实现和创造客户价值，在这个过程中，利润是其必然的副产品。

可见，企业获得持续盈利的能力来自对客户价值的不懈追求，客户价值创造就是商业模式创新应遵循的逻辑。

（二）商业模式创新的方法

商业模式所涉及的所有活动均包含在产业价值链中，为此，企业可以通过内外部价值要素和价值链条的"点""线""面"的突破与创新，或者综合型方式创新商业模式。

1. "点"的突破与创新

"点"的突破与创新指价值链条上一个或几个价值要素的创新；增加新要素或者要素间实现新的组合。

商业模式的基本构成要素有价值发现、价值匹配、价值维护和价值获取等，任何一个或多个价值要素的增加或创新突破，都可能带来整个商业模式的创新，这些要素通常包含了价值链上的产品或服务、目标客户、渠道、收入模式等。

> ★ 案例7-8 **海底捞：花很少的钱买到星级服务**
>
> 海底捞是从街边麻辣烫创业起步的，经多年发展，已在全国开设50多家直营店，其业绩连续多年保持快速增长。
>
> 海底捞产品并无高科技含量，也极易被模仿，然而消费者却对海底捞趋之若鹜。深层次、全方位满足顾客潜在的需求是其快速发展的根本原因。海底捞通过细致贴心的服务把令人难耐的排队等餐变成了一种愉悦体验，消费者"花很少的钱能买到星级服务"。
>
> 通过增加新要素或要素间新的组合结构关系，改善内部基础价值链或外部合作网络，也可以设计出很多新的商业模式。
>
> 知识经济时代，以合作网络为主要特征的系统价值链创新已成为越来越重要的一种形态，又往往构成了企业核心竞争力的基础。比如，腾讯通过与运营商"二八分账"的协议，变革了价值获取的方式，更催生了移动QQ，实现了业务的高速增长。

2. "线"的拆分重构

"线"的拆分重构指对自身基础价值链延长或缩短，或者通过拆分重构创新商业模式。

（1）价值链的延展：诸如前向、后向一体化，上下游伙伴战略合作等。

（2）价值链的缩短：是指通过剥离、分拆、外包等，对企业基础价值活动进行缩减，只保留难以被模仿又具有核心竞争力的业务，缩短企业价值链，并在此基础上对包含伙伴关系在内的企业资源进行重新整合。

（3）价值链延展与缩短相结合的拆分重构方式。

3. "面"上交叉、融合与创新

"面"上交叉、融合与创新指不同产业价值链间的交叉、融合与整合重构引发的商业模式创新。

商业模式创新往往需要打破传统的企业、行业边界，引入外部资源参与创新活动，以合作共赢的理念重新构建各种价值网络。

近年来，制造业和服务业突破各自行业边界对价值链的重新整合，实现价值链整体效益的倍增；传统商业模式与新型商业模式融合等，跨行业价值链条分解与重构，打破了行业界限,将其他行业的商业模式引入本行业价值链中,有利于整合外部资源,掌握关键资源与关键能力。

> **案例 7-9　突破行业边界的价值链重构**
>
> 苏宁电器庞大的身躯下日益显现出商业地产巨头的影子。苏宁电器曾获评"2008年度中国最佳商业模式","借助商业推动地产,同时借由房产开发提供门店以降低租金上涨压力"——这就是突破行业边界,通过创新重构价值链关键环节,取得持久竞争优势的典型例子。
>
> 无独有偶,世界知名快餐企业麦当劳,也是跨界经营的典型企业。麦当劳的前总裁曾表示:麦当劳是做房地产的。他说:"如果我不做房地产,仅仅做快餐,麦当劳早就倒闭了。"
>
> 麦当劳房地产业务与快餐密切结合。麦当劳选定店铺后,会和房东签订长达20年租期的合同,以获取租金不变的优惠,然后转租给加盟商,并加收租金的20%,这个金额还会根据地段升值情况相应地递增。
>
> 通过"吆喝快餐,地产盈利"的商业模式,麦当劳门店开遍全球。

4. 综合型商业模式创新

综合型商业模式创新指通过对企业内外部价值链的点、线、面的综合性整合创新,或系统动力机制创新等方式创新商业模式。

> **案例 7-10　美特斯邦威的资源整合**
>
> 美特斯邦威是1995年创立的一家民营企业,2008年8月,成功在深圳交易所上市。目前,美特斯邦威商标被认定为中国驰名商标。
>
> 令人诧异的是,这家休闲服装公司自己既不生产一件成衣,也没有自己的门店,它的成功基于资源高效整合的"虚拟经营"。通常服装行业的生产、原料供应环节价值过低,而品牌、研发、销售环节价值较高。美特斯邦威将资源和精力放在了高价值的品牌运作和设计研发上。
>
> 而在生产采购上,充分整合利用国内闲置的生产能力,其江苏、广东等地的300多家贴牌生产厂家,具备年产近5 000万件服饰的强大产能。在销售上,利用品牌效应吸引加盟商,拓展销售网络,形成3 000多家加盟店规模。通过公司网络和电子商务平台,有效地实施货品、渠道和营销的整合,形成完整的一到四线城市布局。通过高效资源整合,设计出全新的商业模式,美特斯邦威取得了不凡的业绩。
>
>
> 商业模式创新

> ★知识拓展

大学生创业的几种典型商机

1. 满足大学生学习和生活需求的产品和服务

大学生创业者对学生市场的需求是最为了解的,这是多数大学生开始创业的时候首先考虑到的方向。

2. 特色零售店或服务项目

零售和服务行业的进入门槛不高,服务的对象非常广泛,商业机会层出不穷,每年都会有新的模式和新的企业迅速崛起。零售和服务行业最需要的就是商业模式和服务的创新,创业者把自己的独特创意融入其中,就有可能开创出新的零售模式或特色服务项目。

3. 网上开店或网络服务

互联网上的创业机会异常丰富。最普通的网上创业就是开网店,在淘宝网上注册账户卖自有产品或代销。网上开店的秘诀在于通过透彻理解网上购物行为,合理规划产品的品类,高水平地展示产品,积极管理客户评价等方面来提高网店的利润。

4. 处于同质商品阶段的小产品的品牌化经营

成熟行业给大学生的创业机会比较少,如那些处于商品化阶段的日常用品或农产品。这些小商品的行业内竞争层次很低,同质化的产品、相同的价格很难做大企业和打造品牌,利润也很微薄。创业者需要转换经营思路,进行品牌化运作,加入一些创意元素,提升产品的档次。这类创业的进入门槛比较低,风险也不高,大学生可以通过走高端化或回归自然的品牌运作来从小产品中开发出大市场。

5. 提供个性化的产品或服务

现代消费者对产品或服务的个性化程度要求越来越高,收入水平的提高和市场需求的多样化为个性产品或服务的需求提供了坚实的购买基础。"80""90后"一代消费者对个性化产品或服务的需求更高、更敏感,而这类产品的创业之成功关键在于准确和快速地掌握市场需求的能力,这为大学生开展个性化产品或服务的创业提供了天然的优势。

6. 开发具有技术含量的新产品

大学生创业者(尤其是理工科专业)可以开发出新产品,以创新技术作为创业的关键资源,组建公司来生产和销售创新产品(或提供技术服务)。新产品的开发是很难靠某个人就能成功的,它需要一个团队来协作开发,一般以导师为核心的研究团队有可能开发出具有更高技术含量的新产品。

7. 国外最新成功模式的移植

发达国家的经济与技术走在我国的前面,它们所曾经历过的商业机会也很可能在今天的中国出现。这需要用历史的眼光来看待经济和技术的发展,找出不同经济阶段的典型商业形态,借鉴发达国家成功把握这些机会的经验。

复习思考

1. 思考大学生创业可能会面临哪些风险。
2. 各小组的模拟经营项目实操过程中可能会面临哪些风险，以及如何应对？
3. 各小组的模拟经营项目可以采用何种商业模式？

拓展训练

1. 各小组查找几种典型的商业模式的企业应用案例，并制作 PPT，通过商业模式画布对该企业所采用的商业模式进行分析展示。
2. 使用商业模式画布展示小组模拟经营项目的商业模式。

活动设计

1. 各学习小组组织讨论，发现识别有一定创意而又切实可行的创业机会，并初步拟定各小组的模拟经营项目，课堂介绍并评价。
2. 制作调查问卷，对创业机会的可行性进行分析，撰写调查报告。
3. 使用蒂蒙斯的创业机会评估框架对小组模拟经营项目的创业价值潜力进行评价。
4. 对模拟经营项目的行业发展、市场竞争环境进行分析，并借用 SWOT、STP、波特五力模型等工具，进一步验证其可行性，进而选择市场进入策略，细分和选择目标市场，制定营销策略。

参考文献

[1] 李家华，张玉利，雷家骕. 创业基础（第 2 版）[M]. 北京：清华大学出版社，2015.
[2] 陈卫平，唐时俊. 创业基础 [M]. 北京：清华大学出版社，2013.
[3] 陆根书，刘胜辉. 大学生创新创业基础 [M]. 北京：北京理工大学出版社，2017.
[4] 吴晓义. 创业基础理论、案例与实训 [M]. 北京：中国人民大学出版社，2014.
[5] 李肖鸣，朱建新. 大学生创业基础 [M]. 北京：清华大学出版社，2013.
[6] 上海市教育委员会. 大学生创业素质通论 [M]. 北京：高等教育出版社，2010.
[7] 梅强. 创业基础 [M]. 北京：清华大学出版社，2012.
[8] 姜彦福，邱琼. 创业机会评价重要指标序列的实证研究 [J]. 科学学研究，2004，22（1）：59-63.
[9] 刘常勇. 创业管理的 12 课堂 [M]. 北京：中信出版社，2002.
[10] 尹志超，宋全云，等. 金融知识、创业决策和创业动机 [J]. 管理知识，2015（1）：87-98.
[11] 金仁旻，刘志阳. 社会企业商业模式理论框架的构建 [J]. 吉林工商学院学报，2015（4）：29-32.

第八章

创业资源与创业融资

 目标与要求

通过本章学习能了解创业资源的概念和基本分类,熟悉创业资源的获取途径和影响因素,掌握创业资源的获取流程、评估方法和经验技巧;了解资源整合的概念,掌握创业资源整合与开发的技巧;了解创业融资的概念,熟悉常见的创业融资方式及其特点,了解融资风险的概念,理解融资困难的原因和对策,理解融资风险的内容和基本对策。

 问题引入

年轻人创业,其合伙人一般来自同学、同事、同乡以及这三个圈子的转介绍。比如 ofo 的发起团队就是同学,陌陌的创始人是曾经在网易的同事。除了人,创业还需要技术和经验,我们熟悉的阿里巴巴投资 Paytm(印度最大移动支付和商务平台)后,将运营、技术、管理等多方面经验分享给了 Paytm,使得 Paytm 得以在短短两年之内用户量翻了几倍。

可以看出,人脉、技术、经验等都是企业创立和发展所需的重要资源,如何理解创业资源、获得创业资源和使用创业资源就是我们本章的主要内容。

第一节 创业资源

创业活动需要各种资源支撑,没有资源就如同"无米之炊"。每个创业企业对各种资源所需的数量和质量都不一样,企业必须事前对此做好评估,并通过各种途径去获取资源,最后是善用资源,对资源进行整合开发、合理应用,充分挖掘和发挥出资源的作用。

一、如何理解创业资源

(一)创业资源的内涵

创业资源是指创业者在创业过程中可获得或可控制的各种资源的总和,主要表现形式除

了常见的资金、场地、设备、物资之外,还包括人才、机会、环境等各种各样的资源。要理解好创业资源这个概念,一定要理解下面两个重要问题。

问题一：最重要的创业资源是什么？

现实中,我们最容易想到的创业资源就是钱,所谓有钱好办事,似乎有了钱,就能得到其他各种资源。这其实是一个误区,钱虽然是企业日常经营不可或缺的重要资源,但钱本身是"死"的,只有加入了人的劳动才会产生增值。人的价值不仅包括其本身的知识技术技能,还包括他的创新技能、创业技能和社会关系等,这些才是让钱和其他资源产生价值的关键。另外,创业活动的主体是人,创业活动的最终目的也是追求人的幸福和全面发展。因此,创业资源的核心是人,这是我们首先要理解和坚持的观点。

问题二：创业资源一定要拥有吗？

我们先看一个小故事。在一次创业大赛中,有一个获得一等奖的小组成员在比赛后和评委聊天,他小心翼翼地问了一个问题："老师,您好,其实这次比赛得到一等奖我有点惶恐,因为我们在准备过程中找了很多外人来帮忙,比如问卷调查的设计与分析,我们找了数学系师兄帮忙；财务分析,我们找了会计系师姐帮忙；而课件我们也找了朋友帮忙设计。据我们所知,另外一组获得二等奖的同学的作品几乎全部是自己完成的,他们十分努力、边学边练,我感到有一点点汗颜。请问如果您事前知道这些信息,您会把票投给哪一组？"

如果说这是一个传统的知识技能大赛,我想大多数人会投给得了二等奖的那一组,因为那是他们的真才实学、自身努力的结果,而得了一等奖的同学则有点投机取巧,甚至有些人会认为有作弊嫌疑。但我们回到问题本身,这是一次创业大赛,如果实践中你真的去创立一个企业,当有需要时你会不会找其他人帮忙？我想答案应该是肯定的,这就是创业资源的另一个重要特性——资源的所有权往往不是关键,关键是对资源的控制和利用。

（二）创业资源的分类

创业资源的分类有很多种,其中最常见的是将其分为显性资源和隐性资源。显性资源指看得见摸得着的人、资本、物资；隐性资源一般指非实体形式的社会资源、信息资源和政策资源；此外,比较特殊的是企业组织文化资源,其既有隐性的一面,又有显性的一面,如表8-1所示。

表8-1 创业资源的分类和要点

资源类型	资源名称	具体内容	要点
显性资源	人力资源	创业者、创业核心团队、关键人员、普通人员	人力资源是最重要的资源,而创业者是最重要的人力资源
	财力资源	现金、负债、股东权益	不同的融资方式均有各自的利弊
	物力资源	场地、设备、原材料等	对物力资源的实际控制和利用(而不一定是所有权)是关键

续表

资源类型	资源名称	具体内容	要 点
隐性资源	社会资源	商业关系资源（如合作商、客户等）、非商业关系资源	社会资源往往能起到关键作用
	信息资源	企业外部信息、企业内部信息	指广义上的对创业企业有用的一切信息
	政策资源	经济政策、金融政策、行业政策等	指与创业企业相关的一切政策和法规
双重性资源	组织资源	既有显性的组织结构，又有隐性的组织文化	组织结构与组织文化要相互匹配，具有一致性

还有一种比较常见的分类是根据资源的重要性，将其分为关键（优势）资源和一般资源。关键资源是指对企业经营发展起到战略性关键作用的资源，它可以是可口可乐的配方，可以是腾讯公司的黏性用户群，也可以是滴滴搭车的商业模式。创业企业必须知道并确保自身的关键资源。另外，关键资源有时候还可以理解成先决资源，对于两种资源 A 和 B，如果获得了 A 就能获得 B，我们就称 A 是 B 的先决资源。关键资源以外的资源统称一般资源。

对创业资源进行分类，有助于了解不同资源的特点和性质，从而有助于我们分析和判断创业企业对资源的具体要求。对于创业者，显性资源通常较少，必须充分利用和发挥隐性资源，隐性资源除了自身价值之外通常还能帮助我们解决显性资源不足的问题。因此，隐性资源往往更加重要。如果用简单的一句话来总结，就是：人力资源是核心资源，财力资源是基础（或重要）资源，社会资源往往是关键资源。

二、创业资源获取

有人说，创业的最高境界是"空手套白狼"，这句话虽然过于绝对，但也有一定道理，因为它突出了资源开发和获取的重要性。当然，资源获取并非易事，尤其是别人的资源不会平白无故地给你使用。要想更高效地获得资源，我们需要掌握一些基本的原则和方法。

首先，要对自己所需要的资源进行识别和评估：要了解自己的内外部环境和资源状况，要了解自己的产品和企业规划，要提前做好资源评估、统筹安排好资源的数量和质量。其次，要了解影响创业资源获取的因素。最后，要了解创业资源获取的途径。

（一）资源识别和评估

资源识别是判断企业创业过程中需要哪些资源，资源识别常常与机会识别结合在一起。资源识别一般有两种模式：①先发现和确定某一关键资源，然后围绕该资源去发掘出创业机会；②先发现某种创业机会，再围绕机会去寻找和拓展所需资源。

资源评估是对每个阶段企业所需资源的重要性程度、数量和质量做一个系统的判断。在实践中，专业的资源评估不是一件简单的事，往往需要结合定量分析和定性分析（比如专家的经验判断）。在案例分析 1 中将简单介绍一下它的基本原理和方法。

【案例分析1】：如果你要成立一家培训公司，需要在表 8-2 的 12 种资源里面选择 4 种，那么你会如何选择？

表 8-2 案例分析 1 中的 12 种资源

资源名称	资源名称
1. 投资 50 万元，占 50% 股份	7. 获得一套专业的培训课程
2. 资深运营总监	8. 资深营销专家
3. 与教育主管部门合作机会	9. 利率 7% 的银行借款 20 万
4. 获得一套完善的网络培训平台	10. 与某知名培训集团合作的机会
5. 与知名大学合作机会	11. 几名员工
6. 位置偏、租金低、面积大的场地	12. 位置好、租金高、面积小的场地

分析：第一步是分类，分类有助于我们将各种零散的资源进行细化统计；第二步是根据现实情况对各种资源进行解释说明；第三步是做出选择。基于具体问题具体分析原则，下面的分析只是提供一种基本思路，不代表精细的分析过程和最优答案。

为了简化和方便分析，我们这里挑选了资深运营总监、银行借款、位置好租金高的场地和与知名培训集团合作的机会。但有时候学生对场地和营销专家的选择颇有争议，这仍然取决于实际情况。

案例分析 1 中的资源评估基本过程如表 8-3 所示。

表 8-3 案例分析 1 中的资源评估基本过程

类别	资源名称	资源评估	最后选择
人力资源	2. 资深运营总监	企业运作的重要人物	√
	8. 资深营销专家	企业营销的重要人物，但营销的渠道相对而言有更多的替代性	
	11. 几名员工	基层员工比较容易找到	
财力资源	1. 投资 50 万元，占 50% 股份	金额大、无利息、牺牲股权	
	9. 利率 7% 的银行借款 20 万元	金额小、有利息	√
物力资源	4. 获得一套完善的网络培训平台	资源 10 可以提供	
	7. 获得一套专业的培训课程	资源 10 可以提供	
	6. 位置偏、租金低、面积大的场地	前期成本低，但对于学生来说不方便	
	12. 位置好、租金高、面积小的场地	前期成本高，但对于学生来说方便	√
社会资源	3. 与教育主管部门合作的机会	除了审批，更多的是间接支持	
	5. 与知名大学合作的机会	有品牌效应，合作难度较大	
	10. 与某知名培训集团合作的机会	有品牌效应、资源效应，合作难度相对较小	√

还有一种常见的方法是综合指标法，这种方法在多因素的整体对比时经常用到，也可以用于案例分析 1 的后续分析。这种方法一般分为四步：①构建指标体系；②确定指标权重，指标的权重通常用 p 表示，代表该指标在指标体系中的相对重要性和影响力，一般有 $0 < p < 1$，$\sum p = 0$；③对每个指标评分，评分标准最常见的是百分制，如果是其他方式的评分标准（如十分制等），只需做同比例变换理解；④计算加权平均值 $\sum xp$。最终我们对将计算好的加权平均数进行分析和选择。

这里仍以案例分析 1 为例，我们初步选择出了四种关键资源，但事实上这四种资源的相对重要性不尽相同，每种资源获得的难度和可能性也不一样，因此，我们需要利用综合指标法继续对这四种资源进行整体分析和评价。具体过程如表 8-4 所示。

表 8-4 案例分析 1 中的综合指标法计算

指标名称	权重	评分/分	加权
人力资源：资深运营总监	0.4	85	34
财力资源：利率7%的银行借款20万元	0.2	60	12
物力资源：位置好、租金高、面积小的场地	0.1	70	7
社会资源：与某知名培训集团合作的机会	0.3	90	27
合计	—	—	80

注：这里指标评分采用百分制。每个指标的权重和评分的合理性很关键，往往需要专家或多方参与。

最终的加权总分是 80 分，此时我们将 80 分与事先设置的评价标准对比。比如我们是比较冒险乐观型，事先认为总分高于 70 分就可以，现在得分 80 分说明这项创业值得投资；如果我们是高度谨慎型，事先认为总分要高于 85 分才投资，那么这个项目显然没有达到预期。

（二）影响创业资源获取的因素

我们应该都能理解企业获取资源的能力主要是基于企业发展空间和获利能力，只要你的创业方案足够优秀，就不怕没有资源，相反，资源还会来主动找你。当然，这是十分理想的情形。除此之外，还有很多因素会影响创业资源的获取，如果用一句话来概括，就是天时、地利、人和，也可以理解成宏观因素、中观因素和微观因素。

"天时"一般是指宏观环境，包括政治环境、经济环境、技术环境和社会环境。创业者要对宏观环境的发展现状和发展趋势做出准确判断，要学会审时度势并顺势而为，才能更好地抓住机遇、应对挑战。

"地利"一般是指中观（行业）环境，包括行业竞争者、合作者、供应商、消费者、政府，有时候也包括行业性政策和地方性社会自然环境。[1]

"人和"一般是指微观环境，包括创业者（团队）内在的素质和能力以及外在的社会关系网络，也包括企业自身的异质性特征。我们将通过表 8-5 来帮助大家更好地理解这些因素。

表 8-5 影响创业资源获取的主要因素

因素类型	具体因素	影响方式举例
天时 （宏观因素）	政治	相关的政策资源
	经济	融资难度、市场规模
	技术	技术创新和技术应用的约束
	社会	人口结构和人口素质的变化

---

[1] 分析宏观因素常见的有 PEST 模型，分析行业环境常见的有 5 力模型，限于篇幅本文没有细致展开。这些模型的分析过程与上面的综合指标法相似，有兴趣的读者可以自学。

续表

因素类型	具体因素	影响方式举例
地利 (中观因素)	竞争者	获得客户的难度
	合作者	影响市场开发和拓展
	供应商	影响赊销的难度
	消费者	影响企业的各种决策
	政府	地方政府的政策、政企关系
人和 (微观因素)	创业者和创业团队	创业者（团队）自身形象、素质、能力以及社会网络关系
	企业自身	企业文化、企业战略、企业组织等都能影响企业获取资源的能力、方式和效率

（三）创业资源获取的一般途径

新企业的创立与发展需要不断地获取内外部资源，由于企业在成立之初自身资源和能力所限，在选择资源获取途径和方式上也会表现出一些差异。创业资源获取路径和要点如表8-6所示。

（1）从资源来源来分，可分为内部开发和外部获取。内部资源往往有限，但容易掌握主动权；外部获取虽然空间大，但获取的成本和风险也相对更高，两者往往结合使用。

（2）从杠杆效应来分，可分为有形资产杠杆和无形资产杠杆，一般以发挥无形资产杠杆作用为主。比如利用自己的房产去银行抵押贷款就是有形资产杠杆，而通过自身的信用和口碑去获得他人的资源则属于无形资产杠杆。

（3）从资源获取方式来分，可分为交易与合作，交易是资源的互换，而合作才是资源的共享，能更充分地发挥资源价值，因此建议以合作为主。合作的方式多种多样，其目的都是"把蛋糕做大些"，各得其利、各取所需。

表8-6 创业资源获取路径和要点

分类	途径	内容	要点
从资源来源来分	内部开发	利用企业自有资源	资源种类和数量较少，但使用成本低、效率较高
	外部获取	利用企业外部资源	资源种类和数量较多，但使用成本高、效率较低（主）
从杠杆效应来分	有形资产杠杆	利用自有的财力、物力通过购买、交换、抵押借贷等方式获得资源	有形资产杠杆效应较小
	无形资产杠杆	利用自己的经验、声誉、技能、社会网络等获得资源	无形资产杠杆效应较大（主）
从获取方式来分	交易	一般分为购买、租借和交换	零和
	合作	如股份合作、联盟合作、松散合作	共赢（主）

另外需要指出的是，从经济学角度来讲，在完全信息和完全理性下，市场机制会自动帮我们做好企业能力与所需资源的匹配。但在现实中，资源需求者（企业）和资源供给者双

方是信息不对称的,这会直接影响创业资源的获取难度和获取能力。比如资源供给者会担心企业夸大自身能力和需求,而企业又会担心资源供给者复制自身的创业机会和核心资源。

> **★案例8-1 普通"80后"的千万富豪成长之路**
>
> 　　李文是一个普通的"80后",他大学虽然读的是财政专业,但他平时聪敏细心、善于观察、处处留心商机。2005年毕业后李文来到上海,某一天他突然看到有人穿"三英战吕布"的线条画T恤,回去也想买一件同款,结果到处找都没找到类似的衣服。他灵光一现,觉得这是个不错的商机——做一个专门接受定制的个性化服饰网站。
>
> 　　但刚毕业的李文并没有太多的积蓄和资源,身上才几千块钱。但他没有被困难吓倒,他通过努力,说服了两个关系较好的中学同学加盟成为创业合作伙伴,于2006年5月勇敢地踏上了创业征程。刚开始,父母对他的创业并不支持,尤其对电子商务充满疑虑,觉得网上购物不靠谱,上网就是游戏娱乐、不务正业。但李文他们还是坚持初衷,而且初战告捷,短短的一个月内销售额就突破3万元,利润突破1.2万元。这让他们更加充满信心,并打算争取外部投资大干一场。为此,李文开始撰写商业计划书,并尝试接触投资人。但事与愿违的是,最开始接触的投资人都没能看好李文的创业,他们认为李文过于年轻且没有相关企业运营经验。李文又尝试去找银行贷款,结果因为李文无资产、无抵押,他又碰壁了。
>
> 　　屋漏偏逢连夜雨,资金问题还没解决李文又遇到了经营上的问题。由于前期的服装侧重于学生班服,目标客户单一,加上服装销售本身具有季节周期,其销售收入从6月份的3万元急剧下跌至7月份的5000元,到8月份,销售额更加惨淡。与此同时,创业团队的其他两个人也选择离去,李文成了光杆司令。
>
> 　　尽管内外交困,但李文并没有失去信心,他一边利用兼职养活自己,一边不断思索和完善自己的商业模式。就这样李文蛰伏了近一年的时间,直到上天让他遇到了一个"贵人"——他以前大学同宿舍的好兄弟李文龙。一个偶然的机会,李文龙来到李文的住处看到了他的商业计划书。李文龙对李文的商业模式十分肯定,当即决定辞掉自己收入颇丰的工作而与李文合伙共同"二次创业"。
>
> 　　后来又拉来了在服饰烫染行业有多年工作经验的谢隆林,他也一起入股,这样又解决了技术人员问题。2008年他们成立了公司,注册资本50万元。新公司成立后,李文开始加大对产品的设计和创新,除了原有的手绘及印刷T恤,也开始销售手绘鞋。
>
> 　　但早期的激进使得李文又遇到了新的麻烦。原来李文为了开发更好的产品,前期投入了大量资金用于购买各种设备,比如购买服务器、单反相机,构建专业摄影棚等,这让公司现金流迅速陷入财务困境。
>
> 　　为此,李文决定改变公司的运营模式,转向已经相对成熟且具有一定流量的B2B平台。终于,皇天不负有心人,B2B平台为公司打开了市场,公司的发展开始进入快速增长期,销售额节节攀高,产品也逐渐走向全国各地。

点评

创业需要各种各样的资源,而人是关键资源。首先是李文自身的能力素质和创业激情;其次是两位中学同学加入后组成的创业团队,使创业正式迈出了第一步;最后是兄弟李文龙的加盟,帮助其解决了早期资金不足和技术人员缺乏等问题,他还帮助李文正式成立了公司。在公司经营陷入困境时,李文对运营模式进行了转型,使公司起死回生。

三、创业资源的应用

获得了资源以后,如何高效率地使用资源便是重中之重。资源如果没有被高效率使用、没有产生应有的价值增值,那么资源本身就是一种浪费甚至是一种成本。企业如何更好地发挥资源价值,这就涉及资源的整合与开发。

(一)资源整合

资源整合是指企业对所拥有或控制的各种资源进行识别、选择、配置和激活,并创造出新价值或新资源的一个复杂的动态过程。创业企业要将各种分散的资源转化为组织资源,充分发挥各种资源的单力和合力,同时组织资源又将作为企业经营发展的基础资源来获得新的资源,这是一个不断循环的动态过程。简单来说,资源整合的目的,就是创造出"1+1>2"的效果。比如,如何将个人或团队优势与组织资源整合,产生独特的竞争优势?如何将制度优势与人力资本结合,充分激励人的潜能、促进人的全面发展等?

一般来讲,培养和提高企业的资源整合能力主要分为两大方面。

1. 对于内部资源的整合遵循"整体大于个体"

企业的经营决策应该基于整体长远利益而不是仅限于个人利益、局部利益和短期利益。因此在整合和利用资源的时候,要区分各种资源匹配的成本和收益,要发挥出整体大于部分之和的价值增值。

2. 对于外部资源整合遵循"合作大于竞争"

外部资源拥有者往往与企业具有合作和竞争的双重关系,比如供应商和渠道商,对于企业来讲一方面是产业链嵌合的合作关系,但另一方面又是利润分配的竞争关系。企业在整合外部资源的时候,应该理性、客观地看待竞争与合作并存,用"共赢"思维处理好资源各方的关系和利益分配机制,用战略的眼光去谋取长远收益最大化。

> **小知识**　　**4个整合资源小技巧**
>
> **1. 借鸡生蛋**
>
> 我们可以借助他人的资源来解决自己的资源短缺问题。比如美国流行的"车库创业"文化,就是因为创业者缺少办公场地,转而利用自家的车库作为临时办公地点。再比如对供应商的赊购,可以使我们先取得货物,后支付货款。

2. 东拼西凑

不同的资源可能来自不同的渠道，不同数量或质量的资源获取的难度也不一样，我们可以利用东拼西凑、积少成多来逐渐解决资源的短缺问题。当然，这种方式可能耗时较长、成本也较大，此外，拼凑的资源使用和整合难度也较大。

3. 杠杆效应

杠杆效应又称四两拨千斤，通过找准资源利用的关键或技巧，用最小的成本获得最好的效果。比如利用造势，我们可以通过一些新闻炒作来获得高效宣传。

4. 借船出海

这里的"船"一般是指平台。平台往往有着丰富的资源和经验，已经为创业者铺好了路，利用平台的高起点能帮助我们减少创业风险和成本。加盟连锁店、入驻天猫商城等都是借船出海的典范。

案例 8-2　牛根生创业的整合资源之路

牛根生刚开始只是伊利的一个洗碗工，他凭着自己的勤奋和聪明做到了生产部门的总经理，后来被伊利以各种原因辞退了。但是他那个时候都40多岁了，去北京找工作，人家嫌弃他年纪大。没有办法他又回到呼和浩特，邀请原来伊利的几个同事，一起出来创业。人有了，但是现在面对的，是没有奶源、没有工厂、没有品牌，每一项都是致命的。

牛根生开始资源整合了。他通过人脉关系找到哈尔滨一家乳制品公司，这家公司的设备都是新的，但是生产的乳制品质量有问题，同时营销渠道这一块也没有打通，所以产品一直滞销。牛根生马上找到这家公司的老板说："你来帮我们生产，我们这边都是伊利技术高层，帮忙技术把关，牛奶的销售铺货我们也承包了。"这位老板一听，马上答应下来。而且他们几个一起出来创业的伙伴也有了落脚的地方，解决了生存的问题。

第二个问题，没有品牌怎么办？在乳制品这个行业，没有品牌是很难销售的，因为品牌代表着安全、可靠。借势，整合，打出口号："蒙牛甘居第二，向老大哥伊利学习。"此口号一出，让伊利情何以堪，却又哭笑不得。一个不知名的品牌马上便挤进全国前列。牛根生不只是盯着伊利，而且把自己和内蒙古的几个知名品牌联系起来，说："伊利、鄂尔多斯、宁城老窖、蒙牛为内蒙古喝彩！"因为前三个都是内蒙古的驰名商标，把自己放在最后，给人的感觉就是蒙牛是内蒙古的第四品牌。牛根生整合品牌资源，让蒙牛没有花一分钱就迅速让自己的品牌成为知名的品牌。

第三个问题，没有奶源怎么解决？自己买牛去养，第一个问题是牛很贵，然后也没有那么多人去照顾。蒙牛整合了三方面的资源，第一个是农户，第二个是农村信用社，第三个是奶站的资源。将信用社的钱借给奶农，蒙牛担保，而且蒙牛承诺包销路。蒙牛找到奶站，奶农生产出来的牛奶奶站接受，蒙牛回款以后，定时把信用社的钱还了，把利润又给了奶农，并趁机喊出一个口号："一年养10头牛，过的日子比蒙牛的老板还牛。"

很多事情，不是自己能做就能做，即使自己做也很难做好，而且会花费太多的人力、物力。这个时候，我们就要整合资源。发挥自己的长处，整合别人的优势。用更少的成本创业，或者说零成本创业都有可能。

资料来源：搜狐网．http：//www.sohu.com/a/127279499_427564.

点评

资源整合的目的是充分配置和使用资源、发挥资源的最大效益。牛根生在资源整合方面有自己独到的经验：(1) 信心和信念，他没有被一穷二白的现实困境吓倒，而是积极地应对各种困难和挑战；(2) 大胆创新，哪些资源整合、怎样整合等都需要理性和技巧；(3) 共赢思维，只有大家都获益才是最理想的结果。

(二) 资源开发

这里的资源开发主要是指开发新资源或开发已有资源的新功能。除了知识储备之外，资源开发还需要敏锐的洞察力和创新思维，这是创业者的概念技能之一。市面上的教材里面列举了很多很实用的技巧，比如东拼西凑、变废为宝、借助平台、以小博大，还有最近比较流行的商业模式的创新等。这里介绍一种常见的方法——头脑风暴法。

头脑风暴法是一种常见的群体决策法，它通过集思广益来寻找好的方案，在探索性和创新性问题上具有广泛的使用。头脑风暴法的基本原则有：①畅所欲言，与会者可以天马行空、自由奔放地说出意见和想法，哪怕想法是灵光一现或荒诞不经也没关系；②禁止批判，为了确保畅所欲言的效果，发言期间不能批评和质疑他人的观点，会后才可以讨论；③以量求质，鼓励与会者尽可能多地提出设想，头脑风暴法的精髓就在于"当想法足够多时自然就会有好的主意出现"；④参考补充，虽然不能批评别人的观点，但可以借鉴或补充别人的观点，借题发挥、完善方案。

在实践中，运用头脑风暴法时经常会遇到的难题就是参与者不愿或不敢发言，中国的学生尤其如此。为了保证发言数量，主持人的引导和激励就显得十分重要，此外还可以通过强制性的轮流发言来解决这个问题。

【课堂练习】看看大家能说出铅笔的多少种用途（见图8-1）？

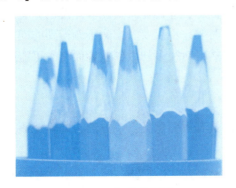

图8-1 铅笔的用途

小故事

第二节 创业融资

上一节我们已经学过,资金是企业基础性的重要资源,它就像企业的血液一样融入企业日常经营的整个过程里。在实践中,常常"一文钱饿死英雄汉",缺乏资金企业可以说是寸步难行,而创业企业融资并不容易,存在各种现实困难。因此本小节单独介绍创业融资,帮助创业者对融资的内涵、途径、存在问题和处理办法有一个大致了解。

一、创业融资分析

(一)创业融资的内涵

创业融资是指创业过程中资金筹集的行为与过程。之所以称为"过程",是因为融资不是刹那的想法或行为,而是包括几个环节:需求产生、事先评估、方案设计、融资谈判、过程管理、事后评估,不同的融资方式涉及的内容和专业程度不一样,但都可以划分成这几个环节(见表8-7)。

表8-7 融资的一般过程

融资一般步骤	内 涵	注意事项
需求产生	要不要融资	资金不是越多越好,没有必要的融资是一种成本
事先评估	确定融资金额、融资存在的困难、融资风险	通过财务报表来预测资金需求,要有一定的战略储备资金
方案设计	确定融资的具体安排、融资渠道和融资方式的选择	确定各个阶段融资时点、融资金额、融资渠道、融资方式(见第二节)①
融资谈判	协调沟通、达成一致	融资成本、支付方式等细节落实
过程管理	资金使用管理、风险控制	对资金使用的监管和财务管理活动
事后评估	总结经验教训	为了今后更有效地融资

注:在实践中由于选择的融资方式不同,上述过程以及内容可能会有一定的调整

融资对新创企业具有重要作用,主要表现在:①创业融资是创业者抓住创业机会的重要手段;②创业融资是企业创立和发展的重要资源;③创业融资能够体现创业者或企业的综合能力和信用水平。综上所述,在创业融资的时候,不仅要考虑融不融得到的问题,还要考虑融资额度、融资成本和融资效率的问题。当然,对很多初级创业者而言,可能融到钱才是最重要的。

(二)创业融资的测算

做好创业融资的测算工作对创业者来说具有重要意义:一方面,准确地测算和筹集所需

---

① 有些书不区分融资渠道和融资方式,而本书将融资渠道视为资金来源(如内部融资和外部融资),将融资方式视为通融资金的具体方式(如亲友借款、银行借款等)。

资金,既防止了资金不足带来的经营风险,也防止了筹资过多带来的财务风险;另一方面,通过科学的融资测算,对内可以对公司运营和相关资金使用有一个全方位的认知,对外可以展示企业的能力和效率。高水平的融资测算需要我们精通会计学、管理学、经济学等知识,这涉及企业战略管理、财务管理等各方面的均衡,专业人士一般是通过财务报表的盈亏平衡分析来预测和估算资本需求的。

我们通过表8-8简单展示一下新创企业启动资金的一般内容。由于企业从创办到盈利需要一个过程且未来经营具有较大的不确定性,为了保险起见,我们建议新创企业在融资测算金额的基础上再上浮30%左右进行融资,并且在启动阶段最好准备好3~6个月的储备资金。

表8-8 新创企业启动资金的一般内容

启动资金类型	主要内容	明细举例
固定资产	厂房	各种建筑
	设备	机器、车辆、符合条件的办公家具
流动资金	生产成本	原材料、存货
	劳务成本	工人工资
	管理费用	办公用品费、管理人员工资
	销售费用	促销费用、销售人员工资
	财务费用	融资成本(如利息)
各种费用		办公费、验资费、注册费、培训费、技术转让费、营业执照费、加盟费

二、创业融资的主要方式

融资方式则是指如何取得资金,即采用什么融资工具来取得资金。随着金融市场的不断发展和政府的大力支持,新创企业有较多的融资方式可以选择。基于本文读者定位,我们着重介绍下列八种适合大学生的创业融资方式,如图8-2所示。

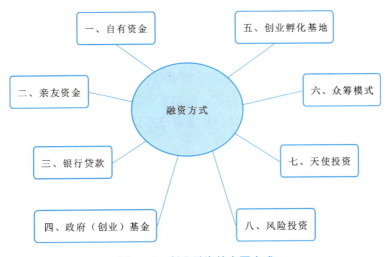

图8-2 创业融资的主要方式

(一) 自有资金

自有资金是指创业者或创业团队自己的储蓄。其优点是自己的钱融资成本最低、使用最方便，缺点是数量通常很少。此外使用自有资金往往还有一个特点就是对资金的使用十分谨慎，这一点有时候是优点，而有时候又是缺点——谨慎使用资金固然是好事，但有时候对机会的把握又需要大胆地投入。

(二) 亲友资金

除了自有资金外的融资都属于外部融资，其中亲朋好友的资金也是常见的创业资金来源，其优点是融资成本较低、难度相对较小，缺点是数量仍然较少，而且有亲情羁绊之后融资风险中增加了亲情风险①。

比较常见的方式是按银行利率甚至稍高于银行利率向亲友借款，这样比较容易操作。还有一种常见方式是借款条件是安排自家人进入企业工作，此时需要小心两件事情：一是明确借款的性质、区分好借款还是合伙；二是防止亲友进入企业后增加管理难度。实践中，专业的投资人往往并不是很推崇向亲人借贷。

(三) 银行贷款

银行贷款是创业企业最容易想到的融资方式之一，但由于创业企业未来发展具有高度的不确定性，银行为了降低自身风险往往对创业企业贷款十分谨慎。创业者在申请贷款的时候会遭遇银行的严格审核，审核包括创业者的个人能力、经济水平、项目优劣等，往往还会要求提供抵押物或担保人。创业融资可利用的银行借贷一般有以下三种类型。

1. 银行普通贷款

银行普通贷款是创业者向银行提出贷款申请，经银行审批通过后而发放的贷款。贷款额度根据借款人自身财务状况或相关的抵押担保情况而定。如果创业企业发展顺利，还可以多次申请贷款。

2. 商业抵押贷款

创业者还可以通过抵押获得贷款，抵押贷款一般不会对贷款目的有所限制，抵押贷款金额一般不超过抵押物评估价的 70%。比如创业需要购置商用房，可以用拟购房子做抵押向银行申请商用房贷款；如果创业需要购置运输车辆，也可以办理汽车消费贷款。

3. 保证贷款

如果创业者没有存款，但其（可以放宽至配偶或父母）有一份稳定的工作，未来的收入能确保其有还款能力时也可能会获得贷款。比如工作稳定、收入较高的金融从业人员、律师、医生、公务员、事业单位员工等群体，创业者往往只需找一到两个同事担保，也能从银行获得一定额度的贷款。

值得注意的是，国家和地方政府为了鼓励人们创新创业，通过与银行合作推出专为新创企业和中小企业设计的贷款。尤其针对在校大学生，还设有专门的大学生创业贷款，这是一种无抵押、无担保的信用贷款，这种创业贷款门槛更低、利息更低且还款方式更加灵活。

---

① 融资的亲情风险事实上是一种感性风险，在利益分配时它会增加创业者的感性分析而减少理性分析。

> **小知识**
>
> **贷款注意事项**
>
> **1. 选好银行**
>
> 目前各银行的贷款利率有不同程度的浮动,手续的繁简程度也不一样,贷款者可以多做比较分析,根据自身条件选择最合适自己的银行进行借贷。
>
> **2. 创业不一定要申请创业贷款**
>
> 商业抵押贷款只要符合抵押条件和程序就能获得资金,银行事后一般不会严控资金用途。创业者可以通过抵押贷款来获得资金用来创业。比如,利用住房贷款来创业有时候成本更低。
>
> **3. 合理选择贷款期限**
>
> 银行贷款一般分为短期贷款和中长期贷款,贷款期限越长利率越高。创业者应该基于自身的用钱周期和还款能力,尽量缩短贷款期限,也可以将长期贷款分解成若干短期贷款,这样既增加了贷款的灵活性也降低了贷款的利息成本。
>
> **4. 了解和用好优惠政策**
>
> 为了推动"双创"战略,在政策引导下有些银行专门推出了创业贷款,凡是具有一定生产经营能力或已经从事生产经营活动的个人,因创业或再创业需要,均可以向开办此项业务的银行申请专项创业贷款。与普通贷款相比,创业贷款在申请门槛、利率优惠、金额和时效等方面都具有一定的优势。
>
> **5. 提前还贷、减少利息**
>
> 如果新创企业经营较好,现金流充足的话会出现闲置资金,此时可以向贷款银行提出变更贷款方式和年限的申请,直至部分或全部提前偿还贷款,从而减少后续利息支出。当然,能否提前还款最好在贷款之前和银行协商好。

(四)政府(创业)基金

随着我国创新大战略的推进,越来越多的地方政府拨出专项创新创业资金来扶持大学生创业,尤其是一些科技含量较高、商业模式较好的项目可积极申报政府设立的各种创业基金。有些省份高校毕业生成功创业满6个月还能享受一次性创业补助,最高可达8 000元。因此,大学生在创业的时候,应该多了解国家和当地的各种创业政策,充分利用好政策资源。

(五)创业孵化基地

创业孵化基地是指政府引导和扶持下的创业服务平台,能为入驻的创业者提供一定的资源和服务,帮助新创企业完成企业萌芽期的各类创业载体。其中为创业者提供具体帮助的企业或机构称为创业孵化器,当前不少高校都有这样的创业孵化部门。

创业孵化基地主要为高校毕业生、城镇登记失业人员、返乡农民工、复转退伍军人等各类城乡劳动者自主创业提供低成本的孵化服务。除国家明文限制行业(建筑业、房屋中介、典当、桑拿、按摩、网吧、氧吧、美容美发、酒吧等)外,均可申请进入创业孵化基地孵化创业。基地主要提供场地保障、创业指导、市场推广、事务代理、政策落实等资源或服务。

（六）众筹模式

随着互联网金融的迅速发展，众筹模式逐渐进入创业融资领域，涌现出大量的众筹平台。众筹顾名思义就是通过互联网方式发布筹款项目并募集资金，具有低门槛、重创意、资金来源广、分散风险等特点。在使用众筹模式融资时，要特别注重对项目文案的撰写、要选好众筹融资平台、要重视营销推广细节、要严格规范项目后期管理等。

国内最常见的众筹模式是股权众筹和产品众筹。股权众筹的基本模式就是将创业项目发布到互联网上，通过出售股份来换取资金，它有点类似于天使投资，具有较高风险。而产品众筹中参与者花钱购买的并不是公司股权，而是一个产品期权，国内不少知名的众筹网站（如"众汇赢"）主要就是做产品众筹，相当于产品预售。产品预售的门槛相对较低，更适合自身有产品研发的创业，众筹者通过预付一定金额来帮助企业实现产品上市，同时众筹者获得最终产品的优先优惠购买权。而股权众筹则不同，股权投资一般金额较大，为了确保投资人的质量和风险承受能力，平台一般都会对投资人设置一些门槛。另外，由于众筹人数一般较多，为了减少信息不对称程度，同时也是为了节约创业者与众筹者一一沟通应对的成本，众筹网站往往会实行"领投+跟投"的制度。

小　知　识

众筹中的小技巧

1. 选择适合自己的平台

目前有很多提供众筹的网站。选择网站时要仔细浏览其具体规定和要求，包括网站定价、客户流量、平均成功率、用户评价、资金管理政策等。

2. 早期预热

众筹的前期准备工作很重要。你可以在众筹开始的前两周进行预推广，及时更新相关动态等都有助于提高众筹效果。

3. 讲一个好故事

比起传统的大肆功能宣传，针对目标客户的特征，用一个能产生共鸣的好故事打动人心往往效果更好。如何讲好一个故事是需要技巧和技术的，有兴趣的同学可以去找一些相关资料学习。

4. 优惠和奖励

通过优惠和奖励设计可以帮你快速获得第一批众筹者，并激励他们进行分享。设计技巧可以参考那些比较成功的筹款活动。

5. 重视互动

互动能增进双方的信任和感情，互动也能体现你的责任心。

6. 做好网络宣传

酒香也怕巷子深，尽可能利用各种网络渠道（如微信、微博、QQ、社区网站等）做宣传，让你的产品越多人知道越好。这涉及网络营销知识。

7. 留下痕迹

做一个陈列清单,将每一个支持你的人留名,名单越长越能为你的产品品质背书,也更容易吸引更多的筹资人。

8. 尽可能借势媒体

媒体具有超强的辐射能力。只要内容有吸引力或传播力,应尽可能寻求媒体合作,这是可遇而不可求的好事。

9. 感恩和庆祝

如果众筹成功,要懂得向每一个参与者表达感谢,让他们和你一同分享成功的喜悦。

(七)天使投资

天使投资主体是自由投资者或非正式风险投资机构,一般针对处于萌芽期和发展初期的新创企业进行投资,其重要特征就是高风险高回报。天使投资相对风险投资而言,金额较小,但程序更为简单灵活,有时候哪怕是一个创业构思,只要得到投资人的认可也能获得资金,天使投资的终极目标就是投中未来的"独角兽"企业[①]。

实践中,天使投资往往取决于创业者(团队)的能力和独特魅力、创意的惊艳程度,以及社会关系网络等因素。作为学生,可以通过熟人或学校平台去寻找天使投资人,也可以通过创业孵化基地,甚至相关网站来寻找天使投资,懂得并用好网络营销有时候也会有意外惊喜。

小知识 获得天使投资的小技巧

1. 投资的诚信和经验十分重要

不要仅仅为了获得资金而显得"饥不择食",选择天使投资人需要小心谨慎。融资和投资就像硬币的两面,双方都有各自的利益考量。天使投资人通过注入资金获得创业企业股份,投资人的经验、资源和拥有的股份都会直接影响企业未来的经营发展,如果你不熟悉股权、金融等专业知识,寻找专业的财务和法律顾问十分重要。

2. 将自己的项目在权威平台审核和展示

对于创业项目来讲,你和投资人双方是信息不对称的,通过比较权威和知名的第三方平台来展示你的项目,有助于降低信息的不对称,平台也相当于为你的项目进行了一次背书,从而增加获得天使投资的机会。

3. 人和团队格外重要

天使投资属于个人投资,容易受主观感受、喜好等因素影响,有时候不是投资一个项目而是投资一个(被投资者看好的)人或团队。与天使投资者接触沟通时,应事先了解投资人的性格、投资偏好和投资经历,从对方感兴趣的地方切入交流。要重视展示创业者(团队)的创业激情、信心、素质和能力,给人以信任感。如果条件允许,也可以有针对性地邀请与投资人有某种关系或投资人听过的人进入团队。

---

①独角兽企业一般包含三个内涵:诞生十年以内、未上市公司、市值达到10亿美元以上。

4. 清晰简洁描述自己的创业项目或理念

能清晰简洁地向投资人描述自己的项目既是一种能力，也是对对方的一种尊重。投资人往往惜时如金，在描述的时候应该直奔主题、抓住亮点，迅速打动投资人，描述的核心在于让投资人相信你的魅力或项目的前景。

（八）风险投资

风险投资又称为创业投资，主要是指风险投资机构为初创企业提供资金支持并取得该公司股份的一种融资方式。风险投资机构往往是由一群具有较高理论水平或实战经验的专业人员组成。相对天使投资而言，风险投资的金额更大且风险控制要求更高，投资主体往往更愿意投资前景较为明朗的处于成长期的企业。风险投资并不以经营被投资公司为目的，只是提供资金及专业上或业务上的帮助，以通过协助被投资公司快速成长来获取更大利润为目的，最终通过企业IPO、并购、回购、清算等方式退出。

最后需要提醒的是，天使投资和风险投资的内容十分专业，如果大学生创业能获得天使投资或风险投资，一般建议聘请法律顾问和财务顾问进行专业指导。毕竟投资人（机构）和创业者是合作竞争的双重关系，确保好利益关系和利益分配是双方都需要认真考虑的问题。

风险投资与天使投资的主要区别如表8-9所示。

表8-9 风险投资与天使投资的主要区别

特征		风险投资	天使投资
相同点		都是通过提供资金获得被投资公司股份并从企业成长中获利，都具有较高的风险	
不同点	投资者	机构（管理他人的钱）	个人（管理自己的钱）
	投资阶段	针对创业初期或发展期	针对创业初期，风险更高但预期收益也更大
	投资金额	金额较大，一般是百万起步	金额相对较小，一般不会超过千万
	投资审查程序	严格的审查程序	程序简单，主要是依据投资人自己的喜好和判断
	投资扶持力度	对企业提供专业知识、技能、经验、信息和渠道等多方面的支持	对企业的帮助较少，通常仅限于自身能力和人脉

三、创业融资的主要问题和应对策略

（一）融资风险与应对策略

融资是不是钱越多越好呢？当然不是，因为融资本身是一种风险行为，融资风险包括以下五个方面。①融资的财务风险：融资是有成本的，如果资金的回报率小于融资成本，那么融资就变成了得不偿失的行为。②融资的经营管理风险：资金越多，管理和使用的难度就越大，而且对于天使投资、风险投资等融资方式，融资越多需要出让的股权份额越大，这将对企业经营管理产生重要影响。③融资的信用风险：融资一方面会消耗自己的资源和人脉，另一方面，融资越多还款难度越大，一旦出现问题就会影响创业者的信用。④融资的心理风险:钱少的时候人们往往会更加谨慎地花每一分钱,而手中的钱越多,人们花钱往往越容易,决策也越可能倾向风险偏好。

如何减少融资风险是一项复杂的系统工程,我们这里总结一些基本对策:①做好融资计划,减少融资成本;②提高企业经营管理水平,提高资金使用效率;③恪守信用和契约精神,用共赢思维去看待和连接投资人;④不忘初心、不骄纵、不浪费。

寻找合适投资人

> ★ 案例8—3　　　　　**创业融资越多越好吗?**
>
> 　　视美乐,你可能没有听说过,但它曾经是中国第一家高科技学生创业公司,曾经名噪一时。1999年3月,王科、邱虹云和徐中组队参加了清华大学的创业大赛,由于表现优秀,之后又被推荐参加了全国大学生创业计划竞赛并最终斩获金奖。在此背景下,三人对创业信心满满,当年6月就迅速成立了视美乐公司,主打产品为多媒体超大屏幕投影电视,该产品被很多公司看好。
>
> 　　由于这种制造类创业前期需要大量资金,视美乐一直积极对外融资。由于名声在外,他们很顺利地得到了第一笔投资——上海第一百货公司250万元的风险投资。然而由于缺乏公司运营管理经验,企业的研发和生产进程并没有想象中顺利,到了第二年,上海第一百货公司没有兑现二期投资5 000万元的承诺。
>
> 　　2000年4月,视美乐公司转而与青岛澳柯玛集团有限责任公司合作,共同组建了北京澳柯玛视美乐信息技术有限公司,注册资金3 000万元,双方各占50%的股份。原视美乐公司的主要技术人员全部进入澳视公司。之后,澳柯玛集团不断要求增加股份,三位创始人的股份越来越少,最终只占了不到30%,创始人演变成了小股东,创业名存实亡,当初的创业激情也不复存在,因此,王科三人都相继退出了公司管理层,企业也一落千丈。
>
> 　　视美乐的失败并非偶然,也非特例。即便有好的创意或前期资源,大学生创业失败的案例也比比皆是。一方面,大学生缺乏相关的工作经验和管理水平,所谓创业容易营业难,创办企业只是起点,经营好企业才是更大的挑战。另一方面,大学生对外部投资中存在的风险预估不足,尤其是像众筹、天使投资和风险投资等融资方式,里面涉及大量专业的金融财会和法律知识,如果掉以轻心,最后结果往往是"为他人作嫁衣裳",毕竟投资人不是慈善家,他们也想追求自身利益的最大化。
>
> 　　从视美乐的故事中不难看出,对于创业者而言钱不是越多越好,必须做好融资方案,重视融资过程的各个环节,尽量降低融资风险。

 点评

　　融资不只是如何得到钱的问题,还包括如何降低融资成本、如何使用钱、如何处理与资金供给方的利益关系等各种问题。融资本身具有各种各样的风险,创业者必须重视融资问题。

(二) 融资困难与应对策略

在实践中,创业融资尤其是大学生的创业融资仍然面临不少困难,如个人储蓄很少、银行贷款困难、家庭支持有限、风险投资不易获取等。政府创业基金僧多粥少、审批烦琐,真正能获得创业基金支持的项目总的来看并不多,大学生创业融资难仍然是影响大学生创业积极性的主要问题之一。

造成创业融资困难的原因是多方面的:①借贷能否形成取决于还款能力和还款意愿,创业融资难的根本原因仍然是风险,这种风险的直接表现就是投资人对创业者(项目)的信息不对称以及对项目未来发展的不确定;②高校对大学生创业的理论教学和实践指导仍然不够,由于"双创"战略是2014年首次提出,到现在不过短短数年,大学生创业的软硬件条件还在不断发展和完善之中;③政府的政策宣传和实施力度仍有待提高,虽然国家和地方政府出台了不少创业扶持政策,但大学生对这方面的了解仍然较少,在申请创业资金时审批严格烦琐,项目获得支持的概率并不是很高;④社会资金支持渠道不够,各类社会机构、企事业单位、行业协会等并没有形成合力,也缺少市场化资金渠道去帮助大学生创业;⑤大学生本身的能力和信用还没有经过市场检验,也缺乏工作经验,这些都是不少投资人所担心的。

如何提升融资概率以及融资时效,应该是社会各方共同努力的结果:①创业项目的质量是根本,一个得不到投资人看好的项目肯定是很难融到资金的,除了项目本身的质量,创业计划书也应该写得漂亮;②高校应该不断强化师资队伍建设和创业实训基地建设,提升创业的理论和实践教学水平;③政府应进一步加大宣传和实施力度,优化相关扶持政策;④完善金融市场,积极吸纳和引导社会资本来为大学生创业助力。

复习思考

1. 创业资源评估的技巧有哪些?
2. 资源获取的途径有哪些?
3. 如果是你创业,你会着重考虑哪些融资方式,为什么?

创业融资的风险

拓展训练

资源获取技能开发训练

任务描述:新企业,创业团队为三人。

第一步:根据下列资源清单(见表8-10),每个同学有3分钟时间拿着资源清单在教室里找一个拥有某种资源的人(一个人最多只能选一种资源),并在资源名称旁边写上拥有者的名字。

表 8-10　任务资源清单

1. 有自己的网页或会建立网页
2. 会两种或以上外语
3. 家里有企业
4. 钱包里有 200 元
5. 担任过系干或校干
6. 有理财经验（包括炒股、购买基金等）
7. 微信或 QQ 有 200 人以上的好友
8. 手机通信录有 200 人以上的联系人
9. 有一部苹果手机
10. 有属于自己的自行车或电动车
11. 赢过一次艺术或设计比赛
12. 会演奏一种以上的乐器
13. 有一只猫或一只狗
14. 有公开发表过文章
15. 擅长一种球类
16. 有尝试过极限运动（如蹦极）

第二步：汇总调查结果，看看哪些资源容易获得、哪些资源不容易获得。看看资源的稀缺性和价值性之间的关系。

第三步：利用 10 分钟时间去寻找和说服他人，组成自己的 3 人团队。

第四步：说明你选择搭档的标准。

第五步：如果你可以再多选两种资源，你会选哪两种（此时可以不局限于资源清单）？你准备如何获得这两种资源？

活动设计

1. 创业资源自我评估表

创业资源包括的范围极其广泛，创业者要从创业资源角度对自身重新认识、分析和整合。请利用表 8-11 对自身资源进行评估。

表 8-11　创业资源自我评估表

说明：从自主创业的角度，重新评估自己的创业资源
我的有形资产资源是：现金、房屋、设备、材料、运输工具，其他：
我的有形资产的优势是：
我的有形资产的劣势是：
针对创业我拟采取的对策是：
我的无形资产资源是：特殊技能、经营权、秘方、口碑、声誉，其他：
我的无形资产的优势是：
我的无形资产的劣势是：

续表

针对创业我拟采取的对策是：
我的社会关系资源是：亲属、朋友、同学，其他：
我的社会关系的优势是：
我的社会关系的劣势是：
针对创业我拟采取的对策是：
我的人际交往资源是：人缘、交际能力，其他：
我的人际交往的优势是：
我的人际交往的劣势是：
针对创业我拟采取的对策是：
我的体力资源是：力量、速度、耐力、灵活，其他：
我的体力资源优势是：
我的体力资源劣势是：
针对创业我拟采取的对策是：
我的脑力资源是：算术、语言、悟性、记忆，其他：
我的脑力资源优势是：
我的脑力资源劣势是：
针对创业我拟采取的对策是：
我的技术资源是：经营管理、销售、烹饪、修车、养鱼、品茶，其他：
我的技术资源优势是：
我的技术资源劣势是：
针对创业我拟采取的对策是：
我的知识资源是：学历、阅历、社会知识，其他：
我的知识资源优势是：
我的知识资源劣势是：
针对创业我拟采取的对策是：
我的学习资源是（能学什么）：手艺、语言，其他：
我的学习资源优势是：
我的学习资源劣势是：
针对创业我拟采取的对策是：

续表

我的兴趣资源是：花卉、汽车，其他：
我的兴趣资源优势是：
我的兴趣资源劣势是：
针对创业我拟采取的对策是：
我的经历资源是：读书、务农、做工、参军，其他：
我的经历资源优势是：
我的经历资源劣势是：
针对创业我拟采取的对策是：
我的经验资源是：销售经验、经商经验、管理经验，其他：
我的经验资源优势是：
我的经验资源劣势是：
针对创业我拟采取的对策是：
我的年龄资源是：年轻、中年、老年，其他：
我的年龄资源优势是：
我的年龄资源劣势是：
针对创业我拟采取的对策是：
我的民族资源是：少数民族、特殊风俗，其他：
我的民族资源优势是：
我的民族资源劣势是：
针对创业我拟采取的对策是：
我的貌相资源是：憨厚、机灵、俊美，其他：
我的貌相资源优势是：
我的貌相资源劣势是：
针对创业我拟采取的对策是：
我的其他资源是：
我的优势是：
我的劣势是：
按重要性排序，我的优势资源是： 1   2 3   4 5   6

续表

按重要性排序，我的劣势资源是：	
1	2
3	4
5	6

扬长避短，整合自己的创业资源，并转化为创业核心竞争力的战略：

参考文献

[1] 吴晓义. 创业基础：理论、案例与实训［M］. 北京：中国人民大学出版社，2014.

[2] 张兵仿. 大学生创业基础教程［M］. 北京：时事出版社，2016.

[3] 梅强. 创业基础［M］. 北京：清华大学出版社，2016.

[4] 倪克垒，胡庄方. 大学生创业资源及获取途径分析［J］. 吉林省教育学院学报（中旬），2015，31（9）：140－141.

[5] 陈伯雷. 大学生创业风险控制的途径与方法分析［J］. 厦门科技，2018（4）：31－35.

[6] 李红涛. 大学生创新创业风险识别与保障体系研究［J］. 产业与科技论坛，2016，15（7）：204－205.

[7] 李东鹏. 论大学生自主创业资金困难原因及对策［J］. 现代交际，2016（7）：83－84.

[8] 王晶晶. 在校大学生创业资金众筹问题研究［J］. 财经界（学术版），2017（7）：54－55.

第九章

创业计划

 目标与要求

理解创业计划的内涵、作用及其分类,掌握创业计划的逻辑表达和基本构架;了解创业计划的撰写步骤,掌握创业计划的撰写内容,理解创业计划的行文原则和常见错误;理解创业计划展示的重要性,掌握不同路演时间下的创业计划推介技巧,理解创业计划PPT的设计要点。

 问题引入

小周毕业于某本科院校生物工程专业,就职于一家小型制药企业。在业余时间,她不断地努力钻研,发现了一项栽培蘑菇的新技术。如果这项突破能投入市场,将非常有应用前景。于是她决定辞掉工作,注册一家属于自己的生物科技公司。创业伊始,前期的积蓄还勉强能支撑公司运营;但由于市场没打开,各项开支远远超过预算,公司慢慢地入不敷出,连购买原材料的钱都没了。无奈之下,小周想到风险投资,希望能通过资金注入摆脱困境。

经过多方联系,小周与一家风险投资机构和一位天使投资人进行会谈。在交谈中,小周反复强调她的技术多么先进、多么有市场前景……可当投资人问到一些具体数据,如目标顾客具体多少、一年的销售量能达到多少、年回投率有多高、多久能收回投资额时,她只是胸有成竹地回答:"这个现在不清楚,但我保证项目的投资回投率肯定低不了。"另外,小周的公司招聘技术骨干时,也面临着类似的问题。因为无法提供详细的公司运作信息和创业计划,应聘者对公司的未来发展同样感觉迷茫,缺乏信心。

 思考

为何小周的项目不被青睐?如果你是小周,你将如何应对?

第一节 创业计划概述

凡事预则立,不预则废。我们需要为各种大大小小的事情做计划,以保证事情有序、有效、顺利地开展。学习是如此,生活是如此,创业更是如此。很多时候我们不乏创业热情和对美好未来的憧憬,却缺乏冷静的头脑和对创业整个过程的理智的可行性分析。这个创业的可行性分析就是创业计划。

一、创业计划的内涵与作用

(一) 创业计划的内涵

创业计划(Business Plan,BP),也称商业计划,是创业者根据对创业项目的理解而形成的整体性思路,是对新创项目有关的内部、外部环境条件和要素全方位描述的书面文件。这里强调"项目"而非"企业",是因为创业计划是因新项目而生,不仅新创企业需要计划,成熟企业的二次创业也同样需要计划。

没有计划的创业是不足以令人信服的,正如上述案例中的小周,即使有再好的创意和技术,也难以让投资者垂青,甚至不能给自己和团队以底气;"机会通常给有准备的人",没有创业计划的创业者显然让人感觉准备不足。然则,天马行空,夸大其词,为"计划"而"计划"的创业计划也是不可取的。关键要明白,创业计划是对新创项目的详细描述和未来预期,应说明"为什么""能不能"以及"怎么样"将个人或团队的创业思路变成现实,它是创业之旅的路线导航,是创业梦想的现实写照,也是创业团队的个性展示。

正如美国CEO俱乐部创始人约瑟夫·曼库索(Joseph Mancuso)所说:"一份创业计划就是一项艺术性的工作。它是表达企业和赋予企业人性化的证明。每个计划如同一片雪花,个个不同,而每个都是一件独立的艺术品,每个都是企业家个性的反映。就像不能复制别人浪漫的方式,你也需要寻求你的计划的与众不同之处。"

(二) 创业计划的作用

创业计划不仅是创业者成功创建新企业的运营路线图,还是管理新创企业的"第一号"纲领性文件和执行方案,其对创业成功的重要作用(见图9-1)主要体现在以下三个方面。

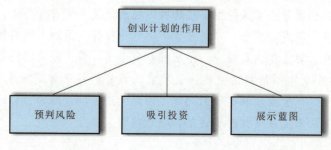

图9-1 创业计划的作用

1. 预判风险，缓解焦虑情绪

风险，是指某种特定的危险事件（事故或意外事件）发生的可能性与其产生的后果的组合。创业风险包括团队管理不善、资金资源不足、产品开发失败、市场占有萎缩等一系列创业者不希望的后果的可能性及后果的组合。企业面临人才流失、法规解禁、产品创新、市场开放等不确定性的创业环境是创业风险的根本来源。创业风险会让创业者及其团队没有安全感，甚至高度紧张和心理焦虑，尤其是草根创业者，其压力和焦虑则更为凸显。焦虑的心态会严重影响创业者的身心健康和创业的成效。

准确的风险预判有助于降低决策错误的概率、避免损失的可能、缓解焦虑的情绪。创业计划中关于风险分析的内容，是创业风险预判的重要手段。创业计划通过对企业风险识别、估测和评价，来预判风险，并预备处理风险的手段和费用，以减少损失并提高应对能力。并且，通过风险的有效认知和防范措施的准备，让创业者感觉有备而来，可以缓解焦虑，促进其建立更为理性、积极、自信和乐观的创业心态。

> **★案例9-1　　危机不断的乐视，可曾有过准确的风险预判?!**
>
> 2010年，乐视网登陆创业板后，贾跃亭带领下的乐视"狂飙之旅"也由此展开。乐视以视频网站为起点，将业务线延伸至影视制作、电视、汽车、手机甚至农业等7个行业。但在资金链危机爆发后，这家"创业板神话股"也遭遇其上市的"七年之痒"。
>
> 时至2017年，本就深陷舆论漩涡的贾跃亭和乐视，被曝出一则更劲爆的消息：贾跃亭夫妇及乐视12亿资产被司法冻结，一时风光无限的乐视帝国，正加速滑向黑暗深渊。

即便是知名企业，在其再次创业时都少不了清晰的创业计划和理性的风险认知。乐视的问题在于，对热点的盲目激情和"烧钱"扩张，却未有效地预期可能产生的不良后果。市场定位不明确、风险评估不准确是导致其决策错误和损失惨重的重要原因。

2. 吸引投资，获取创业资源

创业计划书的主要目的之一就是筹集资金，并获取相关资源。若要贷款，银行要看创业计划书。若要吸引投资，风险投资家者也要看创业计划书；创业法律顾问或会计师也要求有创业计划书。创业计划书能够向潜在投资者和其他风险投资者介绍企业正在追寻的创业机会以及追求创业机会的方式。一份高质量的创业计划，是创业者与外部投资者沟通的桥梁和媒介，可让投资人感受到创业家的强烈企图心与新事业成功的可能。

另外，创业中的"人"也是重要的创业资源。有吸引力的创业计划书不但可以帮助创业者获取银行或风险投资商的投资，还可以帮助创业者找到合适的合作伙伴和网罗到高素质的人才，以此来构建自己的核心创业团队。

投资人
不投的项目

3. 展示蓝图，提高经营效率

弗朗西斯·培根先生说过"写作使人精确"。将创业计划书完整地写出来更能有效地检验创业者思想的逻辑性和一致性。创业计划书为企业执行战略提供了见得到的"蓝图"。创业计划书不仅可以给投资人看,更可以帮助创业者明确自己的创业理想,规划自己的创业蓝图,使创业者对自己的创业目标更加明晰。进一步说,创业者将自己的创意以创业计划书的形式表现出来,有助于其冷静地分析和识别创业机会,跳出自己的小圈子,客观分析整个商业环境,拓展思路,目光更长远、更有预见性。硅谷著名的创业家和风险投资者盖基·卡维萨基曾这样说:"一旦他们将创业计划写在纸上,那些希望改变世界的天真想法就会变得实实在在且冲突不断。因此,文件本身的重要性远不如形成这个文件的过程。即使你并不试图去集资,你也应当准备一份创业计划书。"

此外,对于创业团队成员而言,创业计划也是必要的。它能够在成员经历种种创业磨难后,帮助其唤起"初心",回顾创业动机和理想,审视新创项目的预期目标和商业模式。并且以此为依据,成员们可以不断地讨论、修订和完善意见,推进创业想法的成熟并增强创业团队的凝聚力。

总之,创业计划是创建新企业的重要工具。制订创业计划是缓解焦虑、争取资源、明确新创企业的发展蓝图并凝聚创业团队的最好方式之一,可以有效地节约创业者的时间和金钱,降低创业失败的风险。

二、创业计划的分类

创业计划的分类方式有多种,常见分类有:按其使用目的划分,可分为争取风险资金投入的创业计划、争取他人合伙的创业计划、争取政府支持的创业计划和争取银行贷款的创业计划;按详细程度划分,可分为详细的创业计划和简单的创业计划。本章根据编写创业计划的篇幅以及适用情况的不同,分为两种类型,如表9-1所示。

表9-1 创业计划的类型及特点

类型	篇幅	内容	适用情况
完整型创业计划书	20~35页	覆盖全面的完整信息	• 新创企业 • 希望探讨关键问题 • 详细地描述和解释项目 • 争取大额的风险投资
简略型创业计划书	10~15页	短小精悍的关键信息	• 享有盛名的企业 • 申请银行贷款 • 试探投资商的兴趣 • 竞争激烈、时间紧迫

(一) 完整型创业计划书

完整型创业计划书也就是一般意义上的创业计划书。此类创业计划内容最全面,涵盖了创业的方方面面,完整型创业计划书通常用于吸引潜在的投资者和合作伙伴。其篇幅一般有20~35页,这其中包括5~10页的辅助文件。通过完整型创业计划书,创业者能对整个创业项目有一个比较全面的描述,尤其能够较详细地论述计划中的关键部分。

其用途主要是:①新创企业;②希望就关键问题与投资者探讨;③详细描述和解释项目;④争取大额的风险投资。

(二) 简略型创业计划书

这是一种短小精悍的创业计划，它包括企业的关键信息、市场预测、盈利模式等重要信息，以及少量必要的辅助性材料。简略型创业计划书的篇幅通常有 10~15 页。

简略型创业计划主要适用于以下情况：①享有盛名的企业；②申请银行贷款；③试探投资商的兴趣；④竞争激烈、时间紧迫。

三、创业计划的基本逻辑与构架

(一) 创业计划的基本逻辑

对于成熟的创业者来说，即使没有一份书面的创业计划书，心里面也已经有了一个完整的逻辑，这时候，创业计划书的作用无非就是把这个内心的逻辑完整地表达出来。如果创业者在商业计划书中并没有把握住本质，对创业项目本身的发展逻辑没有想通透，则无法清晰地通过简洁的书面材料有效地传达，总有"只可意会，不可言传"之感。因此，厘清创业计划的逻辑是非常重要的。

什么是创业计划的逻辑？逻辑就是思路，创业计划的逻辑是由其本质目标的思考过程决定的，是基本构架的形成依据。尽管不同企业的创业计划形式和内容不尽相同，不同的创业计划有不同的写作结构，而且一些富有创造力的创业者也并不想看到千篇一律的创业计划书，但偏离传统创业计划书的基本逻辑往往是不明智的。创业计划作为与利益相关者沟通的桥梁和媒介，需要一步一步地向投资人证明其项目的可行性和盈利性。因此，创业计划必须在结构上层次分明、环环相扣、逻辑清楚。

投资人的逻辑思维

(二) 创业计划的基本构架

基本构架体现了创业计划的一般逻辑。通常，一份完整型创业计划的基本结构主要包括计划摘要、计划主体和附录三大部分。

1. 计划摘要

创业计划首先要思考的不是包括什么内容，而是在最开始如何吸引读者看下去。计划摘要是整个创业计划的浓缩版本和精要速写，其主要作用是让阅读者能在较短时间内评审计划并做出判断。通常情形下，阅读者通过快速浏览这部分，可以判断计划是否能入"法眼"。其基本的内容包括：封面及目录、实施概要及商业模式。

2. 计划主体

这部分要思考：要向阅读者展示什么？如何在有限的篇幅展示清楚？这部分是整个计划书的核心，内容既要翔实又不能长篇累牍。其基本内容包括：企业描述、环境分析（一般环境分析、产业环境分析、市场环境分析）、职能计划（组织计划、运营计划、营销计划、财务计划等）、风险分析。

3. 附录

这部分要思考：阅读者还想了解哪些细节？进一步推送哪些细节以提高阅读者的认可度？其内容包括：附表附件（相关支撑文献、附图、附表、调查问卷等书面资料）以及其他说明（一系列更加详细的财务预测和设想分析等）。

因此，创业计划书的基本逻辑和构架如图 9-2 所示。

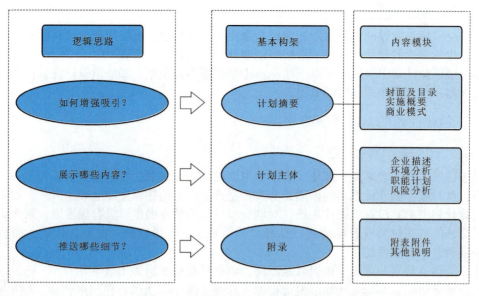

图9-2 创业计划书的基本逻辑和构架

第二节 创业计划的撰写

一、创业计划的撰写步骤

过于冗长的创业计划会让人失去耐心，但过于简单又有可能表达不清楚主要信息。整个创业计划的写作本质上是一个信息收集和思路整理的过程，按先后顺序可分成初步构想的准备阶段、关键信息的收集阶段、内容撰写的完成阶段三个阶段。这三个阶段不是一次性的，很可能在三个阶段中不断循环，以完善创业计划。例如，在完成创业计划后，发现产品市场有变动，则再次变更创业计划的目录框架。撰写步骤如图9-3所示。

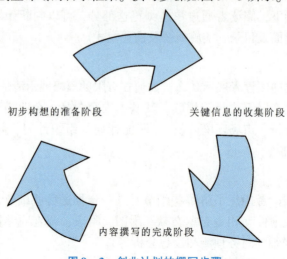

图9-3 创业计划的撰写步骤

(一)初步构想的准备阶段

1. 明确读者和计划形式

不同的阅读者对创业计划书有不同的兴趣和关注,因此,创业者撰写创业计划的第一步就是要明确读者是谁、他们想要的是什么、哪些问题必须有针对性地呈现给他们,进而明确创业计划书的形式。

2. 编写创业计划书的大纲

创业计划书的形式明确之后,便可编写创业计划书的大纲。大纲应该确定创业计划的目标和战略,制订创业计划书的编写计划,确定创业计划书的总体框架和主要内容。

(二)关键信息的收集阶段

根据创业计划书大纲,创业者需要收集撰写计划书要用到而目前尚不清楚的信息。信息的收集是一个十分重要的过程,信息的质量直接关系到创业计划书的质量。创业计划书的内容涉及面很广,因此需要收集的信息也非常多。创业者可以通过现有资料的检索、实地调查、互联网查找等方式来收集信息。以下三方面的信息收集显得尤其关键。

1. 行业信息

行业信息指通过接触本行业内的企业和专业人员,整体上了解行业的市场现状,包括:本行业产品属性、产品价格、行业发展周期以及行业法规等。

2. 竞争者信息

竞争者信息指界定现有竞争对手和潜在竞争对手,区别战略伙伴和潜在盟友,同时分析其数量、分布、市场占有率、核心竞争力和经营手段,以及竞争者未来的战略方向。

3. 目标顾客信息

关于目标顾客信息,主要明确三个问题。第一,顾客是谁?即企业的产品或服务是提供给谁或将会是谁、这些人有怎样的消费习惯和决策依据。第二,顾客在哪儿?即顾客的区域分布情况。第三,企业该如何接触到顾客?即企业应采取的促销和分销渠道信息。可以自行组织问卷调查,或找专业的市场调查公司帮忙。

情报获取方法

(三)内容撰写的完成阶段

1. 初稿撰写

收集到足够的信息后,创业者就应该开始草拟创业计划书了。这一部分的主要工作是全面地撰写创业计划书各个部分,从而形成比较完整的创业计划书初稿。

2. 修改完善

创业计划书的初稿完成以后,创业者应该根据客观实际情况,充分征求各方意见,对创业计划书进行补充、修改和完善。

3. 定稿和论证

反复阅读,检查创业计划书的客观性、实践性、条理性和创新性,并首先思考这份创业计划能否打动自己,再思考能否打动读者,以此完成整个创业计划的写作。在计划完成以后,仍然可以保持信息的积累和跟踪市场的变化,以进一步论证计划的可行性,并不断完善整个计划。

创业计划撰写时间的长短因人而异,因创业团队经验和知识多少而不同,也取决于创业者所想达到的目标。无论所花时间是长是短,创业计划都应提供足够的信息和可读性,给潜在投资者或合作伙伴一份完整的蓝图和风险考量。

二、创业计划的内容

创业计划是给自己设计创业目标和创业路线,在给别人讲述自己未来的创业故事。一份完整型创业计划涵盖了新创企业的各个方面,所有这些方面的描述,将描绘出新创企业的清晰面貌——企业是什么,发展方向是什么,如何实现新创企业的预期目标。本节在创业计划的逻辑框架基础上,对内容模块进行具体化阐述。

但是,需要注意的是,每个人的"故事情节"不同,核心内容不同,创业计划的内容并无严格一致的格式与体例,创业计划可根据不同需求进行内容的酌情删减和增加,以针对阅读者要了解的内容和问题突出重点。例如,大学生创业通常为吸引投资,创业计划的内容往往会突出产品构想和市场的可行性;成熟企业再创业通常为吸引合作伙伴,也许更应突出风险控制和收益预测部分。本部分只是介绍一般性的创业计划的完整内容,即完整型创业计划书的模板参照,其包括的主要信息缩略图如图9-4所示。

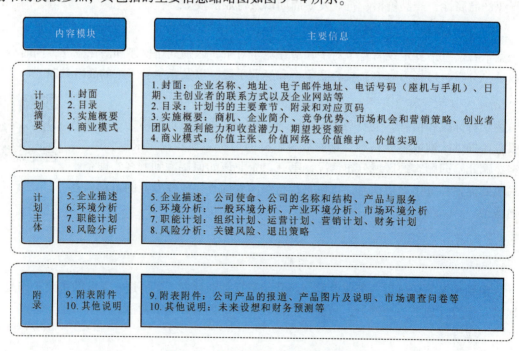

图9-4 创业计划的主要信息缩略图

(一)计划摘要

1. 封面

封面应包括企业名称、地址、电子邮件地址、电话号码(座机与手机)、日期、主创者的联系方式以及企业网站（如企业有自己的网站的话）。这些信息应集中于封面页的上半部分。封面底部应有一句话，提醒读者对计划书的内容保密。如果企业已有商标，就把它置于封面页正中间。

如果已有产品或服务的设计简图或照片，且比较美观的话，可将图片印在封面上。有时可以利用网络图片库中的图片。许多网站提供免费图片，如百度图库。例如，假如你想开一家舞蹈学校，找一张和你的舞蹈工作室有关的舞者图片放在计划书封面上，效果会更好。封面上最重要的一项是计划书撰写者的联系方式，应该让计划书的读者能够轻松联系到你。11位数字的号码最好用连字符按"3－4－4"或"4－4－3"的形式将号码数字区分开来，以避免因拨错号码而失去联系到你的机会。

2. 目录

目录紧接封面页后，列出计划书的主要章节、附录和对应页码，目的是便于查找计划书的内容。有些计划书相关页上还贴上标签，更方便直接查找章节。设计仔细的目录表能让读者注意到你想强调的内容。例如，假设你打算开个饭店，而且已经绘制了几幅漂亮的饭店内外装潢草图。在计划书合适的章下面设一节内容，题为"饭店装修艺术效果图"。浏览目录的读者很可能会直接翻到这一节阅读。

需注意的是，最后时刻修改计划书上的内容会打乱原来的页码，如果你是用 Word 文档写作，请记住使用其中"只更新页码"的功能。因此，在计划书发送之前，应反复核对目录中的页码，确保其与正文页码一致。

3. 实施概要

实施概要，也叫执行概要，是创业计划书中最重要的部分，也是投资人最关注的部分。通过看执行摘要，应让投资者清楚公司项目的主要亮点，以及你的项目为什么会让人感到兴奋，从而提高读者继续阅读创业计划其他部分的兴趣。写好实施概要必须明确几个关键问题，如表 9－2 所示。

表 9－2　实施概要的四个关键问题

实施概要的关键问题	内容说明
是什么？	是整个创业计划的一个精要速写，涵盖了商业计划书的精华，相当于一个浓缩版的计划书
不是什么？	不是创业计划书的引言或前言，不仅仅是简要介绍计划的其他部分
怎么写？	需要自己的立足点，要让读者确信新企业会成功。值得付出精力去认真"修饰"一番，尽量简明生动，篇幅不宜超过两页纸
写什么？	商机、企业简介、竞争优势、市场机会和营销策略、创业团队、盈利能力和收益潜力、期望投资额

实施摘要包括以下七个关键部分：

（1）商机是什么？主要概述存在怎样的市场空缺，为何项目有商业前景，新项目的亮点和独特之处。还要重点阐述其他可以定义商机的证据和推断，包括：目前产业布局和趋势、目标市场规模、竞争者的弱点等主要观点或数据。

（2）是怎样的企业？主要介绍企业的所在背景资料、企业历史、产品的一般描述、企业将努力实现的特殊任务和目标利润。同时,要将企业类型是什么、出售何种产品、成功的秘诀及发展潜力是什么、有何特别之处等问题陈述清楚。

(3) 有什么竞争优势? 指明企业的新创产品的独特之处,包括先进技术、精良的团队、弹性的管理、供货渠道、周期的保证、市场入侵者会遇到的壁垒等。

(4) 市场机会和营销策略如何? 说明产业规模、目标顾客群体、产品定位以及接触这些目标群体的方式。主要包括市场结构、细分市场的大小和增长率、预测销售的数量和总额、预期的市场份额、客户付款期以及定价策略(包括产品的性价比等因素)。

(5) 有什么样的创业团队? 概述创业者团队及每个成员的相关知识、经验、成绩。特别要说明先前创业者或团队成员曾经负责过的部门、项目或企业的规模。

(6) 盈利能力和收益潜力如何? 概述企业的毛利和经营利润、期望盈利率和盈利的持续时间;实现盈亏平衡点和正现金流产生的大致时间表;关键财务开支预测、投资回报、未来成长等。

(7) 期望多少投资? 简要说明企业所需的债务融资额和用途。

4. 商业模式

商业计划书
执行摘要

商业模式是价值主张、价值网络、价值维护、价值实现四个要素构成的一组盈利逻辑关系的链条,为客户提供价值、公司的内部结构、合作伙伴网络和关系资本。其将盈利模式的画布展示给阅读者,对于创业计划有着提纲挈领的效果。有关商业模式的知识在本书第七章已有详细说明,此处不再赘述。

> ★案例9-2　　**阿里巴巴不是中国的亚马逊　商业模式有天壤之别**
>
> 　　虽然两家公司都做互联网商业,省去了消费者进入商店购物的烦琐,并分别是其本土市场的领头羊,但它们有本质上的不同。亚马逊拥有自己的物流公司、物流设备、线上产品等资产和庞大数量的员工,其呈现出自有型的"重资产"卖家模式;而阿里巴巴和亚马逊不同,并不拥有自己的物流公司、设备以及其平台上销售的大部分商品,也并不用维护庞大的经销商中心,并且阿里巴巴的员工数也仅有8万多人,呈现出外包型的"轻资产"服务模式。正如其创始人马云所说:"亚马逊是电子商务公司,阿里巴巴不是电子商务公司,而是帮助别人来做电子商务,我们不卖产品。"

(二) 计划主体

1. 企业描述

创业计划书的主体部分从企业描述开始。虽然乍一看这部分没其他部分关键,其实并非如此。本部分能体现你是否善于将抽象的创意转换成具体的企业。因此有许多需要深思熟虑、认真计划的问题。

企业描述主要介绍企业历史、企业使命、宣传语、产品、现状、法律地位和所有权等内容。撰写计划时应注意两点:一是重点强调产品的所有特征以及这些将如何创造或增加价值；二是要有市场调查数据支持计划中的论断，这样的创业计划才有可信度。其主要内容包括以下三个方面。

(1) 公司使命。

公司使命是指企业存在的理由及立志成为一家什么样的企业，通常与其企业文化和核心价值观紧密相连。公司使命不是一句空话，而是能够指明企业道路、能成为指导企业各个方面和所有行为的原则和目标。有效的使命陈述表明企业有明确目标且创业者对此有深刻、清晰的理解，可以为创业过程增彩。

那么，公司使命应该如何设计呢？由于企业的不同业务类型、不同企业文化和核心价值观，不同企业表述的立足点有不同，如制造类企业偏向产品导向的使命表达逻辑，而服务类企业偏向用户导向的使命表达逻辑。以下列举一些有代表性的公司使命的表述方式，如表9-3所示。

表9-3 使命陈述的六种要素范例

表达的立足点	具体例子
用户	• 致力于最高质量的客户服务，提供的服务应当体现出温情、友好、尊重以及公司精神（西南航空公司） • 聚焦客户关注的挑战和压力，提供有竞争力的通信解决方案和服务，持续为客户创造最大价值（华为）
产品和服务	• 寻找、开采石油和天然气，以这些原材料为社会生产高质量的产品，并以合理的价格向消费大众销售这些产品和提供可行的服务（美孚石油公司） • 天天低价，给普通百姓提供机会，使他们能与富人一样买到同样的东西（沃尔玛）
自我定位	• 力求成为最受欢迎和最成功的媒体公司，以优质、卓越闻名于世（时代华纳） • 努力使自己成为世界汽车工业的领头羊，公司的任何发展都要顺应时代的需求，不断创新，推动汽车工业的发展（奔驰）
技术	• 整合全球信息，使人人皆可访问并从中受益（谷歌） • 创无限通信世界，做信息社会栋梁（中国移动）
观念	• 让天下没有难做的生意（阿里巴巴） • 用科技让复杂的世界更简单（百度）
社会责任	• 致力于人们生活质量的改善、提升和创新，以及高品位生活氛围的营造，将自身的发展融入中国现代化事业推进的历史过程中（华侨城集团） • 成为世界厨房，做人类能源的供应者，提供"生命之食品""精神之食""生活之便利"。（正大集团）

(2) 公司的名称和形式。

创建一家新企业，取一个响亮的名字，本身就是一个"活广告"，会产生一种无形的魅力，有利于新企业树立良好形象。一般而言，企业名称是由"行政区划+商号+行业+法律组织形式"依次构成的。应使用符合国家规范的汉字，不得使用汉语拼音字母、阿拉伯数字。

公司形式指其法律组织形式。个人独资企业、合伙企业和有限责任公司是企业的基本法律形式，每种形式都有自己的优点和缺点。创业通常是从个人独资或合伙制企业开始的，这种形式的好处是手续比较简单。但是随着公司的扩大和合伙人增加，采用有限责任公司制形式，减少创业者和投资人承担的个人责任，则是更好的选择。

> **★案例9-3** **"金利来"公司名称的由来**
>
> 有一家生产男装服饰的公司名为"金狮"。一次，其创始人把公司生产的两条上等领带送给他广东的一个朋友。然而，朋友非但不感激还抱怨地说："你的领带我才不敢戴呢，金狮，尽输，全部输光了。"原来，粤语里"狮"与"输"读音相同。此后，这位创始人绞尽脑汁，想出一个万全之策，用意译与音译相结合的方法，把"Gold Lion"译为"金利来"。至今，公司仍为男装服饰知名品牌。

(3) 产品与服务。

在这里用简洁的方式，描述本公司的产品与服务；注意不需要透露本公司的核心技术，主要介绍本公司的技术、产品的功能、应用领域及市场前景等。说明本公司的产品是如何向消费者提供价值的，以及本公司所提供的服务的方式有哪些。本公司的产品填补了哪些急需补充的市场空白。可以在这里加上本公司的产品或服务的照片。

2. 环境分析

按照战略环境对企业的影响力度不同，创业企业面临的环境可以分为三个层次：一般环境、产业环境和市场环境。三个层次的环境对新创企业的影响大小不同，分析工具和方法也各有不同，如表9-4所示。

表9-4 不同创业环境类型的特征对比

环境类型	分析内容	影响力度	常用分析工具和方法	
一般环境	• 政治 • 经济 • 社会文化 • 技术	小	• PEST分析	SWOT 综合 分析法
产业环境	• 产业趋势及前景 • 产业结构 • 产业规模 • 市场参与者性质	中	• 行业生命周期 • 波特五力模型 • 战略集团分析	
市场环境	• 目标市场及客户 • 市场大小和趋势 • 竞争优势 • 市场预测	大	• 目标市场分析 • 业务组合分析	

(1) 一般环境分析。对所有企业都会产生影响的重大环境因素，这些因素的影响没有产业特性，它对一定范围内的所有企业都会产生影响。一般环境分析通常从政治、经济、社会文化和技术四大方面进行分析，即常用的PEST分析方法。

(2)产业环境分析。产业是由生产相似产品或服务的一群企业构成的,如家用电器、房地产、电子游戏或健身俱乐部等。对所属产业进行评估可以增长对企业成功有益的知识,一份完备的产业分析对新企业来说,表明什么是企业现实可能达到的,什么又是不可能达到的。因为企业所在的产业,基于其结构特征、历史条件、现实趋势,基本上决定了这个企业参与竞争的场所。常用的产业分析的工具有:行业生命周期分析、波特五力分析模型和战略集团分析。

产业分析主要包括以下内容。①产业趋势及前景:介绍新企业所在产业的现状和发展前景,如产业的吸引力和增长潜力。②产业结构:介绍新创企业所在产业的结构情况。③产业规模:简要描述市场大小、成长趋势情况。④市场参与者性质:明确产业竞争者有哪些及其经营情况以及新产品、新进入者和离开者对企业产生正面和负面影响的环境趋势和因素。

★案例9-4　　　　　**VIPKID为何成为行业领袖?**

　　VIPKID是一家在线少儿英语教育公司,专注于4~12岁在线少儿英语教育,通过1对1在线视频的方式,帮助小朋友有效学习和掌握英文。并且,VIPKID还注重培养孩子的创造力、表达力以及独立思考的能力。2014年6月1日VIPKID学习平台上线。作为在线少儿英语行业的领头羊,VIPKID在互联网浪潮下正扬帆起航,破浪前行。3年时间,已经签约超过30 000名优秀北美外教,拥有超过260万名注册学员,付费用户超过20万人。

思考

VIPKID的产业环境及创业成功的原因。

(3)市场环境分析。对特定企业有重大和直接影响的环境因素的分析。一般来说,不同的企业会有不同的市场环境因素。大多数企业并不致力于服务整个产业,它们只关注如何为产业中的某个具体市场提供更好的服务。这部分重点在于描述一个企业的目标市场及其顾客、竞争者;如何展开市场竞争;它的潜在销售额和市场份额。市场分析通常包含以下内容。

①目标市场及客户。讨论产品瞄准的客户是谁或将是谁,目标市场将按哪些特征来定;说明每个细分市场的主要购买者的特点、所在区域;指明顾客是否容易接触到,顾客是否有意愿购买企业的产品、如何购买、购买决策的依据是什么(如价格、质量、时机、培训、服务、人际关系或政治压力等)以及改变现行购买决策的原因是什么;列出已获得的订单、合同或承诺,以及所有对产品感兴趣的潜在客户和不感兴趣的潜在客户,并说明原因。

②市场大小和趋势。针对细分市场,以数量、金额和潜在盈利率来说明3~5年内所提供产品的市场总规模和份额;提供3年内的潜在增长率;讨论影响市场增长的主要因素(行业趋势、社会经济趋势、政府政策和人口迁移)。

③竞争优势。比较竞争者的优劣势,合理评价本公司产品的竞争优势所在。具体包括:

根据市场份额、质量、价格、交货、时机、服务、保修和其他有关特征与竞争品和替代品进行比较；总结竞争者的优缺点，并判断和讨论竞争对手的市场份额、销售额、分销方式、生产能力、财务状况、资源、成本和盈利情况；指出谁是市场服务、质量、定价、成本的领导者，探讨最近几年公司进出市场的有关原因；根据对竞争者的了解，说明为何它们经不起竞争，为何你能够从中获得部分"市场蛋糕"，特别要说明通过诸如专利、垄断技术等优势取得的竞争能力。

④市场预测。描述新产品在竞争状态下能促进销售的情况；识别所有愿意或已经做出购买承诺的主要客户，并讨论未来的潜在顾客；依据对新产品的市场竞争优势、发展规模及未来态势、客户群、竞争对手及产品销售的评价，得出在一定条件下，未来每年要获得的市场份额与产品增长率、客户和竞争者的关系。

> ★案例9-5　　　　　　**汤店的市场分析**
>
> 　　某大学生小张毕业后决定自己开店当老板。考虑到广东人都有喝汤的习惯，人们常常需要饮用具有不同功效的滋补汤类来抵抗湿毒、热毒的侵扰。可是现代人工作忙碌，在家自制汤水又太麻烦，最方便自在的就是去光顾靓汤店。于是，他准备在广州大学城开一间细火靓汤店。但大学城的餐厅太多，小张不知道如何让自己的店吸引更多的顾客。

 思考

如何扩大汤店的市场规模？

创业环境和趋势

3. 职能计划

职能计划指企业日常运营的主要部门和事务安排。主要职能计划包括：组织计划、运营计划、营销计划和财务计划四大块，如图9-5所示。职能计划是企业计划的主体部分，它详细介绍了新创企业的主要运作细节。

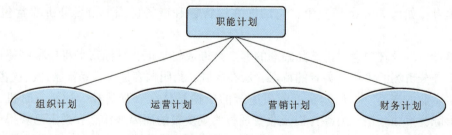

图9-5　新创企业主要职能计划

（1）组织计划。

组织计划重点在于描述初创企业的管理团队和企业结构，这是许多投资者以及其他阅读创业计划书的人首先关注的问题，这是他们评估企业创办者能力的最直接的方法。

①管理团队。美国第一家风险投资公司美国研究发展公司的创建者杜洛特将军说过:"我更倾向于一流的创业团队有二流的想法,而不是一个二流的创业团队有一个一流的想法。"团队是创业中非常重要的一个资源要素。因此,风险投资者在阅读你的商业计划书时,会特别注重对你的管理团队的考核评估,这一部分要给予特别的关注。包括:创业者或者创业者团队成员的姓名、企业现有多少雇员、他们所具有的能力、他们在本企业中的职务和责任、他们过去的详细经历及背景、他们的主要差距在哪里、企业将如何迅速地补充这些人员。

需要注意的是,第一,避免将不称职的朋友或家人安排到重要的管理岗位,或雇用没有企业所有权的高级经理人员,这样不利于团队的控制和绩效;第二,对管理团队技能或能力缺陷缺乏理性思考,如自认为在团队其他行业的成功能自动转移到创业的新行业。

★案例9-6

美团的创业团队

2010年,计算机工程专业的王兴创办了美团网,自他2005年第一次开始创业以来,他在互联网行业已拥有超过10年的管理及创业经验。在多次创业过程中,有几位重要团队成员始终对他不离不弃。包括:他的大学同学兼室友王慧文——现任美团执行董事、高级副总裁,负责大零售及部分创新业务;他的大学师弟穆荣均——现任美团执行董事、高级副总裁,负责金融服务及公司事务,之前他曾是百度的一名优秀的工程师;陈亮——王兴的老同学,现为美团高级副总裁,负责美团平台、酒店及旅游业务。除了这些元老外,核心成员还有2014年加入的陈少晖——曾是腾讯执行董事,现负责美团的财务、战略规划、投资及资本市场活动;以及2017年加入的张川——曾在百度、58同城等知名企业担任产品总监和执行副总裁,现负责美团点评平台、广告平台、到店服务业务。

谈起王兴,他们大多这样评价:他不是最聪明的,但他是一个很正直、很努力、很执着且学习能力很强的人。而在王兴看来,团队中每个人都各有特点。

思考

创业团队对于创业成功的意义。
如何组建、组建什么样的团队才能保持凝聚力和战斗力?

②公司结构。公司结构涉及公司内部相互作用和影响的细节,它阐述了一个公司如何组织及其权力与责任如何匹配,以及创业团队如何将项目创意转变成企业的正常运作。主要内容包括:公司的组织结构、各部门的功能与责任;各部门的负责人及主要成员;公司的报酬体系;公司的股东名单,包括认股权、比例和特权;公司的董事会成员;各位董事的背景资料。此外,有些创业计划书还会简要补充公司如何领导、激励和宣传公司文化的分析。

(2)运营计划。

这部分主要介绍新创企业的日常生产与运营问题,通常包括如下一些因素:企业选址、必需的设施设备、空间要求、劳动力可得性要求等。对制造型企业来说,要说明库存控制、采购、生产控制以及外包原则。对服务型企业而言,要说明接近客户的选址原则、日常开支最小化和富有竞争力的劳动生产率。运营计划包含内容如图9-6所示。

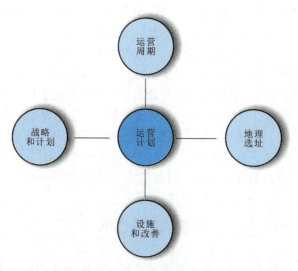

图 9-6 运营计划的内容

①运营周期。说明企业基本营运循环的交付/延迟时间，解释如何处理季节性生产任务。

②地理选址。说明拟选址的计划，包括所做的选址分析；根据劳动力的可得性、客户或供应商的可接近性、运输的可到达性、公共设施的可利用性几个方面来讨论选址的区位优势和劣势。

③设施和改善。说明新创企业如何获得生产所需设施设备，以及何时取得；讨论设施设备是租赁还是购买，并指出使用成本及时间，以及使用融资资金购买设施的计划；解释未来三年的设备需求以及扩充计划。

④战略和计划。描述生产过程以及部分零部件的外包策划；根据库存资金压力、可供劳动力技能、生产成本等因素拟定外包战略；讨论潜在的分包商和供应商情况；列出一份生产计划，包括可用原料、劳动力、零部件、日常性开支情况；说明质量控制、生产控制、库存控制的方法。

需要注意的是，创业计划书中运营部分的重要性是有变化的，其侧重点应根据创业项目的不同而做出调整。例如，如果你计划开设一家体育用品商店，并且管理团队拥有丰富的零售经验，那么运营计划的侧重点主要是选址和设施布置；相反，若你正在接受生产全新产品的挑战，即使你的管理团队拥有经验丰富的产品开发人才，运营计划也须突出产品设计和生产流程。因为设计一种新产品创业与实际谋划一个企业制造、营销和销售该产品之间存在巨大的差异。读者会关注这种产品能否被制造出来及创始人是否具有丰富的企业运营经验。

★ 案例 9-7　　**小刘的西餐厅选址**

小刘于 2015 年租赁了某市一家临街正在营业的门面开西餐厅当起了老板，无论从餐厅营业面积、地理位置还是租金等都非常理想。周围居民区少，但有一些写字楼，常有一些白领出入，他们是小刘预测的目标顾客；对面有一家大超市和快餐店，而且店面前离马路尚有 20 米宽的路面，不仅有足够的停车位，也可搞夜市经营。事情谈妥后他花了大量资金搞装修、增添设备。但此店经营还不到半年，生意惨淡，一直处于微利状态。

思考

为什么小刘的西餐厅生意不如预期?

在上述案例中,写字楼虽然不少,可是白领们的午餐时间是有限的,他们选的只能是麦当劳、肯德基这样的休闲快餐,不会把过多的精力和金钱投入西餐上。而且,工作日的晚餐也不太可能经常去吃西餐,毕竟西餐的消费还是比较贵的。所以,未必地理位置好就能获得市场规模,关键要明确目标顾客。

(3) 营销计划。

营销计划建立在目标市场分析的基础上,主要描述新创企业将如何制定营销策略以达到预期销售目标。营销计划通常包括的内容如图9-7所示。

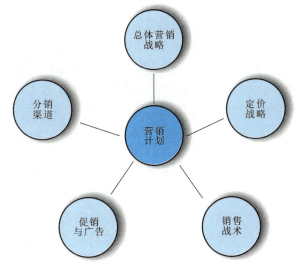

图9-7 营销计划的内容

①总体营销战略。描述新创企业的特定营销理念和战略,如强调产品的哪些特征(即质量、价格、交货、保修或培训)可增加销售量,强调某些创新或不同寻常的营销新概念会提高客户对产品的需求度。

②定价战略。讨论产品的价格,包括价格、市场份额和利润之间的关系,并把定价原则和主要竞争对手的定价策略做比较;讨论产品的成本和最终销售价格之间的毛利润,指出该利润是否足以弥补分销、保修、培训、设备折旧、价格竞争等花销的成本,并仍有利可图;描述所定的价格将如何使客户能够接受、在面临竞争时如何做到持续增加市场份额以及产生利润。

③销售战术。说明出售产品将采用的方法,以及短期和长期的销售计划;讨论最终给予销售商、分销商、批发商和销售人员的利润以及有关销售折扣、独家代理权等销售政策,并把这些战术与竞争对手的销售策略做比较;说明拟用销售方法可实现的销售量;列出销售员的预期销量以及可获得的佣金、奖励或薪酬,并把这些数字同行业平均数做比较。

④促销与广告。描述新创企业将使用何种方法来使产品吸引准客户的注意力;说明拟采

用的广告促销战,列出一份促销与广告的日常开支预算表,并讨论这些成本如何产生。

⑤分销渠道。描述拟采用的分销方式和分销渠道,指出产品运输成本占销售价格的比例大小,如涉及国际销售,应注明如何处理分销、运输、保险、信贷和托收等销售事宜。

在撰写营销计划时需要注意两点:第一,企业营销计划的全部内容应该明确以顾客为导向;第二,必须清楚具体地展示由谁卖出产品,整个销售过程又是怎样的。例如,是直接销售,还是利用分销商、批发商、同行联合或其他渠道。

★案例9-8 "得到"APP——菜市场的另类促销

"得到"APP提倡碎片化学习方式,让用户短时间内获得有效的知识,2016年5月上线,已有超过700万人的用户使用。就是这样一个知识学习平台APP,却把促销展览搬到了一个菜市场,可以说是拓宽了营销人员对传播媒体的认知。其实以前有过思路类似的案例,比如说一条街旧店改造包装之类的品牌推广,但影响力似乎没这次大。

"得到"这次做的菜市场经济学主题展,是为了推广其APP中的一项经济学付费专利及其专栏作者的书。生活中的经济学在菜市场正好可以非常接地气地体现出来,主题和形式的契合度非常高,不会让人产生"只记住了展览却没记住品牌"的营销痛点。"得到"APP这次的菜市场经济学展,比各种在商场中举行的主题展的传播量级都要大不少。

其实,生活周边还有许多的传统场景其实都可以挖掘,比如说城中村、许愿树、景点、大型超市、工业区、步行街等,只需要对宣传主题与场景相匹配,都可以作为媒体渠道进行合作或者投放。

新的媒体随着技术的发展层出不穷,但品牌推广未必要把注意力全部放在新媒体上,如在抖音上面拍短视频;在线下包装个菜市场做主题展同样能起到很好的宣传效果,旧媒体、传统媒体的改造也许是一种营销趋势。相比那些以优质内容取胜的广告推广,在传统媒体中玩出新花样的营销事件可能更有市场吸引力。

★案例9-9 别出心裁的饭店营销

武汉有一家位置偏僻的郊区饭店,其饭店创始人别出心裁,打造以下几个亮点吸引大量顾客。亮点一:绿色食品。与附近的农场合作,自主开辟近千亩①荒地种菜,为顾客提供无公害、无污染的绿色食品。亮点二:田园风光。把地处郊区的劣势变优势,将饭店打造成农家乐,顾客可在饭店开辟的果园采摘瓜果随意品尝,也可以在饭店的鱼塘自由垂钓,纵享田园休憩时光。亮点三:土菜上桌。不拘一格地把一些浓郁的乡土气息的乡村食品作为特色菜品搬上餐桌,如烤红薯、煮玉米、炒板栗等,深受顾客的欢迎。亮点四:O2O的经营模式。饭店在线上发布优惠信息,吸引线上顾客到店体验。

---

① 1亩≈666.67平方米。

(4) 财务计划。

财务计划，其目的是显示企业的潜力并提供一份财务生存能力的时间表。财务计划由四部分组成：资金明细表（对企业未来3~5年的资金来源、需求及其使用说明）；假想的说明表（是对以重要假设为基础的财务报告的一种解释）；预计的财务报告（包括利润表、资产负债表、现金流量表）；比例分析（包括盈利比率、流动性比率和财务稳定性比率）。

撰写财务计划有两点要特别注意：第一，财务报表会显示你的企业能否成长并且成功运作。因此，阅读创业计划书的人大多对你公司经营的潜在财务成果感兴趣，如利润规模和公司快速成长性、对公司财务成果的可预见性和稳定性以及公司会如何使风险最小化等。第二，大部分学生由于缺乏财务知识，对如何完成预计的财务计划并不熟悉。如果你遇到这种情况，不要跳过它，要寻求帮助。财务计划通常包括以下内容，如图9-8所示。

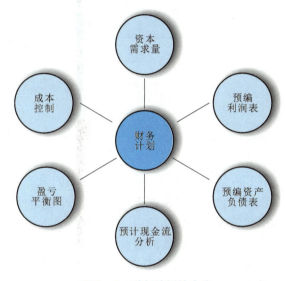

图9-8 财务计划的内容

①资本需求量。未来3~5年的资金需求、来源及使用。

②预编利润表。用销售预测和随之产生的生产或营运成本来准备至少三年的预编利润表；充分讨论在准备预编利润表时做出的假设（如坏账和销售折扣的波动额度，有关销售支出或总成本、营销成本占销售成本的百分比），并形成文字记录。

③预编资产负债表。在第一年按每半年准备一次预编资产负债表，在营运最初三年，每年年末准备一次。

④预计现金流分析。预计营业第一年中每月的现金流和其后至少两年的每季现金流，详细说明预期现金流的进出金额和时间；预测必需的额外融资和时间，并指出营运资金需要的高峰期；指出如何通过股权融资或银行贷款等方式获得额外融资，以及获得的条件和偿还方法；讨论现金流对各种企业因素假设的敏感度。

⑤盈亏平衡图。计算盈亏平衡点，并准备一张图，显示出什么时候将达到盈亏平衡以及可能发生的盈亏平衡点的变化；讨论到达盈亏平衡的难易度，包括讨论和预算总销售量有关的盈亏销售量规模、毛利的规模和价格敏感度，以及万一企业没能到达预期销售量，如何降低盈亏平衡点。

⑥成本控制。描述如何获得成本报告信息、如何处理预算超支问题。

此外，还需重点突出：描述所需要的最大现金以及如何获得、需要的债务融资额和股权资额、债务归还的时间等。

> **案例9-10 余佳文的融资期望和分红预期**
>
> 余佳文，"90后"大学生，因其2011研发的大学生装机必备的"超级课程表"APP而广受关注。但他同时也饱受争议，其2013年融资目标"希望300万美元"，并在2014年叫嚣"明年给员工分红一个亿"，让投资者大跌眼镜和心生疑虑：300万元美元如此庞大的融资，一个在校大学生新创的校园APP是否需要？他将作何使用？1亿元的分红又岂是一个新创校园APP短期能完成的？

思考

余佳文的财务计划是否合理？

4. 风险分析

（1）关键风险。

这一部分分析并阐述在实际运营过程中，项目可能遇到的关键风险。如果风险投资者发现创业计划中没有提到，就会对企业的可信度产生怀疑并因此危及企业的融资。客观地指出风险可以向投资人证明你的风险预见和控制能力，增加投资者对你的信任度。

识别并讨论各种主要问题及风险，这些问题及风险主要表现为：在获得订单以前就用完了现金，竞争者引起潜在的降价风险，各种潜在的产业不利趋势，设计或制造成本超出预算，未达到预期销售额，零部件或原料采购过程中遇到困难或订货周期长，超出预计的革新和开发成本，订单大量涌现后现金不足。

应指出哪些问题及关键风险对企业成功最为重要，描述如何将风险控制到最小的举措计划。不要等到风险投资人提出这些问题。一份合格的商业计划书，不仅要告诉风投，为什么选择我、我能带给你什么、多长时间能实现目标；还要告诉风投，你选择我将面临怎样的风险，可能会血本无归。

> **案例9-11 "共享们"的危机**
>
> 2017年，"共享经济"在创业圈红透半边天。在历经一年多爆发式增长后，"共享们"在2018年却集体沦陷。截至目前，共有19家投身共享经济的企业宣告倒闭或终止服务。其中包括7家共享单车企业、2家共享汽车企业、7家共享充电宝企业、1家共享租衣企业、1家共享雨伞企业和1家共享睡眠仓企业。"共享们"运营的时间大多短至1年，最长也不过4年。

思考

投身共享业务的企业为何大量倒闭？他们的问题出在哪儿？

（2）退出策略。

针对上述风险问题，新创企业的退出策略的说明也是至关重要的。这部分应说明投资者的投资回报率有多少，以及最可能采取哪种投资退出策略。这样，可以增加创业计划的说服力和可行性，让阅读者确信这是一份"进可攻，退可守"的理性分析、考虑周详的创业计划。同时，还有利于得到关于退出战略的一些建议。因此，由于种种顾虑，对退出计划闪烁其词甚至避而不谈是非常不可取的。

常见的退出策略有：

①上市：如果企业发展到一定规模，可以考虑 IPO 上市，从而资金可以撤离。②并购：如果企业发展暂时不能达到期望的要求，那么可以考虑被别的公司并购。③管理层收购：如果公司运营一段时间以后，公司管理层能够将公司收购，那么其他投资资本也可以及时退出。

> ★案例9-12　　**隆领投资创始人蔡文胜：退出也是成功**
>
> 　　对创业来讲，我觉得退出就是成功。你可能一直有这样一个目标：想成为这世界上最顶尖的人、做一家世界上最伟大的公司！但有很多东西都是阶段性的，或许你将来能实现这个目标，但若眼下发生了并购或合并、不得不退出这类的情况，这也算是创业当中一个很大的成功，因为，有时候这是你必须走的一步，就像2008年，虽然我创办的265被Google收购了，但这也为我从传统商人转型到新兴行业成为天使投资人做好了铺垫。如果没有之前的退出，我不会有机会去做其他的事情，我可能就被困在那个阶段里面了。

思考

如何理解"退出也是成功"？

（三）附录

附录是对主体部分的补充，是为读者提供更进一步的解释、说明或汇总。附录部分内容并不是正文的必备部分，所以编入正文反而可能有损正文的逻辑性。但需要注意的是，并不是在创业计划书中以上附录内容越多越好，只有附录内容对正文的某些内容起必要的支撑、说明或帮助作用的时候，才提供这些内容；否则，附录内容太多反而可能起反作用，读者可能会认为创业者自信心不够才会无节制地提供附录中的内容。通常，附录内容包括：

1. 附表附件

附表附件包括某些重要的原始数据、数学推导、计算程序、注释、框图、统计表、打印机输出样片、结构图等。例如，创业者团队成员简历、产品图片、具体财务数据和市场调查问卷、产品的报道、新创企业获奖证明、高新技术企业认证证明、知识产权证书、生产场地示意图或厂区地图等。

2. 其他说明

其他有助于读者理解的材料，包括：正文中某一问题的研究方法或技术途径；未来设想和财务预测等。

总之，一份考虑详尽的创业计划是创业者经营才干的"综合演练"。完成一份高质量的创业计划通常需要花上几个星期的时间和大量精力。从构思、写作、修改、编辑到校对都需要创业者认真对待，不能马虎；完成后，还应对创业计划的各个部分给予检查、评估和进一步完善，增加成功推介创业计划的胜算。

大赛评审规则

三、创业计划的行文原则与常见错误

（一）行文原则

一份好的创业计划往往能够吸引投资者的特别关注。因此，在将创业计划递交投资者或其他利益相关人员审阅前，要力求遵循以下撰写准则（见图9-9）。

1. 开门见山，突出主题

创业计划书的目的是获取资源，创业者应该避免与主题无关的内容，要开门见山直入主题，不要浪费时间和精力来写一些与主题无关、对读者来说毫无意义的内容。此外，编制创业计划书还要考虑阅读对象的因素。目标读者不同，对创业计划书的要求和兴趣不一样，创业计划书的内容和侧重点也应该不同。

2. 简明扼要，通俗易懂

创业者必须认识到，创业计划书不是文学作品，也不是学生论文，飞扬的文采、深奥的专业术语不仅不能打动目标读者，而且也不利于他们阅读和理解计划书。因此，创业计划书的语言应该简单明了，尽量避免专业术语，只要能够表达清楚自己的观点即可，不要过分渲染。

3. 结构清晰，内容规范

创业计划书是一种很正式的规范性文件，在结构和内容上都有要求。创业者在撰写创业计划书时，最好有一份优秀的创业计划书作为模板进行参考。一方面，在结构上必须清晰，创业计划书的各个部分都应该论述到；另一方面，在内容的表述上要做到规范化、科学化，财务分析最好采用图表描述，形象直观。此外，创业计划书还应该注意格式和排版，避免拼写错误。

4. 观点客观，预测合理

创业计划书中的所有内容都应该实事求是，力求通过科学的分析和实地调查来表达观点和看法，尤其是市场分析、财务分析等部分不应夸大吹嘘。对于市场占有率、销售收入、利润率等指标的预测要做到科学合理，数字尽量准确，最好不要做粗略估计。

5. 展现优势，注意保密

为了获得读者的支持，创业计划书还应该尽量展现自身的优势，如先进的技术、良好的商业模式、高素质的创业团队等。但是，创业者还要注意保护自己，对于一些技术和商业机密进行保护是合理且必要的。在实际操作中，通常会在创业计划书中加一条保密条款来保护自己的利益。

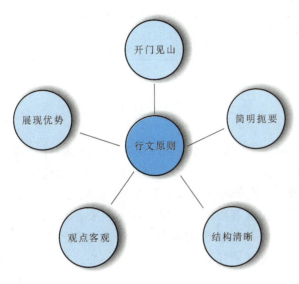

图9-9　创业计划的行文原则

（二）常见错误

表9-5介绍了创业计划中的常见缺陷及解决方法。这些诊断要点有助于提高创业计划的写作质量，为撰写出一份高质量的创业计划提供有益指南。（扫描封底二维码，查看视频"创业计划书"。）

表9-5　创业计划中的常见缺陷及解决方法

常见缺陷	表现征兆	解决方法
无实际发展目标	• 缺乏可到达的目标 • 缺乏完成的时间表 • 缺乏优先权 • 缺乏具体行动步骤	• 建立在特殊时期完成特殊步骤的时间表
未预计到路障	• 没有清醒识别将来的问题 • 没有重视计划中可能的瑕疵 • 没有应急或变通计划	• 列出可能遇到的障碍 • 变通计划，阐明越过障碍需要做哪些事情
无投入或贡献	• 对企业要办的事过分拖延，不严肃 • 没有投入个人资金的意愿 • 不及时聘任关键职位人员 • 从非主业或奇思异想中获利	• 快速行动 • 保证所有关键职位人员任命 • 准备并愿意投入本钱

续表

常见缺陷	表现征兆	解决方法
无先期商业经验	• 没有商业经营经验 • 没有专业领域经验 • 缺乏对拟建行业的了解 • 忽视企业描述	• 给出针对企业的个人经验和背景证明 • 积极寻找"谁对企业有帮助谁就是有用"的人才
无细分利基市场	• 不能证明此产品有市场需求 • 一厢情愿推测消费者的购买能力	• 细分特定市场,阐述产品为何满足及怎样满足目标群体的需求

第三节　创业计划的展示

完成了创业计划书后,下一步任务是如何使用创业计划书。如果你的创业计划书能引起一位投资人或银行家的兴趣,或者参加创业计划竞赛,你通常需要对自己的创业计划书进行现场展示。一般地,现场展示通常只有 10 分左右的时间,这几分钟虽短,重要性却超过创业计划书本身。在这有限的时间里,你不但要呈现创业计划的浓缩信息,更应抓住机会充分展现人格魅力并创造现场感染力。很难想象投资人会青睐口齿不清、表情木讷的创业者。因此,你应该做好充分准备,充满信心,泰然自若地向别人推荐并展示你的创业计划。

创业计划的现场展示,也称路演(见图 9-10),主要通过活动现场,让创业者与投资者面对面地、通过 PPT 演讲与互动交流等方式展开。在此过程中,须注意书面创业计划的口头推介和 PPT 设计这两个关键问题。

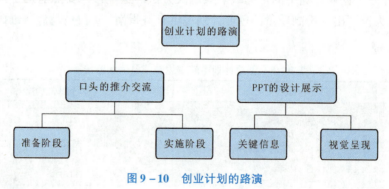

图 9-10　创业计划的路演

一、口头的推介交流

当你向他人口头介绍自己的创业计划书时,首先要考虑如何准备这项任务以及如何进行演讲。你怎样向他人展示自己及你与演讲对象的互动方式,与计划书本身一样重要。当你向他人推荐你的计划时,你的观众不仅只关注你的计划书,他们同时会关注你(和你的团队)。你怎样推荐自己、你的面部表情、你怎样应对困难问题以及其他一些特征,对于你的观众或评委来说,都是评判你是否是一个有效经营者的线索。

（一）准备阶段

1. 尽可能多地搜集听众的信息

知己知彼，百战不殆。这是准备创业计划书演讲的第一步，也是十分有价值的，这样说主要基于两点：第一，如果你可以把自己正在演讲的这项商业计划和与听众有关的一些活动联系起来的话，听众会感受到支持你计划带来的更多益处。第二，掌握相关信息是为了找到与这些决策人之间的个人联系。任何千丝万缕的联系，比如曾就读于同一所大学或拥有相同的兴趣爱好，都能够打开话题，建立关系。你必须在演讲中采用合适的方式来建立这种关系，或在演讲开始前的日常交谈或在演讲完之后提及。只要你表现得真诚，他们会把你这样不辞辛苦地"攀关系"看作是对他们的一种赞美。

所有的风险投资公司都有自己的网站，上面会列有公司曾经投资的企业和合作伙伴，通过网络搜索和仔细调查也很容易找到有关"天使投资者"的背景信息。尤其你的创业计划书要与其他对手一起竞争，那么了解听众或考官的姓名及其背景资料更是十分必要的。

2. 反复练习

练习包括技巧的训练和时间的控制。具体包括：在有经验的创业者或同事或其他观众面前反复练习，以期获得大家的反馈；将自己练习演说的过程录下来，反复观看并思考其中的问题；观摩别人的演讲，从中能总结出一些成功和失败的经验；利用网络资源，如许多首次公开募股的公司都要对他们的投资银行进行一次"巡回推介"，如果条件允许最好能亲临比赛现场。

3. 预期推介会上的问题

无论是初次会面还是后续讨论，潜在的风险投资者或银行家都会向创业者提出很多"刁难性"问题。睿智的创业者一般应提前准备一些预期问题，以应对一些挑战性问题。例如，风险投资者常常会提一连串的问题：你推出的产品跟别人的有什么不一样？新产品提供了什么样的功能？这个产品能给客户创造什么样的价值？谁会用你的产品？为什么要用你的产品？这些问题可能会让事先准备不充分的创业者措手不及，因此，为了避免推介会上的尴尬，创业者应高度重视和充分准备可能出现的一些苛刻问题，一方面要自己想，另一方面可以请一些外界的专业顾问和敢于讲真话的行家来模拟这种提问过程，从而使自己想得更全，想得更细，答得更好。

风险投资者或银行家常带着挑剔的眼光审阅创业计划所涉及的内容。请记住，在批评中学会学习也是创业者的一种能力表现。提意见的人往往更有助于帮助你完善你的创业计划，从而有利于更好地改进你的新产品。有些时候，潜在的风险投资者或银行家会问许多边缘性问题，他们并不一定想从你的口中得到确切答案，而是试图评判你的反应能力。

投资人常问的问题

4. 重视细节

一些烦琐的细节处理得好可以为整个展示过程加分不少。

首先，着装要得体，如果你不确定自己到底该选择怎样的衣服，可以打电话给即将面试公司的前台，咨询着装事宜。如果这条路行不通，一般情况下应该身着正装而不应随意穿戴。只有一个例外，就是当你要面试的公司拥有标志明显的T恤或其他印有公司名称或标志的衣物时，在这种情况下，你的团队成员最好身着这样的服装。其次，你要尽可能多地了解演讲场地的情况。如果你要在一个小会议厅里演讲，通常不需要做过多的调整，但如果你要置身于一个较大的舞台，面对更多的观众，类似于一些创业计划书竞赛的最后角逐关头，你就需要设计更精美的幻灯片，用更新颖的方法向更多的观众演示。另外，即使你还是刚入手的新手，也应带好名片。在很多地方，只需花上几元钱就可以打印一般的名片。

(二) 实施阶段

迪安·迪瑞斯塔在他写的《出色的演讲》中提到，麻省理工学院做过一项权威调查，结果表明，沟通涉及三个层面：视觉（身体语言和表情）占55%，声音（语音语调和停顿）占35%，口头表达（用语用词）占7%。因此，整个演说过程都应做到声情并茂，以真诚取胜。

按照演讲的过程，可以将其分为三个环节。

1. 开场破冰，吸人眼球

好的开始是成功的一半。在一开始结合你的创业项目，策划有效的开场白是非常重要的。可以提供一些小技巧：介绍一下个人经历或趣闻逸事、展示产品的样品、邀请几名观众辅助参与等。

2. 正文展开，"三的"法则

大多听众只能记住三点与你演讲有关的内容。因此在准备演讲时，仔细想想最关键的三条主题信息，并围绕这三点建构演讲框架，展开演讲。

3. 结尾点题，交流互动

在结尾时再次总结自己的项目优势、前景预测等关键信息，倾听并回应听众的问题，同时保持自信、幽默和激情。

演讲的技巧

二、PPT的设计展示

创业者向潜在的风险投资者或银行家口头介绍创业计划时，一般要准备好幻灯片（PPT），而且内容要以会议预定的陈述时间为限。比如，全国双创大赛5分钟的路演和有些创业比赛10~20分钟的路演相比，其幻灯片的数量和内容就有所区别。此外，还应结合创业计划演讲的具体内容，把握制作幻灯片的一些技巧。

(一) 内容的关键信息

一般而言，创业计划书在PPT展示上需要具备6C的关键信息。

(1) 概念（Concept）：让读者快速了解企业生产的物品或服务。

(2) 顾客（Customers）：明确顾客的范围，即产品的市场定位。

(3) 竞争者（Competitors）：说明本项目优于竞争者的核心优势。

(4) 能力（Capabilities）：强调的是创业团队的能力。

(5) 资本（Capital）：目前现金流或资产状况。

(6) 永续经营（Continuation）：未来计划的制订和预期。

(二) 效果的视觉呈现

为增加 PPT 的可读性和视觉效果，PPT 设计制作的原则包括以下三个方面。

（1）统一原则。幻灯片结构清楚，风格一致。包括统一的版式、文字格式、配色、切换效果、图片使用方式和位置等。

（2）醒目原则。在统一的基础上，为了防止幻灯片看起来呆滞枯燥，还需要注意它们之间的亮度、对比度和具体占据的空间比例的大小，使幻灯片看起来更醒目清晰。

（3）"6-6-6"原则。每行不要超过 6 个单词，每页不超过 6 行，最多连续 6 张纯文字幻灯片之后需要一个视觉停顿（如图、表）。（扫描封底二维码，查看视频"商业呈现技巧"。）

三、其他展示方式

(一) 线上展示

现场展示是普遍形式，但随着互联互通技术普及和直播平台的兴起，线上展示的比例也在大量增加。线上展示主要是通过一些在线视频工具，如 Skype、QQ、微信等 APP 或软件，通过两人或多人的在线视频通话；目前还有一些通过直播平台直播或录制视频展示等方式。线上展示可以克服空间障碍，节约成本，交流方便，但是，其沟通效果一般亚于现场面对面的交流。

> **★ 案例 9-13　"90 后"美女回农村创业　用"快手"APP 宣传受投资关注**
>
> 2016 年，在一次展览上，25 岁的杨丽丽被惟妙惟肖的麦秸画吸引了。随后她将所有的业余时间都用在了学习麦秸画上，并拜师中国麦秸画工艺美术大师。两年后，熏、蒸、漂、刮、推、烫以及剪、刻、编、绘等多道工序，杨丽丽靠着超乎常人的毅力，全部掌握并可以独立完成画作。
>
> 2018 年 4 月，杨丽丽放弃了别人羡慕的优渥工作回到老家农村创业，开起了自己的麦秸画工作室。每月收入超十万元，根据目前的预订量，她可以轻松年入百万。并且，她还通过"快手""抖音"等打开网络直播渠道，吸引一些创业投资人与之联系。

思考

你如何看待"快手""抖音"等新媒体 APP 推介创业项目的现象？

(二) 电梯演讲

电梯演讲是一种特殊的演讲形式，通常是在急促地、无充分准备地、非正式场合中，用极具吸引力的方式简明扼要地阐述自己的观点。电梯演讲的法则主要是提醒创业者任何计划都必须简单而有效，如果能在极短的乘坐电梯的过程中，讲清楚自己的创业计划，则说明创业者真正明白创业项目或创业计划具有操作性。

"电梯演讲"来源于麦肯锡公司一次沉痛的教训。一次，麦肯锡的项目负责人在电梯里遇上某集团董事长，他恰巧是公司希望提供咨询服务和长期合作的潜在大客户。电梯中，这位董事长问麦肯锡的项目负责人："与其他咨询公司相比，你们公司的服务有何不同之处？可以给我带来哪些额外回报？"该负责人立即长篇大论，直到电梯停下的约1分钟时间内都未能把内容说清楚。后来，麦肯锡失去了这一重要客户。

电梯演讲技巧

专题讨论1：假设，正在创业的你正在找合作伙伴和风险投资。恰巧，有一天在杭州的创业大街，你偶遇了阿里巴巴创始人马云，他刚走出一幢办公大楼，正向位于不远处的一辆专车走去。面对如此千载难逢的好机会，你不想错过。此时，你立刻意识到他只有约1分钟就将坐车离开。你该如何抓住机会，和他聊聊你的创业项目呢？

专题讨论2：如果你已写好创业计划，要陆续应付多场路演，以争取更多的投资和项目关注度。这些路演要求的时间长短不一，包括1分钟、5分钟、10分钟和20分钟等。你该如何准备这些不同时间的路演？内容上应该如何区别和取舍？

复习思考

1. 为什么要撰写创业计划？为何说创业计划对创业者、投资者、顾客都很重要？
2. 有些成功的创业家创业之初并没有写商业计划书？如何理解这种现象？
3. 创业计划应该回答哪些问题？遵循什么样的基本逻辑？
4. 创业计划包括哪些要素？创业计划的各部分的重点与要求是什么？
5. 创业环境包括哪些类型？其分析的方法和工具有哪些？
6. 编写创业计划存在的误区主要表现在哪些方面？
7. 如何有效展示你的创业计划？评估者在对创业计划评估时，往往特别关注哪些内容？
8. 有人说，"创业计划演讲时，观众不仅仅是考察你的计划书，更是在考察你"，你怎么看？

拓展训练

1. 评价创业计划书。

（1）从网上至少搜索一份获奖的创业计划书，分析其创业计划书的逻辑，并就其中优秀之处和不足之处进行评价。

（2）在网上至少搜索一份未获奖的创业计划书，以投资人的眼光去阅读，并指出其中问题。

2. 撰写创业计划书。

自行选择一个项目，在班上组建拟创业团队，以团队为单位集体讨论如何撰写本团队的创业计划书，共同撰写一份创业计划书。

3. 展示创业计划。

以团队为单位集体讨论如何展示本团队的创业计划，然后分工完成PPT制作、现场展示准备等工作；以团队为单位在课堂展示本团队的创业计划，每个团队的展示时间为15分钟；各小组对他组展示做点评，每组点评时间 5~10 分钟。

4. 与潜在投资者会谈。

各团队将本团队的创业计划送交潜在投资者（同学、家人、朋友、老师、天使投资人、风险投资机构等），以团队为单位分别与不同的潜在投资者进行会谈。

活动设计

1. 行业调研。选择一个你比较熟悉的行业，并从中选择两个有代表性的企业作为研究对象，对这两个企业的成长过程进行对比分析，包括其成长背景、成长历程、成长速度、成长战略、成长特点、发展态势等，并从对比分析中获得启示。

2. 新企业调研。选择校园内或学校附近的一个新创企业进行调查访谈，了解该企业的成长过程和该企业的创业管理团队是如何进行成长管理的。同时根据你们所学的理论知识，为该企业下一步的成长发展提供相关对策建议，并反馈给受访企业。

3. 调研某新创企业（或校园建筑）的选址和设施布置，分析其合理性，并画出其运营流程图。

参考文献

[1] 王辉. 创业管理：战略成长视角 [M]. 北京：北京大学出版社，2017.

[2] 梅强. 创业基础（第 2 版）[M]. 北京：清华大学出版社，2016.

[3] [美] 巴林杰. 创业计划书：从创意到方案（第 2 版）[M]. 陈忠卫，等，译. 北京：机械工业出版社，2016.

[4] [美] 蒂蒙斯，等. 我是这样拿到风投的——和创业大师学写商业计划书（第 2 版）[M]. 梁超群，等，译. 北京：机械工业出版社，2014.

[5] 人力资源和社会保障部职业能力建设司编. 创办你的企业：创业计划书（大学生版）[M]. 北京：中国劳动社会保障出版社，2010.

[6] [美] 库洛特克，[美] 霍志茨. 创业学：理论、流程与实践 [M]. 张宗益，译. 北京：清华大学出版社，2006.

[7] 罗晨，魏巍. 提高大学生创业融资能力的关键工具——商业计划书的编写 [J]. 中国高新技术企业，2013（4）：158-160.

[8] 桂曙光. 什么样的商业计划书不管用？[J]. 国际融资，2013（5）：34-36.

[9] 史琳，宋微，李彩霞，吴学彦. 量身定制商业计划书 [J]. 价值工程，2013，32（28）：182-184.

[10] 如何在大赛上打动投资人？一份优质的商业计划书必不可少 [J]. 华东科技，2018（2）：17.

[11] 秦艺芳，邓立治，邓张升. 大学生商业计划书演示课程模块设计与关键环节研究 [J]. 大学教育，2018（7）：14-16.

[12] 刘英团. 一份商业计划只需要一页纸——读《一页纸商业计划》[J]. 现代国企研究，2017（17）：95-96.

[13] 郑波. 中期商业计划的应用实践和效果分析 [J]. 中国总会计师, 2015 (8): 132-134.
[14] 蒋琼慧. 商业计划 (Business Plan) ——企业成功基石 [J]. 企业研究, 2014 (16): 43-44.
[15] 桂曙光. 商业计划书要向 VC 说清三个问题 [J]. 国际融资, 2014 (7): 59-60.
[16] 李正, 钟小彬. 美国斯坦福大学技术创业计划探析 [J]. 高等工程教育研究, 2013 (3): 106-114.
[17] 贺尊. 创业计划书的撰写价值及基本准则 [J]. 创新与创业教育, 2012, 3 (5): 77-79.

第十章

新企业开办

目标与要求

通过本章学习，使学生能够判断适合创业者的新企业组织形式，能为自己的新企业取一个响亮的名字，为自己的新企业选择合适地址。了解新注册企业的流程，掌握注册相关材料的制作。了解新办企业的管理要点。

问题引入

名噪一时的"研究生面馆"，声称两年内要开20家连锁店。但是开业四个多月就草草收场，让人不得不感慨创业的艰难。

2004年年底，某高校食品科学系6名研究生的"六味面馆"轰轰烈烈地开张了。店名取得不错，雅致，又反映出六位股东为独特的个体。店址选在成都著名景观——琴台故径的边上，特别倒是够特别，独此一家，店租的昂贵也就可想而知了。

六位研究生虽然各有所长，有人擅长交际，有人擅长账目，有人头脑灵活，有人踏实肯干，但是受六人身份的限制，每个人都没办法全天候全身心地投入面馆的管理当中。

由于六个研究生的招牌，再加上当地媒体的炒作，面馆开业当日生意红火，这让几名创始人信心十足。但是好景不长，面馆经营仅四个多月就因为长时间无人管理而经营状况欠佳，不得不公开转让。

"研究生面馆"从轰轰烈烈开张到草草收场仅四个多月时间，折射出了新开办企业取名、选址、组织形式确立及初创企业的经营管理问题。

第一节 开办新企业的准备工作

创业者组建了创业团队，通过市场调研和分析找到了创业机会，制订了创业计划，获得了创业启动资金，协调好了内外部关系之后，就可以开始成立新企业了。成立新企业是创业过程最关键的环节，因为与创业过程的其他环节相比，成功创建新企业更能突出体现创业的成果。但是，作为创业者还必须清楚，当你走到这一阶段，创业的真实故事才刚刚开始。新创企业像新生儿一样娇嫩，需要创业者悉心经营照顾才能发展壮大，才能有更强的竞争力和承担风险的能力。

当创业者已经论证了创业机会的商业价值，并决定放手一搏，建立新企业的时候，首先要考虑的是选择一种适合自己的企业组织形式，然后给自己的新企业取一个响亮的名字，最后还得为自己的企业选择一个有利的地址。这些都对企业的后续经营有重要的影响。

一、企业组织形式的选择

企业的组织形式也叫企业的法律形态，成立新企业只能选择法律规定的企业组织形式。选择一种合理合法的企业组织形式是一个复杂的问题，如果创业者最初选择的企业组织形式不再适合企业的发展，就可以在企业经营过程中择时变更企业的组织形式。

不同的企业组织形式在财产构成、内部分工协作以及与外部社会经济联系的方式不同。中国民营企业的主要组织形态包括股份有限公司、有限责任公司、外资企业、中外合资企业、中外合作企业、股份合作制企业、合伙企业、个人独资企业、个体工商户、农村承包经营户等。小微型企业最常见的组织形式是个体工商户、个人独资企业、合伙企业和法人企业中的有限责任公司。下面将对其中几种具有较强代表性的企业组织形式进行详细介绍。

（一）个体工商户

个体工商户是指公民在法律允许的范围内，依法经核准登记，从事工商业经营的家庭或户，个体工商户还可以起字号，并以其字号进行活动；农村承包经营户是指农村集体组织的成员，在法律允许的范围内，按照承包合同规定从事商品经营的家庭或户。《中华人民共和国民法通则》明确规定，个体工商户和农村承包经营户的合法权益受法律保护；它们的债务，在个人经营的情况下，以个人财产承担，而在家庭经营的情况下，以家庭财产承担。

（二）个人独资企业

《中华人民共和国个人独资企业法》规定，个人独资企业是指由一个自然人投资，财产为投资人个人所有，投资人以其个人财产对企业债务承担无限责任的经营实体。

（三）合伙企业

合伙企业，是指自然人、法人和其他组织依照《中华人民共和国合伙企业法》在中国境内设立的，由两个或两个以上的自然人通过订立合伙协议，共同出资经营、共负盈亏、共担风险的企业组织形式。在我国，合伙组织形式仅限于私营企业。合伙企业一般无法人资格，不缴纳所得税。合伙企业包括普通合伙企业和有限合伙企业。合伙企业可以由部分合伙人经营，其他合伙人仅出资并共负盈亏，也可以由所有合伙人共同经营。普通合伙企业由2个以上普通合伙人（没有上限规定）组成，合伙人对合伙企业债务承担无限连带责任。有限合伙企业由2人以上50人以下的普通合伙人和有限合伙人组成，其中普通合伙人至少有1人，当有限合伙企业只剩下普通合伙人时，应当转为普通合伙企业；当只剩下有限合伙人时，应当解散。普通合伙人对合伙企业债务承担无限连带责任，有限合伙人以其认缴的出资额为限对合伙企业债务承担责任。

(四) 法人企业

公司是指依法设立的，有独立的法人财产，以营利为目的的企业法人。根据现行中国公司法（2005），其两种主要形式为有限责任公司和股份有限公司。

1. 有限责任公司

《中华人民共和国公司法》（以下简称《公司法》）规定，有限责任公司是指由 50 人以下的股东共同出资，每个股东以其所认缴的出资额为限对公司承担责任，公司以全部资产对其债务承担责任的企业法人。有限责任公司是一种比较普遍的企业法律形式。

（1）有限责任公司的特征。

①股东责任的有限性。有限责任公司的股东对公司所负的责任，仅以其认缴的出资额为限，对公司的债务不负直接责任。如果公司的财产不足以清偿全部债务，股东不需要以超过自己出资以外的个人财产为公司清偿债务。

②股东人数的限制性。有限责任公司的股东人数为 50 人以下。

③有限责任公司是企业法人。个体工商户不是企业，不具备法人资格；个人独资企业和合伙企业虽然属于企业，但也不具备法人资格，不是企业法人；而有限责任公司具备企业法人资格。

（2）一人有限责任公司的特别规定。

①一人有限责任公司是指只有一个自然人股东或者一个法人股东的有限责任公司，一人有限责任公司应当在公司登记中注明自然人独资或者法人独资，并在公司营业执照中载明，一人有限责任公司的"公司章程"由股东制定，一人有限责任公司不设股东会。

②一人有限责任公司的注册资本最低限额为人民币 10 万元，股东应当一次足额缴纳公司章程规定的出资额。

③一个自然人只能投资设立一个一人有限责任公司，该一人有限责任公司不能投资设立新的一人有限责任公司。

④一人有限责任公司的股东不能证明公司财产独立于股东自己的财产的，应当对公司债务承担连带责任。

2. 股份有限公司

股份有限公司（Stock Corporation）是指公司资本为股份所组成的公司，股东以其认购的股份为限对公司承担责任的企业法人。中国《公司法》规定，设立股份有限公司，应当有 2 人以上 200 以下为发起人，注册资本的最低限额为人民币 500 万元。由于所有股份公司均须是负担有限责任的有限公司（但并非所有有限公司都是股份公司），所以一般合称"股份有限公司"。

公司的资本总额平分为金额相等的股份；公司可以向社会公开发行股票筹资，股票可以依法转让；法律对公司股东人数只有最低限度，无最高额规定；股东以其所认购股份对公司承担有限责任，公司以其全部资产对公司债务承担责任；每一股有一表决权，股东以其所认购持有的股份，享受权利，承担义务；公司应当将经注册会计师审查验证过的会计报告公开。

四种小微企业常用组织形式的优劣如表10-1所示。

表10-1 四种小微企业常用组织形式的优劣

企业组织形式	业主数量和注册资本	成立条件	经营特征	利润分配和债务责任
个体工商户	①业主是一个人或一个家庭 ②无资本数量限制	①有相应的经营资金和经营场所即可 ②可以起字号	资产属私人所有,可以雇帮手(不超过8人),业主本人既是所有者,又是劳动者和管理者	①利润归个人或者家庭所有 ②由个人经营的,以个人资产对企业债务承担无限责任 ③由家庭经营的,以家庭财产承担无限责任
个人独资企业	①业主是一个人 ②无资本数量限制	①投资人是一个自然人 ②有合法的企业名称 ③有投资人申报的出资 ④有固定的生产经营场所和必要的生产经营条件 ⑤有必要的从业人员	财产为投资人个人所有,业主既是投资者,又是经营管理者	①利润归个人所有 ②投资人以其个人资产对企业债务承担无限责任
合伙企业	①业主是两个人及以上 ②无资本数量限制	①有两个及以上合伙人,并且都依法承担无限责任 ②有书面合伙协议 ③有合伙人的实际出资 ④有合伙企业的名称 ⑤有经营场所和从事合伙经营的必要条件	依照合伙协议共同出资、合伙经营,共享收益、共担风险	合伙人按照合伙协议分配利润,并共同对企业债务承担无限连带责任
有限责任公司	①由50个及以下的股东组成 ②注册资本3万元以上	①股东符合法定人数 ②股东出资额达到法定资本最低额 ③股东共同制定公司章程 ④有公司名称,建立符合有限责任公司要求的组织机构 ⑤有固定的生产经营场所和必要的生产经营条件	公司设立股东大会、董事会和监事会,并由董事会聘请职业经理人管理公司、经营业务	股东按出资比例分配利润,并以出资额为限承担有限责任

创业者成立企业时,需要考虑的是确认最符合企业需求的组织形式,并结合自己的偏好、中长期需求、税收环境等来权衡每种组织形式的利弊。创业者选择企业组织形式时,必须考虑的重要因素有以下几个方面。

(1)资产保护。即如果企业经营失败,企业组织形式将决定个人资产(如家庭收入)的风险有多大。独资企业,业主无须和他人分享利润,但其要一人承担企业的亏损。合伙企业,如果合伙协议没有特别规定,利润和亏损由每个合伙人按相等的份额分享和承担。有限公司和股份公司,公司的利润是按股东持有的股份比例和股份种类分享的。对公司的亏损,股东个人不承担投资额以外的责任。

(2)资金分配。不同的企业组织形式决定了不同的资金分配方式,如营业利润、资本收益、税务减免等。

> ★ 案例 10-1
>
> 　　苹果计算机股份有限公司（以下简称苹果公司）堪称创业的成功典范。苹果公司的设立先后经历了以下过程。
> 　　一人技术：沃兹尼亚克（绰号沃兹）在 1976 年设计出了一款新型的个人用计算机，样品苹果 I 号展出后大受欢迎，销售情况出乎意料得好。
> 　　两人起步：受此鼓舞，沃兹尼亚克决定与中学时期的同学乔布斯一起创业，先进行小批量生产。他们卖掉旧汽车甚至个人计算机一共凑集 1 400 美元，但小小的资本根本不足以应对创业对资金的迫切需求。
> 　　三人合伙：从英特尔公司销售经理职位上提前退休的百万富翁马库拉经别人介绍找到了这两个年轻人，沃兹尼亚克的成就激起了他的热情，马库拉有足够的工程学知识，这使他一眼看出，沃兹尼亚克为苹果设计的一些特性非常独到。他经验丰富，眼光独到，意识到未来个人计算机市场潜力巨大，决定与这两位年轻人一同创办苹果计算机公司。根据仅在美国 10 个零售商店的 AppleI 电路板的销售情况，马库拉大胆地将销售目标设定为 10 年内达到 5 亿美元。意识到苹果公司将会快速成长，马库拉用自己的钱和自己的人际关系为苹果公司筹集到 90 余万美元的资金。这样，沃兹尼亚克、马库拉和乔布斯各自获得公司 30% 的所有权。三人于 1977 年 1 月 7 日签订了一份股份协议，正式成立苹果计算机有限公司。
> 　　四人公司：三人共同带着他们的创业计划，随后又筹集了 60 万美元的风险资金。为了加强公司的经营管理，马库拉推荐全美半导体制造商协会主任斯科特担任公司的总经理。马库拉和乔布斯说服了沃兹尼亚克脱离惠普，全身心投入苹果公司。于是斯科特成为苹果公司的首位 CEO（1981 年，在担任苹果公司总裁的 5 年后，斯科特决定卖掉股份，提前退休）。1977 年 6 月，四个人组成了公司的领导班子，马库拉任董事长，乔布斯任副董事长，斯科特任总经理，沃兹尼亚克任负责研究与发展的副经理。斯科特帮助苹果公司建立了早期的基础架构。综上所述，沃兹尼亚克设计、制造了苹果计算机，马库拉有商业上的敏感性，斯科特有丰富的生产管理经验，但最终是乔布斯以传教士式的执着精神推动了所有这一切。

　　（3）财务管理。随着企业的发展，创业者可能需要筹集更多的资金，为此，在选择企业组织形式时需要考虑未来是否容易筹集资金。投资人有一定的资本，但尚不足，又不想使事业的规模太大，或者扩大规模受到客观条件的限制，更适宜采用合伙或有限公司的形式；如果所需资金巨大，并希望经营的事业规模宏大，适宜采用股份制；如果开办人愿意以个人信用为企业信用的基础，且不准备扩展企业的规模，适宜采用独资的方式。

　　（4）税收。选择不同的企业组织形式意味着企业上缴的税收不同，这是一个复杂的问题。我国对公司企业和合伙企业实行不同的纳税规定。国家对公司营业利润征收企业所得税,税后利润作为股息分配给投资者,个人投资者还需要缴纳一次个人所得税。而合伙企业则不然,《中华人民共和国企业所得税法》对合伙企业生产经营所得和其他所得采取"先分后税"的原则。利润分配后合伙企业合伙人是自然人的,缴纳个人所得税;合伙人是法人和其他组织的,缴纳企业所得税。

(5) 个人关系。不同企业形态对参与者的所有权、管理权和风险承担能力都有规定,这是企业良性运转所必不可少的。

二、企业的命名

企业名称是一个企业区别于其他企业或组织的特定标志,俗称"公司牌子"。公司牌子是企业的无形资产,是可以世代相传的宝贵财富。拥有一个响亮的企业名称,是让消费者"久闻大名"的前提条件,也有利于提升公司的知名度与竞争力。例如,"可口可乐""家乐福""宝马""苹果""联想""美的"等都让人留下了深刻而美好的印记。

1. 企业名称的构成

根据国家工商行政管理总局发布的《企业名称登记管理规定》和《企业名称登记管理实施办法》,企业名称应当由行政区划、字号、行业、组织形式依次组成,例如,南京苏宁电器股份有限公司、北京长空机械有限责任公司。非公司制企业可以申请用"厂""店""部""中心"作为企业名称的组织形式。

★案例 10-2

联想之前其实不叫"Lenovo"

1988 年联想在香港创立时早已知道市场上有很多叫"Legend"的公司,但联想当时并没有想到规模如此庞大,当联想进军国际时"Legend"竟成为绊脚石。

联想在 2001 年计划走向国际化发展时发现"Legend"这个名字在欧洲几乎所有国家都被注册了,注册范围涵盖计算机、食品、汽车等各个领域。联想公司要想在欧洲市场销售计算机,要么花大价钱买下已经被注册的"Legend"品牌,要么更名。

"Lenovo"便应运而生。联想总裁杨元庆在解读这个全新的字母组合时表示,"novo"是一个拉丁词根,代表"新意","Le"取自原先的"Legend",继承"传奇"之意,整个单词寓意为"创新的联想"。报道指出,打江山时需要缔造"传奇",想基业长青则要不断"创新",从 Legend 到 Lenovo,象征着联想从"传奇"走向"创新"。

---

2. 企业命名的规定

(1) 企业只准使用一个名称,在某一个工商行政管理局辖区内,冠以同一行政区划名称的企业,不得与登记注册的同行业企业名称相同或近似。

(2) 企业法人名称中不得含有其他法人的名称,企业名称中不得含有另一个企业名称,企业分支机构名称应当冠以所从属企业的名称,例如,内蒙古蒙牛乳业科尔沁有限责任公司。

(3) 企业名称应当使用符合国家规范的汉字,不得使用汉语拼音字母、阿拉伯数字。

除国务院决定设立的企业外，企业名称不得冠以"中国""中华""全国""国家""国际"等字样。

(4) 企业名称中的行政区划是本企业所在地县级以上行政区划的名称或地名，企业名称中行业用语表述的内容应当与企业经营范围一致，企业名称不应当明示或者暗示超越经营范围的业务。

(5) 企业名称中的字号应当由两个以上的字组成，企业名称可以使用自然人投资人的姓名作字号。

(6) 企业名称不得含有下列内容和文字：有损于国家、社会公共利益的；可能对公众造成欺骗或者误解的；外国国家（地区）名称、国际组织名称；政党名称、党政军机关名群众组织名称、社会团体名称及部队番号；其他法律、行政法规规定禁止的。

(7) 非法人企业名称中的组织形式可以选用"厂""店""馆""部""行""站""中心"等字样，但不得使用"公司""有限"字样。法人企业名称中必须包含"有限公司""有限责任公司"或"股份有限公司"字样。

企业名称示例如表 10-2 所示。

表 10-2 企业名称示例

企业名称	注册地址	经营范围	企业类型
乳源瑶族自治县××贸易有限公司	乳源县乳城镇鹰峰西路××10号商铺	建材批发，承接室内外装饰装修工程，国内贸易代理服务	有限责任公司
乐昌市×××印刷厂	乐昌市河南佗城北路×××大楼首层3号商铺	出版物、其他印刷品印刷；设计和制作印刷品广告、挂历、名片；设计、制作、发布广告；销售办公用品、礼品纸张；监控工程安装服务	个人独资企业
乐昌市××四指岭林场（普通合伙）	乐昌市（城南所）××镇前溪	种植（国家专营专控及需前置审批项目除外）；养蜂；苗木销售；蜂蜜销售	合伙企业

节选自：http://www.sg.gov.cn:8081/jwb/sgsgsxzglj/xwzx_10222/scztdjgg/201810/t20181019_735554.html

3. 新企业名称设计的要点

(1) 注重天时，起名时注重开发企业名称的时代特征。

(2) 注重地利，起名时致力于拓展企业名称的地域特征，使之意境优美。

(3) 注重人和，起名时努力挖掘企业名称的人文历史，展现厚重的文化底蕴。

(4) 强化企业命名的标志性和识别功能，凸显企业名称的个性，避免雷同。

(5) 命名要注意企业名称系统的统一性，企业的名称系统包括企业名称、产品名称、域名、企业商标和品牌名称等。

三、企业的选址

企业的选址是一项复杂的系统工程，它关系到企业多个部门的功能需求，直接关联企业发展目标与方向的实现。企业的选址受多方面因素的影响，并且有一些经验供我们参考。

(一)新企业选址的参考因素

选址时应该注意的因素可划分为如下三种。

1. 交通因素

无论是服务型企业还是生产型企业,都需要充分考虑便利的交通。例如,在人流、车流量较大的位置开一间快餐店,成功的概率比开在普通地段大得多。当然,并不是所有企业都应该将经营场所选在繁华的闹市区。在充分考虑房租成本的前提下,应当尽量选择更接近市场需求,并能有效降低成本的地方。例如,物流公司的选址倾向于公路主干道附近或者交通枢纽地带。

2. 商圈因素

要对特定商圈进行特定分析。例如,车站附近是往来旅客集中的地区,适合发展餐饮、食品、生活用品等行业;商业区是居民购物、聊天、休闲的理想场所,除了适宜开设大型综合商场外,特色鲜明的专卖店也很有市场;影剧院、公园名胜附近,适合经营餐饮、食品娱乐、生活用品等;在居民区,凡能给家庭生活提供独特服务的生意,都能获得较好发展;在市郊地段,不妨考虑向驾车者提供生活、休息、娱乐和维修车辆等服务。

3. 物业因素

在购买经营用物业或租用店铺前,创业者应首先了解地段或物业的规划用途与自己的经营项目是否相符,是不是产业聚集区,该物业是否有合法权证。其次,要考察该物业的历史、空置待租的原因、坐落地段的声誉与形象、是不是环境污染区、有没有治安问题等。最后,还要充分考虑价格因素,包括资金、业务性质、创业成功或失败后的安排、物业市场的供求情况、利率趋势等。

(二)新企业选址的步骤

1. 挑地方

首先,必须清楚了解人流量的大小。可以利用观察法,在感兴趣的目标地区计算早中晚各时段的人潮,统计进入附近店铺的人数,看看经过的人当中各类人的比例,如男女比例、老中青的比例等。而且至少要在平日和周末各算一次,才能知道人潮确实的分布状况。

2. 找地点

有了预选的地方,第二步是视察其周围环境。这时不仅要从经营者的角度观察:什么迹象显示该地点可以创造业绩?还要换位思考,从消费者的角度观察:你会不会到这个地点逛街?找地点最忌讳只看到别人成功,就想在隔壁复制一家店,除非你有把握做出自己的差异化。此外,留意对手的位置,竞争对手是否会抢走你的生意,是否能在顾客行动路线上,抢先别人一步拦截顾客。

3. 看店面

看店面,要关心,也要抱着怀疑。先远看,再近看,想象店面在这个空间里的感觉:一旦店名放在招牌上,会很显眼吗?开车经过的人看得到吗?行人能从人行道上注意到吗?好的店面就像活广告，不只是让人方便找到，也能向路上行进的潜在客户进行展示。此外，店面内部面积是否足够、格局是否实用、层高是否够高、进出是否方便也需要考察。

（三）新企业选址的策略

1. "金角，银边，草肚皮"

在一条街上要选择"角"与"边"上的铺位。"金角，银边，草肚皮"是商业内流行的择址、选铺的要诀。街角汇聚四方人流，人们要立足的时间长，因而街角商铺因人流多而带来"财气"。"边"是指一条街两端的铺位处于人流进入的端口，也是刚进入商街的客流有兴趣、有时间高密集度停留的地方，商铺生意由此兴旺。"草肚皮"则指街的中间部分，因客流分散、购物兴趣下降、行走体力不支而使店铺经营困难重重。

2. 选低不选高

顾客在店铺内行走购物为省时、省力，往往不愿向楼上走，因而店铺低层往往比其他楼层能创造更好的效益。为此，在择铺时，选择一二层比选择三四层店铺更具有经营上的安全性。这是由顾客的购物习惯与消费心理决定的。当然，这里的选低不选高只是选址的一般策略，在一些大商场，每一楼层只销售特定的商品，电梯会让顾客很容易到达各个楼层。另外，各个楼层的租金和也不同，所以这个策略不宜泛化。

3. 店铺与商圈要求相吻合

一定的市场空间对业种、业态的组合有客观要求，只有适应才能使经营顺畅。一般而言，现有商圈内零售、餐饮、娱乐、修理等业种要齐全。对业态的需要则视消费人群的多元化差异而定。因此，投资商铺之前，投资者只有了解了这些具体情况，进而确定自身店铺未来要做的行业以及不同的业态，才能使经营具有针对性。

4. 关注社区内商铺的投资价值

社区是居住人群常年生活的空间，因而接近消费地的商业社区能够提供充分的便利性，使商铺投资的安全性和盈利性大为提升。尤其是一些绿化较少、容积率较高的小区，其周边的商业社区，会成为人们休闲娱乐的重要场所。投资社区内商铺，还要考虑城市的整体规划。因为未来城市的空间格局，会随城市未来的发展而变化，从而改变城市的商业格局。

第二节 企业注册流程及相关文件的编写

一、企业注册流程

2016年6月30日，国务院办公厅发布了《关于加快推进"五证合一、一照一码"登记制度改革的通知》国办发〔2016〕53号，从2016年10月1日起，全国范围内实施"五证合一""一照一码"登记，各地将在原有的工商营业执照、组织机构代码证、税务登记证"三证合一"改革基础上，整合社会保险登记证和统计登记证，推进"五证合一"改革。2018年1月1日起，全面废除旧版营业执照，全面实行新版"五证合一"执照。"五证合一"后,企业注册程序大大简化,效率大幅度提高。具体的企业注册流程为:预先核准企业名称→前置审批→申领"五证合一"营业执照→备案刻章→开设企业基本账户。

(一)预先核准企业名称

企业给自己取了一个响亮的名字后不知道这个名字是否已经有人使用,可以登录工商行政管理局官网,进行名称查重,如果这一名字未被别人使用,即可在网上进行名称核准申请。

当然,申办人也可以前往市工商行政管理局查名并办理名称核准,需提供法人和股东的身份证复印件,申办人公司名称2~10个,写明经营范围、出资比例。审核通过者,工商行政管理局会发放盖有市工商行政管理局名称登记专用章的"企业名称预先核准通知书"。

(二)前置审批

经营范围中如果有需特种许可经营的项目,需报送审批。需要前置审批的事项有一些是法律规定的,有一些是国务院规定的,涉及烟草、国防、治安、环保、科委等多方面,具体参见工商行政管理局《工商登记前置审批事项目录》。

(三)申领"五证合一"的营业执照

申请人准备好相关材料:法定代表人身份证原件、全体股东身份证复印件;各股东间股权分配情况;名称核准通知书原件;公司的经营范围(国家专营专控的行业需要提供批文);公司住所的租赁合同(租期一年以上)一式二份及相关产权证明(非住宅);如公司为生产型企业,必须有公安局消防科的消防验收许可证。接下来即可向工商行政管理局申领"五证合一"的营业执照。

经审核,申请资料齐全并符合法定形式的,应向申请人出具《"五证合一"受理通知书》。市场监管登记窗口在承诺时间(内资2个工作日,外资3个工作日)内完成营业执照审批手续后,将申请资料和营业执照信息传至平台。质监窗口收到平台推送申请资料和营业执照信息后,要在0.5个工作日内办理组织机构代码登记手续,并将组织机构代码发送至平台。国税、地税、统计和人力社保等部门窗口收到平台推送的申请资料、营业执照和组织机构代码信息后,要在0.5个工作日内分别办理税务登记证、统计登记证和社会保险登记证相关手续,并分别将税务登记证号、统计登记证号、社会保险登记证号发送至平台。综合窗口收到各相关部门核准(或确认)登记信息后,在"五证合一"系统平台上打印出载有注册号、组织机构代码、税务登记证号、社会保险登记证号和统计登记证号的营业执照。

申请人凭《"五证合一"受理通知书》或有效证件到综合窗口领取"五证合一"营业执照。图10-1所示为"五证合一"营业执照样本。

(四)备案刻章

公司成立后,需提供营业执照、法定代表人身份证明等材料到公安局特行科审批,审批通过后到指定的印章刻制单位刻制公章。企业的公章、财务章、法人章、全体股东章、银行账户、牌匾、信笺所使用的名称应当与登记注册的名称相同。图10-1所示为"五证合一"营业执照样本。

第十章　新企业开办

图 10-1　"五证合一"营业执照样本

（五）开设银行账户

企业开立银行账户是与银行建立往来关系的基础。依据法律规定，每个独立核算的经济单位都必须在银行开户，各单位之间办理款项结算，除现金管理办法规定外，均需通过银行结算。银行账户包括基本账户、一般账户、专用账户、临时账户等。企业获得营业执照后，需到银行开立基本账户。

社保现在已经全面实行"银行缴费"了，所以大家在公司开户的时候顺便可以把社保缴费处理一下。

二、企业注册登记相关文件的编写

下面以公司注册有限责任公司为例，介绍企业登记时所需要提供的相关文件。

表 10-3 所示为内资有限责任公司设立材料清单。

表 10-3　内资有限责任公司设立材料清单

材　料	制作方法
企业设立登记（备案）申请书	工商行政管理局网站下载填写
指定代表或者共同委托代理人的证明	参照工商行政管理局网站样本制作
全体股东签署的公司章程	参照工商行政管理局网站样本制作
投资主体资格证明	法人证明复印件或自然人证件复印件

续表

材　料	制作方法
董事、监事、经理的任职文件及身份证明复印件	股东会或董事会签发并附上任职人员身份证明复印件
法定代表人的任职文件及身份证明复印件	股东会或董事会签发并附上任职人员身份证明复印件
企业名称预先核准通知书	由有管辖权的工商行政管理分局颁发
前置审批文件或许可证件	从相关管理部门申请审批取得
企业住所合法使用证明	租赁合同或自有房产证复印件

（1）公司法定代表人签署的《企业设立登记（备案）申请书》。该申请书可以在工商行政管理局网站下载填写。

（2）全体股东签署的《指定代表或者共同委托代理人的证明》及指定代表或委托代理人的身份证复印件；应标明指定代表或者共同委托代理人的办理事项、权限、授权期限。

（3）全体股东签署的公司章程。

有限责任公司章程应当载明下列事项：

①公司名称和住所；

②公司经营范围；

③公司注册资本；

④股东的姓名或者名称；

⑤股东的出资方式、出资额和出资时间；

⑥公司的机构及其产生办法、职权、议事规则；

⑦公司法定代表人；

⑧股东会会议认为需要规定的其他事项。

股东应当在公司章程上签名、盖章。

公司章程样本

（4）股东的主体资格证明或者自然人身份证件复印件。

股东是企业法人的，提交《企业法人营业执照》复印件，并需登记机关在复印件上盖章；股东是事业法人的，提交编委核发的《事业法人登记证书》；股东是社团法人的，提交民政部门核发的《社团法人登记证》；股东是工会法人的，提交《工会社团法人登记证》。

股东是自然人的，提交居民身份证或其他合法的身份证明。

（5）董事、监事、经理的任职文件（股东会决议由股东签署，董事会决议由公司董事签字）及身份证明复印件。

（6）法定代表人的任职文件（股东会决议由股东签署，董事会决议由公司董事签字）及身份证件复印件。

（7）《企业名称预先核准通知书》。

公司名称经登记机关预先核准后，由有管辖权的工商行政管理分局颁发《企业名称预先核准通知书》。

（8）前置审批文件或许可证件。

公司申请登记的经营范围中有法律、行政法规和国务院决定规定必须在登记前报经批准的项目，提交有关的批准文件或者许可证书复印件或许可证明。

(9) 企业住所合法使用证明。

住所使用证明材料的准备，分为以下三种情况：

①若是自己的房产，需要房产证复印件和自己的身份证复印件；

②若是租房，需要房东签字的房产证复印件、房东的身份证复印件、双方签字盖章的租赁合同和租金发票；

③若是租的某个公司名下的写字楼，需要该公司加盖公章的房产证复印件、该公司营业执照复印件、双方签字盖章的租赁合同，还有租金发票。

第三节 新企业经营管理要点

在经过一系列的注册程序后，创业者就有了自己的企业。然而，新创企业建立起来并不代表着一劳永逸，万里长征才刚走了第一步。由于根基不是很牢固，因此新创企业随时都面临着倒闭的危险。根据有关调查，中国中小企业的平均寿命仅 2.5 年，集团企业的平均寿命仅 7~8 年，新创企业的失败率普遍很高。有很多因素造成了新创企业的失败，如市场开拓不利、资金不足、人员管理不到位、产品品质难以保证等。很多失败通常是由企业在初期管理上不成熟的表现所致，比如成本难以核算、不能有效进行市场营销与控制现金流等。认识新创企业在初期管理的特殊性，并对其进行针对控制时应做到：保障业务稳定、持续增长；保证财务清晰、成本最低；保证人员够用、后劲有力；保证不忘初心、回归目的。

一、保障业务稳定、持续增长

新企业在创立初期的首要任务是在市场竞争中生存下来，让消费者认识和接受自己的产品或服务。在这个阶段，要想办法保障业务稳定、持续地增长。要尽快找到客户，把自己的产品或服务卖出去，掘到第一桶金，只有这样新企业才能在市场中找到立足点，才有了生存的基础。"别再跟我谈对新产品的构想，告诉我你能推销出去多少现有的产品"是这一时期的管理要务。重要的不是在于想什么，而在于做什么，一切以结果为导向。企业里的大多数人，包括创业者在内，都要出去销售产品，这就是所谓的"行动起来"。这一阶段最忌讳提出不切实际的扩张目标，盲目铺摊子、上规模，结果有可能导致新创企业现金流枯竭。虽然初创期企业亏损与赚钱会反复交替，但直到最终持续稳定地赚钱，才算是度过了创业的"婴儿期"。

> ★ 案例 10-3
>
> 20 世纪 90 年代中期，中国几乎家喻户晓的济南三株集团，是 1993 年创立的医药保健企业，注册资本 30 万元，当年销售收入 1 600 万元。
>
> 很快进入快速成长阶段的三株集团，1994 年销售额达到 1.25 亿元，创造了一年增长 780% 的奇迹。1995 年，三株集团公布第一个"五年计划"：销售额 1995 年达到 16 亿~20 亿元；1996 年达到 100 亿元；1997 年达到 300 亿元；1998 年达到 600 亿元；1999 年达到 900 亿元。

> 仅1997年上半年，三株集团一口气就收购了20多家制药厂，投资超过5亿元。鼎盛时期在全国注册了600个子公司，另设有2 000个办事处，各级销售人员达到15万人。
>
> 1998年，三株公司在一次质量问题引发的危机中倒闭。从风靡一时的民营"帝国"到最后悄无声息，从辉煌到失败，大起大落的过程也就仅仅5年的时间。
>
> 三株集团失败的根本原因有两点：一是大规模扩张，对被收购企业缺乏全面的了解和科学的评估，最后掉进财务"无底洞"中；二是管理薄弱，一味追求规模扩张，并购后无法对并购来的企业适时进行资源整合。

二、保证财务清晰、成本最低

企业要成长，必须保证财务清晰，现金流充分，成本最低。新企业需要建立产、购、销、存一体化的内部财务信息系统，重视企业财务的安全管理，并持续地改进，使财务管理为企业创造效益，为企业的发展壮大奠定良好的基础。而现金流对于企业而言，如同血液对于人一样重要。资金链断裂，往往会使刚刚成立起来的企业遭遇挫折甚至破产。企业可以承受一时的亏损，但不能忍受片刻的现金断流。企业成长需要现金，现金不仅能保障当前的成长，还能为未来的成长做准备。通过提高现金流，企业在成长过程中能更好地避免现金危机，并且避免受难以对付的债权人或投资者的支配。新创企业甚至应该为未来的成长自筹资金，以减少对风险资本的依靠。一旦企业出现负现金流，将会发生偿债危机，可能导致企业因破产而过早夭折。因此，处于初创期和成长期的企业的管理重点是让企业产生正现金流。

基于这一创业管理的要求，创业者必须"锱铢必较"，千方百计增收节支、加快资金周转，控制企业的发展节奏。创业者应尽可能采用"早收账，迟付账"的策略，如利用充值卡预付款的形式，出售或转让应收账款，实现企业的正现金流。

三、保证人员够用、后劲有力

人才是支撑企业成长的关键要素，是企业的核心资产。从根本上说，企业的成长是基于人力资源的成长，企业的发展是基于人力资源的发展，快速成长企业的一个共同特点，就是有强有力的人力资源管理。这也是企业持续竞争力的根源。快速成长的新企业必须通过以下措施来保证人员够用、后劲有力。

（一）提供有竞争力的薪资待遇

成长企业要吸引优秀人才的加盟，所提供的薪酬待遇在人力资源市场上一定要有竞争力。有些初创企业的合作伙伴在初期企业起步时可以少拿薪酬甚至不拿，但是这是基于对长期收益的预期，所以企业除了基本工资还要有利润分享计划，通过员工持股、股票期权等方式给予员工激励。另外，企业内部的薪酬要相对公平，减少内耗。最后，企业薪酬与绩效挂钩，并提供"五险一金"，为员工减除后顾之忧。

（二）提供广阔的成长空间

很多员工愿意承受较大的风险加入初创企业，因为他们更加看重的是新创企业提供的成长机会和上升空间，具体包括：①晋升空间；②学习培训机会；③管理内容丰富化；④管理技能的发展和提升等。不同员工看重的成长机会不同，因人而异给予激励。

（三）营造良好的工作环境

良好的工作环境包括物质环境和人文环境。物质环境是指办公场所、办公设备、办公空间等。更重要的是和谐的同事关系、顺畅的沟通渠道、积极向上的企业文化等人文环境。

四、保证不忘初心、回归目的

具有企业家精神的创业者，成长欲望强，工作充满热情，拥有勇于向环境挑战、识别并开发商业机会的能力，拥有改善人类生活的野心和情怀。正是这些基本素质使得他们能够把经济资源从生产效率低的领域转移到生产效率高的领域。具有企业家精神的创业者往往目光远大，在产品投入市场并赢得一定利润后，不会以达到个人满意的生活水平和享受利润所带来的好处为目标，而是利用利润进行再投资，期望将自己的企业塑造为一个可以向行业内的标杆看齐的高速成长企业，期望在市场上创造一个为消费者所认同的著名品牌。创业者这种不忘初心、回归目的的企业家精神是企业成长的根本驱动力。

复习思考

1. 开办新企业前要做哪些准备工作？
2. 开办新企业的流程当中有哪些环节？
3. 如何选一个合适的店面？
4. 新办企业如何吸引人才？

活动设计

一、每个小组收集六家你经常光顾的店铺的营业执照图片，看一下它们的组织形式。并采访店主当初为何选择这一组织形式。

二、企业名称查询：请同学们登录广东省工商行政管理局官网，进入企业名称开放库进行名称查重。http：//qcdz.gdgs.gov.cn/qcdzhdj/nameapply/。

三、企业经营模拟：

运用软件《经营之道——企业运营电子对抗系统》进行经营模拟。

企业运营电子对抗系统通过计算机模拟真实市场环境与企业的实际经营管理，让学员在模拟游戏中经营一家虚拟企业，在实战经营中学习企业经营相关的知识，以达到寓教于乐的目的。整个系统把学生分成若干小组，每个小组将组建并经营一家典型的制造行业的公司，小组成员分别担任总经理、财务总监、销售总监、生产总监等角色，组成新公司的管理层。所有小组的经营都有若干个被分解的任务，这些任务涉及行业信息研究、产品研发、设计、生产制造、市场销售等各个环节，各公司需要对每个任务进行分析讨论，最终形成经营决策，由总经理输入计算机中。

每个小组的任务涉及行业信息研究、产品研发、设计、生产制造、市场销售等各个环节，具体任务包括：

1. 行业动态信息研究。行业动态信息提供了未来若干个经营周期内的市场信息，包括市场规模容量、产品需求趋势、产品价格信息等内容。需要注意的是，行业动态信息是一种公开信息，每个参与竞争的企业都可以获得，所以在仔细分析行业动态信息的同时，您还必须考虑竞争对手将会做出的决策选择。最终来确定自身企业在未来若干时期内的经营战略与营销策略。行业信息任务没有需要输入的操作，各小组可以在初步研究后直接完成该任务。完成任务后还可以通过重新打开决策窗口查看。

2. 研发资质认证是使公司的产品保持市场份额的主要方法之一，使其与竞争对手在产品设计和开发上保持同步，或者超前于对手。这一任务是通过对新产品的研究与开发实行定期投资来实现的。

3. 设计产品特性。不同的目标客户对产品的需求会有不同。我们在将任何一个产品推向市场时，必须仔细研究市场动态信息中提供的客户需求研究报告，仔细了解不同客户的需求，并针对客户需求设计最适合的产品。产品特性越切合目标群体客户的需要，产品将会越受欢迎，对获得更多的市场份额也将有积极的提升作用。

4. 调整销售渠道。我们面临的是多种不同的市场区域，有些市场区域刚开始还不能进入，需要投入一定费用进行前期市场开发，开发完成后才能进入该市场区域。在每个市场区域，如果要销售相应的产品，需要首先设立相应产品的销售网点，每个销售网点的销售能力有一定限制，具体需要在哪些市场区域针对哪些目标群体设立相应的销售网点，要根据公司的发展战略与产品发展计划来决定。

调整厂房设备生产部门的任务是按照市场要求的质量标准，尽可能高效率、低成本地生产产品。生产部门要与市场营销部门密切配合，从短期和长期来综合考虑，合理规划产能，以满足市场营销的需要。厂房可以购买也可以租用，生产线只能购买。按照技术含量的不同，生产线有多种类型可供选择，不同类型的生产线所能生产的产品、价格、产能等均有所差异。您必须综合考虑公司的市场、财务各方面的情况来解决何时购买、购买多少生产线等问题，以满足未来若干时期内用户订单的生产需要。

5. 采购产品原料是为了满足生产的需要。公司需要购买用于生产这些产品的原材料，每季度均有一次购买原材料的机会。原料一旦采购即马上入库，忽略了到货周期。有些原材料采购无须立即付款，有一定的应付账期。

6. 安排生产任务。由于生产线有多种类型，不同类型的生产线可生产的产品也不同。您可以根据原材料的情况，选择将相应的原材料投入生产线上进行生产。

7. 制定产品定价

根据市场开发和产品开发的完成情况，公司可以参与相应市场的推广与销售。这里给出了每个市场对每类产品的需求总量情况，您和您的团队决定要参与哪些市场竞争，并决定产品的报价。这里的市场参考售价为前期市场调研统计的平均售价。一般来说，略低市场参考价会给公司带来更多的订单，但会降低产品的毛利。过高和过低的售价会降低客户对产品品质的认可，并可能严重影响产品的销售情况。合理的报价策略应该是基于自身的成本及对竞争对手的综合考虑等多方面因素而定的。最终市场拿到的份额主要根据参与这一产品市场竞争的各家公司的产品报价、特性设计、广告费用等方面来综合决定。另外，如果公司在某一市场区域的某一产品销售网点数量不足，会影响最终的市场份额及订单数量。

8. 在市场占有情况行为列出了本季度所有公司在各个市场上的份额分布情况。

9. 产品配送运输。根据库存情况决定对哪些市场订单交货。如果库存产品数量不足，则只能按最大的库存数量进行交货。未交货的产品部分将取消相应的订单合同，并给予一定的违约罚金。

10. 支付各项管理费用。为了维持公司的正常运营，每季度均需要支付一笔行政管理费，这些费用主要包括：产品设计费、行政管理费、销售网点维护费、生产线维修费、厂房租金、厂房折旧费、生产线折旧费等。

通过这10项任务完成一个季度的经营实战。有条件可以进行多个季度的经营。

参考文献

[1] 吴晓义. 创业基础：理论、案例与实训 [M]. 北京：中国人民大学出版社，2014.
[2] 田增瑞. 创业基础——创业素质与资源整合 [M]. 北京：北京大学出版社，2017.
[3] 李肖鸣，朱建新. 大学生创业基础（第2版）[M]. 北京：清华大学出版社，2013.
[4] 高万里，柏文静. 创业基础 [M]. 北京：中国人民大学出版社，2016.
[5] 融之友. 投资商铺提示"注意六项" [EB/OL]. [2013-03-27]. http://blog.sina.com.cn/s/blog_4e4f30020102f2x8.html.
[6] 杜珍媛. 关于企业组织形式多样性的探讨 [J]. 江苏省社会主义学院学报：2007 (1).
[7] 求真. 星巴克选址的奥秘竟然是这样的 [J]. 大众投资指南：2014 (6).
[8] 贺尊. 论新创企业的管理方略 [J]. 科技创业月刊：2012 (7).